育儿基本2

与孩子合作

高志宏 徐智明——著

北京联合出版公司
Beijing United Publishing Co.,Ltd. | 后浪

推　荐　语

生养孩子的一个主要功能是给自己一个重新做人的机会，你可以在这本书里看到智明夫妇独到的育儿经验。

——梁冬（正安康健创始人、著名媒体人）

我特别感谢真心爸妈写出了这本书，在我这个有两个女儿的新手妈妈看来，这本书几乎道尽了所有日常与孩子相处中会遇到的问题，各种“斗智斗勇”的细微经验和“与孩子合作”的伟大视角结合，这就是我的育儿手边书，随时翻看，“哪里不会点哪里”。

——脱不花（罗辑思维、得到联合创始人兼 CEO）

智明、志宏夫妇早年是学霸就不说了，更重要的是他们能保持终身学习的习惯，从传统出版到电商，到自媒体，到知识付费，更别提他俩美食、古琴等杂七杂八的兴趣爱好，他们对未知世界永远充满了好奇心和探索研究的精神，教养孩子也必然是他们重要的学习门类之一，做得非常投入和认真。他们享受这些过程中的甜蜜和苦恼，悦纳自己为人父母过程中的生疏和问题，不为难自己和孩子，因而能包容孩子在成长中的磕磕绊绊，一家人就是在这样的环境下协同成长，父母让孩子们快乐地长成孩子自己的样子。

——陈诗莹（今日头条高级运营总监）

作为一个 11 岁孩子的妈妈，学做家长一直是我的功课。读真心爸妈的文章，经常给我一些启发，比如书中所写的和孩子合作的五个守则，我一一对照，需要学习的地方还很多。这些年和孩子相处的过程中，越来越觉得孩子就是自己的一面镜子，而孩子的问题大多是家长的问题。这本书照见了我的育儿经历，就像真心爸妈讲的，陪伴孩子成长的过程，也是自我教育的过程。

——姚文坛（豆瓣副总裁）

目录

引言 与孩子合作

一位妈妈很烦恼：我给孩子安排了英语和阅读计划，可孩子和他爸爸都不配合，怎么办？

这位妈妈给刚上一年级的孩子制订了一个学习计划，让孩子每天晚上完成作业之后，再读半个小时英文书、半个小时中文书，周六周日还给孩子加了两节课外班。

但是孩子很不愿意执行妈妈的计划，孩子爸爸也高举“孩子童年要快乐的大旗”，不赞成妈妈的安排，还和孩子一起反抗——没错，这位妈妈的原话就是“反抗”。

看样子，这位妈妈希望得到孩子和爸爸的“配合”，恐怕没那么容易。真心爸妈也给不出如何让两个“反抗者”乖乖配合的办法。

稍加留意，就不难发现，这位妈妈的疑问中，隐含着一个很有意思的问题：

为什么她首先想到的是如何让其他两人“配合”自己，而不是三个人一起商量，达成一个彼此都能接受的一致意见呢？

这也正是真心爸妈在我们的上一本书《育儿基本：找到好方法，轻松做爸妈》出版后，一直在思考的问题。在上一本书中，我们讨论的是“让孩子自主”，那么在“让孩子自主”的基础上，爸爸妈妈还应该有什么样的意识和方法，来帮助孩子在自主之路上，更好地成长呢？

我们的答案是：与孩子合作。

爸爸妈妈要的“配合”，到底是什么？

“配合”一词，在《现代汉语词典》的解释是“各方面分工合作来完成共同的任务”。

其中的几个关键词“分工”“合作”“共同”，说的都是配合双方的“平等”，就像是配合得很好的乒乓球双打运动员一样，你不能说是谁在配合谁，两个人一直在做的，都是“互相配合”。

但是，在家庭教育的实际场景中，当父母说起“配合”时，想的往往是如何让别人配合自己的意愿和行动，把配合的双方，分出了主次，希望对方，或者是孩子，或者是孩子爸爸、孩子妈妈，来服从“我”，而忽略了其中的大家“共同”的意味。

比如，当我们问“亲子阅读变成爸妈阅读，孩子不配合怎么办？”时，实际上是希望孩子服从爸爸妈妈的安排，乖乖坐下来和大人一起看书，或者听大人读书。

当我们问“我家孩子从小就不爱洗头发，每次都不配合，我该怎么办？”时，我们实际上是希望找到一个办法，让孩子不怕眼睛进水、乖乖地来洗头，而并没有去反思：孩子不爱洗头，是不是我给他洗头的手法有需要改进的地方？

我们遇到的关于配合的问题还有很多，随便列举就是一堆。

当我们好话说尽，好脾气磨没，甚至用上争吵、吼叫、打骂等手段，还是求不得我们希望的“配合”时，到底该怎么办？

其实，还有一种方法，叫“合作”

“合作”一词，在《现代汉语词典》的解释是“为共同的目的一起工作或共同完成某项任务”。

当我们使用这个词的时候，通常是不分主次，更注重合作双方或者各方的“协同”和“共识”的。所以，如果爸爸妈妈在家庭教育的过程中，得不到你希望的“配合”，不妨换个角度，尝试与孩子或者其他家人的“合作”——大家通过理性沟通，求得一致意见，然后达成互相配合的共同行动。

我们可以把目标从一方服从于另一方的“配合”，转向双方在共赢基础上的合作。无论对方是自己的孩子，还是丈夫、妻子，这样做都可以减少彼此的冲突与不快，促进家庭和谐与家庭事务的高效运转。

更重要的是，如果我们能把孩子视为父母的“合作者”，并且要求自己成为孩子的好合作者，不但父母的育儿之路会更加轻松顺畅，孩子也可以在身心和谐的愉悦中，更自主地成长。——这不正是每一对爸爸妈妈都孜孜以求的目标吗？

合作要诀一：减少强迫

当爸爸妈妈希望孩子配合学习计划，希望孩子配合亲子共读，希望孩子配合换尿裤、吃药、刷牙、洗头、看牙医时，我们期待的这种配合，其实都带了强迫的意味，希望孩子服从于父母的权威。

而当最初的“说服”不奏效，也就是人们常说的“怎么说都不行”时，不少父母，可能会尝试用更高压的手段——严厉要求、斥责、威胁、强力胁迫等，强迫孩子服从。

当父母希望配偶或者其他家人来配合自己时，虽然不能像对孩子那样，动用强迫手段，但不配合的后果——争吵、生气、冷战，其实也是一种强迫，希望对方因为你很生气，而选择屈从于你的意愿。

这种强迫，无疑会带来彼此的不快，被强迫的一方，则感觉更甚。无论结果如何，这种不快感受的存在，都是家庭中的不和谐因素，甚至会引发更激烈的对抗。

所以我们认为，与孩子和家人合作的第一要诀，就是减少强迫：

我不要求你遵从我的意志，你也不必一定服从我，大家可以各自表达意愿，一起来决定要不要实现某个目标、要不要为这个目标采取什么行动、如何行动。

比如前面提到的一年级小学生的妈妈制订计划的例子，要想解决纠结，需要做的是倾听孩子和孩子爸爸的意见，大家一起商量，而不是坚信自己的意见绝对正确，寻找办法让别人放弃“反抗”。

合作要诀二：把“我”缩小

在每一个“别人不配合我怎么办”的提问中，都有一个很大的“我”，这个“我”认为：

我的意见是对的，你的意见或者行为是不对的；

你应该听我的，你不听我的是不对的；

你应该来“配合”我，你不配合我，也是不对的。

我们可以想象一下，如果在职场的团队中，遇到这样一位自我膨胀得不得了的同事，你的感受如何？你会非常心甘情愿地去“配合”他的要求吗？

但事实上，我们的孩子，经常面对的，就是这样一位唯我独尊的爸爸或妈妈，一个妻子、丈夫，也很可能经常要面对一个“我说了算，就得听我的”的配偶。他们同样也没有那么愉悦，亲子之间的冲突、夫妻之间的矛盾，也因此频频爆发。

所以真心爸妈认为，在与孩子或者伴侣的合作中，第二个要诀，就是把“我”稍微缩小：

把合作中的“我”，调试到不试图大过别人、压倒别人的程度，然后大家站在平等的位置上，共同寻求各种事情的解决方案。

合作要诀三：考虑对方意愿

父母想要达成和孩子有效合作，或者夫妻之间要达成有效合作，肯定不能永远是一方意愿凌驾于另一方的意愿。

这就有点像商业谈判，你想要的是什么，我想要的是什么，大家都明明白白地摊开来讲，彼此努力去理解对方的意愿，这样大家才能去探讨双方都能接受的办法。

在爸爸妈妈的育儿过程中，孩子不会像商业合作伙伴那样，明确表达自己的意愿，但这并不是说，孩子的意愿，大人就用不着考虑。

相反，一个懂孩子的爸爸妈妈，在要求孩子做什么时，会首先考虑到孩子愿意不愿意接受。

比如给孩子安排学习计划。其实那位妈妈应该想到，孩子才上一年级，他需要适应的新东西很多，每天完成作业，对孩子来说已经是不小的压力，这时候你要求他写完作业再花一个小时去完成妈妈给安排的功课，好不容易到周末休息，还要去上新增加的课外班，还希望他毫不“反抗”，甚至欢呼雀跃地说“没问题”，能实现才怪呢！

所以，如果那位妈妈懂得“考虑对方意愿”的原则，她的学习计划根本就不会提出来，更不必招来丈夫和孩子的联合抵抗。

合作要诀四：懂得做必要妥协

亲子之间的合作，夫妻之间的合作，最后一个要诀是，当双方意愿不一致时，懂得做必要的妥协。

比如，你希望孩子接受周六周日用两个半天去上兴趣班，而孩子更愿意周末多些休息和玩耍时间，那么大家可以各让一步，商量一个折中方案：周六或者周日用一个半天去上兴趣班，另一天全天自由安排。

但很多爸爸妈妈不愿意向孩子做这样的妥协，坚定地认为“我是你爸/我是你妈，你就得听我的”。

那么结果会如何呢？孩子会很不高兴，会用哭闹、拖延、故意不起床造成迟到等方式和你对抗，更严重的情况，是孩子变得你说什么，他都“不配合”——这就是爸爸妈妈经常担心的所谓“叛逆”了。

真心爸妈是两个青春期男孩的父母，我们一直以来奉行的，都是“尊重孩子的意愿，乐于做必要妥协”的理念，收获的结果是，两个孩子与爸爸妈妈合作得非常顺畅，既不会一味地自己想干什么就非干不可，也不会爸爸妈妈想让他干什么，他们都拒绝。

——事实上，孩子比大人想象得要理性得多，他们知道父母的底线在哪里，什么时候该坚持自我，什么时候该做出让步，接受爸爸妈妈的安排。

基于这样的理念，真心爸妈完成了我们的第二本育儿书，也就是您现在拿在手里的这本《育儿基本 2：与孩子合作》。

在第一章到第五章，我们分享了“与孩子合作”时，爸爸妈妈需要遵循的五个具体守则：

合作守则一：多施爱，少失控。做充满爱意的父母，不做暴躁、打骂、毒化家庭氛围的失控父母，因为爱比焦虑更有力量。

合作守则二：多支持，少控制。“为什么我们那么爱孩子，而不少孩子却恨父母？”那是因为我们给了孩子令人窒息的爱。父母的控制，带来孩子的叛逆，父母支持的不足，则令孩子的发展缺乏积极的推进力量。

合作守则三：多满足，少拒绝。孩子的需求被父母看到并及时满足，孩子会更快乐，而很多父母，却常常用拒绝来回应孩子的需求，他们常常忽视了，拒绝对孩子心理和行为发展的巨大破坏力。

合作守则四：多赋能，少施压。不懂孩子的父母，为自己和孩子施压，懂孩子的父母，为自己和孩子赋能。赋予孩子成长过程中真正需要的能力，而不是把自己的焦虑转嫁给孩子，才是高效能父母应该做的事。

合作守则五：多赞美，少差评。孩子是我们的宝贝，而有多少父母，日复一日地做着孩子的“差评师”？孩子在负面评价之下，不会获得更理想的成长。积极的期许，才会让孩子更自信、更有力量。

在第六章到第十二章，我们分享了父母在家庭教育最重要的几个方向上——亲子沟通、性格培养、良好习惯培养、避免叛逆的青春期、教会孩子与同龄人合作、帮孩子适应家庭外生活——与孩子合作的理念和方法。

第六章《合作建立有效亲子沟通》，我们关注的是培养孩子有理性、有建设性，和孩子过有商有量的生活，同时避免拒绝型沟通、亲子沟通中的碾压模式，以及命令、追问、斗嘴、顶嘴、讲条件等无效的沟通方式。

第七章《合作培养孩子好脾气好性格》，我们关注的是孩子的“生活背景”如何塑造他的性格，父母如何避免孩子打人、发脾气、任性等负面的性格表现，并且探讨了孩子胆大胆小、内向外向等父母关心的性格话题。

第八章和第九章《合作培养孩子好习惯》，我们用较大的篇幅，探讨了父母如何帮助孩子发展学习能力，养成独立完成作业的习惯、自主阅读的习惯；如何帮助孩子学会时间管理；如何帮助孩子具备高水准的专注力，等等。同时，也充分讨论了父母如何用合作而不是强迫的方式，帮助孩子改进沉迷于玩电脑、玩游戏、看电视，赖床、不想去上学、丢三落四等负面行为和习惯。

第十章《与叛逆和青春期的孩子合作》，我们分享了一些可能与部分父母有区别的观念和方法，比如不需要孩子听话、没有操控就没有叛逆、孩子青春期爸妈别严管、早恋没有那么可怕，等等，希望帮孩子争取到更自由、自主的成长空间，同时也帮父母成长为更善于与“叛逆”孩子、青春期孩子合作的“合作者”。

完成这样一本书，对真心爸妈自己来说，也是一个自我教育的过程。

因为对“与孩子合作”思考得越深，越能发现，作为父母，在家庭教育的过程中，要成为孩子的“合格”的合作者，或者按照更高的目标，成为“优秀”的合作者，爸爸妈妈需要做的是，调动你所能投入的一切——你的成长历程、你的人生经验、你的学识、你的人生观、价值观、世界观，去形成一个真正基于“合作”而非“强迫”

的家庭教育理念，去摸索真正有益于孩子成为独立、自主的“他自己”的合作方法，这对父母来说，既是挑战，也是成长——自觉走过这样的历程，我们的人生，也同时迈向了新的境界。

希望拿到这本书的你，能与真心爸妈一起，体会探索这个新境界的过程中，需要经历的反思以及豁然开朗的快意。

第一章

合作守则一：多施爱，少失控

做充满爱意的父母，不做暴躁、打骂、毒化家庭氛围的失控父母，因为爱比焦虑更有力量。

■ 你对生活的态度，就是你对孩子的态度——父母如何看待生活，就会如何看待孩子，你对生活的一切观点、态度、处置方式，都会原原本本地传递给孩子。

■ 带孩子，你用心了吗？——回应、同理心、接纳……真正的用心，只在一瞬间，但产生的效果，却足以抵过你对孩子做的种种哄劝、威胁、利诱、呵斥、打骂之和。

■ 不做“低服务型父母”——我忙着，我很累，我做不到，我不会，我没办法，我就是这个脾气，我为你含辛茹苦，你欠我的，如此心态的父母，是典型的“低服务型父母”，他们缺乏为孩子奋不顾身的慷慨和勇气。

■ 理想的亲子关系，是爱的互动——孩子是一个独立的个体，相信自己，相信孩子，尽力去营造充满爱意的家庭环境，我们会一起享受到更高级的亲子关系。

■ 爱的尺度：宠爱不溺爱——不过分满足需求，不满足过分需求，让孩子学会等待，让孩子学会体恤，你能做的我不代劳，教孩子尊重父母和其他长辈，玩儿可以，“作”不行，培养孩子的分享精神。把握好这些尺度，宠爱才不会变成溺爱。

■ “有毒”的家庭氛围：放过自己，拯救孩子——父母的暴躁、阴郁、争吵、冷战、暴力、抱怨，还有糟糕的大家庭关系，都会毒化家庭氛围，父母对孩子的辱骂，包含着怒火与厌弃，打孩子奏效一时，祸害一世，还会成为家族遗害，代代相传。改变这些，既是放过自己，也是拯救孩子。

■ 陪伴最好的状态，是彼此身心安宁——努力做温和的爸爸妈妈，和孩子一起动手打造生活的美好质感，坚持一些温柔小事情，和孩子一起享受那些柔软的小时光，因为，不带压力的陪伴，才能滋养孩子。

你对生活的态度，就是你对孩子的态度

真心爸爸在飞机上和一对母子一起排队等上卫生间。孩子五岁左右，妈妈衣着入时。一切看起来很正常，然而突然发生的一幕，让真心爸爸目瞪口呆：

小男孩把一根手指头放到嘴里吮，妈妈看到后瞬间抬手，一个响亮的大嘴巴抽在孩子脸上，怒吼道："我叫你吃手！我叫你吃手！"孩子愣了一下，面无表情地把手指从嘴上拿开了。

真心妈妈散步路过公交车站，遇到一对母女。孩子五六岁的样子，头上扎着复杂的漂亮小辫儿。孩子蹦蹦跳跳很开心，妈妈也挺愉悦的样子。接着是同样的剧情大逆转：

孩子抬手去摸自己的小辫子，妈妈马上变脸且大声呵斥："别碰你自己的头发！"

那位妈妈还特别把"你自己"说得很重，让真心妈妈更是不解：为什么不但不让摸头发，还要强调"自己"的头发不能摸呢？——写到这儿，真心妈妈不由得摸了摸自己头上刚刚扎起来的"小毛刷子"。

还有我们头条号文章后大约占 1/3 的或愤怒或无礼或无奈的留言：

扯淡，小编没孩子吧。孩子个性不同，家长遇到不同的孩子，辛苦程度取决于孩子个性。我有两个儿子，都是自己带的，一个二宝顶三个大宝闹。大宝很乖，二宝霸道，都是天性。

上面说的全是放屁，几句话就不让孩子顶嘴！

不是所有的孩子像你们说的一样，谁不想让孩子听话不顶嘴，哪个母亲不是望子成龙，有些方法在你那里行到了我这儿可就不行了，孩子软硬不吃要我怎么办呢！教教我好吗？

我儿子五岁半，那嘴巴是太讨厌了，他不骂人，但是我说一句他有十句等我，气得我刚打了他一顿，打了又心疼，但是我还不能说我心疼他，如果说给他知道，他嘴更厉害了。听话的时候是慈母孝子，不听话的时候就……唉。

好脾气也被孩子磨没了。

没有孩子的时候想过无数种教育孩子的方式，有了孩子你会发现之前你想的连个屁都不是。我觉得不能把全部都怪在父母身上，孩子本身也有很多的天性东西。

打一顿就好了。

其实教育孩子是门很深的学问，我们两口子都挺失败的。

女儿快两岁半了，一天我出门前告诉女儿让爸爸不要看手机，陪她玩，如果不听就打他，女儿犹豫一下说，不能打，我跟他讲！

我恨自己脾气不好。

我儿子才一岁三个月，脾气大，又倔，没有耐心！这几天不知道怎么又长脾气了，我还没打他呢，他先手举起来，嘴里喊着打！横得很！我都发愁了！有的时候打他，也好像没用！也调皮，我一天恨不得十双眼睛盯着他，他到处乱搞，不是一般的调皮。

一嘴巴！啥都行了！

真心爸妈一直在想，为什么同样是爸爸妈妈，大家对待自己孩子的态度却存在很大的差异：

有人对孩子既有爱，又温和、耐心，时刻都能看到孩子身上的好；有人却仿佛视孩子如寇仇，耐心全无、粗暴无礼，而且永远都是先看到孩子身上的不好。到底是什么原因，导致这种让人痛心且无法理解的差异呢？

最后的结论是：

因为大家看待生活的方式，有根本上的不同。

你如何看待生活，就会如何看待孩子；

爸爸妈妈所有的负面东西——情绪、观念、行动中的负面，都会反映在你如何对待孩子上。

愤怒——它仿佛一堆秋天的枯草，只等一个小小火星，就燃起燎原大火。

打骂——它仿佛整装待发的恶魔，只等一声令下，就倾巢出动。

无礼——它随时从得体衣着、入时装扮下跳出来，不论对象、不顾形象，对不合自己心意的一切，无差别打击。

厌弃——孩子随时可以变成和枯燥工作、无趣生活一样，令人厌弃的东西。

无奈——生活就是如此，磨掉我的耐心和向往，我没有办法。

推诿——是孩子的不好，不是我不好，摊上这样的孩子，我有什么办法？

拒绝——你说的一切，都是屁话；你说得都对，然而我不听。

瞬间失控——说翻脸就翻脸，对自己不加克制、放任情绪，或者从未想过自己的情绪、欲望需要合理控制，需要让自己表现得如一个成人该有的理性样子。

失败感——生活中的一切，包括孩子，我都无法掌控。

可怜的孩子们，不得不承受着这一切，无望、无助、逆来顺受、无法反抗，直到自己长成和爸爸妈妈一样的成人，再把这些，一股脑倾泻在自己的孩子身上，让糟糕的一切，代代相传。

当然，我们更多地遇到那些对孩子温和、耐心的父母，他们和孩子在一起很享受，也很享受育儿生活。

那些走在路上，和孩子有说有笑的爸爸妈妈，孩子大人的长相都特别令人舒适；

那些和孩子说话温言软语的爸爸妈妈，他们的声音都很好听；

那些在孩子发脾气、不高兴时仍旧克制自己，不呵斥和打骂孩子的爸爸妈妈，他们看起来都从容、淡定；

那些认同父母是孩子最好的老师，好孩子是夸出来而不是打出来的，自己应该努力做个好爸爸、好妈妈，让孩子成为善良快乐的人的爸爸妈妈，他们的负责、努力、乐于学习，让人看着都会心生愉悦。

你认为生活是美好的，一粥一饭都值得欢喜，一草一木都令人愉悦，那么你眼中的自家孩子，就是同样美好的，他天真烂漫、纯净自然，一举一动、一点点成长，都让爸爸妈妈喜悦、骄傲。

你认为生活是丑陋的、世界是邪恶的、他人是地狱魔鬼般的存在，那么你自己眼中的孩子，就是同样的存在：不听话惹人生气，闹人发脾气让人厌弃，一举一动一言一行，都需要被打骂、教训一番才解气。

你认为自己可以学习、可以努力，让不完美的生活经由自己变得更好——家可以不大，但可以更舒适；收入可以不高，但生活可以安排得自足；工作可以繁重，但自己可以提高效率，让工作更愉悦，那么你也可以同样对待孩子——孩子当然可以不完美，没关系，他仍旧是我的宝贝；他身上有各种各样的小问题，没关系，这是我的责任，我会想办法、会去学习，帮孩子一点点改变……

你认为生活如此糟糕，而自己全然无能为力，失败、恨自己，既改变不了自己也改变不了任何事情，那么你眼中看到的孩子也会是如此糟糕，让你完全不知如何应对，更不知如何把他带得更好：他爱发脾气，是天性，你没有办法；他不好好学习，是天赋差，你再努力也没用；他不爱看书、沉迷电子产品，你管不了了，随他去吧。

你对生活不耐烦，就会对孩子暴躁；

你对生活不满意，就会对孩子不满意；

你对生活失望，就会对孩子失望；

你对爱人、家人、上司、同事厌弃，就会对孩子厌弃；

你对别人态度随意、无礼，就会对孩子态度随意、无礼；

你不认为生活中的自己需要成长，就没有办法和孩子一起成长；

你等待天赐的美好生活，就会等待天赐的完美孩子。

经常有读者问我们：为什么把孩子的问题，都归到大人身上？

这很简单，却无法回避：因为孩子是你自己的孩子，他每天和你生活在一起，你对生活的一切观点、态度、处置方式，都会原原本本地传递给他。

“我自己就这样了，我希望我的孩子不这样。”

这是不可能发生的事，孩子在日常生活中随时随地受着来自爸爸妈妈的负面影响，他怎么可能长成别的样子？即便是这种事情真的发生，也只会发生在极少数天分很高、在十几岁时看清楚爸爸妈妈的模样，再经过几番挣扎努力脱胎换骨，奋力摆脱父母影响、变成更理想的自己的那些孩子身上。

所以，仍是那句被说了千百万遍，也千百万遍地被回应“你说得有道理，然而我不听”的话——要育儿，先育己。有更好的爸妈，才有更好的孩子。如果说育儿有捷径，这就是最大的捷径。

带孩子，你用心了吗？

我们遇到过很多爸爸妈妈，大家各自描述自己如何带孩子，说的却像是完全不同的两件事。

觉得带孩子很轻松的爸妈说：

“我家孩子，从小就特别好带，饿了，哭一下，抱起来喂个奶，吃饱了，就乖乖睡着了。大一点更不费事，很少哭闹，大人说什么，都能听明白，特别好沟通，整天都高高兴兴。”

觉得带孩子累死了的妈妈们说：

“我家孩子，从小就特别不好带，动不动哭个不停，睡觉也不踏实，一会儿就醒，不停地吃夜奶，断个奶费劲死了。想着大一点会好吧？谁知道还是不能省心，脾气坏，又任性，动不动哭闹，怎么说都不行。”

是轻轻松松的爸妈们，都特别幸运地遇到了从小好带的乖宝宝，而累得不行的爸妈，都不幸地遇到了天生难带的磨人精吗？

带孩子带到濒临崩溃的父母，可能会这么安慰自己。可惜原因恰恰相反——刚刚出生的小婴儿，都是纯净的小天使，幸运地遇到懂得用心的爸爸妈妈，才会变成心满意足的乖宝宝，不幸遇到不懂用心的爸爸妈妈，才会变成无论如何都不满足的磨人精。

·努力，不等于用心·

怎么样才是对孩子用心？难道爸爸妈妈整天为了孩子忙忙碌碌、操心费力，还不叫用心吗？——那样可能真的不叫“用心”。

一位心理学家讲过一个例子：

几个月大的婴儿，哭闹不停，妈妈姥姥奶奶使出浑身解数，都不奏效。看孩子哭得满脸通红，上气不接下气，一家人急得不行。后来孩子爸爸比较细心，他把孩子抱过来，轻轻贴在自己的胸口，奇迹般地，孩子停止了哭闹。

真心爸妈带两个孩子，也有相似经历。孩子还是小婴儿时，有时会睡不踏实，睡着睡着就哭醒，真心爸爸就把孩子抱起来，让孩子趴在自己的胸口上，小宝贝在爸爸胸口上挪一挪、拱一拱，给自己找个舒服姿势，没两分钟，就安安静静地睡着了。

爸爸妈妈对孩子用没用心、有多用心，孩子很小的时候就知道。

当他们被胡乱摇晃着哄睡、被塞给一个又一个玩具只为博得一笑时，他能感受到，大人并没有真的在"用心"对待他，所做的事，不过是想让他马上停止哭闹。而当他被安安静静地抱着，贴在大人的胸口时，他感受到的，是大人在用心地体察他的情绪，在给他爱与安全。这是完全不同的。

对孩子用心，并不复杂，而且几乎完全不用花费时间和精力。

他对你笑时，自然地回给他一个发自内心的笑脸；他跟你说话时，看着他的眼睛，认认真真地回应他；他提出要求时，花一秒钟，用同理心想一下，孩子为什么会这么要求；他不高兴时，接纳他的不高兴，不要求他马上高兴起来；他高兴时，让他知道，你为他的高兴而高兴……

就是这么简单，所需要的努力，可能都不会占到你在育儿生活中全部努力的1%，但产生的效果，却足以抵过你对孩子做的种种哄劝、威胁、利诱、呵斥、打骂之和。

我们不难看到这样的场景，不夸张地说，它们比比皆是：

在家里，孩子想跟爸爸妈妈说话，但大人盯着手机，头也不抬，"我忙着呢，有事快说"；走在路上，大人自顾自地走在前面，孩子在后面跟着，"爸爸，有只鸟"，大人头都不回，"别看了，快走"！

忙于自己事情，或忙于琐碎的育儿事务性工作的大人，常常疏于回应孩子，孩子得不到期待的回应，只好用其他方式引起大人的注意——他们变得淘气、吵闹、坏脾气、“不听话”——这些麻烦，让爸爸妈妈的育儿生活愈加焦头烂额。

而这一切，起因不过是，孩子对爸爸妈妈“用心”的期待：爸爸妈妈，我在这里，请看到我，请用心回应我。

·用心，只在一瞬间·

用心和不用心，只是一瞬间的事，产生的效果，却截然不同。讲两件我们亲身经历的小事。

我家小儿子就读的学校要求做北京钟鼓楼的课题研究，一个周五晚上，孩子与我们约定，第二天上午吃完早饭，一家人一起去参观，还要拍照。说好之后，妈妈扭头要去做别的事，小儿子又叮嘱“带上相机”，妈妈刚换了一款拍照性能很好的手机，就随口说：“妈妈新手机很好，咱们带手机就行了。”

话一出口，真心妈妈马上想到，去年夏天，自己当时陪要做故宫建筑课题研究的大儿子去故宫时，带的是单反相机，一路上，大儿子和他的同学带着弟弟到处看，妈妈则像个专业摄影师一样，举着相机，帮孩子们拍下要用到的素材。

想到这里，我半秒钟都没耽搁，马上回答：“好，妈妈带上相机，这就去充电。”

于是第二天在钟鼓楼，我们完美再现了前一年去故宫的场景：弟弟带着哥哥到处看，妈妈举着相机，不停地拍下建筑各处的远景、中景、特写。

新手机可能与单反相机拍出来的效果差不多，但手机还有接听电话和接收信息的功能，无法像相机一样只专注于拍照这一件事。孩子的心思，远远比我们大人能觉察到的细腻，大人多一些用心，才能体察和回应这些细腻的小心思。经常被如此回应的孩子，自然会心满意足、安静平和。

另一件小事，发生在春节。

准备全家聚餐时，一位长辈招呼在厨房忙碌的真心妈妈："累了吧？累了就歇会儿，吃块点心喝点儿水。"真心妈妈正想回答"不累"，却看到她已经扭头去招呼别人，连两个字的答话缝隙都没给我留下。那一瞬间的感受，真是糟糕透顶。

大人遭遇如此"不用心"的对待，尚且会不舒服半天，何况对爸爸妈妈满心信任、满心期待的孩子？

因为习惯了"用心"对孩子，我们两个孩子，从小到大，都特别容易表现得心满意足，很少哭闹，不发脾气。经常有朋友问我们："带两个孩子，累吧？"我们每每回答"不累"，却常常被佩服"不怕累"。其实是真的不累，相信凭自己实实在在的"用心"，带出心满意足的孩子的爸妈，都和我们有同样的感受。

如果你正为带孩子的疲累烦恼，真心爸妈强烈建议你，尝试一下对孩子多多"用心"，等孩子从磨人精变成特别好沟通、合作程度特别高的"乖宝宝"时，你也会由衷感叹：带孩子会用心，真是又轻松又美妙的感受！

不做"低服务型父母"

为什么孩子爱哭闹？

为什么孩子容易发脾气？

为什么你带孩子那么累？

问题都归结在，"我"遇到了一个高需求的宝宝。

真心爸妈坚决反对把育儿生活中的各种难题，都归结为"我就是生了个不好带的孩子"，所以每次遇到别人说起"高需求宝宝"——即便这个词来自美国著名育儿专家西尔斯博士——我们都会想，爸爸妈妈们那么轻松地认同了"高需求宝宝"的存在，那么有没有一种可能，有一种类型的父母，自己就是"低服务型父母"呢？

"低服务型父母"可能是真心爸妈自己大胆创造的一个词，简单说，就是"服务”于未成年孩子需求的意愿很低，而且“服务质量”不高的父母。

美国心理学家鲍姆林德根据纪律要求、情感付出、沟通方式、预期程度四个维度，将父母划分为专制型、权威型、放任型、忽视型四个主要类型，但“低服务型的父母”，他们可能既不专制，也够权威，对孩子不放任，也不忽视，他们的特征是：为孩子做事，没那么心甘情愿。

试着总结一下，“低服务型父母”常用的高频词：

·“我忙着”·

真心妈妈在快餐店吃早餐，遇到三位妈妈带着各自四五岁的孩子。妈妈们无比投入地聊着天，几个孩子好几次试图插嘴，引起妈妈们的注意，都被制止，“等等，等等，没看见大人在聊天吗”？

后来孩子们实在无聊，在餐厅里追逐吵闹起来，可能是妈妈们实在被吵得受不了——餐厅里的人估计也都和我一样受不了了，一位妈妈才呵斥自己的孩子说：“某某某，你再闹，我下次不带你出来了啊！”

我们每天都在说高质量陪伴，可孩子真的要你陪的时候，“高服务型父母”会心口如一、全心全意地陪着孩子、回应孩子，“低服务型父母”却总是说“我忙着”。

·“我很累”·

有一回，我们写文章说，“为什么有人带孩子又忙又累像打仗，有人轻轻松松像旅行？”，惹恼了不少妈妈，她们愤怒地留言说：“胡说八道，轻轻松松的，遇到的都是好带的宝宝，给你一个高需求宝宝试试，累不死你！”

和妈妈们讨论育儿问题，会非常高频地遇到那个“高需求宝宝”。把妈妈搞得疲惫不堪、万分无奈的高需求宝宝们，都干了什么“好事”呢？

他们不过是在妈妈想睡觉的时候吃夜奶、在妈妈不想抱的时候“黏人”、在不会说话的时候用“爱哭”来表达需求、长大点要听很多睡前故事才肯入睡、再长大点喜欢拉着爸爸妈妈不停说话聊天而已。

其实每个爸妈——好吧，主要是妈妈——都是这么过来的，“高服务型父母”当然也不是不累，只不过他们高高兴兴地累着，“低服务型父母”却被“累坏了”。

·“我做不到”·

一位新手妈妈在我们的育儿群里咨询母乳问题，一群母乳喂养成功的妈妈无比热心地提供了各自的办法，甚至纷纷奉上私家“下奶”食谱。大家都希望，新生的小宝宝，能美美地吃到妈妈的乳汁。

过了没几天，那位妈妈又回来了，告诉大家：“我放弃了，可能我就是没奶水的妈妈，孩子吃奶吃得我乳头都疼死了。”于是大家都无语了，还能说什么呢？

母乳喂养成功的妈妈们，可能都经历过被吃裂乳头、被胀奶堵出乳腺炎的情况，对“高服务型妈妈”来说，那是“痛并快乐着”，但是“低服务型妈妈”，却觉得受不了，轻易地就放弃了。

·“我不会”·

“孩子老问些莫名其妙的问题，我根本答不上来，怎么纠正他？”一位烦恼的爸爸问。是啊，怎么办呢？

高服务型的父母，不是先把孩子的问题斥为“莫名其妙”，而是马上开动脑筋，把十几年前学过但早就还给老师的那些知识找回来，甚至马上查找资料，给孩子解答，有时还像对着一个成人一样，认认真真地跟孩子讨论上好一会儿，但“低服务型父母”，却被孩子不停地“问问问”给烦坏了。

·“我没办法”·

一位妈妈来咨询孩子坏脾气的问题，觉得自己快被孩子的坏脾气给搞崩溃了。原来，她的孩子一直跟着祖辈长大，快上学了才回到爸爸妈妈身边，爸爸妈妈对孩子的“习性”一点都不熟悉，所以相处起来才困难重重。

为什么不自己带孩子，或者哪怕让爷爷奶奶姥姥姥爷在父母身边带孩子呢？“我没办法呀，工作忙，老人又适应不了大城市生活，所以只能这样，现在后悔也来不及了。”

育儿生活中，确实有很多让人难于抉择的事，但“高服务型父母”会更多地从对孩子有益的角度考虑，付出百分之百的努力，寻找更好的办法，而“低服务型父母”，却常常是还没做到一半的努力，就放弃了。

·“我就是这个脾气”·

一位爸爸，为经常对孩子大吼大叫而烦恼。他一生气，就吼孩子，吼过了，又后悔，后悔之后，又再吼，搞得孩子一见爸爸就害怕，而且遇事特别胆小怯懦。别人跟他说：“你得控制一下。”那位爸爸说：“我就是这个暴脾气，都好几十岁了，哪还改得了？”

没生孩子之前，谁没点任性？谁没点脾气？“高服务型父母”逼着自己，一点点克制着，一点点修正着，变成了对孩子温言细语、和颜悦色的爸妈，而“低服务型父母”，让自己继续像个孩子一样任性着。

·“我为你含辛茹苦”·

我的朋友 A 君，很害怕回家过年，因为每年春节，父母都会将他小时候家里如何如何困难、父母如何如何省吃俭用供养几个孩子，重新历数一遍。其实他家的状况在当地是中等水平，和贫困毫不相干。A君常常不知如何接话，说些感谢的话又说不出口，搞得场面尴尬。

看到孩子长大成人，“高服务型父母”把带孩子的辛苦都忘了，“再苦都值得”，但“低服务型父母”会一直记得，并时不时拿出来提醒孩子，我如何含辛茹苦，把你养大成人，让孩子感恩戴德。

·“你欠我的”·

低服务型父母，还有一个更可怕的心态，就是觉得孩子欠着自己。

有人在“悟空问答”非常郑重地提问：“父母花了那么多的财力精力给孩子更好的教育和支持，很大程度上也牺牲了自己，你觉得孩子到底欠不欠父母？”还有人问：“为什么我总是觉得孩子欠着自己呢？”

到底欠不欠呢，真心爸妈认为——不欠的。那个由你带到这个世界上的孩子，只能全心地依赖你，而你有义务，将他好好地养大成人，如此有爱且有责任的事，如何就成了债权呢？

“高服务型父母”将养育孩子视为自己完整生命的一个重要部分，愿意尽自己所能，将孩子养育成更好的“他自己”，而“低服务型父母”认为，自己生了孩子，是给了孩子天大的恩惠，孩子欠着自己的养育之恩，无论如何都还不够，于是对孩子百般索取、万般要求。孩子就算是对爸妈有无比深厚的爱，恐怕也会被父母这种日复一日要求回报的心态给消磨干净。——比起“高服务型父母”来，“低服务型父母”，只是少了为孩子奋不顾身的慷慨和勇气而已。

同为父母，写这样的分析，我们并不是为了批评确确实实在为孩子付出很多的爸爸妈妈们，只是想做一个小小的提醒，当我们毫不犹豫地给还是小婴儿的孩子贴上“高需求宝宝”的标签时，能否反思一下作为成人的我们自己：

我是否愿意全心全意地回应孩子的需求，并做出最大的努力，只因为，他是我的宝贝，而我是他的父母？

理想的亲子关系，是爱的互动

· 谈孝顺时，我们要的是什么？ ·

真心爸妈人到中年，育有二子。“孝顺”可以说是我们这个小家庭中的禁忌词，此外，还有“孝道”“顺从”“感恩父母”，等等。

十几年来，我们从不跟孩子谈论孝顺，一次都没有，我们也不要求孩子“孝顺”，甚至我们还很担心，在母亲节、父亲节、三八妇女节、儿童节、爸爸妈妈生日、孩子们自己生日时，孩子会要求给爸爸妈妈洗个脚、夹个菜、下个跪什么的来表示“感恩”。

幸好，谢天谢地，除了偶尔按照学校要求，给爸爸妈妈画张小画儿、做个爱心折纸什么的，孩子们从来没有做过让爸爸妈妈不知所措的“孝顺”举动。

真心爸妈自然也熟知“二十四孝”故事，还看到过一桩五岁孩子“孝顺”父母的事：

孩子每天早早起床，为父母做好饭菜，伺候爸爸起床穿衣、喂爸爸吃饭，爸爸上班后，再照样伺候妈妈起床，喂妈妈吃饭。伺候好爸妈，自己再吃父母剩下的饭菜。

说实话，二十四孝和这样的现代孝子故事，真是让人脊背发凉、毛骨悚然。我们不想任何沾染此类气息的事情和观念，出现在自己的家里。

我们这种观念，自然也遇到不少不认同甚至批评。比如真心爸爸在自己微信转发并赞同关于“孝道害人”的文章，一位微信好友就直言批评：“你这样想不对，我们应该对父母好。”

这其中有一个巨大的误解，赞同不赞同“孝顺”和对父母好不好，完全是两回事。反对孝道，并不意味着我们自己想要或者实际上对年迈的父母不好，也不意味着，我们鼓励自己的孩子现在或者将来，对自己的父母不好。

我们反对的，是“孝顺”这个词所包含的意义。当我们要求孩子“孝顺”时，我们要的是什么？是无条件的顺从。

我是你爸爸你妈妈，你是我的孩子，所以你得听我的；

我所做的一切都是为你好，所以你得听我的；

妈妈怀胎十月把你生下来，父母含辛茹苦把你养大，我们对你有天大的恩情，所以你得感恩、你得顺着我；

甭管我对不对，甭管我够不够好，身为我的孩子，你“孝顺”我，天经地义。

当我们这么要求孩子时——

我们忘掉了，生儿育女，教养他成人，是为人父母的责任，不是需要孩子偿还的“恩情”；

我们忘掉了，孩子是一个独立的个体，他再小，也有自己的想法和主见，不必事事顺从父母意愿；

我们忘掉了，亲子之间更宝贵的关系，是父母对孩子的爱、孩子对父母的爱，而不是彼此以“孝顺”为名的纽带，或者更加直言不讳地说——捆绑。

·不用浅薄的孝，侮辱高级的爱·

真心妈妈曾经听过一位爸爸的分享。他讲道：

自己的父亲，对奶奶非常好，奶奶年纪大了，夜里起床喝水不便，他父亲会把水放在奶奶的床头。当时家里条件很差，没有保温杯，他父亲就用布和棉花缝了一个棉套子，套在玻璃瓶外面，好让奶奶随时能喝到温水。学着父亲的样子，他现在也会这样照顾自己年过七旬的妈妈。

这样细致入微的照顾，当然让人非常感动和钦佩。但当他把这样的故事，解释为“孝道传家”时，真心妈妈听来，还是觉得有些失望。对父母的照顾难道不是发自内心的爱意，而仅仅是迫于传统的“孝道”吗？

与亲子之间发自内心的爱相比，孝顺之说，既浅薄，又冷酷。如果没有充足的爱意支撑，单纯的孝顺，无非是施恩与求偿，受人之恩而不得不回报，与市井交易又有什么区别？

真心爸妈上有四位老人，再早些年，真心妈妈祖父母、外祖父母也都健在，除了刚生孩子时有两年我们在北京过年，每个春节，我们都会回老家过年，其他假期，也会尽量抽时间回老家看望父母。父母有需求，我们也会尽量满足，或者提供帮助。

在对待父母上，即便不能自夸尽心尽力，自问也算不得“德行有亏”，但如果被评价“孝顺”，我们会很不舒服，甚至会觉得受了侮辱。因为在我们看来，尽自己所能、所愿，对父母好，是由发自内心的情感驱动的——是我想如此，而不是由任何外在约束来规范的——你应该如此。一个主动，一个被动，格调天壤之别。

几十年来秉承这样的观念，所以对自己的两个孩子，我们会尽力给他们充足的爱，但从不跟他们讲任何与“孝顺”有关的话题。两个孩子，也同样发自内心地想着爸爸妈妈。

大儿子二年级时，一次春游，我们给他带了 20 块零花钱，没跟他说这些钱该怎么用。结果他回来时，带了一个非常漂亮的旗装娃娃，穿着鲜艳的长袍，头上顶着一大朵好看的绢花。这个娃娃用掉了 20 块中的 15 块。孩子说，同学们都用零花钱买水、买零食了，但是他看到了这个娃娃，觉得特别配妈妈，妈妈一定喜欢，所以就买回来了。这件美好的礼物，现在还摆在家里的书架上。

小儿子五年级时，假期去新加坡游学，按照他自己的要求，我们给他带了 100 新元零花钱——与同团的孩子比，带的钱应该算是少的，我们同样没有要求这些钱该怎么用。小儿子回来时，花掉了所有的钱，买了三盒巧克力、一小瓶新加坡特产的密封小绿植、一个小花盆和一小包种子。

巧克力是给大家吃的，小绿植和种子是他自己喜欢的，还有一条漂亮的项链是给妈妈买的。那条项链，用掉了 100 新元的一半。小儿子兴高采烈地汇报："买了这些东西后，我可拮据了，后来在环球影城，老师发了我们每人 10 新元，让我们自己买东西吃，我没有钱可补，就买了一个正好 10 新元的儿童套餐。不过那套餐好大，薯条又香又脆，可好吃啦！"

鉴于两个孩子这些有爱的小行动，等大儿子再出发游学时，妈妈赶紧叮嘱他："带去的钱，自己喜欢买什么就买什么，给同学带些纪念品回来也好，不用想着给爸爸妈妈买礼物。"

真心爸妈享受和孩子之间这样爱的互动，并且也相信，只要孩子感受到充足的爱，他会发自内心地给爸爸妈妈同样充足的爱——不需要刻意引导，更不需要强制要求。这样的亲子关系，岂不是比基于孝顺的捆绑，美好得太多？

所以，真心爸妈想说，相信自己，相信孩子，尽力去营造充满爱意的家庭环境，不用讲浅薄冷酷的"孝顺"，我们会一起享受到更高级的亲子关系——爱的互动。

爱的尺度：宠爱不溺爱

谈到爱孩子，不可避免地遇到一个问题：到底什么样尺度的爱，才是真正健康的宠爱，如何避免宠爱变成溺爱呢？

奥地利心理学家、个体心理学的开创者阿德勒在他的名著《儿童人格教育》中多次谈到被溺爱的孩子在适应学校环境上会发生严重问题：

"被溺爱的孩子在家庭中往往成为中心，受到过分照顾和关注，而在学校，他无法得到同样多的关注，于是或者过分争强好胜而内心脆弱，或者用恶劣表现吸引老师和同学的关注。这两样，都对孩子在学校甚至走入社会后的发展非常不利。”

真心爸妈宠爱孩子是出名的，但一直以来也特别留意尺度，不把对孩子的宠爱变成“过分宠爱”——溺爱的程度。

大人应该把握什么样的尺度，让孩子既感受到爸爸妈妈足够的宠爱，又不会因大人宠爱无度而影响人格的健康发展？下面是我们的理解。

· 不过分满足需求 ·

我们一直主张对孩子的需求要迅速满足，让孩子感受到父母充分的尊重和爱意，但同时也会留意，满足孩子需求时，不会“要一给二”，比如孩子想要生日礼物，爸爸妈妈就挖空心思去给孩子买昂贵的礼物，以给孩子“大大的惊喜”。

我们的办法是，尽量确切地和孩子沟通清楚他的需求，然后超出一点点来满足他，比如孩子小时候过生日特别喜欢变形金刚，我们就会问他想要什么样的，然后在之前和孩子约定的过生日“预算”内，尽量和孩子一起挑选到他们最满意的，可以用足预算、稍稍超出一点预算，但不可以超出很多。这样，孩子和大人之间，就会慢慢地就满足需求的程度达成默契。

· 不满足过分需求 ·

有些被宠坏的孩子会习惯于对爸爸妈妈提出过分的需求，比如某样东西一次吃好几份、某样东西只能他一个人吃、别人都不许动，等等。真心爸妈家的两个孩子，都没有提出过类似的要求，因为知道即使提出，爸爸妈妈也会明确地回答：“不可以。”

真心爸妈认为，孩子的过分需求一旦被满足，他就容易认为，这样的需求是合理的、是应该被满足的，这样的孩子，很容易变得需索无度，这种需索甚至会延续到成年之后，那些为自己买车、买房、各种消费而榨干年老父母每一分钱的子女，他们应该就是这么被“满足”——“惯”出来的。而且过分的需求被满足一次，父母爱的尺度就会“千里之堤，毁于蚁穴”。

·让孩子学会等待·

当孩子闹着说“我要如何如何，我现在就要！”时，你会怎么做？一些爸爸妈妈可能不论手头在做什么，马上放下一切去“领旨”了。

我们没遇到过这样的事，但在平时，会有意让孩子学会等待。孩子提出要求，大人手头上也正好没事时，我们会快速满足孩子。但如果大人手头确实有事，不能马上停下来，我们会告诉他们：“稍等等，爸爸/妈妈这会儿正忙，等一下再来帮你。”孩子习惯了偶尔等待，就不会一有需求就火急火燎，非得逼着爸爸妈妈马上满足他，一刻都等不得。

·让孩子学会体恤·

我们会尽量及时满足孩子的需求，但有困难也会跟孩子讲清楚，比如今天没时间、某某东西一时还找不到，或者目前的条件没有办法做到，等等，让孩子明白不是他想怎么样，大人就一定能实现他的愿望。

比如现在外面正大风大雨，而孩子要大人出去给他办某件事，你会答应吗？如果孩子缺的是明天上学要用的东西，我们会去，除此之外，我们都会告诉孩子：“现在风雨太大，开车出门不安全，要等雨停了再去。”

·你能做的，我不代劳·

孩子需要帮助时，我们会乐于帮忙，但不会事无巨细地伺候孩子，孩子能自己做的，我们也不会代劳。

我们不会在头天晚上就帮他们把第二天的衣服准备好放到床头。孩子们上小学以来，每天都是自己到衣柜里找衣服穿。我们不帮孩子背书包、不帮孩子收拾书包、不帮孩子记作业。只要他那个年龄能做、会做、该做的，我们都不会上手帮忙。我们甚至还写过一篇文章，专门讨论孩子的书包该由谁来背的问题。

真心爸妈觉得，如果孩子习惯了自己能做的事，别人也会积极主动地代劳，他很可能成为懒惰的、事事都等着别人替自己完成的人。

·尊重父母和其他长辈·

一些孩子从小打爸爸、打妈妈、打祖辈，而且得到大人极其不当的鼓励，那么他很可能到十来岁时就成为对爸爸妈妈甚至祖辈乱开玩笑、出言不逊，甚至胡乱动手的孩子，到学校也很可能成为对老师极不尊重的学生。

这些在我们家都不允许。孩子一两岁时，要抬手打人，我们会捉住他的手，看着他的眼睛，告诉他："不可以。"孩子偶尔对爸爸妈妈用很不耐烦的语气说话，我们也会告诉他："你这种语气很不好，对大人不可以这么说话。"孩子知道这些"规矩"，很小的时候起就不会和大人撕缠、拉扯、大吼大叫了。

·玩儿可以，"作"不行·

家里家外混作混闹的孩子，大多是溺爱的结果。很多孩子在家里"作"惯了，会误以为到外面，也可以同样"作"。小时候会让周围的人很困扰，长大了，甚至可能自己作出祸事来。

孩子小时候，都喜欢打打闹闹，我们会告诉孩子：玩就好好玩儿，不可以破坏。所以，真心家俩孩子除了两三岁时把爸爸妈妈衣柜裤架上的保护套抽下来当绳子玩、把自己的床当成蹦床而踩坏了三根弹力床板之外，几乎再没有过其他破坏性举动。

·培养分享精神·

家里只有一个孩子时，真心爸妈和孩子分享零食，有了两个孩子之后，能分享的东西，我们都告诉孩子要兄弟二人分享。现在两个孩子不但互相不争抢，还会想着爸妈，再爱吃的东西，只要爸爸妈妈不表示“我们不吃了，你们自己吃”，都会留一些给爸爸妈妈。

我们理解，在两个或多个孩子的家庭中，分享精神可以帮助孩子避免兄弟姐妹之间的争斗，而且也会延伸到他们对“爸爸妈妈是咱们共同的爸爸妈妈”的理解；对独生子女来说，就更加重要，因为他们天生地独享了爸爸妈妈的关注，上学后比非独生子女更难适应“我不是唯一中心”的学校环境。

其实育儿生活中，还有很多细节，和爸爸妈妈宠爱孩子的尺度相关。只要爸爸妈妈有这样的意识，就会慢慢地建立起对宠爱尺度的把握，也会和孩子建立起这种默契。

“宠爱”是必要的，让孩子在有充足爱意的环境中长大，帮他们成长为有足够爱的能力的人，这样他们未来的生活会更加幸福。

但“溺爱”是无益的，孩子不可能一生待在爸爸妈妈的羽翼下，别人也不会无原则无尺度地宽容你的孩子，父母溺爱无度，不但不能让孩子的未来更美好，反而会为他适应家庭之外的环境带来很多困难。

“有毒”的家庭氛围：放过自己，拯救孩子

家里空气质量不好，爸爸妈妈都会准备空气净化器，让孩子呼吸到清新的空气。但“有毒”的家庭氛围，却常常被有意无意地忽视。一些家庭环境风和日丽，孩子

大人平静愉悦，另外一些家庭中，孩子却不得不经常面对父母的暴躁、阴郁、争吵、冷战、大打出手……避无可避。这真是让人心疼的糟糕状况。

·“有毒”氛围的来源·

毒化家庭氛围的那些污染源，主要来自父母以及共同生活的其他成人，真心爸妈简单归纳了一下，读者诸君不妨自检，你的家里有没有？有的话会有几种？

1. 父母的暴躁

一点小事就发怒，一言不合就吼叫，上一秒还是和颜悦色，下一秒可能就大发雷霆，反复无常，难以预知，让人时常心惊肉跳。

有的家庭是父母一方暴躁易怒，孩子和另一方成为坏脾气的受害者，有的家庭是父母都暴躁易怒，所有的坏脾气都由孩子承受。孩子在这样的家庭氛围中成长，不得不时刻小心翼翼，如履薄冰。

2. 父母的阴郁

有的父母不暴躁，但阴郁，情绪时常沉重、低落，难得有笑逐颜开的时候，更不用说一家人每天坐在一起有说有笑了。这让家庭氛围常常处于“低压带”，令人郁闷压抑。

父母的阴郁可能由身体、工作、家庭收入等原因所致，比如有人说：“这样那样的育儿方法，都是说得轻巧，要是你每天为生活打拼，还有什么心思顾得了这么多？”孩子是自己的，顾不了也要努力顾，否则人类和仅为谋食的动物，有什么区别？

3. 父母的争吵

天下没有不吵架的夫妻，但有的家庭明显争吵过多，一天几小吵，三天一大吵，种种大事小情，都能成为导火索，吵起架来口不择言，各种谩骂、诅咒脱口而出，只恨天下绝情狠辣的语言还不够多，无法痛快地发泄怒气。

有爸妈还会找孩子当裁判，“你说是爸爸对还是妈妈对？”有的会拉拢孩子成为同伴，“你是站在爸爸一边，还是站在妈妈一边？”有的甚至要孩子选择，“要是爸爸妈妈离婚了，你跟爸爸还是跟妈妈？”

4. 父母的冷战

有的夫妻，除了吵架，还会冷战，几天甚至几周几个月彼此冷冷冰冰，不理不睬。我们无法理解夫妻之间冷战的用意，更无法想象，处在父母冷战夹缝中的孩子，他们会如何度过父母冷战时那些让人惶恐的日子。

5. 父母砸东西、大打出手

有的爸爸妈妈，发脾气时会抄起手边的东西，甭管贵贱，都砸得稀烂，有的还会彼此大打出手。我们曾有一家邻居，经常是在后半夜里，惊天动地打将起来，那动静，简直让人担心会不会出人命。这样打了几年，他家的房子就易主了，不知家里有没有孩子呢？

6. 父母互相抱怨

有的爸妈，关系不会坏到经常争吵、冷战、大打出手的程度，但会把互相抱怨当成家常便饭，和吵架一样，诸多鸡毛蒜皮都能成为抱怨的由头。

他们互相抱怨，也不停抱怨孩子，“不听话”“不争气”“烂泥巴扶不上墙”“跟你爸（你妈）一个德行”，甚至有一位网友说：“我小时候我爸经常说我以后要饭都找不到地方。”

7. 糟糕的大家庭关系

有的家庭，三代人生活在一起，老人和儿女之间摩擦不断，孩子夹在祖辈和父母之间，各种尴尬无措。

有的家庭，虽然不一起生活，但大家庭关系复杂纠葛、彼此不满，爸爸妈妈经常当着孩子的面为金钱、财产吐槽兄弟姐妹妯娌连襟，这样的氛围，同样也让人无法感到愉悦。

上面说的这些，只是毒化家庭氛围的几个最重要的“污染源”，其实细细列举，还有很多，但无外乎来自父母的坏脾气和糟糕的夫妻关系。

有多少成人，想起小时候父母吵架的情景，至今还心存余悸？有多少成人，小时候对糟糕的家庭氛围痛恨无比，只想赶快长大离开这个家？又有多少成人，无奈地发现，自己从父母身上继承了那些曾经让他们最厌恶的东西，却无力摆脱？

在心理学家和心理医生那里，无数的心理问题案例，最后都指向了求助者的原生家庭，是他们父母的个性、人格、处事方式、对待孩子的方式、对待情感和关系的方式，一点点地将孩子推向了心理困境甚至心理绝境。这是很可怕的事。

所以真心爸妈强烈建议爸爸妈妈们，无论你的家庭中是否存在这样的问题，最好都多看些这方面的书籍，了解原生家庭对孩子一生影响的深度和广度，这样当您面对孩子时，才有更多理性的思考和行为。

是爸爸妈妈把孩子带到这个世界上来，孩子生为儿女，有什么样的父母没得选择。如果父母放纵自己的"脾气"，让孩子在"有毒"的家庭氛围中生活，孩子的物质生活可能无虞，但精神生活状况，就实在太悲惨了。

·辱骂中的怒火与厌弃·

一天下午，我在小儿子学校门口，等他课后兴趣班放学。天蓝，阳光耀眼，早开的槐花花香四溢，等孩子的家长们三三两两聊天。

两三米外，一位妈妈带着女儿，和一位相熟的男家长寒暄。女孩子三四年级的样子，乖乖巧巧。

妈妈对人说："我们这个出来晚了。"看样子是没有上课后班的孩子，正常3：30放学，3：40家长可以接到孩子，那时是4：00。

男家长很客气，"都一样。我给孩子带了零食，来吃一个"。妈妈让孩子接过吃的，客气地让孩子道谢。然后，母女俩周到地道了别，转身离开。

走不出到十米，那位妈妈口中，突然就爆发出一声大吼："你怎么这么不要脸！每次都做不完课堂作业，每次都晚出来，在这儿丢人现眼！"女孩惊恐地看了妈妈一眼，想辩解，又没出声，乖乖跟着妈妈走远了。

那呵斥、那粗口、那愤怒、那怨毒，如果不是亲耳听到，真是很难相信出自一位妈妈口中。是有多大的怨恨，会如此恶毒地辱骂自己的女儿呢？

那位妈妈三十多岁，衣着得体，化淡妆，发型不夸张，办公室白领的典型样子。女儿也穿戴得很得体，漂亮，眼神温顺，看不出一点桀骜不驯。

回到家，我搜索"辱骂女儿"，在一个极著名的网络论坛，遇到了一座"高楼"，里面全是历数自己小时候、长大后如何被父母辱骂的帖子，辱骂内容和污糟的语言，让人无法引用。

这些互相暴露伤口又互相安慰的孩子们，提到了一个名字看起来相当叛逆的小组——父母皆祸害小组。这个小组，活动在一个著名的文艺青年聚集的网站，小组中的帖子，既有如何遭受父母伤害的哭诉，也有理性的心理学梳理分析，当然，也不乏观点激烈偏颇的发泄。

这两处发现，真是让人眼界大开，原来辱骂子女的情形，远比想象的更普遍、更严重。

父母为什么不惜对儿女使用上世界上最恶毒最肮脏的语言？

在我亲历的场景和那些网友描述的场景中，不难发现两个要素：一是无法克制的燎原怒火，二是极端厌弃的情绪。

怒火和厌弃，看起来都是针对孩子，实际上远不止这么简单。那些怒火，可能来自生活中的日积月累——工作的不顺利、对上司同事的不满、对丈夫/妻子和家人的不满、对生活现状的不满，然后遇到一个小小的火星，就砰地燃烧起来，可怜的孩子，成了迁怒的对象。

那些厌弃，也并非只针对孩子，更可能是对自己的厌弃，尽管当事人不会那么认为。一个成人，如果爱惜自己、喜欢自己，又怎么会任由自己瞬间爆粗，一转脸，就把自己的形象拉低到如此不堪呢？如果喜欢自己，又如何会那般厌弃由自己孕育养大的孩子呢？

著名心理医生 M·斯科特·派克在他畅销全球的名著《少有人走的路——心智成熟的旅程》中，把将自己的问题嫁祸给孩子的父母，称为“人格失调”的父母，他们不断指责孩子，认为自己的困境是由孩子造成，并且给孩子传递这样的信息：

“我的婚姻很不幸，我的心理不健康，我的人生潦倒不堪，这一切完全是你们的责任。”

对于由父母带来的这种困境，孩子年幼时完全无力反抗，只能在长大以后，在家庭之外寻求救赎，就像那个论坛还有“父母皆祸害小组”的存在，遭遇同样困境的年轻人在一起发泄不满，互相帮助。

但也有例外，我看到一篇针对“父母皆祸害小组”的激烈评论，表达了完全相反的意思：“尽管我从小受到这样的对待，现在罹患重度抑郁，我也理解父母的不易，从没说过一句父母的不是。”这个观点，也得到了不少赞同。

这些仍旧不肯说父母不是的孩子们，可能在整个成长过程中，都跟着父母责备自己，面对严重的心理困境，也觉得是自己的问题，而不是父母的问题。

父母不可能天然正确，父母再不易，也没有权利以伤害孩子来发泄，如果不能认同这个观念，那么这些遭遇父母祸害的孩子，他们的救赎，真的很难完成。

这样的父母，有没有可能自救？

如果他会为自己对待孩子的方式感到懊悔，试图寻求改变，就很可能自救成功，毕竟自我学习和寻求心理帮助，都有助于心智成长。

但如果他们觉得自己对待孩子的方式天经地义，没有任何不妥之处，可怜的孩子，就只能无助地在父母的怒火和辱骂中长大了。

回到那位大骂孩子“不要脸”的年轻妈妈，确实，大部分爸爸妈妈，都不会如此辱骂孩子。但细细检讨一下，我们的生活中有没有某一刻怒火中烧，迁怒孩子？有没有某一刻，自己的烦恼无从解脱，觉得生活中的一切，包括孩子，都让人厌倦呢？只是程度不同而已。虽然不会严重到需要自救，但自警自律，总是要有的。

·打孩子奏效一时，祸害一世·

我们曾在一篇文章中讨论如何避免孩子养成发脾气的习惯，一天时间里，阅读量就超过了10万，而且好多读者留言热烈讨论。这“盛况”真是吓了我们一跳，原来孩子发脾气的状况这么普遍！原来面对孩子发脾气束手无策的爸爸妈妈这么多。

同样吓了我们一跳的，还有这些留言：

打一顿就好了！

直接一顿胖揍啊，小样儿我还治不了你了！

说一万遍还不如打几下来得实用。

棍棒底下出孝子。

原来，还有那么多爸爸／妈妈，信奉“打”是有效的办法。但打孩子，真的有效吗？我们回复一条这样的评论说：“打骂是无能的教育方式。”

一个成年人，一位爸爸妈妈，仗着身体上的优势，去打毫无反抗能力的孩子，这能证明你更强大、更有能力、更有办法、更有权威吗？除了让孩子心生恐惧、怨恨，什么都证明不了。如果一定说是证明了什么，那只能证明做爸爸妈妈的，没有能力用更好的、更有效、更理性的办法，去教育孩子。

孩子在哭闹，大人把他打一顿，可能他会暂时停止哭闹、发脾气，但是下次呢，是不是还得打？经常打孩子的爸妈，会打出习惯，而越打，会越不管用。否则，哪里会有那么多把孩子打到遍体鳞伤，甚至活活把孩子打死的可怕案例？更可怕的是，那些把孩子殴打致死的父母，还常常被同样信奉“棍棒底下出孝子”的父母，评论为是为了管教、是因为孩子实在管不了。

不是孩子实在管不了，是做父母的，一开始就用错了方式。要是打孩子的方式真管用，那还用反复打、越打越重吗？

即便是打孩子的方式能奏效一时，但这种糟糕教育方式的祸害，却可能延续孩子的一生一世，甚至遗害更久。

经常被打的孩子，在对父母的情感上，会有终生的阴影，打得越厉害，阴影越重。我们小时候在农村，曾见过被父亲打大的孩子，在成年后，和父亲完全无法互相沟通，发生争执时，父子俩抄起铁锹就干仗，一副你死我活的架势。可能在城市家庭中，这种父子相仇的情况，也并不鲜见。

而且经常被打的孩子，也会不自觉地把这种方式，再用到自己的孩子身上，让家族遗害，代代相传。

打孩子，只是暴躁父母逞一时之快，逃避寻求有效教育方式的行为，而且这种行为可能包含被巧妙隐藏的深层动因。

著名的“夏山学校”的创办人，教育家 A. S. 尼尔在《夏山学校》中不无尖刻地说：

残忍永远被合理化：打在儿身，痛在娘心。很少有（如果有的话）虐待狂会诚实地说：“我打人是因为我打的时候觉得痛快。”虽然这是事实。他们常常借道德来解释他们的虐待狂：“我不希望我的孩子懦弱，我希望他们能在这个会打击他的世界上站住脚。我打孩子是因为小时候被打过，那对我实在有好处。”

打孩子的父母永远有这样现成的答案。我还没遇见过一个父母诚实地说：“我打我的孩子，是因为我恨他，实际上，我恨生命，我打儿子是因为他不敢还手。我打他是因为我怕上司。当上司在工作上跟我过不去的时候，我就只能回家把气出在孩子身上。”

我们特别推荐在养育孩子的过程中遇到困惑的爸爸妈妈，读读这本儿童教育的经典之作，它会改变你好多旧有的，并且认为天经地义的观念，并为困惑的父母提供一条重新认识孩子、重建教育方式的路径。

我们一直认为，做父母，在生物学上，是人的天生能力，但在社会学上，却是每个准备或者已经做父母的人必须学习的功课。面对来自自己身体的这个新生命，父母不会天然地具备了解他的生命、成长、心理、行为、需求的能力。

人们养育孩子的方法，来自自己的父母，来自观察他人带孩子的方式——而且常常不是带着学习目的的观察，来自各种一知半解的道听途说，甚至可能来自电视剧。但常常并不来自有意识的学习、阅读、思考、讨论、自我检讨。

许多人常常以为养育孩子这件事很容易，人人都会，但却往往在面对孩子的大小状况时，束手无策，焦头烂额。而那些自以为会的方法——打、骂、呵斥、威胁、惩罚，却都往往包含无比多负面情绪，同时也对孩子产生负面的效果甚至长久的心理影响。

是用“会”的方法，还是承认自己并非天生具备做好父母的能力，去学习更好的方法？我们的选择是后者。

说起放弃打骂的方式，还有一些父母会担心：打骂总比“娇生惯养”好吧？真心爸妈认为，打骂孩子和娇生惯养孩子，其实是殊途同归的育儿方式。

两种方式，虽然具体表现不同，但对于孩子的负面影响程度，是大致相同的，两种方式，都无法养出理性、平和、心智特别健康的孩子。

打骂让孩子自卑，娇惯让孩子自恋。自卑的人没有自我，自恋的人只有自我，他们都会在与人相处、融入社会上遇到困难。

打骂容易引发孩子的叛逆，娇惯容易养成孩子的骄纵，无论是叛逆的孩子，还是骄纵的孩子，他们都既不能和父母很好地合作，上幼儿园、上学后，与老师和同学也没有办法用合作的方式相处。等到进入社会，他们也不会是好的合作者，不会成为富于合作精神的团队成员。

打骂和娇惯，都不能培养孩子的独立人格，被打骂的孩子，他的自我发展会被压抑，被娇惯的孩子，会过度依赖父母，自我发展同样也不健全。这两种方式下长大的孩子，都难以成为独立和对自己负责的成人。

很多爸爸妈妈认为，对孩子不打不骂，就是娇生惯养，所以会在两种方式之间选择，要么打骂，要么娇惯。其实，在育儿方式上，打骂和娇惯不是非此即彼的选择，它们只是两种比较极端的育儿方式，在他们中间，有一个广阔的地带，就是理性育儿。

理性的育儿方式包括：

尊重孩子；

倾听孩子；

和孩子沟通；

在生活、学习和情感上，培养孩子的自主精神；

在育儿过程中，爸爸妈妈采取和孩子合作的态度，关注孩子的需求，并满足孩子的合理需求；

和孩子沟通生活和学习的基本观念，帮助他懂规则、有理性、懂合作。

这样的育儿方式，既不需要打骂，也不需要娇惯，孩子和父母之间，会建立起互相尊重、足够亲密，但又不会互相压榨、互相捆绑的亲子关系。

·家族遗害·

一位妈妈，觉得自己的小孩生下来就特别难带，小时候就让人不省心，长大一点后，脾气也比同龄孩子差，动不动就大发脾气，让大人无比烦恼。

讨论中，她提到，自己就是个爱发脾气的妈妈，孩子可能是跟着妈妈有样学样。再继续讨论，这位妈妈又提到，其实她自己的父母脾气就都不好，对孩子做的就是打骂式的教育，所以自己有了孩子后，完全是把父母的方式又照搬了。

一位爸爸，坚信有些小孩子就是欠揍，不打不行，还表示：我小时候，就是被父母打大的，我现在成长得也很身心健康啊。

这真是很让人无奈的家族“遗传”：

坏脾气的姥姥带出坏脾气的妈，坏脾气的妈妈带出坏脾气的娃；打孩子的爷爷带出打孩子的爸，爱动手的爸爸带出爱动手的娃。

其实不止坏脾气，打骂、说脏话、冷暴力、自私、冷漠、无爱和更多此类会在成长过程中逐渐养成的特质，都常常在家族中代代相传。

更让人无奈的是，正在把这些家族遗害继续传给孩子的爸爸妈妈们，非但不觉得这种传承需要停止，反而认同父母就该如此，孩子就得打骂，这一切天经地义。

父母养育孩子确实不容易，但只因为不容易，父母对孩子所做的一切就天然正确吗？好多父母持这种观点，也有好多孩子，从小被父母灌输着，也不自觉地认同这种观点。

但也有一部分“觉醒”的孩子，并不这么看。一位中学老师，转述一位十三四岁初中生的话：

“我爸爸妈妈每天都是各种抱怨，说他们辛辛苦苦挣钱养家，多么多么不容易，所以我得全听他们的，我要是哪里做得不好，他们就抱怨得更厉害。但生我是他们自己选择的，我又没要求他们生我。”

这个孩子的话听起来确实“叛逆”，恐怕大多数爸爸妈妈都不能接受，但不得不说，孩子说得没错。

做父母，是自己的选择，把孩子养育好，是父母的责任，孩子养得不好，是父母的失职。养育孩子的辛苦，不能成为要挟孩子或者自己对孩子为所欲为的理由，不能成为通过发脾气、打骂、冷暴力等方式，把自己的压力、不满、愤怒转嫁给孩子的理由，更不能成为自己不提升为人父母的能力，只会以简单粗暴的方式对待孩子的理由。

曾经承受自己父母坏脾气、打骂、冷暴力的爸爸妈妈，在自己的成长过程中，多少都会有那么一个阶段，被自己的过去，或轻或重地影响到当下的生活。

他们会尝试摆脱，但又往往无法突破伦理、孝顺观念的压力，去审视和评判自己父母当年的行为。几番挣扎之下，他们可能仍旧屈从于“爸妈不易，我能理解”的观念。

但是这样，不仅无助于改善自己的心理状况，更难以让自己自觉停止继续对孩子做出同样的行为，也就无法彻底斩断这些家族遗害对下一代的影响。

对于这种状况，著名心理医生 M · 斯科特 · 派克提供了一种在心理上获得解脱的方式：不强迫自己认为父母当年的错误做法是正确的、合理的，建立这样的观念——你是错的，但我选择原谅你。

这无疑是一种对各方来说相当有益的方式。像前面提到的那位已经发现自己对待孩子的方式传承于自己母亲的妈妈，她无需冒着伤害亲情的风险去诘问自己的父母，但可以用这种方式解脱自己——否定自己孩童时代父母行为的合理性，同时也否定自己对孩子发脾气行为的合理性，在解脱自己的同时，也会自然地改变做法，减少对自己的孩子发脾气。这样，她的孩子，也会逐渐摆脱被“坏脾气”这一家族遗害继续影响的命运。

不得不说，一些已经做了爸爸妈妈的人，对于做父母这件事，依然处于比较蒙昧的状态：

他们不曾通过独立的学习，建立自己该如何做父母的观念，而是依然延续从自己的父母那里学到的意识和方法，去教养自己的孩子。他们从父母那里获得的好和不好的影响，依然会毫无保留地传递给自己的孩子。

做父母确实不易，但真正的难度，并不在于挣钱养家、保证孩子衣食周全，而在于，孩子是由你带到这个世界上的生命，你需要引导他、教育他，将他培养成一个品行端正、身心健康，未来能在社会上独立地过好他自己的幸福人生的人。

这样的任务，不努力无法完成。所以做父母的，需要让自己具备完成这项艰巨任务的能力。而要具备这样的能力，父母必须觉醒和成长。

觉醒——明白自己不再是父母庇护下的孩子，而是需要给自己孩子提供庇护的成人，需要放下任性，承担责任；回顾和审视自己的成长过程，识别出父母对自己所做的事，哪些发生了积极影响，哪些产生了负面作用；在自己养育孩子的过程中，避免再犯和父母同样的错误，同时延续那些积极、正面的影响。

成长——认真学习如何做父母；承认、改变自己身上已经发现的问题；让自己有足够强大的心智、足够坚韧的耐力、足够多的爱，去承担养育孩子过程中的压力，去解决养育孩子过程中遇到的挑战与难题。

觉醒和成长都不容易，不但有心理困境需要面对和突破，更有切切实实的困难——知识的不足、经验的不足、学习能力的不足、现有的家庭关系支持度不足——需要克服。但爸爸妈妈不觉醒、不成长，也很难期待孩子能有充足的条件和支持资源，去帮助他充分地发展自己。

·发脾气前，踩下刹车·

孩子任性地打乱大人的计划，孩子哭闹起来怎么说都不行，孩子带回惨不忍睹的成绩单，孩子一不高兴就发脾气……做爸爸妈妈的，把嗷嗷待哺的小娃娃养成理性、自律、自主的大孩子，中间的路上，可能一百万次遭遇这样的“火大时分”。

这种时候，爸爸妈妈该怎么办？是冲孩子发一顿脾气，还是停一停、退一步，想想还有没有别的办法？真心爸妈的办法是，还差一秒钟对孩子发脾气时，及时踩一脚刹车，不让失控的脾气载着自己和孩子，冲向一场小小的情绪灾难。讲几件我们家里的小事：

故事一：

两三年前，有一次，真心爸爸周五晚上要和朋友小聚，真心妈妈就打算带孩子们去小区门口吃他们最爱吃的牛肉烧麦，一边盘算着，一边想象着孩子惊喜的样子。

不想大儿子回到家，情绪低落："我累了，不想去。"

我劝他："妈妈今天因为打算带你们出去吃，没准备晚饭，咱们去吃会儿，回来不耽误你玩电脑的时间。"

大儿子还是："我累了，不想去。"

妈妈有点上火："不去家里没饭，二十分钟后出发。"

二十分钟后，妈妈弟弟穿戴好，大宝还是"我累了，不想去"。

妈妈火大："不去不行，妈妈计划了一整天，你不能这么扫兴。"

"可是我今天很累了，不想去。"

眼看好事变坏事，妈妈压一压火气："你不去，我带小弟去，我们给你打包回来。"大孩子接受了，"那好吧"。

半小时后，我带着小儿子打包回来，大儿子出来吃，已经没有刚才情绪不佳的样子，还主动讲起来他研究性学习课程的选题和语文课在写的剧本。

故事二：

傍晚真心妈妈去接小儿子放学，回来的路上，各处堵车，只好开车拐进了一条平时不太走的路。

一边小心地随着车流行进，一边继续昨晚的话题，说服他不要带扑克牌去上学。

"妈妈觉得，扑克牌不适合带去学校，更不能在课间玩扑克牌。"

"可是老师都没说什么啊？"

"老师没说是因为你在学校表现一直都很好，老师不好意思说你，咱们不能因为老师不说就不自律啊。"

孩子不说话了，坐在后座上呼哧呼哧生起气来。我也有点生气，"总之就是不能带去"。

母子俩说着说着，我突然发现，忘了并线，错过了主路的入口，只好到一公里外的立交桥掉头。

这下火大了，本来就堵车，再到车流如粥的立交桥上耽搁一段时间，回家后做晚饭又得是一番人仰马翻，忍不住抱怨孩子："你看你看，要不是跟你说话，我也不会错过主路入口！"孩子不说话了，我也气哼哼地继续开车。

堵在车流中，我忽然想，错过了路口，还是因为自己车技差、路不熟，不就是多开两公里、多花一刻钟吗？抱怨孩子，只能越说越火大。

这么想着，一下子就心平气和了，一边继续开车，一边换了话题和孩子聊天。孩子的情绪，也平和下来。

故事三：

大儿子寒假去意大利游学，需要带一张小画，参加游学团在当地一家画廊的画展。我们早早地带他一起，去画材商店定做了合规格的画框。

出发前一天的下午五点钟，真心妈妈招呼大儿子："妈妈把你行李箱收拾好了，你把画拿来，我帮你放进去。"（之前出门，行李都是孩子自己收拾，这次出门时间长，怕孩子拉掉东西，妈妈就自己动手了。）

"我的画还没画。"大儿子答得心虚。

"啊?！咱们又是定画框，又是收拾行李，明天一早就出发，你现在告诉我画还没画？"妈妈的火一下子蹿起来。

妈妈一大声，爸爸也听到了，"现在赶紧去画"！

"没有画画用的画粉。"

这下爸爸也火大了："你现在才说没有画粉，早干吗去了？"噼里啪啦一顿臭骂。

听爸爸骂孩子，妈妈更急了，嚷嚷爸爸："你骂他有用吗？有那工夫赶紧想办法！"于是爸爸掉转枪口，冲妈妈开火："你说我嚷嚷，不是你先嚷嚷的？"一时间家里硝烟弥漫，大战一触即发。

真心妈妈气得坐回自己书桌前。停了一分钟，妈妈开始反思："现在生气有用吗？解决画的问题最重要。"

于是招呼大儿子："咱们来谈谈。你一直拖着没画，是因为觉得自己画得不好吗？"

孩子答："是。"

"那你能不带画儿去吗？"孩子不说话。"你想想，带了画去，只是画得好不好的问题，不带去，到时候大家都有作品，你没有，你的感受会更糟糕，所以现在马上动手，爸爸去买画粉，咱们俩找个简单的小题材画出来。"孩子沉默，表示接受。

于是爸爸气呼呼地去买画粉，不擅长画画的妈妈和不擅长画画的儿子，一起找了个小题材。大儿子吃过晚饭，就闷头开画，画到十一点钟，终于弄好，这才合上了行李箱。

游学生活非常丰富，老师传回来小画展的照片，大儿子的"急就章"小画，也还看得过去。

大儿子回来后，讲在意大利各处的见闻，兴高采烈，还从当地的手工玻璃作坊，给家里带了一个漂亮的手工花瓶。当晚，临睡前，真心爸爸悄悄跟我说："我刚刚去跟孩子道歉了，我说我不该为画画的事骂他。"

我们经常在文章中说，大人要温和地对待孩子，就有读者不以为然："说得好听，就好像你们家不对孩子发脾气似的。"

谁说我们不发火的？上面的小段子就是真心爸妈近年印象深刻的几个发火片段。大人不是圣人，孩子不是天使，出点让大人搓火的事，谁家都难免。

有时是孩子坚持己见，打乱大人的计划，有时是大人因为孩子的事自己分心、招来小麻烦，有时是孩子因为这样那样的小困难、小心思，让大人措手不及。

其实平心而论，让大人搓火的事，也不都是孩子的问题，常常是大人自己压力大、自己感到疲惫，然后孩子身上发生一点点小状况，就成了大人情绪的导火索，毕竟，对孩子发脾气，比对领导、同事、合作伙伴、自己的父母发脾气“安全”得多。

但重要的是，爸爸妈妈不能把“谁家都难免”当成理由，而是需要意识到，对孩子发脾气不解决问题，要用更好的方式，替代不加控制地发火。

好多爸爸妈妈会说，“我也知道对孩子发火不好，就是脾气上来了，怎么都控制不住。”真心爸妈自我检讨：其实不是控制不住的脾气，只是爸爸妈妈还不够好的修养。这些修养包括：

1. 有足够多的理性，在失控前一秒钟，想一想发脾气的后果

对孩子发脾气的后果，其实每个爸爸妈妈都很熟悉——大人情绪糟糕，好半天都缓不过来，孩子同样情绪糟糕，好半天都不能恢复。

而且一发起火来，事态常会愈演愈烈，起因可能只是一点点小火星，然后一两分钟的工夫，就演变成“漫天大火”。有时大人发过火后还会懊恼自己：“我怎么又控制不住对孩子发火了呢？”

既然知道后果，大人就需要学会，让自己在失控前一秒钟，为坏情绪踩下一脚刹车。

2. 有足够多的建设性，在失控前的一秒钟，想一想“发脾气有用吗？”

发脾气当然是没用的，在所有的教育方式中，吼叫孩子、打骂孩子，是最无能的教育方式，可惜，爸爸妈妈常常缺乏解决问题的建设性，只想着发泄一番，自己痛快。

痛快之后怎么样呢？问题还在，很可能变得更坏更糟糕。与其如此，做父母的，不妨给自己挂上一个失控前的警铃——发脾气没用，我要做的，是解决问题。

3. 不那么“执拗”，不非得让孩子顺从自己的安排，适时学会让步

有些爸爸妈妈，会认为孩子太执拗，孩子一执拗，大人就火大。

但如果我们放弃遇到问题就到孩子身上找原因的态度，转而想想自己是不是也有问题，就会发现，在和孩子针锋相对的场景中，执拗的，不仅仅是孩子，还有大人，而且常常是大人非得要孩子配合自己的要求，孩子才会执拗起来。

孩子不跟你出去吃饭又会怎么样呢？孩子没有你一说就飞快地跑去写作业又能如何呢？“事缓则圆”，大人适时对孩子让一下步，丢的不过是一点点小面子，比让怒火蔓延，伤害双方，要好得多。

4. 随时反思，“我是不是在对孩子迁怒？”

爸爸妈妈还需要有点反思精神，在发脾气的前一秒钟，想一想：“真的是孩子的错吗？我有没有因为自己的问题，而迁怒孩子？”

其实还真有不少这样的时候，大人从这里那里积累了一些负面情绪，然后又遇到孩子的小小状况，坏情绪就找到了出口，于是孩子成了大人的出气筒。

承受大人迁怒的孩子，真是很可怜的，我们爱孩子，就不要不加控制地为一点点小事迁怒孩子，当然，遇到真的很让人搓火的状况，我们也需要想想：“我有没有就事论事？我对孩子生气，有没有迁怒的成分？”

真心爸妈亲手带大了两个孩子，做父母的年头越多，越发现，养育孩子，真的是做父母的一场修行，修行的成果，不在于你是否带出了优秀的孩子，而是在孩子的成长过程中，你自己是否成了更好的爸爸妈妈。好爸妈，才能带出好孩子。

陪伴最好的状态，是彼此身心安宁

在我们上一本育儿书《育儿基本：找到好方法，轻松做爸妈》的读者见面会上，一位读者问：“你们这么积极地思考育儿问题，那么对虎妈、虎爸现象怎么看？”

虎妈、虎爸？那是我们想都没有想过的事。十几年的育儿生活，大部分时间，其实我们都是在勤奋工作，为孩子创造更好的生活，发展自己，尽力成为更理想的自我，余下的时间，就是慢慢地陪着孩子，努力做温和的爸爸妈妈，和孩子一起享受那些柔软的小时光。

·动手打造生活的美好质感·

端午节，我们会备上粽叶和糯米，带孩子包粽子；元宵节，我们会炒花生仁、炒核桃仁、炒芝麻，自己包上一顿传统五仁汤圆；我们甚至还自己炒过油豆沙馅，带孩子用木雕的月饼模子，打出几块硬梆梆的家常丑月饼；我们还在冬至日酿米酒，在过大节时煮肉、炸小时候常吃的炸货……

跟着爸爸妈妈做这些，孩子们每次都兴致勃勃，一边帮忙，一边问爸爸妈妈小时候的故事，我们也瞅准机会，把小时候的年节规矩、姥姥奶奶家的趣事给孩子们详细解说一番。小儿子还常常把家里自己做东西的事儿写进作文，去跟老师和同学分享。

朋友圈里，这么做的不止我们一家，我们有一位超能主妇朋友，每年送亲朋好友的月饼都是自己做。另外一位朋友，二十几岁时就去了美国，包的粽子居然像我们小时候老人包得那么美观，真心妈妈问她怎么学的，她说网上有好多教程啊，多练习练习就会了。

确实，只要用心，这些原来的小手艺，都不难学。难的是，忙碌的爸爸妈妈们有带孩子动手过节、让孩子体验这些传统生活之美的用心。

现在物质丰盛，生活便利，孩子们可以到玩儿最新款的电子产品、国外刚刚上线的游戏；想吃粽子，点几个按钮，全中国最好品牌的粽子就飞奔而来；不想做饭，各式外卖分分钟送到。

但我们觉得，即使生活在物质丰富便利的时代，我们的孩子还是常常缺失一些特别珍贵的东西：

期待和惊喜——物质太易得到，期待就没有了意义，惊喜就降低了价值；

对生活的日常观摩——大人忙碌，生活就难免粗疏；孩子的时间被兴趣班、辅导班慢慢占据，也没了看大人慢慢地、好好地过日子的兴致；

自己动手的乐趣——孩子们确实在上各种各样的DIY班，以培养动手能力，但他们在现实生活中，有多少自己动手的经验，能享受到多少自己动手的乐趣？

和爸爸妈妈一起做事的体验——孩子忙学习，大人忙孩子，大人孩子一起做事、边做边聊的体验，对现在大多数孩子来说，都是奢侈品。

带孩子包粽子、做汤圆、打月饼，常常被归为让孩子了解、体验传统文化，其实我们并不太关心这些，孩子通过学校课程、各种媒体、自己的阅读，了解这些粗浅的传统文化知识并不困难。

我们更在意的是，孩子可以从中体验生活细节之处的美好质感——制作家常食物的细致、手做食物出锅的香气、粽叶为糯米染上清香的过程、全家一起做事的乐趣、爸爸妈妈对日常生活的点滴用心。

我们也乐于让孩子看到，爸爸妈妈愿意花时间、花心思，和他们一起享受这种细节之处的质感和“奢侈”，让他们懂得，生活中不止有外卖，有最新的电子产品，有网，有游戏，有各种各样唾手可得的便利，还有用心，有美，有细节之处的美好质感。这些，才是生活中最不易得到的东西。

·坚持一些温柔小事情·

我们在千聊的网上直播课程开播那天，吃过晚饭，真心爸妈和两个孩子打招呼：“等会儿九点钟时，爸爸妈妈要做个直播，你们有事的话，就晚点来找我们。”然后两个孩子就各自关好房门，安安静静地去写作业了。

直播结束，听到大人在走动了，小儿子从房间里欢快地跑出来：“妈妈，妈妈，你来一下！”“有事需要妈妈帮忙吗？”“没有，我学了个新魔术，表演给你看。”花了一分钟时间，给妈妈表演了魔术，得到了妈妈的惊喜和称赞，小儿子心满意足：“没事了，等会儿帮我给作业签个字就行啦！”

妈妈结束了一天的工作，得了个看魔术表演的小奖励，心里也美滋滋的。

大儿子十五岁，已经是青春期小伙子，不再像弟弟这样，喜欢经常给爸爸妈妈一点小惊喜、时不时哼着歌在家里蹦蹦跳跳，但他还是非常乐于保持从小到大的一些小习惯，比如从来不瓮声瓮气地喊“爸”“妈”，总是叫“爸爸”“妈妈”，并且在爸爸偶尔出差的时候问妈妈：“爸爸什么时候回来呢？”

大多数时候，两个孩子都安静平和、心满意足，真心爸妈也是一样，并且经常感慨：“最喜欢看孩子们心满意足的样子了！”

为了让自己做心满意足的爸爸妈妈，让孩子做心满意足的宝贝，我们特别在意坚持生活中一些微不足道的柔软小事。

每天一家人一起吃饭。一周七天，有六个晚上以上，是一家人在一起吃饭。除了每周一次的外出聚餐，饭都是由妈妈做，尽量每一餐都有两个孩子各自爱吃的菜。一家人会一边吃饭，一边聊几句闲天儿，说点有趣的事，饭桌上，大人不批评孩子，也不谈论考试成绩。

每周都带孩子出去家庭聚餐、聊天。出去吃饭的地方，由一家四口轮流决定，孩子们可以随意点一款平时家里不买的饮料。这也是我们家主要的聊天时光，四个人会争先恐后地发起大大小小、七七八八的讨论话题，孩子们给爸爸妈妈讲他们在玩儿的游戏，我们也会认认真真地倾听。

根据孩子的要求安排旅行。家里的旅行，我们会跟孩子们讨论目的地，到了目的地去哪儿玩儿，孩子们也都可以自由提要求。比如暑假计划去日本，大儿子说“我想去东京秋叶原看动漫产品”，好的，没问题，小儿子说，“我想去大阪环球影城玩过山车”，好的，我们去。孩子想去哪儿，爸爸妈妈都会尽量满足。

为一些特别小的好事情赞美孩子。孩子折了能调整大小的纸陀螺，我们会赞美他折得真棒；孩子说班级得了什么荣誉，我们会赞美“你们班真棒”；孩子说在学校电影欣赏课上看了什么有趣的电影，我们会跟着赞叹“真不错”；孩子说班上某个同学会说相声、唱京剧、吹笛子，我们也会跟着赞美“你同学真厉害”。

夏天冰箱里常备他们喜欢吃的冰激凌。孩子都喜欢吃冰激凌，天一热起来，我们就会在冰箱里常备冰激凌，放学回来，他们可以随时拿出来吃。有一天小儿子一边美美地吃，一边感慨“冰激凌怎么这么好吃呢”，真心爸妈在一边看着，比自己吃了冰激凌还满足。

给孩子买他们喜欢的东西。孩子喜欢的东西，提出要买，我们基本上都会答应，小时候会要求买变形金刚、乐高玩具，长大了要求有自己的电脑、买非充值的游戏账号，我们都会答应，而且答应了就马上办，绝不找借口拖延。

孩子一叫，马上答应。有停不下来的工作，我们会先告诉孩子暂时不要来找爸爸妈妈，其余时间，只要孩子一叫，爸爸妈妈马上答应，该解答问题解答问题，该帮忙帮忙，绝不表现出任何不耐烦。

这样的小事，还有很多很多，其实每次做的时候也不需要特别留意，坚持着一个最简单的原则——认认真真地对孩子好，做起来就非常容易。

和孩子之间，不断有这些柔软的小事情，就像家里充满了自己喜欢的东西，怎么看怎么想，都觉得赏心悦目、舒适宜人。

·不带压力的陪伴，才能滋养孩子·

我们家两个孩子上学和放学的接送，通常由爸爸承担，偶尔爸爸有事赶不及，就改由妈妈接放学。两个孩子放学时间不一致，真心妈妈车技又超烂，来不及把小儿子送回家再回去等大儿子，所以通常是带着小儿子，等一个多小时，等到哥哥，再一起回来。

这一个多小时，是我们母子俩都特别喜欢的“下午茶时间”。

我会带他去附近的面包房，让他自己挑选一些兄弟俩第二天早餐要吃的面包，然后买一杯咖啡，一杯果汁，两个人坐下来，慢慢等，慢慢聊。

一坐下来，小儿子就会打开话匣子，给我讲他今天在学校遇到的各种各样的大事小事，讲他最近看的书、电影、漫画，唧唧呱呱（当然，他知道在公共场合要控制音量），永远不缺话题，我就只管喝着咖啡，看着他，专心听着，偶尔和他讨论几句，再问他："要不要尝一口妈妈的咖啡？"

这么随心所欲地聊着，一个多小时很快就过去，母子俩都身心舒畅，意犹未尽，开始期待下一次的下午茶时间。

这样的下午茶时间，对孩子来说，是一种享受。他可以从一整天紧张的学习中，放松下来，也暂时忘掉记事本上记着的家庭作业，只是简简单单地和妈妈待在一起，享受一段轻松愉悦的时光。我们也乐于给孩子这种毫不施压的陪伴。

这样的陪伴，对大人来说，也是一种享受。每次和小儿子享受下午茶，和两个孩子在餐桌上闲聊，周末的时候，一家人待在家里，各自做自己喜欢的事，都能让人从家务、尚未完成的工作、孩子们即将面临的小升初、中考中抽离出来，享受慢慢陪孩子长大的美好。

带孩子当然并不轻松，而且大人也常常会有压力、烦恼，但如果我们不为自己和孩子营造这样的身心安宁的亲子时光，所有生活被焦躁和压力侵占也就不足为奇了。

我们也经常和爸爸妈妈们讨论如何高质量地陪伴孩子，但是往往发现，这样的陪伴，说起来简单，做起来却并不容易，因为爸爸妈妈的陪伴，常常包含了太多的压力，让孩子并不能真正放松下来。

一位妈妈问："我陪孩子的时间很多，但感觉孩子和我并不亲近，为什么呢？"那么我们不妨来想想，通常所说的陪伴，大多是什么样子。

陪孩子练琴、陪孩子写作业，哪一样，都要花上一两个小时，甚至更长时间，但这种情境下，爸爸妈妈看起来是待在孩子身边，孩子感受到的，常常并不是"陪伴"，而是"监控"。

他能感受到大人对他此时工作成果的在意和焦虑，他随时都在担心，弹错了音、手型不对、做错了题。只要稍微走神，爸爸妈妈都会马上发现，然后纠正他，甚至批评他。在这种紧张状态下，所谓的陪伴，让孩子一秒钟都不敢放松，孩子大人之间，也没有有效的情感交流，质量其实是非常低的。

再看陪孩子阅读、陪孩子玩。对于三岁以上的孩子来说，这两种情况，如果是在家里，通常是不需要大人来陪的，他知道自己想看什么书，想怎么看，也知道自己想玩什么玩具，想怎么玩。

但大人不这么看。爸爸妈妈会担心他看书不专心，他的阅读没有效率、没有效果，也会担心孩子没有“正确”地玩玩具，导致自己给孩子买来、用于培养他某种能力的玩具发挥不出应有的效果来。

所以大人会非常积极地陪他看书、陪他玩玩具，自告奋勇地给孩子讲书、和孩子一起玩玩具。这种陪伴，对孩子来说，就是打扰。在大人名为“陪伴”的打扰下，孩子一刻都不得安宁。

不焦虑，不监控，不批评，不打扰，让孩子丝毫不感受到压力的陪伴，才是能滋养孩子身心的高质量陪伴，孩子才会觉得，此刻和他待在一起的，是他的爸爸妈妈，而不是一个监工。

·爱比焦虑更有力量·

有种说法，说是“中国式家庭＝缺失的父亲＋焦虑的母亲＋失控的孩子”：一个专心工作不太重视家庭的爸爸，一个过于重视孩子的焦虑的母亲，和一个被爸爸妈妈管得太多以至于在重压之下出现各种失控——或厌学、或叛逆、或脾气暴躁、或与父母无法交流的孩子。

相信生活中某一刻，很多家庭，都会出现这样的状态。且不说孩子感受如何，就算是大人，也会因此失去育儿生活中大部分美好的体验。

其实这也是对爸爸妈妈的成熟度和抗压能力的一种考验。

如果我们足够成熟，足够自信，总有办法在重重压力之下，为自己和孩子，营造出轻松、愉悦、交流无碍的空间，而如果我们只想着压力，只顾着焦虑，育儿生活，就会变得像很多爸爸妈妈体验到的那样，苦不堪言：

孩子任性、脾气暴躁、“根本不听你的”“处处和爸爸妈妈对着干”，大人在督促孩子学习上花了很多工夫，又是陪写作业，又是送去上课外辅导班，而让人沮丧的是，那些努力却在孩子身上看不到成果，孩子仍然对学习不那么上心，在学习上也缺乏主动性和自律。大人所期待的优点，很难在孩子身上出现，而大人不想看到的毛病，却一个一个从孩子身上冒出来，让人焦头烂额。

为什么会这样呢？

原因固然有很多，但真心爸妈认为，父母自己在育儿生活中的状态，是一个不能忽视的原因，孩子的状态，很大程度上是父母状态的投射：

大人紧张、焦虑，被各种事务淹没，内心完全没有安定从容，那么孩子也很难踏踏实实安下心来，全心全意地投入眼前的一件件小事——按部就班地完成一项作业再完成一项作业，专心致志地听好一堂课再听好一堂课，好好地听爸爸妈妈说话，也不急不躁地跟大人好好说话……

大人安定从容，孩子也会安定从容，大人紧张焦虑，孩子也会紧张焦虑。焦虑的两方对峙，自然很难有彼此身心安宁的亲子相伴时光。

每次想到安安心心陪伴孩子时享受到的幸福和安宁，我都会想起梭罗在《瓦尔登湖》中描述的感受：

> “这是一个美妙的晚上，我的身体似乎只感觉到每个毛孔都在吮吸着幸福，真是奇妙的感觉啊！”

梭罗描述的是他与自然亲近时的感受，但当我们享受到和孩子在一起时那种让人身心安宁的陪伴状态，其实完全会有同样的体验。只是这种高质量亲子时光，对很多可怜的孩子和焦虑的父母来说，实在是太稀缺了，所以才更需要爸爸妈妈加倍努力去营造，既是为孩子，也是为自己。

第二章

合作守则二：多支持，少控制

父母的控制，带来孩子的叛逆，父母支持的不足，则令孩子的发展缺乏积极的推进力量。

■ 不给孩子令人窒息的“爱”——对孩子唠唠叨叨、控制孩子的一切、嫌孩子不够好、对孩子简单粗暴，这些都不是爱，而是以爱为名的控制和管教，好孩子是“爱”出来的，不是“管教”出来的。

■ 吃饭拉臭，事关给孩子自由——从吃饭、拉臭开始，我们就需要给孩子自由，而不是无微不至地控制孩子，认同孩子拥有“我的身体、我的感受”，孩子才能发展出完整的独立人格。

■ 带着关心去守护——关心孩子，而不控制孩子，给孩子自由，但不放纵孩子。

■ 变指挥为指导——孩子做事时，爸爸妈妈在一边不停指挥，会让孩子烦恼、大人沮丧，想要孩子更有学习能力，父母需要懂得，在孩子做事时，适时“闭嘴”。

■ 陪玩儿的正确方式——玩他想玩儿的；只帮他，别教他；和孩子玩儿时大人只做配角；玩儿就是学，别想着让孩子“在玩儿中学”；引导孩子建设，不引导孩子破坏。陪玩时用对了方法，孩子会越玩儿越棒。

■ 撒谎源于压力——孩子撒谎，与父母是为孩子提供更多支持，还是向孩子施加更多控制密切相关，父母需要慎重定义孩子的“撒谎”行为，同时避免过度管束和过度奖惩。

不给孩子令人窒息的“爱”

在网上回答各种育儿疑问时，我们遇到过一个相当“经典”，同时也让很多爸爸妈妈难于接受的事实：

我们那么爱孩子，为什么那么多孩子会恨自己的父母？

到底哪里出问题了呢？真心爸妈的观点是，因为一部分父母，带孩子太焦虑、太着急了，给了孩子令人窒息的爱。

要么永远对孩子唠唠叨叨——从小到大，甭管孩子在做什么，大人都能找到唠叨的理由，不停告诉孩子：“你应该这样，你不应该那样，你这样不好，你那样不对，跟你说了多少次了，你就是不改。”

孩子被唠叨得不胜其烦，但因为是自己的爸妈，孩子又一点办法都没有，所以从小到大，对爸爸妈妈积聚了很多不满。

要么控制孩子的一切——打着“我这都是为你好”的旗号，控制孩子的一切，一厢情愿地为孩子安排各种“兴趣”，占满孩子的时间，孩子既没有选择自己兴趣的自由，也没有发展自己兴趣的时间，更不能有自己做主的机会和按照自己的想法做事的自由，人生的一切，全都被父母控制，怎么可能不心生怨怼？

要么永远嫌孩子不够好——随时拿别人跟自家孩子比较，“你看人家谁谁谁，再看看你！”对孩子永远是各种挑剔、批评、否定，很少赞美。更有的爸爸妈妈，简直是以打击孩子的自信为乐。对于这样的爸爸妈妈，孩子怎么可能会满意？

要么对孩子简单粗暴——信奉棍棒底下出孝子、孩子不打不骂不成材，教育孩子的方式，非打即骂。哪个孩子又喜欢整天被打骂呢？喜欢打骂孩子的爸爸妈妈，真该反思一下，就算是自己生、自己养的孩子，整天打骂，也会打出仇来的。

真心爸妈相信，好孩子是“爱”出来的，不是“管教”出来的，做爸爸妈妈的，需要掌握“无为”之道，给孩子真正的亲子之爱，而不是以爱为名的控制和管教。

有一次，小儿子给我讲了一词，叫“太后妈妈”。

“妈妈，我今天可知道为啥有些孩子管妈妈叫‘太后’了。”

我问他：“为啥？”

小儿子答：“有的孩子，一见妈妈，气场马上就弱了，妈妈让干啥就干啥，小心翼翼的。”

这说法真有趣，我趁机赶紧打探一下自己在孩子心目中的形象：“那你觉得妈妈像‘太后’吗？”

孩子很肯定：“不像。”这让真心妈妈松了一口气。幸好幸好，没成为孩子眼中的“太后妈妈”。

中国人讲究“慈母严父”，还讲究夫妻教养孩子，一个要唱红脸，一个要唱白脸，这些在我们家都不适用。真心妈要求自己尽量对孩子很温和，真心爸会要求自己更温和，真心妈乐于满足孩子的要求，真心爸更乐于满足孩子的要求，两个人的基本共识是：

在坚持那些最基本原则——好好读书、好好做人的前提下，孩子就是用来宠的，而不是用来“管教”的，给孩子一个宽松、自由、有爱的成长环境，加上爸爸妈妈的好示范，孩子自然会长成很好的样子。

而如果爸爸妈妈非常焦虑，不停地跟孩子着急、向孩子施压，做虎妈、虎爸，甚至自觉或不自觉地做“太后妈妈”，孩子则很可能出现做爸爸妈妈特别不希望看到的状况——要么不断反抗，被父母视为不断“叛逆”，要么缺乏独立自由的人格，一辈子做长不大的孩子，要么和父母关系紧张，甚至反感、厌倦、仇视爸爸妈妈。

吃饭拉臭，事关给孩子自由

如果一个小婴儿，奇迹般地会说好多话，他可能会在被脱光屁屁、架起双腿、一边听大人的嘘嘘声，一边被迫保持这种极不舒服的姿势时，对把屎把尿的大人说：“我知道什么时候想撒尿，什么时候想拉臭，请给我拉臭臭的自由！”

他可能还会在嘴巴里被塞进一把勺子，勺子上装着他不喜欢吃但妈妈觉得他“应该吃”的东西时，奋力用舌头推出勺子，吐出那些“可怕”的东西，并大声抗议：“我不喜欢吃它，请不要逼着我吃！”

可惜，小婴儿们说不出来，只能听凭大人摆弄，而等他们能流畅表达自己时，却往往已经学会了屈从于大人，做个“听话”的乖宝贝。

·“无微不至”的控制·

爸爸妈妈和其他照顾孩子的成人，倾向于认为，孩子弱小、缺乏能力、没有自己的想法，或者即便有自己的想法，也往往是“错”的，让孩子按照他自己的想法去行动，后果很可能是给自己和大人带来麻烦，所以带孩子的安全方式，是由成人照顾、管理他的一切。

而站在孩子一方的育儿理念讨论者们，则一遍又一遍地强调，孩子是“独立的个体”，他们应该被作为一个独立的“人”来尊重，从小被视为独立个体的孩子，有机会培养在生活、学习、情感等方面的自主能力，这样才能随着年龄的增长，形成独立人格、独立思想，成为更好的他自己。真心爸妈也秉承这样的基本观念。

但“独立个体”，听起来似乎又遥远，又严肃，带有某种日常生活中用不到的哲学、社会学或者心理学的意味，一些爸爸妈妈会想：

是，我能接受孩子是独立的个体，大人应该尊重孩子，但为了孩子好，我还是得无微不至地关注他的衣食住行和所思所想。——于是，独立个体的观念，与日常生活完全脱节，孩子仍旧是那个被大人牢牢掌控的、依附于成人的孩子。

那么“独立个体”真的是个没有日常、具体意义的空洞概念吗？当我们说孩子是独立个体时，我们指的到底是什么？

真心爸妈认为，将孩子视为独立个体，恰恰就是从日常生活最细微之处开始，允不允许孩子享有拉臭臭的自由，就是其中最典型的一个。

一个身体机能正常的婴儿，我们不会否认他有自己把身体废物排泄出来的能力吧？但很多大人，就是认为小婴儿不会拉臭臭：

要拉臭臭，不告诉爸爸妈妈（实际上他们还不会说话呢），做不到每天拉臭臭，做不到定时拉臭臭，拉臭臭的次数不对，不是过多，就是过少，拉臭臭的地方不对，如果不做防护措施，要么拉在床上，要么拉在衣服里。

于是大人们发明了一种管理孩子拉臭臭的方式——在大人觉得孩子“应该”拉臭臭的时候，把他捉过来，端成一种奇特（如果是成人，还会感到羞耻）的姿势，配合单调的口哨，希望他慢慢成为那条形成条件反射的小狗。

但我们能想象对一个成人做这样的事吗？别说是被训练，就是如厕时被人打扰，我们都会相当地不爽！我们如何认定孩子被大人端起来逼着拉臭臭时，又开心又快乐？

大点的孩子，当然比小婴儿多了这项拉臭臭的自由，但同样性质的事，却会以其他方式发生。

我的一个朋友，十几岁时体检，大夫随口说了一句：“这孩子肝有点大。”当时还没有B超之类的检查手段，大夫只是做了个简单的触诊，我那位朋友也没有任何身体不适。但他的父母却专门去咨询医生，给他找了一种供成人服用的保肝药物，告诉他：“你肝不好，得吃药。”

于是，他被父母督促着，吃了好几年的药，“肝不好”这件事，也跟随了他二三十年，搞得他自己都认为，“我是个身体不好的人”。

事实上，他感冒发烧都很少，更没有罹患过肝炎等肝脏疾病，只是人到中年时才有了中年人常见的脂肪肝。我们讨论这件小事，他说他从自己吃药的事，想到了《雷雨》中周朴园每天逼繁漪吃药。那是一种“你没有能力”的暗示，是一种抹杀独立人格的控制。他自己被安排吃药，其实隐含着同样的意味。

·认同“我的身体，我的感受”·

从拉臭臭的自由开始，我们还可以罗列出吃东西的自由、穿衣服的自由、发展兴趣的自由、表达情绪和情感的自由……它们有一个共同的含义——认同孩子拥有“我的身体、我的感受”。

孩子无论多小，都会本能地感到“饱了”“饿了”“想多吃点”“不想吃了”“喜欢吃”“不喜欢吃”。这是他自己的感受，无比正常。但大人常常会否定孩子的感受，拒绝配合孩子基于这些感受的表现。大人会给小婴儿喂他们认为“足够量”的奶，会要求幼儿吃“维生素丰富”的蔬菜，会追着喂他们认为还没吃饱的孩子，会批评喜欢吃这个不喜欢吃那个的孩子“偏食”。于是在吃东西这件事上，大人成功地否定了孩子作为独立个体的存在。

孩子无论多小，都会本能地感到“冷”“热”，即便是小婴儿，也会通过“小手有点凉”或者“小手出汗了”表现出来。但大人也常常拒绝接受，“不行，今天太冷了，你得多穿点”“这么热的天儿，你穿外套太热”。于是在穿衣服这件事上，大人又成功地否定了孩子作为独立个体的存在。

大人会在干涉孩子的“兴趣”上，获得同样的成功。所有给孩子的课外才艺班，都以“兴趣”为名，但到底是孩子自己的兴趣、大人的兴趣，还是大人认为孩子“应该有的兴趣”，很值得怀疑。当大人把孩子送去某个兴趣班时，确定都观察到了孩子对这项才艺表现出的好奇、兴奋欲望了吗？

在抹杀孩子的情绪和情感上，大人会再次成功。孩子摔倒时，有多少大人会表示理解、同情：哦，我知道你吓了一跳，而且摔疼了。又有多少大人不是接纳孩子吓一跳、摔疼了的感受，而是指责他们，同时表现自己的高明："说你多少次了，怎么这么不小心？"当孩子情绪不佳哇哇大哭时，有多少大人表示明白，哦，你想哭，那就哭一会儿吧，而不是斥责孩子："哭什么哭！闭嘴，不许哭了！"

同样的事发生在成人身上，我们毫无疑问会反感、拒绝，觉得自己被侵犯、被控制、被否定，但当爸爸妈妈自然而然地对孩子这么做时，一切都变成了"爱"。

如果我们自己不愿意被如此对待，凭什么要求孩子不但要毫无抗拒地接受，而且得"感恩"父母如此无微不至的控制和否定？

我们讨论孩子拉臭臭、吃饭的自由，正是这样的意思：

"将孩子视为独立个体"，不是空洞、遥远的概念，它就在日复一日的日常育儿生活中。孩子今天就是独立的个体，爸爸妈妈将孩子视为独立个体，从今天就能轻松地开始，从今天就需要开始。

从今天开始改变，爸爸妈妈收获的，会是育儿生活中与孩子轻松合作的愉悦；十年后开始意识，爸爸妈妈收获的，很可能是孩子遭遇"叛逆"的无奈；而等到二十年后才接受"孩子是独立个体"的事实，收获的，则或者是离开父母无法独立的孩子，或者是再不能控制孩子的巨大失落感。

带着关心去守护

真心妈妈的朋友——一位四岁女孩的妈妈，给我讲了一件小事。

有一次，她们全家与女儿一位幼儿园同班同学全家一起出去玩，女儿同学有个"依恋物"——一个毛绒玩具，已经很黑很脏了，但那个小姑娘一直放在嘴上摩擦或者咬。

朋友的女儿也模仿着同学，放在嘴里啃咬，朋友告诉女儿："这个玩具可以摸，可以抱，但是不要放嘴里，因为有细菌。"那个同学妈妈立刻说她对孩子管太多，为什么不给孩子自由。

其实我那位朋友，自认为给女儿的空间已经比较大，从放学后玩什么、周末去哪里玩，到读什么书、每天穿什么，孩子都有充分的选择自由，不想劝阻孩子啃脏玩具的小事，却被批评成"不给孩子自由"。

于是她有些小困惑：给孩子自由，该把握什么样的尺度，像啃脏玩具的这种自由，到底要不要给？

日本著名心理学家河合隼雄，在他的著作《孩子与学校》中，提出了一个概念，叫"带着关心去守护"，他说：

"有人误解了自由的含义，认为只要对孩子放任不管就可以了。但是这样是不行的。有人待在孩子身边，并带着关心去守护，是孩子的自我实现能力表现出来的必要条件。"

但一边是"自由"，一边是"带着关心去守护"，该如何平衡呢？他举了两个例子。

比如两个小朋友一起玩沙子，一个孩子把沙子弄到了另一个孩子身上，旁边守护着的大人，可能就会想"糟了"，于是告诫孩子："四处撒沙子会给周围的人添麻烦。"但河合隼雄认为，这时候，大人并不需要出声或者出手制止，因为"有时那孩子并不生气，反而过来帮着挖洞。有时他们也许会争吵，但以此为契机他们却成了好朋友"。

另一个例子，是一个平时并不精力旺盛、到处尝试的孩子开始爬树了，守护的大人该怎么办？河合隼雄给出的建议是：

"不妨放手让孩子去干。当然也必须有这样的判断，例如稍微受一点小伤不要紧，总之自己会在一旁关注，太过危险的时候再出手制止。而在孩子的行为实在太危险的时候，必须立即阻止。”

回过头来，用“带着关心去守护”的概念，去看前面“啃脏玩具”的小事，其实不难发现，两位妈妈态度上的差异，正是在是否“带着关心去守护”上。

放任孩子啃脏玩具的妈妈，当然是给了孩子充分的自由，但是却忽视了“带着关心守护”——如果足够关心，她会发现那件玩具的脏和黑，然后做出“守护”行动：“玩具太脏了，妈妈去把它洗干净，洗好了你再玩儿。”或者做得更好一些：发现脏了，悄悄洗好晾干，让孩子能和一个干干净净的“依赖物”亲近。

制止自己的孩子去啃小朋友的脏玩具的妈妈，则更具有关心和守护的意识：她关心孩子的健康和安全，并且希望通过把握一个安全的尺度，来引导孩子建立一个更有益的行为规则。

我们自己家，也有相近的经历：

大儿子小时候，也有这样一个依赖物，是一只毛绒小熊，他在家经常抱着玩，上幼儿园时，要带去幼儿园，“让小熊陪着我”，甚至跟爸爸妈妈去外地旅行，也要“带着小熊一起”。

我们认同孩子对小熊的喜爱和依赖，但会细心地做一项日常工作：随时观察小熊的干净程度，发现脏了，就晚上悄悄洗干净。直到现在，那只小熊还存在孩子的衣柜里，依然干干净净。

“啃脏玩具”故事，还有一个很有意思的后续。那位听凭孩子啃又黑又脏玩具的妈妈，到我那位朋友家玩：

“这位妈妈很吃惊我女儿玩具多，她说她只给女儿买书，不给她买玩具。她们同班几个小朋友一起报了学校的舞蹈兴趣班，她女儿也想去，但她认为孩子这么小，学不到东西，等长大了再学专业的。当然我们关系是不错的，我也无意说对错，只是惊讶于大家对自由的理解很不相同。”

这真是一对很有趣的矛盾：一边是控制——不给孩子买玩具，只肯给买书，拒绝孩子上舞蹈班的要求，一边却把能不能啃脏玩具这样无关紧要的小事，上升到给不给孩子自由的高度。

仔细想想，这样的矛盾其实真的非常普遍。很多爸爸妈妈，都是一边“规划”孩子的兴趣、未来，把孩子的生活、阅读、学习、交友和情感，都纳入自己的全面控制之下，然后似乎是为了某种“补偿”，给孩子日常生活中一些行为以过大的自由度，甚至达到怎么干都行、做什么都不管的程度。

有一次外出旅行，在飞机上，就遇到了这样一件事：

两个多小时的旅途中，一个十多岁的小男孩，一直在座位上保持着异常活跃的状态，又跳又扭，脚蹬前排座椅，猛靠座椅后背，搞得前后乘客不得片刻安宁，而他的妈妈，则全程笑呵呵地给孩子拍照。

——这种“给孩子自由”，实际上已经伤害到了孩子的教养和妈妈自己的形象。

当然，比教养更严重的，是孩子的安全。我们曾经不止一次地见到，爸爸妈妈们让才几岁的孩子坐在汽车的副驾驶座位上，而且车子行驶时，孩子还动来动去，不是把胳膊伸出窗台，就是伸头向窗外张望，让人为孩子的安全很是捏一把汗。

还有一个奇葩的例子：

孩子随爸爸去小学报名回来，途中说想开车，爸爸竟然同意了，孩子便坐在父亲腿上，把一辆巴士开了大约 200 米。

这就不仅是把孩子的安全当儿戏，更是视路人的生命安全如草芥了！

放任孩子“自由”到如此程度的爸爸妈妈，实际上和觉得“孩子啃脏玩具是自由”的那位妈妈一样，都曲解了“自由”的含义，只不过无益乃至有害的程度不同而已。

变指挥为指导

一位妈妈在小区里陪十来岁的女孩子跳绳。孩子摆好姿势，准备起跳，妈妈在旁边喊："停停停，有你这么跳绳的吗？"

孩子不解："我怎么啦？"

妈妈答："你一脚前一脚后呢。"

孩子调整了脚，再次准备起跳，又被叫停，妈妈说她胳膊角度不对。

再调整，再准备，再被叫停，又是哪里哪里不对。

如是者五六次，孩子急了："是我跳绳还是你跳绳啊?！跳绳我还不会？"

妈妈更急："你那么跳就不行！"

孩子反抗："怎么不行啊?！"

这场景，熟悉吧？同样的情形，会发生在爸爸妈妈和孩子相处的很多时刻：

陪孩子做作业时——你笔拿的角度不对！本子要放正！头抬起来点！

陪孩子玩玩具时——你玩得不对，应该这么玩，看我给你示范！

吃饭时——筷子拿得离筷子头太近了！筷子拿得离筷子头太远了！哎呀，这样卷饼才对，你看你把菜都漏出来啦！

孩子在做事，爸爸妈妈在指挥。好脾气的孩子可能就一直一直听，不停跟着改，而急脾气的孩子，可能很快就不耐烦，不是爆发跟爸爸妈妈的争执，就是一生气"我不干了"！

爸爸妈妈指挥孩子，自然是为孩子好，觉得自己更年长，经验更多，凡是自己觉得孩子做得不对的，都希望纠正过来，把正确的方法教给孩子。

这种心情可以理解，但"孩子做事，爸妈指挥"的做法，却很不适当，不但不会让孩子像大人期待的那样，很快学会"正确"的方法，而且还会影响到孩子自主学习的能力：

1. 专注力

做事专注的孩子，学习能力更强，但做事时经常被爸爸妈妈的指挥打断的孩子，很难养成良好的专注力。一些爸妈会困惑孩子学什么都不专注，其实爸爸妈妈在孩子做事时不停打扰他，才是让孩子不够专注的根本原因。

2. 自信心

自信的孩子，遇到新的学习项目，会相信自己能学得会、能学得好，而做事不停被爸爸妈妈批评这不对、那不对的孩子，会慢慢觉得："我爸爸妈妈都觉得我什么都学不好，我是不是真的什么都学不好呢？"长此以往，他遇到新的事情，会先去想："我能不能做对？我能不能做好？"而不是先去努力尝试："我做做看！"

3. 耐心

不停被爸爸妈妈指挥的孩子，难免会经常被搞得很不耐烦，对爸爸妈妈的不耐烦，又可能发展成对所有成人，包括老师的不耐烦。这样的孩子，没有办法好好听大人说话，上课听讲的品质也会大受影响。而且做事被打断，也会影响到孩子做事的耐心，当他遇到困难的、需要长时间投入的学习任务时，也很可能耐心不足。

4. 建立自己的学习过程

孩子不是成人，自然经验有限，他需要属于自己的学习过程，在这个过程中，孩子会反复尝试、发现问题，然后改进行动，解决问题。

就以简单的吃饭拿筷子为例。长大后不会拿筷子的孩子，是少而又少的，孩子这么拿一下，发现夹不到菜，自己就会调整，调整后还是夹不到，会继续调整，直到他可以准确地控制筷子，夹到自己想要的东西。孩子通过这个过程，会发现，哪种拿法筷子不好用，怎么拿更好用，经验和技巧都会得到提升。

而做事时不停被指挥的孩子，没有机会亲身体验这样一个完整的过程，该试出的错没有试，那些错误迟早还会出现；该自己发现的改进方式没有自己发现，他就学不会"试错—改进"的学习方法。

孩子做事时，爸爸妈妈在一边不停指挥，搞到孩子烦恼、大人生气，是件事倍功半、得不偿失的事。要孩子更有学习能力，孩子做事时，爸爸妈妈请闭嘴。

那么，如果孩子要做某事，爸爸妈妈确实有更好的方式可以教给孩子，要怎么说、怎么做，才更有效呢？

真心爸妈的步骤是：

让孩子自己尝试—观察—询问是否需要帮助—耐心的示范和讲解。

首先，先让孩子自己做，体验整个过程，发现问题和难点，这时爸爸妈妈只在一边观察，但不会出言打断孩子，也不会马上指挥他该怎么做；

接着，观察孩子是想自己继续尝试，还是表现得想要求助。如果孩子表现得想自己继续尝试，那么依然不打断他；如果孩子表现得想求助，爸妈会礼貌地问他："需要帮忙吗？"或者"需要爸爸妈妈教你一下吗？"

最后，如果孩子同意爸妈教一下，大人就把自己掌握的方法教给孩子。或是口头讲解，或是做示范。示范和讲解之后，如果孩子不自己提出继续尝试，我们也不会让他马上重新做一遍。

咱们还以前面说的孩子跳绳的事为例。

有两个前提：一是，如果孩子跳绳不是为了提高体育课上的跳绳成绩，只是在玩儿，我们不会试图指导他怎么跳更好；二是，如果我们自己不是跳绳高手或者没有事先研究过跳绳技巧，我们也不会试图教孩子脚该如何、手该如何。

如果孩子确实是为了提高跳绳成绩、爸爸妈妈确实是跳绳高手或者研究过跳绳技巧，我们会这样：

让孩子自己先跳一会儿，观察孩子哪里需要改进；

然后告诉孩子"刚刚爸爸妈妈看了一会儿你跳绳，发现一点小问题，我来示范一下，你看着"；

示范完毕，告诉孩子"你看，跳的时候，双脚要这样，才能跳得又多又快，手摇绳时，要这样摇，手脚才会配合得更好"；

之后，如果孩子愿意继续跳，爸爸妈妈就再继续观察，等孩子停下来时，像教练一样给她一些指导，如果孩子不跳了，那么就告诉孩子："爸爸妈妈今天示范的，你下次注意一下，就能跳得越来越好了。"

用这样不打扰、不指挥又能解决问题的方式来指导孩子，又怎么会出现大人着急、孩子生气的一幕呢？

这么说，可能有的爸爸妈妈不以为然："我又不是专业的老师、教练，哪有那么多教学方法，见到就说，最直接了。"但问题是，爸爸妈妈管不住自己的嘴，只想由着性子来，承受不佳后果的，最终还是自己和孩子。

陪玩儿的正确方式

孩子小时候，大人除了照顾他的吃喝拉撒，一项最重要的工作，就是陪他玩儿。

但同样是爸爸妈妈陪着玩儿大的，为什么有的孩子上幼儿园、上小学更自主、学习能力更强，而有的孩子还需要爸爸妈妈时时盯着看着、随身伺候，学习能力也不足，而且还出现不专注、爱捣乱等状况呢？

问题就出在爸爸妈妈带孩子玩儿的方法上。用对了方法，孩子会越玩儿越棒，用错了方法，会种下日后无比多麻烦的种子。

·玩他想玩儿的·

陪孩子玩儿时，要玩他想玩儿的，别替他安排该玩儿什么。

在外面玩儿，他想去水边看鱼，就陪他去水边看鱼，他想去花园看花，就陪他去花园看花；在家里玩儿，他想藏猫猫，咱们就藏猫猫，他想过家家，咱们就过家家。总之，只要没危险、不搞破坏，孩子想玩儿啥就玩儿啥。

好多父母常犯的错误是不停地安排孩子的活动，"咱们做这个吧""咱们玩儿那个吧”。如果想让孩子长大点之后成为做什么事都没主见的“小木偶”，爸爸妈妈就坚持这么干吧，这方法很奏效。

长大后有主见的孩子，都是小时候自己知道自己想玩儿什么的。孩子的主见、自主精神，也是从日复一日的自己做主玩儿什么中培养出来的。

·只帮他，别教他·

一些爸爸妈妈特别想随时“教”孩子，玩儿的时候也是。比如拿到新玩具，老想教孩子玩儿，玩儿这个也说“我教你”，玩儿那个也说“我教你”。殊不知，你越教，孩子越不会学，长大之后学习能力越差。

给孩子玩儿适合他年龄的玩具，让他自己学会玩儿，不论花多长时间都没关系。要相信孩子的学习能力，他自己学会玩适龄玩具，是没有困难的，而且这个过程就是非常宝贵的自学过程。你剥夺他自己学习玩玩具的权利，就是剥夺他发展学习能力的机会。

在我们的育儿讨论群中，一位特别明智的爸爸说，我不教孩子玩玩具，只在他需要帮助时过去帮一下，帮完了就回去做自己的事。我们家带两个孩子也是这样，只帮，不教，而且只在孩子要求大人帮助时才帮，不会随时在旁边盯着，看到孩子遇到困难就上去帮忙。

·服从命令听指挥·

和孩子玩儿，要让孩子做绝对的主角，大人只做配角，服从孩子的“命令”，听从孩子的“指挥”。

孩子说：“妈妈，你现在是孩子，我是妈妈。”好的，妈妈现在就变成小孩子。孩子说：“爸爸，我现在是交通警察，我指挥你。”好的好的，爸爸就变成乖乖的司机。

别老想着告诉孩子："妈妈是该这么做的，你那么做不对。""警察叔叔的手势是这样的，你那么做不标准。"

让孩子主导玩儿的过程，孩子会更善于安排他自己的活动，也能从中获得更大的成就感。如果孩子从小常被爸爸妈妈指挥着该怎么玩儿，那上学之后，也只会变成等待爸爸妈妈指挥着什么时候做作业、什么时候背书、什么时候复习功课的小学生。

·别想着"在玩儿中学"·

一些爸爸妈妈过于关注孩子的"学习"，老想着让孩子在各种活动中都学到点什么，陪孩子玩儿，也想着让孩子"在玩儿中学"。

其实，对孩子来说，玩儿就是一种学习，他在玩儿中会锻炼动手能力、统筹能力、理解力、自学能力……玩儿是很自然的学习过程，完全没有必要再额外加入道理、知识和爸爸妈妈画蛇添足的讲解。

爸爸妈妈老为孩子的玩儿加入希望孩子"学"的东西，只能让孩子心生厌倦，不再喜欢和你玩儿，同时也会影响孩子专注于当下的能力。

·引导建设，别引导破坏·

和孩子玩儿，尤其是和一岁左右的宝宝玩儿的时候，爸爸妈妈还要注意，要引导孩子建设，不要引导孩子破坏。

有的爸爸妈妈特别乐于看孩子搞破坏：大人搭好一堆积木，孩子过来轻轻一推，稀里哗啦全倒了，孩子大人都兴高采烈。

这种方法不妥当。事情虽小，却是在引导孩子破坏他人的劳动成果，并以此为乐。一些孩子长大一些之后特别喜欢给大人捣乱、搞破坏，往往正是孩子小时候大人在这样的细节上不够注意的结果。

我们和小儿子讨论这个问题："你觉得在孩子小时候大人让孩子推倒大人搭起来的积木好不好？"小儿子回答："当然不对。我们班就有一个同学，特别喜欢给别人搞破坏，一个同学午休时做完作业，把自己的笔搭起来玩儿，他跑过去就给人推倒了，把人家的笔弄了一地。"

当然，孩子推倒他自己搭起来的积木、拆掉他自己拼装起来的拼插类玩具，大人是不用管的，那是他自己在尝试不同的可能性。

撒谎源于压力

撒谎，被认为是孩子品格的严重瑕疵。遭遇孩子撒谎的爸爸妈妈，常常如临大敌，焦虑万分："孩子要是养成撒谎的习惯，可怎么办？"其实，孩子撒谎，也和爸爸妈妈平时是为他提供更多支持，还是对他施加更多控制密切相关。

· 慎重定义"撒谎" ·

鉴于撒谎是比较严重的品格问题，我们的观念是，把孩子的言行不一或者隐瞒事实的行为定义为撒谎，要特别慎重，尤其是对于还很小的孩子的"撒谎"，或者大一些的孩子首次出现"撒谎"问题时。

我们曾经遇到两位网友提问有关特别小的孩子"撒谎"的问题，两个被爸爸妈妈忧虑"撒谎怎么办"的孩子，都才两岁多一点。两个孩子的"撒谎"举动分别是：

把一件自己做的某件无关紧要的小事赖给爸爸；

晚上跟妈妈说上厕所，结果跑到客厅里去玩儿。

坦率地说，真心爸妈认为这两件小事，都完全没必要上升到"撒谎"的高度。

大儿子小时候，我们也曾特别紧张，担心孩子学会撒谎，也在类似的小事上批评过孩子。后来做父母的年头多了，加上又有了第二个宝贝，对孩子的行为和想法了解得更多些，发现两三岁孩子，还没建立起“欺骗”的概念，同样，也还没建立起“守信”的概念，他们出现言行不一，或者轻微的隐瞒事实的行为，通常不包含明确的、主观上的“欺骗”意图，只是模仿大人的某种玩笑或者满足自己的小小需求而已。

比如把自己做的小事赖给爸爸的情况，他们说某事不是我干的、是爸爸妈妈或者阿姨干的，常常只是随口一说，而且经常是在模仿大人。

很多大人经常拿一件明明不是孩子做的事来逗孩子：“这是不是宝贝干的啊？”或者明知道是孩子吃了某样零食，还故意说：“是不是小猫、小狗把饼干吃了啊？”大人老这么逗孩子，孩子自然也很容易学会。

要想避免两三岁的孩子把自己做的事赖给别人，大人注意别这么逗孩子就行了，还没必要认为他是在故意撒谎，也没有必要把孩子揪过来，就他“撒谎”严厉批评一顿。

再来说小宝贝跟妈妈说上厕所，结果去客厅玩儿的事。那位妈妈认为孩子在“撒谎”、在“骗妈妈”，就此事批评了孩子，孩子很委屈，哭了半个多小时，后来见到爸爸，哭得更伤心。

我们觉得，这位妈妈，可能对于孩子撒谎问题过于紧张了。这么小的孩子，他只是在妈妈不允许他去客厅玩儿时，想方设法找个借口达到目的而已，要他意识到这是“骗妈妈”、真正学会“骗妈妈”，可能还需要好几年。在孩子意识中，这是一件很小很小的事，而且他也没有预期会被批评，妈妈态度严厉，孩子自然会感到惊愕、伤心。

那么，如果爸爸妈妈第一次发现大一点的孩子，比如一二年级小学生撒谎，该怎么办？

我们的建议是，爸爸妈妈要意识到这是撒谎的苗头，但批评孩子时，不要直接批评他“说谎”，而是就事论事，告诉他，有什么事，要跟爸爸妈妈实话实说。

为什么要这么做？因为一二年级的孩子已经明白，“撒谎”是比较严重的事，而且涉及到品格问题，但他第一次做这样的事时，可能并没有成熟、周密的“预谋”，只是一时冲动，爸爸妈妈一下子把他的行为定性为“撒谎”，可能会让孩子很害怕，既害怕爸爸妈妈降低对自己的评价，也害怕自己真的成为爱撒谎的“坏孩子”。这对孩子的心理健康不是什么好事，所以我们建议爸爸妈妈尽量温和委婉地处理，不要贸然严厉批评孩子“撒谎”。

如果发现已经上小学的或者更大的孩子频繁撒谎，那么确实需要重视，而且要想办法纠正了。

但要纠正孩子撒谎，仅仅严厉批评是完全不够的，爸爸妈妈会沮丧地发现，每次批评，孩子都保证改，但之后又频繁再犯。爸爸妈妈需要发现和消除孩子撒谎的诱因，失去诱因，孩子自然会慢慢改正。

·避免过度管束·

真心爸妈认为，孩子撒谎的一个最主要的诱因，是父母的“过度管束”——对孩子管得太多、太严，总是告诉孩子这个不许做、那个不许做，或者孩子提一个要求大人不答应，又提一个要求，大人还是不答应，孩子又偏偏很想做，或者很想自己的要求得到满足，那么自然会想方设法逃开父母的管制，而“撒谎”正是一个逃避管制的好办法。

比如，有的孩子有手机，而爸爸妈妈会时刻盯着孩子有没有在玩手机、有没有好好做作业，孩子就很可能想出一个办法：装着在写作业，实际上在玩手机。

我们的建议是：要么不给孩子手机，要么跟孩子约定每天玩手机的时间，但不要时刻去盯着孩子。我们是采用后一个办法，孩子们答应了爸爸妈妈，基本上都能做到，偶尔超时一点，我们就睁一只眼闭一只眼，不会把时间卡得特别严。孩子和父母之间建立起了这种默契，也会自然地约束自己，不再需要就“玩手机”和爸爸妈妈捉迷藏、打游击了。

对于管束孩子，爸爸妈妈们大致采取两种不同的原则：一种是，爸爸妈妈没有明令禁止的事，孩子做了，都不算错；另一种是，爸爸妈妈没有明言许可的事，孩子做了，都是错的。很明显，第二种原则，对孩子的管束，要严苛得多。

我们采取的是第一种原则，所以孩子的自由度很大，逃避父母管束的意愿就很低，基本没有背着爸妈做什么，或者说谎骗父母的情况出现。

为孩子撒谎烦恼的爸爸妈妈，不妨自检一下，你采取的是不是第二种原则？孩子不被允许的事情，是不是太多了？

如果孩子被管束过严、自由度很小，那么他的言行触碰管束“红线”的时候，必然会很多，孩子逃避父母管束的意愿就会很强烈，会经常言行不一、隐瞒事实、阳奉阴违，而且孩子越大，情况会越严重。

少数爸妈，可能会遭遇一种比言语上的撒谎更严重的情况——孩子背着父母，偷拿家里的钱，而爸妈问时，孩子会坚称自己没拿。这种情况是怎么出现的呢？

真心爸妈认为，根源还是在于父母的过度管束，孩子想买个零食，大人不允许，想买个玩具，大人不答应，而孩子的愿望又很强烈，那么一旦有机会，孩子偷拿家里的钱来满足自己的愿望的情况就很可能发生。

这种情况，在真心爸妈家两个孩子身上从没出现过。甚至大儿子刚上初中时，我们问他要不要开始带些零花钱上学，都被拒绝了：“我自己不需要买东西啊。”孩子对自己拿钱没有一点欲望，是因为平时的需要得到了充分满足：想买什么零食，我们从不拒绝；想买什么玩具，我们都爽快地满足。

·避免过度奖惩·

除了“过度管束”，爸爸妈妈对孩子的“过度奖惩”，也是孩子撒谎行为的重要诱因。

有的家庭，会对孩子符合父母期待的行为给予“重奖”，有的奖励，甚至大大超出孩子为获得奖励要付出的辛苦，这就是“过度奖励”。比如特别重视孩子考试分数的爸爸妈妈，可能会说：“这次月考，考了多少多少分给你买变形金刚。”

孩子一旦没考到约定的分数，而又想得到奖励，就可能在分数上跟爸妈撒谎。奖励跟孩子某个行为的结果关联得越紧密，孩子越容易计较得失，奖品易得性越低，孩子获取奖励的欲望越强，相应地，孩子通过某种超常规的手段谋取奖励的冲动越大。

真心爸妈也会对孩子有奖励，但获取奖励的条件相对很宽松，孩子不需要特别努力，即可获得，比如期中期末考试都是 90 分以上，这对孩子来说很容易；而且奖品也不会是孩子向往了很久都没有得到的东西，事实上，孩子的需求我们都尽量满足，他们基本没有什么东西获取难度很大。所以我们家的奖励，奖励成绩的成分很小，倒是奖励孩子考试复习那么辛苦的成分多些。这样，孩子即便考试成绩不是非常理想，也会坦然面对，不会特别沮丧，更不会出现编个好成绩来汇报的情况。

同“过度奖励”相对的，是“过度惩罚”——孩子会受到惩罚的事情过多，或者惩罚的严厉程度超出事情本身的严重程度。

有的家庭是惩罚的项目过多，孩子不听话要惩罚，不好好做作业要惩罚，考试成绩不好要惩罚，被老师投诉了要惩罚，总之，哪里没有做到让爸爸妈妈满意，都会用“惩罚”的方式来教育。惩罚的项目越多，孩子逃避惩罚的冲动越大。

有的爸爸妈妈会奇怪，“我们对孩子要求很严格的，大小错误都会罚他，孩子怎么还是养成了撒谎的习惯呢”？殊不知，名目繁多的惩罚理由，可能正是孩子养成撒谎习惯的重要诱因。

有的家庭是惩罚过于严厉，比如有什么小错误，都要挨打，孩子不想挨打，那么出什么状况时，就容易选择撒谎。

有的惩罚，可能不是像体罚这么严重，但是与孩子切身利益关系密切，孩子也容易选择逃避惩罚。比如孩子爱玩电脑，爸爸妈妈就抓住孩子的这个弱点，用“不许玩电脑”来惩罚他；有的孩子喜欢某种玩具，爸爸妈妈就经常威胁用“再不给你买”来惩罚他。这些超出孩子接受程度的惩罚，都很可能成为孩子撒谎的诱因。

孩子是教出来的，不是罚出来的，不是发自内心地、乐于遵守的某种规则，再多的惩罚都没用。所以真心爸妈的观点是，对孩子，该批评的事要批评，但惩罚，要越少越好。

所以，对于孩子撒谎，真心爸妈给各位爸爸妈妈的建议是，除了不要把什么事情都上纲上线，视为“撒谎”，还要自检一下：自己对孩子有没有管束过度、惩罚过度、奖励过度的情况。

孩子不是事事都被爸爸妈妈管得死死的，有自己一定的自由度，被诱发撒谎的可能性就会大大降低；

孩子不会动辄得咎，不会一点点小事就遭受严重的惩罚，就不会非常害怕被爸爸妈妈发现错误，撒谎的可能性也会大大降低；

孩子获得奖励的难度不高，不会因一点点小差错就失去期待已久的奖励，说谎话哄骗父母、巧取奖励的可能性就会很小。

总之，不被过度管束、过度惩罚、过度奖励的孩子，没有了撒谎的“需要”，自然不会再撒谎。

第三章

合作守则三：多满足，少拒绝

孩子的需求被父母看到并及时满足，孩子会更快乐，而父母用拒绝回应孩子的需求，则对孩子心理和行为发展有巨大破坏力。

■ 黏人的孩子，到底想要什么？——孩子黏人，喜欢发脾气、哭闹，常常表现得任性，不是因为被惯坏，而是因为经常得不到满足，内心才总是有一个空洞，需要用额外的满足来填补。

■ 越满足，越快乐——孩子的良好情绪，和父母高质量的陪伴、父母对孩子关注和满足密切相关，我们需要通过日常生活的细节，给孩子好情绪的基础。

■ 满足孩子的技巧——满足日常小要求；减少限制和拒绝；给孩子选择权；满足要求时超出 20%；提前满足；预先商定计划；减少诱惑；该拒绝时，理性拒绝。

■ 延迟满足的误用——很多父母将延迟满足误用为简单地“推迟满足时间，让孩子学会等待”，甚至为满足加上条件，导致孩子缺乏安全感、对父母缺乏信任，同时缺乏耐心和等待能力，并变得很难满足。

■ 零食和零花钱的适度原则——给孩子零花钱不宜过早，适当满足零食诱惑，会让孩子既不贪吃零食，也不爱花零花钱。在零食上，孩子是越满足，越节制；越匮乏，越渴望。

黏人的孩子，到底想要什么？

一位妈妈问：

“我九个月的孩子特别黏人怎么办？我想把他放在围栏里，自己干点家务，结果一放进去，他就哇哇大哭，一抱出来，马上就好了。其实他自己能玩儿好一会儿玩具了，我在旁边时，他自己玩玩具，从来不要我抱。”

无独有偶，有一回，真心妈妈走在路上，在一个三岁左右的孩子身上，也见到特别典型、特别相近的一幕：

一个三岁左右的小姑娘，号啕大哭，一边哭一边撕心裂肺地大喊：“妈妈，你抱我啊——你抱我啊——”

她妈妈走在前边，头也不回：“自己走！我抱不动！”小姑娘不依，继续大哭：“我就要你抱我！就要你抱我！”母女俩一前一后走着，僵持了好几百米，孩子的哭喊，引得路人纷纷侧目。

·看到孩子的需求·

通常，这样的孩子，都会被大人认为是“黏人”，而且往往是孩子越想被抱起来，大人越拒绝：“一哭就抱，那还不得更粘在大人身上了？”

但是，大人只看到了孩子“黏人”，却没有看到孩子真正的需求——当他非要大人抱时，他想要的，到底是什么？

孩子想要的，其实很简单，只是大人的陪伴、大人的关注而已，抱不抱，真的并不重要。

真心妈妈的妈妈，经常讲起她小时候的一件小事。

那时我大约两三岁，我妈的肚子里怀着妹妹。明明我走路已经完全没有问题了，却老是想让我妈抱着，不抱就哭闹。有一回，把我爸给气急了，把我从妈妈怀里拽下来，噼噼啪啪地打了几巴掌，后来我就悄悄跟我妈说：“爸在家咱就领着，爸不在家咱就抱着。”

原来听这个段子时，都是当作小趣事，后来自己生了大儿子，又生了小儿子，看两个孩子和爸爸妈妈之间的互动，才明白，自己在妈妈怀孕时还要妈妈抱，只是小孩子的那一点点小心思——不想妈妈把注意力全都放在肚子里的小宝宝身上。

家里只有一个宝贝，也是一样。每一个孩子，都特别希望爸爸妈妈在他需要的时候，给他足够多的爱、足够多的陪伴、足够多的关注，这是一个人与生俱来的情感需求，也是一个无助的孩子面对陌生的世界时最最重要的心理支持。

著名早期教育专家伯顿·怀特在他的名著《从出生到三岁——婴幼儿能力发展与早期教育指南》中，就多次提醒爸爸妈妈，要让宝宝感受到爱与关心。而事实上，很多爸爸妈妈自以为给了孩子足够多的爱、陪伴、关注，却常常在那些最日常的细节中，忽略了对孩子爱的回应。

比如九个月的、被关在围栏里的孩子，他想要的，其实并不是时刻被抱着，而是时刻在大人身边，妈妈要做的也很简单，把他从围栏里抱出来，坐在可以推的婴儿车里，妈妈到哪个房间做家务，就把他推到哪里，一边做家务，一边跟孩子说说话。

比如三岁的、哭闹着要抱的孩子，她想要的，其实也不是被妈妈一路抱回家去，而是妈妈停下来，抱抱她，跟她聊聊这一天在幼儿园的生活，讨论讨论咱们回家之后，想吃什么、想做什么。我们相信，那位妈妈如果这么做了，只要三分钟，就可以安抚孩子的情绪，完全不需要任孩子一路哭闹下去。

·为什么父母的第一反应是拒绝？·

让孩子停止哭闹只需要一秒，爸爸妈妈们却第一反应就是拒绝回应孩子的要求，花上十分钟把事情搞得更糟。每次出门旅行，在飞机上、火车上，甚至马路上，遇到大哭大闹的孩子和他们束手无策的爸爸妈妈，真心爸妈都无奈地发现，这个判断，被一次又一次地印证。

一个两岁左右的孩子，在飞机上一落座就开始哇哇大哭，“我要爸爸，我要爸爸”。她的座位，被安排在妈妈的旁边，她爸爸的座位在后面一排。然后她妈妈开始耐心地哄她，“哦，宝贝不哭，咱们看看这里，这个多好玩”“妈妈给你吃这个，不哭了不哭了”。

但妈妈的哄劝毫不奏效，孩子依旧哭得撕心裂肺地要爸爸，孩子爸爸也加入哄劝的行列，到最后，空姐都加入了，还是没能让孩子停止哭泣。直到飞机起飞，孩子抽噎着睡着了，这场哭闹大战才停止。

真心爸妈坐在旁边，就在想啊——让妈妈跟爸爸换个座位，或者跟邻座商量一下，让爸爸把座位换到孩子旁边来，多简单的事，几秒钟就解决了，为什么他们不这么做呢？

坐地铁，还是两三岁的孩子，由妈妈抱着，找到一个座位，妈妈就抱他坐下，孩子开始哭闹：“我要爸爸抱，我要爸爸抱。”他妈妈劝他：“爸爸站着没法抱你，爸爸还要拿行李。”于是孩子坐在妈妈怀里哭了一路，又被妈妈抱下车。

——真心爸妈就奇怪了，爸爸抱孩子坐下，换妈妈拿行李，不就行了吗？为什么他们不这么做呢？

每一个此类场景中，都是孩子提了一个小到不能再小的要求，大人不理他，然后孩子哭了，大人开始哄劝，孩子继续提那个要求，大人继续不理，继续顾左右而言他地哄，一秒钟就能解决的事，持续好几分钟，甚至十几二十分钟。

为什么孩子提要求时，大人的第一反应是拒绝，而不是满足孩子？

难道那些爸爸妈妈们不知道，孩子想跟爸爸挨在一起坐，你就让他坐在爸爸旁边，孩子想让爸爸抱着坐，就让爸爸抱着坐，孩子想让妈妈抱着走一段，妈妈就抱他走一段，孩子就不会有后面的哭闹不止了吗？

想来想去，真心爸妈觉得，他们大概是真的不知道的。因为很多爸爸妈妈的思维，停在一条单向的直线上：

孩子是在无理取闹——孩子的很多要求，都会被大人认为是无理取闹，于是关于孩子哭闹，一个相当经典的问题就是“我孩子爱无理取闹怎么办”？但孩子其实只是遵从自己的本心、自己的意愿，提出一个简单的小要求而已，对爸爸妈妈来说，只是微不足道的举手之劳。

孩子得听我的，我不能听孩子的——这恐怕是很多父母都在坚持的一个原则，因为孩子是孩子，爸妈是“家长”，孩子听家长的，天经地义，大人听孩子的，就是无度溺爱。所以他们其实常常根本都不想知道孩子到底想要什么，就毫不犹豫地拒绝。

孩子的要求，会给我带来麻烦——这个理由有些不那么摆得上台面，其实很多爸爸妈妈都下意识地这么想，所以大家都想要个听话的孩子、省事的孩子、省心的孩子。但不得不说，越是想省心省力的父母，越可能遭遇到更多的麻烦，就比如前面的几个场景中，是满足孩子的要求更麻烦呢，还是花上十分钟哄一个大哭大闹的孩子还引得路人侧目更麻烦呢？

这一次满足了他，孩子会提更多的“无理”要求，会被惯坏——很多爸爸妈妈都会这么担心，所以宁可让孩子哭，也不能满足他的要求。但满足孩子这些小小的要求，孩子真的就会被惯坏吗？真心爸妈觉得，恰恰相反，孩子如后出现不管不顾的无理取闹，恰恰是因为他很少得到满足，所以才需要不停地发泄不满。

·拒绝的破坏力·

对于哭闹着要抱的幼儿，如果爸爸妈妈拒绝给予拥抱和安抚，则可能收获一个任性、坏脾气的儿童，或者收获一个虽然看似乖巧听话，但内心深处缺乏安全感和不再对父母毫无保留地信任的儿童。

当三岁以内的孩子要抱抱的需求得不到满足时，不要期待孩子能理解、体谅“妈妈累了”“妈妈还有很多事要做”的“苦衷”，对于这么小的孩子来说，当他被关注、被陪伴的需求被拒绝，大人只能得到一个反应——就是孩子的持续哭闹。

如果我们能去观察一下在被拒绝的过程中孩子情绪的变化，就会发现，不停被拒绝的孩子，真的是很可怜，大人这样做，真的是非常非常残忍。

你能清楚地看到，孩子提出要求时，是满心期待的，而且他相信，这个要求会被满足。但出乎他预料的是，爸爸妈妈拒绝了，甚至直接忽视了他的愿望。于是孩子从期待，变成了失望。他不知道如何表达这种失望的情绪，于是哭闹起来。

然后，大人的注意力，马上就被孩子的哭闹给吸引过去了，开始想方设法让孩子停止，却完全忘了孩子是为什么哭，同时也完全把让孩子停止哭闹最直接、最有效的办法——满足孩子的小要求——给抛到了一边。孩子根本没被理解，于是他的情绪，从失望，变成了愤怒。

他失望地哭，愤怒地哭，但是他的需求仍然没有被关注、被满足，于是他越哭越愤怒，越哭越失望，然后从愤怒失望变成了绝望——因为他发现尽管如此，大人仍然不打算正视他的要求，孩子最后只得绝望地接受了现实。

这样的过程，其实爸爸妈妈偶尔，或者在一些家庭中是经常，可以在夫妻吵架时体会到，那一刻，你会觉得不被理解、不被重视，觉得身心俱疲。谁都不想有这样糟糕的感受，但不幸的是，很多爸爸妈妈，却经常毫不在意地把孩子推到这样的境地中。

经常被拒绝的孩子，有两种可能的发展方向：

一种可能是，如爸爸妈妈所愿地“变乖了”“听话了”，不再“无理取闹”了。但那不是因为他更信任爸爸妈妈、更愿意配合爸爸妈妈的要求了，而是他对你失望了，不再相信你会满足他的要求了，所以干脆就不再表达意愿了。

另一种可能是，孩子像爸爸妈妈担心的那样，“被惯坏了”，稍不如意，就大吵大闹，经常无理取闹。那也不是真的“惯”坏了，而是因为孩子被满足得太少了，他心中积聚了无比多的不满，于是需要不停发泄，不停反抗。

蒙台梭利在《童年的秘密》中，如此解释孩子“发脾气”：

“发脾气”表示一种内在的障碍，一种需求没有得到满足和一种心理紧张的状态。儿童的心灵为自己所需要的东西而大声疾呼，寻求它对自己的保护。

当然，如果把每一种生理方面的失调都看作是一种功能性疾病的话，那么我们必须把心理方面的失调也称为是功能性疾病。因此，婴儿的第一次“发脾气”也就是他心理上第一次生病。

这听起来可能有点吓人，但如果爸爸妈妈用一些“同理心”，想象一下自己处在与那些想要大人抱抱却得不到大人正面、迅速回应的孩子一样的处境——你想和爱人说说话，而他 / 她把你丢在一个房间，自顾自地跑去另一个房间打游戏，你想要一个拥抱，而他 / 她生硬地回应你“我累了，就是不抱”，你的感受会如何？

所以，当爸爸妈妈遇到孩子“黏人”时，真心爸妈的建议是：停下手头的事，回应孩子，让孩子随心所欲地“粘”着你。

孩子要抱，就抱抱他；孩子想跟你说话，就一心一意地跟他说话；孩子想听故事，就给他讲故事；孩子想参与你的活动，就在保证孩子安全的前提下，让他适当参与；孩子想你在旁边陪着他玩儿，你就乖乖地待在一边陪他玩儿。

我们带两个孩子，用的都是这样的办法。不用担心孩子因此被“惯坏”，一个心满意足的孩子，是不会被惯坏的。

而让父母万分烦恼的孩子，他们之所以喜欢发脾气、哭闹，常常表现得任性，恰恰不是因为被满足得太好，而是因为经常得不到满足，内心才总是有一个空洞，需要用额外的满足来填补。少拒绝，多满足，才能带出一个既不会大哭大闹，又不会无理取闹的孩子。

越满足，越快乐

有一次，我们和育儿群的群友讨论到，家有调皮捣蛋的淘气包，爸妈需要在其他方面给孩子足够多的关注和肯定，同时把注意力从孩子调皮捣蛋的行为上移开。

一位妈妈问我们：“您说放弃批评指责孩子，充分关注，这里的关注，可以举些例子供我们学习吗？”我们回复说：“这里的关注，更多指用‘心’陪伴，充分、及时、细致地满足孩子的生活需求、情感需求。”

结果第二天，这位妈妈特别在群里告诉我们：“昨天晚上陪孩子玩儿，她的心情持续好到今天早上我出门。”

这真是让人高兴的事，也印证了我们一直以来的一个观点：孩子的良好情绪，和父母用心、高质量的陪伴、关注和满足密切相关。

·给孩子好情绪的基础·

如何帮助孩子调整情绪？如何处理孩子的负面情绪？孩子容易情绪失控怎么办？怎样提升孩子情绪控制能力？孩子自我情绪管理能力差，是情商有问题吗？怎么培养孩子健康情绪？怎样做孩子的情绪教练？

爸爸妈妈们经常提出的这些问题，无一不显示出父母对孩子情绪管理问题的重视。家有小宝贝的爸妈，通常通过亲子共读关于情绪管理方面的绘本的办法，教会孩子管理情绪，孩子大些的父母，则更希望有一些培训项目，能帮助孩子提升情绪管理能力。

但真心爸妈认为，教孩子管理情绪，不如给孩子好情绪的基础。

孩子主要在各种关系情境中学习情绪，而对孩子的情绪和孩子表达情绪的方式影响最大的，就是爸爸妈妈，尤其是对还没有上小学的孩子来说。上学之后的孩子，他和父母的关系情境也会很大程度影响他的情绪。孩子和爸爸妈妈之间的关系越稳定，孩子的情绪就越稳定。

心理学家早就发现，三个月的孩子，就能分辨出别人的一些情绪，因为他们对笑脸、面无表情和面带怒色的反应非常不同，也就是说，大人对小婴儿的表现，会影响到小婴儿的情绪。

那么，几个月大婴儿，面对面无表情的妈妈，会有什么样的表现？

鲁道夫·谢弗《儿童心理学》中讲到一个名为“面无表情”（still-face）的实验。研究者们看到，在妈妈和婴儿的互动中，如果妈妈连续沉默几分钟，不做任何反映，婴儿就会对妈妈的“面无表情”表现出迷惑，对得不到妈妈的关注和回应越来越不安。开始，他们想积极性地接触妈妈，对妈妈微笑。失败后他们就停止了笑，其他情绪，如哭泣、皱眉、做怪样开始增多，看妈妈的时间逐渐缩短，直到最后扭过脸去，接着孩子看上去好像有心事、“受压抑”，直到妈妈恢复正常表现。

我们很难有实验室那样的条件来关注孩子情绪的细微变化，但是在生活中会看到更多大人的关注影响孩子情绪的例子：

如果两三岁的孩子要求爸爸妈妈抱抱而被拒绝，他很可能会哇哇大哭、哭个不停；

如果孩子提出某个要求而大人没有答应，孩子可能会愤怒失落；

如果孩子经常被批评而不是被鼓励，孩子会变得越来越满不在乎，坏行为愈演愈烈；

而如果孩子经常被关注、被鼓励、被满足，他会变得越来越情绪稳定、心满意足，越来越容易配合大人的要求，很少暴躁失控。

·18 个基础细节·

我们的两个孩子，都是情绪特别稳定的孩子，很少失控、不发脾气，小儿子甚至每天放学后，在家里都是欢快地蹦来蹦去，不时哼着小曲，找爸爸妈妈说他今天在学校里遇到的大大小小的“好事”“坏事”“趣事”。

最近整理孩子小时候的照片，也再次确认，他们两个小时候，也都是“乐呵呵”的小孩，表情要么是平静专注，要么是轻松愉悦。

其实达到这样的目标，我们并没有花费太多的时间和精力去培养孩子的“情商”或者“情绪管理能力”什么的，只是在日常生活中注意了一些特别具体的小细节。

1. 拥抱

在孩子小时候经常抱他们，尤其是在孩子要求抱抱时，一定不拒绝。不用担心孩子变得“懒得走路”或者“非常黏人”。黏人的孩子，不是因为被抱得太多，而是因为被关注得太少。

2. 倾听

认认真真地听孩子说话，无论孩子在说什么。这不但对孩子的语言表达能力发展有好处，更对孩子的好情绪有好处。你对别人说话，而别人却根本没在听，这种情形放在谁身上，都不是愉悦的体验。

3. 聊天

经常和孩子聊天，孩子喜欢什么就聊什么。你会发现，一次轻松的聊天，会让大人和孩子好长时间都心情舒畅。

4. 要求陪马上陪

孩子叫大人陪他玩玩具、给他讲故事，爸爸妈妈尽量放下手头的事儿，马上去陪他。孩子在等你陪，而你在磨磨蹭蹭，半天都没来，孩子会非常失落，然后失落又容易转成愤怒，用“闹人”的形式表现出来。

5. 想去哪儿去哪儿

孩子想去哪儿，大人就带他去哪儿，去看博物馆，好的；下楼去玩，好的；去看电影，好的好的。多跟孩子说“好的”，少跟孩子说“不行”。

6. 问问题马上回答

孩子小时候，都喜欢不停地问“为什么”，甭管这些问题在大人看来多幼稚，大人都要马上认认真真地回答。

7. 要帮忙马上反应

孩子玩玩具、看书、写作业需要大人帮助，爸爸妈妈要马上反应，并且提供有价值的帮助，不要批评他们“这个都不会”。大人随时乐于提供帮助，而且真的能提供帮助，是对孩子心理安全感的重要支持。

8. 想吃什么尽量满足

不对孩子吃什么喝什么做过多限制，我们的办法是，洋快餐、可乐、糖果，都适当满足孩子，家里的抽屉里，随时都会有零食和巧克力。这样做，不但孩子的满意度会非常高，而且还有个额外的小益处：孩子在外面很少要求买零食，根本没想过要零花钱，小儿子说“我不需要零花钱，因为想吃什么，跟爸爸妈妈说就行了”。

9. 答应买的东西快点买

答应给孩子买什么，不拖延，到了约定的时间，马上就买。曾经有一位妈妈说孩子最近情绪很不好，为什么不好呢？因为孩子和妈妈约定，做些小小的好事换取“积分”，积分满 100 分了，就买某个东西，结果孩子积分攒够了，妈妈却不想给孩子买了。看看，孩子多讲理，而大人多不讲理！

10. 多赞美

多多赞美孩子大大小小的优点。孩子甭管多大，都是需要赞美的，其实大人也是一样，想想大人受到别人赞美时的好心情，你就不会吝惜每天都给孩子一些发自内心的赞美了。

11. 不否定

被否定，是糟糕情绪的重要来源，生活在“否定氛围”中的孩子，更容易压抑、失落、沮丧、坏脾气，然后把这些坏情绪用做“出格”行为、发脾气、打人等负面方式表达出来。

12. 不比较

不跟孩子说“别人如何如何”。比较必然包含对自家孩子的不同程度的否定，经常被比较的孩子不但不会越变越好，反而会越变越糟。

13. 不表现厌烦

“你真烦人”“你真讨厌”“都是你不好”，这样的厌烦情绪，不但不应该有，更不能表现给孩子。一个被爸爸妈妈厌烦的孩子，你能指望他有多好的表现、多好的情绪呢？

14. 不叫苦叫累

带孩子当然不是轻松的事，叫苦叫累也不会让事情轻松起来，所以再苦再累，爸爸妈妈需要自己在夜深人静时慢慢把负面情绪消化，给孩子看到的，应该是轻松、自信、淡定、从容、能量满满的爸爸妈妈。你是这样，孩子也会长成这样。

15. 不面无表情

像前面那个实验所揭示的一样，面无表情是让孩子困惑、不安的坏表情，要想孩子更有安全感，爸爸妈妈需要时刻对他们展现温柔、慈爱的好表情，并在日常互动中给孩子积极的回应。

16. 有眼神交流

听孩子说话、和孩子聊天时，和他做自然的眼神交流，让他看到你的注意力在他身上，你的眼神中有理解、赞赏、同情、惊奇、喜悦。孩子跟你说话，而你根本不看他，这会让孩子觉得自己根本没有被关注到。

17. 不心不在焉

陪伴孩子，不但要人在，更要“心”在，心不在焉的陪伴，和没有陪伴，没什么不同。和孩子互动时，你有没有走神、有没有用心，孩子都能感受到。

18. 放下手机

有些爸爸妈妈，和孩子在一起的时间并不少，但孩子并没有感觉到被充分关注、被充分陪伴，因为大人常常是一边看着手机，一边待在孩子身边。这只是待在一起，没有互动，就不是陪伴。

真心爸妈相信，这些小小的细节，每做到一个，孩子就会发生一点让人惊喜的小改变，就像爸妈陪玩儿一小会儿，孩子就能高兴整晚上一样。孩子需要的并不多，大人要做到也并不难，如此有益的小事，何不试着做做看呢？

满足孩子的技巧

孩子为什么会对爸爸妈妈提无理要求？

为什么要求不被满足时，有的孩子会大哭大闹，有的孩子会平和地接受？

为什么有的孩子见到好吃的特别贪吃，有的孩子却非常节制？

为什么有的孩子满意度特别高，有的孩子常常不满？

这些问题，都和爸爸妈妈能有技巧地满足孩子密切相关。在满足孩子上，爸爸妈妈确实需要一些技巧，解决孩子满意度问题，培养出高满意度的孩子。

·满足日常小要求·

妈妈，我能吃个冰激凌吗？

爸爸，买汉堡时能加个薯饼吗？

爸爸，去超市时我能自己挑个零食吗？

孩子提这些小要求时，我们都会满足他。一些爸爸妈妈会担心，对孩子有求必应，不是惯着孩子、溺爱孩子吗？我们不这么看。惯孩子、溺爱孩子，是大人无原则地满足孩子所有要求，而不是满足孩子这些日常的、小小的合理要求。

孩子：妈妈，这一整盒冰激凌都是我的，你和爸爸都不能动。

爸妈：好的好的，我们不动。

孩子：爸爸，我要三个薯饼。

爸爸：好的好的，三个薯饼。

孩子：爸爸，给我买这个、这个，还有这个。

爸爸：好的好的，都买都买。

这才是溺爱。我们的两个孩子，从小就不会提这样的要求。提出买吃的时，他们会要求刚好足够的量，而不是达到暴饮暴食程度的量；无论要买什么，他们都会很理性地征得爸爸妈妈的同意；无论买的东西多少，他们都会留出一口给爸爸妈妈。

这个办法我们坚持了十几年，体会是，孩子日常的小要求被满足得越多，他就会越快乐，提出无理要求、额外要求的时候也会越少。

· 减少限制和拒绝 ·

我们曾经不止一次地在聚餐时见过孩子贪吃、不知节制、不知谦让、想要一个人占有更多东西的场景：

把小半盘菜夹进自己碗里，全然不顾自己是否吃得完；见到爱吃的小点心，两只手一齐开动，不停往嘴里塞；明明已经吃饱了，在主人客气地表示可以再要个冰激凌时，毫不客气地点一份最大的。

那些孩子的表现，很让我们吃惊：都是家庭条件很不错的孩子，按理说不缺吃的，为什么会表现得那么贪多呢？

仔细想想，可能是平时被爸爸妈妈限制太多所致。一些爸爸妈妈，或为了饮食健康，或为了控制孩子的体重，经常告诉孩子，这个不可以吃，那个不可以吃，这个少吃点，那个少吃点，孩子被限制、拒绝得多了，就会积聚很多未满足的欲望，一旦有机会脱离爸爸妈妈的控制，这些潜藏内心的欲望就会爆发出来。

经常被限制和拒绝的孩子，还会积聚很多不满和愤怒，当某个特别想达成的要求再次被拒绝时，就很可能以极端的形式——哭闹、撒泼来发泄。

而平时被满足得比较多的孩子，则既不会积蓄未满足的欲望，也不会积蓄被拒绝的不满，偶尔某一次要求不能满足，也更容易平和地接受。

·给孩子选择权·

一些爸爸妈妈可能不是经常拒绝和限制孩子，但是比较喜欢越俎代庖，不太会尊重孩子的意愿，孩子的满意度同样也不会太高。

比如答应孩子吃冰激凌，但是不问孩子要什么口味，结果买回来很可能让孩子不满：我要巧克力的，你怎么给我买了草莓的？本来挺好的事情，一个小细节的疏忽，孩子大人又都不满起来。

我们的办法是，既然答应孩子的要求，就配合到底，让孩子做主、自己选择。

孩子：妈妈，我想买个魔术道具。

妈妈：好的，等下你自己上网去挑，挑好了告诉妈妈。

孩子：爸爸，我在购物车放了一堆书，等你有空时帮我付个款。

爸爸：好的，我一会儿就付。

我们把这个办法分享给朋友，在朋友家也收到特别好的效果：

“我家孩子两岁半，现在都是自己决定每天吃什么，去超市也是定好方向她自己选东西买，我也没觉得她提过什么过分的要求，也许如真心爸妈说的，其实你满足她了，她也不会欲望过多。相反她自己会控制欲望，说我有双鞋了不要买鞋了，我要吃饭了不能吃糖了，吃完饭再吃糖……挺神奇的，这么小就会自控。”

·满足要求时，超出 20%·

满足孩子要求时，不打折扣，而且比孩子预期的还超出一些，孩子会非常满意。分享一件我们如何超出 20% 满足的小事：

大儿子说，我的眼镜小了，老往下滑，能配个新眼镜吗？他的眼镜已经用了四年，当时他第一次戴眼镜，而且还是四年级的小男生，我们怕他不太会照顾眼镜，就选了个价格和款式都比较一般的，孩子戴了好几年，都没说什么。

现在他上初中了，又进入青春期，我们就商量，这次让他自己选，选个自己特别满意的。到了眼镜店，妈妈告诉他：“自己挑镜架吧，先别看价格，挑自己喜欢的。”

孩子试了不少，挑到了满意的，价格偏高一些，妈妈二话不说就定了下来，又帮他挑了一副稍好的镜片。最后付款时，价格显然比孩子的预期超出了不少，但看妈妈毫无难色，孩子也很开心。

之后还发生了一件特别有意思的事，妈妈跟爸爸汇报，“我们这次配了副比较贵的眼镜哦”，还没等爸爸说话，小儿子先问了价格，然后赶紧说：“不贵，不贵。”小儿子这个毫无妒意，而且特别“护着”哥哥的表现，显然来自上一次我们对他的超额满足——给哥哥买羽绒服时，选了店里比较好的，爸爸怕小儿子不开心，特别主动地说，“快开学了，你也挑个新书包”，于是小儿子心满意足地买了一个很不错的书包。

读到这里，可能有读者会担心，你们老是这样超出孩子预期地满足他，孩子的要求会不会越来越高?

恰恰相反，因为相信爸爸妈妈乐于满足他们的需求，我们的两个孩子都特别理性，从没出现过狮子大开口、狠敲爸妈竹杠的时候，而且有时提出给他们添衣服、添新鞋，还会被拒绝："我觉得不用了，我这鞋子还好好的呢。"

·提前满足·

我们还有一个小技巧，就是在孩子提出要求之前就主动满足他们。

比如我们家不主张孩子喝碳酸饮料，大人也不喝，碳酸饮料从来不会出现在我们去超市的购物清单上，但周末全家外出吃饭时，我们会允许孩子自由选择家里平时不买的饮料。

每次在外面点完菜，不等孩子开口，我们都会问孩子："今天是喝可乐、喝雪碧，还是喝别的？"两个孩子就会商量一下，今天选哪个。然后点的时候，也不会要求超级大瓶，只会要一人一听，或者要两个人能喝完的大瓶装。

·预先商定计划·

对于预算稍大的要求，我们会事先和孩子商定计划。这也是避免孩子的意愿和大人乐于负担的预算间出现分歧的好办法。

比如买玩具，我们和孩子商定，每个假期，可以买一个喜欢的玩具庆祝假期开始，每个生日，可以买一个比较大型的玩具做生日礼物，还有圣诞节，固定有"圣诞老人送来"的圣诞礼物。平时可以随时买价格不高的魔术道具和棋牌类玩具。

孩子们很能接受这个规则，而且每次都非常自觉，挑的玩具都在爸爸妈妈的预算之内，这也是爸爸妈妈和孩子之间长期培养出来的默契。因为有了规则和计划，孩子们也从来没出现过见到什么玩具好玩就不停要求买的情况。

那么事先商定了计划，会不会让孩子觉得，想买的东西都买不成，觉得自己过得很“穷”呢？

我们的经验是，不会。因为经常提前满足、超出预期 20% 满足，孩子们毫不怀疑爸爸妈妈在满足他们需求上的慷慨，所以从来不会磨着爸爸妈妈“给买个好的吧”或者“买多点”吧。

网上经常会有关于孩子要“穷养”还是要“富养”的讨论，有的爸爸妈妈会刻意选择穷养，以求让孩子懂得生活艰辛，不会大手大脚，有的爸爸妈妈会特别选择富养，不惜超出自己的承受能力，也要给孩子最好的。

两种方式，我们都不选择。我们的观念是，在能力许可的范围内，尽量让孩子的需求都能得到满足。既不告诉他们要省钱，也不给孩子灌输我一定要用好东西的概念。

我们会告诉孩子：尽量选择品质、品牌都可靠的东西，不在品质粗陋的东西上浪费金钱。多年下来，孩子们的消费也变得很理性，不会见到什么都想要，也不会在提要求时，勉强自己将就并不真正满意的东西。

· 减少诱惑 ·

经常有爸爸妈妈问我们，孩子老要吃零食怎么办？我们回答：很简单，少带孩子去卖零食的地方。

这也是避免孩子不停提出爸爸妈妈不乐于满足的要求、减少孩子不满的小技巧。孩子小的时候，自控能力还没有那么强，诱惑太多，想拥有的欲望难免被不停激发，减少诱惑，孩子自然也不会不停地提要求了。

一些爸爸妈妈会在周末时带孩子逛街，大人看这看那，孩子无聊，也会跟着看这看那，那些让爸爸妈妈们烦恼的“孩子赖在玩具柜台前不肯走”“孩子闹着要买什么什么”的状况，大多是在孩子跟爸爸妈妈逛街时发生的。少带孩子逛街，这种让人尴尬、烦恼的状况，自然也就没那么多机会发生了。

·该拒绝时，理性拒绝·

孩子的要求，当然未必全部合理，大人该拒绝时，还是应该拒绝。

比如爱吃什么，一次要买一大堆、买玩具时一次要买好几个，大人都不应该无原则地满足，否则孩子得到鼓励，提这种无理要求的情况会越来越多。孩子越小，这种情况越常见。

只不过，大人拒绝孩子时，需要用理性的态度，不能简单粗暴地告诉孩子“不行”，或者生硬地把孩子拖走，或者告诉孩子“爸爸妈妈没钱买”。

我们的办法，是从小跟孩子讲道理，比如：

我们买东西不能贪多，买太多会浪费的。

一次只买一个玩具，你会玩得很开心，我们下次再买一个，你又会很开心。要是一次买好几个，你只有两只手，又不能同时玩儿，而且这次买多了，下次又要好长时间才能买哦。

有的爸爸妈妈会说，小孩子，哪儿会听你讲道理？小孩子确实不是时时讲理，但大人老是觉得孩子小，不和他讲道理、不培养他懂道理，孩子什么时候才能变得讲理呢？

另外，大人一旦决定拒绝了孩子的过分要求，就要态度坚定，不能孩子一哭闹，大人就妥协。大人经常没原则地妥协，孩子就会变本加厉地提无理要求，那样就真的“惯”坏了。

这些都是我们家经常使用的满足技巧，孩子越满足，就会越快乐，满意度就会越高，而且会懂得节制，不会贪得无厌，偶尔被拒绝时也能非常平和地接受。

延迟满足的误用

小婴儿到底是一哭就抱好，还是哭也不能抱好？很多爸爸妈妈的观点都是：不能一哭就抱，要让孩子从小学会等待，要培养孩子的“延迟满足”能力。

但这么想真的是对的吗？为什么一些爸爸妈妈从孩子还是小婴儿起就培养他“延迟满足”，结果却让孩子变得脾气暴躁、缺乏耐心、任性甚至贪心？

真心爸妈是主张“一哭就抱”的。我们两个孩子小时候，在自己的小床里睡醒了，只要一发出哭声，甭管是白天还是晚上，我们都会第一时间赶过去，把孩子抱起来：“哦哦，爸爸/妈妈在，爸爸/妈妈在。”

有时候孩子哭得比较厉害，我们还会特别诚心诚意地跟孩子道歉：“哦哦，小可怜，着急了吧，对不起对不起，爸爸/妈妈来得太慢了。”

新生命的最初几个月，是建立和爸爸妈妈亲密关系的关键时期，孩子的需求得到快速响应，他才能感受到这种亲密关系、感受到爱，从而建立自己的安全感。如果孩子哭得声嘶力竭，而大人就在那儿看着他哭，反应漠然，孩子会感到不安、恐惧，于是越发强烈地需要安全感，表现就是，经常要待在大人怀里，大人不抱他，就哭闹不休。

我们家两个孩子，小时候虽然是一哭就抱，但他们并不黏人，被抱起来哄一会儿，就很快开心起来，然后大人把他们放下，他们就能自己躺在那儿非常安心地玩玩小手、啃啃脚丫。到能爬的时候，就很少需要大人抱了，经常自己在屋子里爬来爬去，开开心心地到处探索。等到能走路的时候，他们很喜欢走路，很少要抱。

带大两个孩子，我们的体会是，孩子越满足，就会越快乐。大人遇到的很多问题，比如孩子黏人、孩子爱哭、孩子脾气不好，其实都是因为他的需求没有得到充分满足。

对于孩子来说，他此刻的需求得到满足，才是最真实、最安全的，那些被丢在小床上，哭上好几分钟也没有大人来照顾的孩子，他的内心，实际上已经被种下了不安全感和某种程度的过度需求的种子。

·通俗的延迟满足法·

在家中使用“延迟满足”法的爸爸妈妈，不妨回想一下，你是怎么做的？

襁褓中的小宝宝哭了，“不能马上抱，要延迟满足，要不然孩子就黏大人身上下不来了”，于是家里两三个大人在旁边听着、等着，非得五分钟之后才把哭得上气不接下气的孩子给抱起来。

小宝宝抓着妈妈衣服，想吃妈妈奶，“不行，得延迟满足”，于是妈妈把孩子交给家里其他人，或者用玩具转移孩子的注意力，非得孩子急得哇哇大叫，才把孩子抱起来喂奶。

孩子上幼儿园、上小学了，“妈妈爸爸，我想要某某玩具”，那玩具的价格可能完全在爸爸妈妈的负担能力之内，对孩子没有任何潜在危险，而且孩子确实很想要，爸爸妈妈一想，“不能马上满足他，要不然他就要个不停”，于是灵机一动，加上“条件”：“你要是这一个月早晨都痛痛快快地去幼儿园、不闹人，就给你买”，或者“好啊，你要是期中考试考了双百，就给你买”。

这些方法看起来是不是很熟悉？在家里常对孩子用“延迟满足”法的爸爸妈妈，用的通常是这样的方法，核心就是“迟一点满足，让孩子学会等待”，我们姑且称之为“通俗的延迟满足法”。

常对孩子用这样的延迟满足方法的爸爸妈妈，不妨再回想一下，这种方法奏效吗？

被延迟五分钟抱起来的孩子，他下次或者几次之后，是不哭不闹乖乖地等着被抱起来吗？

被延迟喂奶的孩子，他下次想吃奶的时候，是笑哈哈地等着妈妈“到时间”来喂吗？

被延迟买玩具的孩子，他在接下来的一个月，能做到高高兴兴、没有任何拖延、执拗地去幼儿园吗？他会自觉自愿地加倍努力学习，用一百分来兑换爸爸妈妈承诺的玩具吗？

回顾、检讨的结果很可能让人沮丧。经常被这样对待的孩子，他们不但没有像大人期待的那样，变得有耐心、善于等待，相反却很可能变成另外一个样子：急躁、坏脾气，稍不如意就大哭大闹，想要什么就非得分分钟拿到不可，而且拿到一个还不满足，还想一次要好几个。

为什么会这样？为什么大人一直在努力培养孩子“延迟满足”，孩子却变得越来越不满足、越来越不容易满足？难道“延迟满足”的方法是不对的？

是错了，这样做的爸爸妈妈确实用错了方法。经典的延迟满足法，本身是没有问题的，但现在一些父母所使用的上述“通俗的延迟满足法”，却完全误解了心理学家们提出“延迟满足”的本意。

·经典的延迟满足法·

我们不妨回顾一下“延迟满足”是怎么来的，到底什么样的做法才是延迟满足。可能相当多把“延迟满足”挂在嘴边的爸爸妈妈都并不清楚。

延迟满足，来自美国斯坦福大学心理学教授沃尔特·米歇尔（Walter Mischel），他在20世纪60年代设计并实施了著名的“延迟满足”心理学实验。实验是这样进行的：

在一所幼儿园，研究人员让数十名儿童独自待在一个只有一张桌子、一把椅子的小房间里，桌子上有孩子们爱吃的零食。孩子们被告知，他们可以马上吃掉这些零食，但是如果他们能等到研究人员回来时再吃，可以得到更多零食作为奖励。结果，大部分孩子坚持不到三分钟就吃掉了那些零食，只有三分之一的孩子，成功延迟了自己的欲望，等到研究人员回来兑现了奖励。

那些成功延迟欲望、获得奖励的孩子，无疑比那些等不了三分钟就吃掉零食的孩子，更具有忍耐力、更能自控、更容易看到长远的目标，这也正是“延迟满足”作为一种能力或者品格受到育儿专家和孩子父母重视的源头。

回顾了心理学家们所采用的经典的延迟满足法，再对照一些爸爸妈妈在家中采用的通俗的延迟满足法，我们不难看到其中的巨大差异——差异简直大到根本是背道而驰。

1. 延迟满足，不是纯粹的时间上的延迟，而是附带鼓励的延迟

在实验中，参加实验的孩子，不是被告知“这些零食必须等研究人员回来再吃”，而是被告知，如果他们能延迟自己马上享受这些零食的欲望，会得到更多零食的奖励，这让孩子们有了延迟满足的动力——为了追求更大的目标，获得更大的享受，可以克制欲望、放弃眼前的诱惑。

而一些父母在家中对孩子所做的，只是简单、机械的时间上的延迟，孩子们的欲望满足被迫延迟了，他们不得不忍耐、等待，而最后满足的程度，却和不延迟时一样，没有任何增加，这让孩子们如何能够获得接受延迟满足的动力?

2. 延迟满足，是附加鼓励，而不是附带条件

实验中，孩子们延迟满足的努力被承诺了鼓励，而现实生活中，一些爸爸妈妈的实际操作，却不是“附加鼓励”，而是“附带条件”——你必须做到如何如何，我才会满足你这个要求。

于是孩子们沮丧地看到，自己的要求不但得不到及时的满足，反而需要付出更多努力，去实现原本他们期待着能马上实现的要求。这样，孩子如何能愉悦地接受“延迟满足”？又如何能培养出等待的耐心和为了得到更好的结果付出更大努力的自制力?

这样的巨大差异，很可能正是一些爸爸妈妈满心期待地在家培养孩子延迟满足，结果却适得其反的根本原因。

·误用的副作用·

简单机械地延迟孩子获得满足的时间，甚至为孩子设定获得满足的“附加条件”，会对孩子的心理产生相当多的负面影响：

1. 安全感

婴幼儿期不能得到及时满足的孩子，安全感相对较差，长大后可能会变得敏感、脆弱、情绪化、易哭闹。

2. 对父母的信任感

经常得到父母及时满足的孩子，会相信自己的需求能够从爸爸妈妈那里得到满足，自己需要的时候，爸爸妈妈会随时乐于提供帮助，所以很少用负面的方式对父母表达需求，不会表现得随意发脾气。

而经常被父母延迟满足的孩子，对父母的信任程度相对会较低，他会时时担心，爸爸妈妈不会快速地满足他，即便满足他，也会附带额外条件，所以往往更倾向于用哭闹、发脾气等激烈方式表达需求。

3. 耐心和等待能力

孩子越是看到满足无望，越是容易失去耐心，如果孩子确认自己的要求能得到满足，那么偶尔需要等待的时候，反倒能耐心等待。这正是为什么一些孩子经常表现得急不可耐，而另一些孩子可以安心等待的原因。

4. 易满足程度

一些孩子会表现得贪得无厌——想占有更多玩具，有好吃的一次吃光，外出吃饭即使吃不完，也要点很多东西，不是因为他们被满足得太多，而是因为被满足得太少了。被满足得越少，孩子的欲望会越强，一旦有机会，就想占有更多，因为他们不知道，下一次被满足是什么时候，能满足到什么程度。

·迅速满足·

真心爸妈从孩子小时候起，就没用过上述那种“通俗的延迟满足法”，相反，我们的方法是“迅速满足”：

小时候孩子在摇篮里一哭，爸爸妈妈就赶快去抱起他们；

吃母乳时，一有掀妈妈衣服的动作，妈妈就马上坐下来抱着他们喂奶；

孩子提出要什么玩具，只要不是对他们那个年龄段的孩子有危险的、不是那种买回来马上就成垃圾的劣质玩具，都会尽早买给他们；

孩子们想吃什么，都会尽快买来、在家里做或者带他们出去吃……

十几年这样做下来的结果是，两个孩子目前一个十五岁，一个是十二岁，都情绪平和，非常自控，毫不贪心：抽屉里的巧克力，放在那里随便吃，他们每个人每天只吃一颗；桌上再爱吃的菜，也不会一下子拨到自己碗里一大推；从不要零花钱，“因为不需要”；而且都表现出可耐心、细致地独立解决问题，以获得更大成就感、满足感的品质。

我们偶尔会用到“附带鼓励的延迟满足”，比如“你们可以把平时买玩具的钱攒起来，买一个更大的变形金刚”，于是孩子们心满意足地拿到了好几个超级大的限量版变形金刚玩具；比如“上学日不可以玩电脑，休息日可以玩得久一点”，于是孩子们从不在上学日提出玩电脑的要求。

但是，对孩子的要求，我们不会提任何附加条件，不会要求“你要考得如何如何，才给你买什么或者你才可以做什么”，这样孩子大人都免去了互相讨价还价的烦恼，也不会出现孩子没有满足大人提出的条件，于是大人拒绝满足孩子要求的不愉快情形。

总之，延迟满足，不是像一些爸爸妈妈理解的那样，单纯、机械地拖后满足孩子的时间，而是让孩子因期待未来可以获得的更好满足，而自觉自愿地放弃眼前的诱惑，两种方法，完全不同，成果也会有巨大差异。

但真心爸妈理解，即便是附带鼓励的、真正的延迟满足法，爸爸妈妈也需要很有限度地使用，毕竟孩子还小，马上获得满足带来的愉悦感还是非常重要的，如果每一个需求都要经过等待、经过努力来获取“更好的”，对孩子来说，未免太严苛了。

零食和零花钱的适度原则

我家楼下有个便利店，每次真心妈妈去买家里临时短缺的油盐酱醋什么的，都能遇到自己拿着零花钱买零食的孩子。

一个十来岁的小姑娘，挑选了三五样零食，自己拿着个漂亮的小钱包，熟练地在收款台结账。

一个十二三岁的孩子，跟小伙伴商量着要买辣条，后面跟着她三四岁的小弟弟，小男孩一听，马上喊：“姐姐，姐姐，我也要辣条。”

爱吃零食的孩子，要零花钱的孩子，总是让爸爸妈妈烦恼纠结，一位妈妈问：

“孩子想带零花钱上学，我该不该给他呢？给他吧，怕他买乱七八糟的零食，不给吧，又怕他偷偷地从家里拿钱。”

这位妈妈的两个担心，都不无道理。不少孩子整天惦记着那些卫生程度令人堪忧的零食，家里如果不给零花钱就从爸爸妈妈钱包里偷拿，这种情况也不是没有。

·给零花钱不宜早·

那么，到底要不要给孩子零花钱买零食？真心爸妈和很多爸妈一样，是主张不从小给的，要给的话，至少要等到孩子初中甚至初中高年级以后。

我们不主张从小给孩子零花钱买零食，也不主张从小给孩子零花钱让他们自己买小玩具或者日常用到的文具，主是从孩子身体健康、孩子良好习惯、孩子的安全三个角度来考虑。

先说健康。孩子总会喜欢那些甜的、咸的、又酥又香的零食，那些零食要么高油、要么高盐、要么高糖，要么几样全占，再加上反式脂肪酸，吃多了，真是一点好处都没有。而且孩子也不会像大人一样，对在什么样的店铺买、买什么样的品牌有所选择，买到卫生方面很不可靠的东西也非常有可能。

再说良好习惯。我们不认为，让孩子从小就会花钱，对培养他的“财商”有什么好处。在便利店里见到那个拿着自己的钱包熟练结账的小姑娘，真心妈妈只是觉得，孩子身上，有不那么纯真可爱的过度成熟。

再看安全。记得孩子上小学的第一天，校长在家长会上就特别要求，不要给孩子带零花钱。“大家知道是为什么吗？”真心妈妈答“安全”，大获赞赏。我们经常忧虑校园暴力，还经常忧虑小孩子被高年级同学欺负、勒索，孩子身上带的零花钱，其实是重要的诱因之一。

·适当满足零食诱惑·

那么，不主张给零花钱，孩子又想要买零食，爸爸妈妈该怎么办？怎么能做到孩子根本不受那些零食诱惑、根本不想要零花钱呢？

真心爸妈的理解是，老有零食吃的孩子，才不会贪吃零食，心满意足的孩子，才不需要零花钱。所以孩子从小到大，我们都用一个很简单的小技巧：适当满足。

1. 孩子要买什么吃的，尽量满足

我家大儿子三岁左右时，家里楼下开了一家便利店，孩子每天进进出出都能看到，就老想着进去去买点吃的。我们看到里边卖的东西，品牌基本上都还不错，就每次给孩子五块钱，告诉他可以自己进去挑一样。

孩子能体验自己花钱买东西，又能自己挑，当然很开心。因为约定了只能用这么多钱，只能买一样，而且我们也一直跟孩子平等讨论，孩子也很有点小理性，所以从来不会一次挑很多东西，再找爸爸妈妈来要更多钱。

这样买了几次之后，孩子好奇心满足了，也就不再特别想去了。

带孩子去超市时，我们也会告诉两个孩子：你们每个人都可以挑一样自己喜欢吃的东西。孩子有时会挑三桶连在一起的薯片，有时会挑巧克力夹心饼干。孩子挑中的，我们都会二话不说，允许他们加入购物车。

2. 接孩子放学时带些零食或带他们去买些零食

接孩子放学时，我们一般会从家里带一些巧克力、小点心。没带零食时，如果孩子要求，我们也会带孩子去买一点小零食，买的时候让他们自己挑选。夏天放学后，我们也会给孩子一些零钱，让他们自己去买爱吃的冰棒、冰激凌，孩子也会很开心。当然，让孩子自己去买东西时，我们会提示他们留意品牌。

孩子上学一天也挺累的，吃点小零食会更愉悦。孩子的幼儿园老师曾经告诉我们，“不管孩子多大，糖果都会让他们特别愉悦”。甚至小学阶段，特别有爱的老师们也会准备一些小糖果，奖励上课表现好、积极回答问题的孩子。所以我们一直觉得，爸爸妈妈应该重视孩子从吃糖果、零食上获得的满足感。

3. 经常和孩子讨论健康饮食

从孩子很小的时候起，我们就经常和孩子讨论健康饮食，比如高油、高盐、高糖的零食会增加脂肪，食品中过多的添加剂有害健康，一些食品可能用不太好的油脂加工，一些食品的加工场所可能卫生条件很差，等等，孩子们也慢慢形成了这样的概念。

比如有时说起时髦的辣条，我们会逗他们：“你们怎么不要求买呢？”孩子们会说：“听说好多辣条是特别差的小作坊加工的，我们才不要吃呢！”再比如他们对街头小吃摊点也保持着一定程度的洁癖：“他们的油说不定好久都不换了，而且风吹日晒的，不卫生。要吃的话，我觉得还是大的快餐店靠谱一点。”

4. 和孩子讨论带零花钱的尴尬

我们有时也会跟孩子讨论带零花钱的尴尬。比如，你和同学一起放学，你带了零花钱，想去买零食，而同学没带零花钱，你要不要请同学吃东西呢？你今天请同学吃了东西，明天他要求你再请他吃，你怎么办呢？遇到大孩子逼着你给他买东西吃，你怎么办呢？

孩子们想想，嗯，这样确实挺难办的，还是不要带零花钱上学好了。

至于为什么我们觉得孩子初中以后可以给零花钱，有以下几个原因：

一是从小不自己花零花钱，习惯了爸爸妈妈的“适度”满足的孩子，到初中阶段，已经可以培养出对零花钱的理性使用、对零食的理性购买，这时候再给零花钱，孩子乱买东西和乱花钱的情况就不太可能出现。

二是初中的孩子进入青春期，同学之间请喝一瓶水、请吃个小东西的交往会稍稍多一点，这时候如果孩子兜里一点零花钱都没有，就会有些尴尬。

所以我家大儿子在初中二年级放学路上被同学请喝过几瓶饮料之后，我们就说服他，要每天带一点零花钱。开始孩子还觉得没有必要，后来想一想，也接受了。

·越满足，越节制·

靠着“适当满足”的技巧和这些讨论，我们家两个孩子，从小到大，都没有在吃零食、零花钱上有任何不满足，也没有因为闹着吃零食、要零花钱，给爸爸妈妈带来任何大小烦恼。

可能有的爸爸妈妈担心，这样满足孩子，孩子不会变得特别贪吃零食吗？我们的经验是，恰恰相反，孩子不但不会变得贪吃，反而会变得节制。

比如我们会把家里的糖果、小点心，集中放在一个抽屉里，孩子们随时可以自由取用，但他们从来不会一次吃很多，巧克力每天只吃一颗，面包干每天只吃一两块，妈妈“补给”一次，孩子们能吃上一两周。

有一次一位妈妈问：

“我家孩子一吃零食就吃很多怎么办？他胃口还不太好，吃多了又会吐。”

真心妈妈就问她："您是不是很少给孩子买零食，而且孩子吃零食时，还会不停地跟他说吃零食多么多么不好？"那位妈妈不说话了。

吃零食的机会天天有，孩子就不会贪多，吃零食的机会很难得，孩子才会暴饮暴食。另外好多爸爸妈妈有一颗"豆腐心"，孩子想吃零食，爸爸妈妈舍不得孩子哭闹就给买了，又长着一张"刀子嘴"，边给孩子吃，还边唠叨孩子吃零食多么多么不好。于是孩子就纠结了——一边是味蕾的愉悦，一边是吃零食的"罪恶感"，如果孩子比较小，这种纠结就很可能用"肠胃不适"反映出来。

·越匮乏，越渴望·

孩子要零花钱、爱吃零食，虽然不是什么大事，背后却藏着很深层的心理机制，如果爸爸妈妈没有弄明白，很可能把花小钱、吃零食的小事，变成影响孩子成长的大事。

著名心理学家马斯洛在他的《动机与人格》中，将人的需要区分为从低到高的不同层次，最基本的，是生理需要，接着是安全需要、归属和爱的需要、自尊需要，最高层次上，是自我实现需要。

人首先是满足低层次的需要，当低层次的需要被满足，高层次的需要才会出现。如果低层次的需要没有被满足，高层次的需要就会退居幕后甚至完全消失。

孩子爱吃零食，表面上是生理需要，其实也与安全需要、归属和爱的需要密切相关。爸爸妈妈越坚定地认为吃零食有多么多么不好、不断地压抑孩子吃零食的欲望，孩子很可能越坚持，越觉得零食有无比令人向往的美妙之处。

困于零食需求无法满足的孩子，可能会感受到安全感的匮乏、爱的匮乏，甚至用低自尊的方式，去谋求满足——比如，哭闹着要吃零食，甚至像很多爸爸妈妈担心的那样，偷拿大人的钱去买零食。

正如马斯洛所说，"吃饱了的人不会感到饥饿"，在吃零食上被适度满足的孩子，也不会对零食有过高的欲望，更不会对拥有零花钱、可以自由地买零食，有什么向往。

所以，为孩子吃零食和零花钱问题烦恼的爸爸妈妈，不妨尝试一下真心爸妈的“适度满足”技巧，相信结果会是孩子、大人皆大欢喜。

第四章

合作守则四：多赋能，少施压

不懂孩子的父母，为自己和孩子施压，懂孩子的父母，为自己和孩子赋能。高效能的父母，赋予孩子成长过程中真正需要的能力，而不是把自己的焦虑转嫁给孩子。

■ 父母的施压逻辑——你理想中的那个孩子，永远都不会存在；允许孩子过自己的人生；父母自己放弃的理想，不要向孩子索取；人生是一场长跑，明智的父母，不做“不能让孩子输在起跑线上”的信徒；你做不到的，孩子同样做不到；父母的示范，是最好的家教。

■ 自我发展的能力：从幼小衔接说起——幼小衔接，衔接的不是知识而是能力，孩子学龄前的赋能才是早期教育的重点；父母需要把培养孩子的目标定位于帮助他成为一个社会化进程良好、有完整独立人格的个体。

■ 选择能力：由我选，从我心——孩子做选择的能力，关乎他一生的幸福，父母需要给孩子自己做选择的权利，让孩子选择自己想要的东西，并且明白，我们没有替孩子选择人生的权利。

■ 合作能力：从与父母合作开始——与人相处即合作，培养孩子的合作能力，要从婴儿期与父母合作开始，并在日常生活中持续培养，父母也需要为孩子做出“互相合作”的示范。

父母的施压逻辑

如果问一位爸爸或者妈妈：你希望孩子成为什么样的人？恐怕“优秀”“出色”“成功”几个词会在答案榜上名列前茅。

且不说这几个词除了被说到俗滥的含义，还有一百万种解释，单就期望本身来说，就很可疑：爸爸妈妈们，为什么要对孩子要求这么高呢？孩子对你有同样的要求吗？

·你理想中的那个孩子，永远都不会存在·

如果我们的两个孩子小时候漂亮可人，长大后英俊潇洒善解人意，上学一路拔尖，比赛次次金奖，提笔画画无论国画油画都超级棒，表演文武昆乱不挡，上学、上台是明星，回到家里是乖宝，我们一定天天焚香感谢老天爷对我们这么好，顺便再厚颜提个小要求：这样的完美宝宝，您再给我来半打吧。

做个小梦，这样的孩子，恐怕老天爷那儿也没有，我家更没有。真心爸爸家里一大一小两个男孩，就是普普通通的快乐孩子。成绩多数时候还不错，偶尔见到70分，也不用太吃惊；门厅的钢琴自从他们幼儿园毕业就没响过；体育课上是让老师比较发愁的角色；对电脑、手机、动画片很有兴趣；房间的整洁很难保持到第二天；带出门去，从来不是脆生生叫“叔叔阿姨”的礼貌娃。

不过我们还是常常感谢老天爷，顺便表扬自己做爸爸妈妈还挺称职：他们健康、快乐、温和、平静，热爱阅读，认真上学，自己的事自己做，玩电脑手机知道节制，有主见，对世界满怀善意，爱爸爸妈妈和家人、老师、同学、朋友，三观很正，而且喜欢他们自己。这，已经足够足够好了啊。

·孩子要求你是完美爸妈吗？·

爸妈从孩子出生起就期待，并且努力把孩子打造成优秀、出色、成功的孩子，但孩子会从出生起，就一路各种要求，让爸爸妈妈成为事业成功、美丽、帅气、育儿有办法、生活有美感、琴棋书画样样皆通、十八般武艺不在话下的完美爸妈吗？

真心爸妈检讨一下自己，觉得真得感谢孩子不嫌弃我们是这么一对普通通通的不完美爸妈：只会一样乐器，还是初学；两笔烂字，完全对不起我们上过的学；宅人两只，所有运动接近白痴；勉勉强强保持家里干净整洁，打造不出家居杂志上那些美丽的屋子；做饭咸了、淡了是常有的事；只做过一些小事，和成功人士中间还差 1000 万个普通人的距离。

但这样也挺好不是吗？平平常常的快乐孩子，普普通通的快乐爸妈，一家人每天一起吃饭、一起聊天，孩子好好上学，爸妈勤奋工作、认真持家——这样的人生，还有什么不开心、不满足的？

·允许孩子过自己的人生·

孩子想做龙做虫，是他自己的事。

对孩子高要求的最佳理由，是望子成龙、望女成凤。但是，只要做父母的对孩子尽了责任，帮助他具备人生必备的条件——健康、快乐、善良、正直、有爱、自律、认真，他是要成龙、要成凤，还是做条快乐的虫，不是他自己的事吗？

爸爸妈妈为啥要望子成龙、望女成凤？标准的回答自然是：为孩子好啊！但这里面真的没有一点光宗耀祖、显赫门庭、让别家艳羡自家的私心吗？

真心妈妈带小儿子读《长恨歌》，读到“姊妹弟兄皆列土，可怜光彩生门户，遂令天下父母心，不重生男重生女”，小儿子说：“我明白，我明白，就是别人都羡慕杨贵妃和他的哥哥姐姐得到的恩宠，所以都想着生个女孩送进皇宫呢。”

进宫啦、封疆列土啦，当然实现不了了，不过相似的具体内容还着实不少：大学上名校、毕业收入高、开好车、住豪宅，等等等等。有多少望子成龙的爸爸妈妈，敢说自己关心的不是这些，只是心理学家马斯洛所说的孩子的“自我实现的需求”呢？

我家大儿子小时候，有一个阶段，特别喜欢研究烘焙、厨艺，让爸爸妈妈有些担心，将来他不会做个厨师吧？又想想，只要他觉得那是自己的理想，他做起来觉得快乐、满足、有成就感，做厨师也没什么不好。

二十多年前，真心爸妈不负父母的希望，从我们那个小县城考到了北大，毕业后留在了北京。但毕业一两年，我们就选择辞去工作，自己创业。父母没说什么，但一直不太理解。近几年，真心妈妈的妈妈开始感叹：你们这样是辛苦点，但自由、想干啥干啥，真是挺好的。由此，我们谢谢妈妈。

·父母放弃的理想，别向孩子索取·

“我这辈子，就这样了，我全部的希望都在你身上了。”

对孩子抱有很高期待的爸爸妈妈，你这么对孩子说过吗？

褚时健先生八十多岁还种出了褚橙呢，三十岁、四十岁、五十岁的人生，怎么会“就这样”了？放下手机，放下长篇电视剧，省下抱怨老板苛刻和同事之间的钩心斗角、上班远、收入低的时间，抬头看看，手脚动动，大脑转转，人生“不这样”

的可能，多得是呢。

小时候没学过什么才艺，现在觉得遗憾？用不着让孩子代替自己接受“补偿”，出门报个班，就能补偿自己，花上三个月，就能获得一项新乐趣；小时候没钱买书？现在书又多又便宜，尽管买来读，任性地买一堆家务书、菜谱也没关系；没上过好大学？去复习，去考试，台湾一位老爷爷退休后还从本科一直读到博士呢；理想还没实现？那就去实现它，几十岁清零重来做回自己的榜样，不难找到，而且很多。

人生要实现的梦想可能实在太多，和孩子较劲，让孩子替自己实现梦想，对自己、对孩子，都有失公平，尤其是对孩子。他有自己的人生，稍大些会有自己的理想，父母凭什么要求他去实现爸爸妈妈的理想，而不是追求自我的实现呢？

大儿子少先队退队时，学校要求每个家长给自己的孩子写一封信，我们其实是把在他六岁时写给他的一封信重抄了一下，其中提到了爸爸妈妈的理想：

“我们每个人都需要通过做一份自己喜欢的而且有意义的事业，获取人生的成就感和满足感。爸爸妈妈会为你们骄傲，但不会把自己没有实现的目标，寄托在你们身上。我们希望你们健康成长，成长为心智健全、能够对自己负责的人。但你们不需要对爸爸妈妈的理想负责。爸爸妈妈自己的理想，我们会自己努力去实现。”

其实很多时候，大人的理想不是不可能实现、没机会实现，只是自己放弃了。放弃的原因，常常是懒、不努力。

·可疑的“起跑线”·

很多爸爸妈妈把“不让孩子输在起跑线上”挂在嘴边，但人生是场长跑，让孩子从小冲刺，太早了。

去开家长会，初中老师、小学老师，都苦口婆心地劝：“家长们，您别给孩子报那么多班了，孩子上学就挺累的，周六周日还排得满满的，不但学习效果差，有时还缺课去上班儿，完不成作业，影响学校学习，那是舍本逐末啊。”

但担心孩子输在起跑线上的爸爸妈妈，怎么敢听？要是不上这些班，不做“全面的素质教育”，孩子还不得被落下一大截？

“起跑线”的概念不知所起，一往而深，真是挺奇怪的，人生怎么就成了跑步比赛了呢？

人生是自己的人生，何必与人论输赢？每个孩子有每个孩子的天分、兴趣和未来，早早确定规划岂不是丧失很多可能？再说，人生即是跑步，也是马拉松，比的是坚韧耐久，一出发就一马当先的那个明星选手，说不定正是昙花一现的那一个呢。

我们曾和一些爸爸妈妈讨论一个问题：现在孩子们的学习应试压力太大了，根源究竟在哪里？

作为两个学童的父母，我们认为，目前中国孩子的压力，其实并不主要来自应试，而来自爸爸妈妈出于自身焦虑的施压。

父母们焦虑万分，担心孩子输在起跑线上，常常完全不考虑孩子的需求和最终效果，只管像比赛一样，争着抢着把甭管多大的孩子送去学习：

孩子还不到一岁，就赶紧重金送去早教班；

孩子刚上幼儿园，就开始报各种兴趣班，学钢琴、学画画、学跳舞，学各种各样能成为才艺和特长的项目；

孩子准备上小学了，送他去上幼小衔接班；

孩子上一年级了，和语文、数学、外语配套的课外强化班、补习班马上也要跟上，之前学的各种才艺，也要继续学着，不能落下。

孩子上初中、上高中，各种班，尤其是课外补习班，还得继续上，以保证中考、高考提分，上名校。

孩子幼儿园三年、小学中学十二年，都被爸爸妈妈驱赶着学这学那，像个小陀螺一样，忙得团团转。

其实，除去由父母安排的这些学校之外的学习，单纯应对学校的学习和升学考试，除了在中考、高考的复习阶段外，孩子的日常压力并没有那么大。

说起父母压力的源头，很多父母都会归为应试。但真心爸妈认为，真正的源头还在父母自身，大多数焦虑的父母，是把对自己受教育程度、收入水平、工作状况、家庭生活状况、社会地位的不满，转化为了焦虑，再转嫁给孩子，变成给孩子的压力。

他们希望通过让孩子上尽量好的幼儿园、小学、中学，学尽可能多的才艺，考上更好的学校，找到更好的工作，获得更高的收入，帮孩子摆脱父母自己所处的并不满意的状况。

这样“青出于蓝而胜于蓝”的期待固然可以理解，但是因为焦虑和压力，父母在为孩子安排各种各样的学习项目时，其实常常并没有对孩子的需求、那些学习的效果、那些学习项目对孩子一生的长久益处，甚至那些学习方式本身是否合理，做过理性的考虑，只是盲目从众：大家都去学，我们不学，输在起跑线上怎么办？

所以，为孩子施压、让孩子没完没了地学这学那，几乎成了一场全社会的竞赛，但一个很糟糕的后果可能是，孩子一生的学习意愿，都被幼儿园、中小学阶段各种各样盲目的“学习”给扼杀掉，他很可能成为一个无法终身学习的人，进而也就失去了在一生中持续进步的可能性。这样的后果，和父母最初给孩子施压的出发点，可以说是完全背道而驰的。

那么，除了给孩子施压，除了盲目从众，父母有没有其他选择呢？我们认为是有的。

父母可以选择放弃向孩子施压，转而为自己施压，要求自己不断进步，给孩子一个更好的成长环境。家庭环境，尤其是家庭中的学习氛围，对孩子的促进作用，其实比简单地到外面上各种各样的班儿大得多。

父母也可以选择放弃从众，按照自己的育儿理念养育孩子，给孩子一个自由自在的快乐童年，让孩子按照自己的节奏，健康成长。

事实上，还是有相当一部分父母坚持做到了这一点，只是他们大多是在悄悄践行，没有像焦虑的父母们那样，不停地通过各种途径发出焦躁不安的声音而已。

·你做不到的，孩子同样做不到·

真心爸妈经常遇到这样的提问："爸爸妈妈如何如何，怎么让孩子做到不如何如何？"比如，爸爸妈妈不爱看书，怎么做才能让孩子爱上阅读？爸爸妈妈都爱玩手机，有什么办法让孩子不爱玩手机吗？对此，我们的回答通常是：从爸爸妈妈自己改变开始。

爸爸妈妈常常希望一代更比一代强，自己不具备的好习惯，希望培养孩子具备；自己没有的才艺，希望孩子能掌握；自己的短处，希望孩子能弥补；自己没有实现的梦想，希望孩子能实现。

但问题是，爸爸妈妈是成人，成人自己都做不到的事，凭什么要求三四岁、十几岁的孩子一定要做到呢？

经常在头条号、微信公众号"真心爸妈"读我们撰写的育儿文章的读者可能已经发现，在家庭教育上，我们是对孩子非常宽松，但对自己非常"严厉"的父母，基本主张是，孩子身上的问题，要到父母身上找原因，要求孩子做到的事，爸爸妈妈要先做到。

当然，这种态度也不断有读者在评论中反驳：为什么孩子有啥状况，都要把责任推给父母？为什么说到培养孩子什么习惯，都要说爸爸妈妈自己要先成长、要先改变？

为什么呢？道理很简单，因为：父母是成人，理应比孩子更自省、更自律；父母承担着家庭教育的重任，一举一动都是在为孩子做示范，好示范带出更好的孩子，坏示范自然会带出问题多多的孩子。

有的爸爸妈妈，会把问题归为"天生"：我这孩子，天生就脾气大；我这孩子，天生就不爱学习；我这孩子，从小就贪玩儿……

“天生”真的是一个很好的说辞，让爸爸妈妈们在很多时候都可以免于自省与自责，但恕真心爸妈直言，在家庭教育上，把问题归罪为孩子天生如此，只是爸爸妈妈懒惰和逃避责任的借口罢了。

那么，爸爸妈妈拿自己做不到的事要求孩子，孩子能做到的可能性有多大呢？恐怕微乎其微。最可能的，是发生两种状况：

一是爸爸妈妈自己的不佳做法传给孩子，等到大人发现培养出孩子不太好的习惯，又要想方设法地改变，又费时间，又费精力，而且效果待议；

二是爸爸妈妈用强力的方式逼迫孩子改变，然后不断爆发亲子冲突。

两种情况的后果，都是爸爸妈妈和孩子，在家庭教育各种各样的细节中，不停做着持久的拉锯战。

比如让好多爸爸妈妈无比烦恼的孩子爱玩手机的问题。孩子爱玩手机，根源一定是爸爸妈妈一有空就抱着手机看，而且有的爸爸妈妈还在孩子小时候把手机当成“哄孩子”的工具，或者把各种手机 APP 当成替代自己教育孩子的“家教”。

我们和一些爸爸妈妈讨论阅读，谈到要让孩子阅读纸质书，尽量远离电子产品，又从阅读谈到认字，一位妈妈马上问：“有什么教孩子识字的 APP 可以下载吗？”

有这样的家庭氛围，爸爸妈妈对手机如此依赖，想让孩子不着迷手机，几乎是不可能的。但爸爸妈妈又本能地认为，孩子迷恋手机是不好的，事实上也的确不太好。

那么怎么办呢？只有用强制的方式来管。孩子在写作业，爸爸妈妈不时去监督一下：“怎么又玩手机呢？放下放下！专心写作业。”孩子看到爸爸妈妈来管了，就勉强放下一会儿，之后趁爸爸妈妈不注意，又拿起来了。反复几次，爸爸妈妈恼了：“把手机给我，不写完作业别玩儿！”孩子也恼了：“那你自己怎么还玩儿？”于是，亲子大战爆发。

再比如好多爸爸妈妈困扰的孩子坏脾气问题。一些家庭是“以暴制暴”，你脾气大，爸爸妈妈比你脾气更大，你大声，我比你更大声，训斥不管用，就上拳脚，我就不信打不服你！这样的爸爸妈妈，不妨去照照镜子，家庭教育中暴躁、坏脾气的大人，又比坏脾气的孩子，能好得了多少呢？

· 父母的示范，是最好的家教 ·

最好的家庭教育，是爸爸妈妈做给孩子看。

真心爸妈的文章后面，经常聚集许多疲累、无奈的爸爸妈妈的留言："孩子这样那样，我该怎么办？""孩子怎么说都不管用，我该怎么办？"但也有好多轻松愉悦的留言，觉得带孩子、教育孩子，都是挺轻松的事。真心爸妈自己就属于后者。

做到轻松，有很多方法，真心爸妈在我们上一本书《育儿基本：找到好方法，轻松做爸妈》中，也有许多分享。但在家庭教育中，有一个最基本的方法，就是：想要孩子怎么样，爸爸妈妈自己做给孩子看。

想要孩子爱阅读，爸爸妈妈自己有空就拿起书本；

想要孩子不爱玩手机，爸爸妈妈回家后，自己的手、眼，就不要"长"在手机上；

想要孩子做事认真，爸爸妈妈不论大事小事、工作生活，都认认真真地去做；

想要孩子言语斯文，爸爸妈妈先言语斯文；

想要孩子好脾气，爸爸妈妈先做到温和平静；

想要孩子跟大人好好说话，爸爸妈妈先跟孩子好好说话；

想要孩子不懒惰，大人不要干一点点活儿就喊累；

想要孩子爱整洁，爸爸妈妈先把屋子收拾得整整齐齐、打扫得干干净净……

这些法子，不会立竿见影，但从孩子出生起，如此坚持个十年八年，相信将来孩子身上需要爸爸妈妈操心费力、严厉管教的问题，就会少很多。

教育孩子有多难？恐怕不会难过爸爸妈妈改变自己。

如果爸爸妈妈有教育自己、改变自己的决心与行动，相信通过家庭教育中这种"示范"作用，孩子发生令人惊喜的改变并不困难，如此两全其美的事，爸爸妈妈又何乐而不为呢？

自我发展的能力：从幼小衔接说起

每年“幼升小”季节，连续好几个月，真心爸妈都会被问到跟孩子幼升小、幼小衔接相关的问题：

孩子九月份就要上小学了，幼小衔接，需要做哪些准备？要不要送孩子去一个幼小衔接班，先学点拼音，免得开学后跟不上？要不要买本描红字帖，开始让孩子练习写字？

拼音、认字、写字，是准备送孩子上小学的爸爸妈妈们最关心的问题。大家都担心：

听说上小学后，拼音会讲得很快，我孩子跟不上怎么办？听说上小学后，识字量少会很吃亏，我孩子认字不多，怎么办？听说上小学后，对写字的要求很高，我孩子还一点都不会写怎么办？

各种“听说”，让爸爸妈妈们焦虑万分，恨不得用一个暑假的时间，让孩子把小学一年级第一学期的课程都先学一遍才踏实。

那么，真的是需要这么着急吗？我们觉得，不是特别必要。

一是幼儿园大班阶段，大多数幼儿园都会安排幼小衔接类型的课程，让孩子接触一些拼音、识字、写字内容，也会适当延长一堂课的时间，加强对课堂纪律的要求，让孩子对小学课堂氛围有所了解。这些，对于孩子开学后，慢慢适应小学生活，已经足够了。

如果大人在假期，额外给孩子安排了幼小衔接班，会让孩子为上学做准备的时间变得过长，孩子一直在等待上学，但又迟迟没有正式开始，这样孩子可能会感到疲惫、厌倦。这就像大人准备一场考试，一直都是很紧张的状态，但是考试老不开始，到考试前，那种紧张、兴奋的状态就很难保持了。

二是刚从幼儿园升入小学的孩子，能集中注意力的时间还很有限，你先给他学了小学课程，到了真正上课的时候，他没了新鲜感，觉得我都会了，就容易走神，课堂听讲状态反倒会很不好。一旦养成这样的习惯，他整个上学阶段的课堂听讲品质都很容易受到影响。

·衔接的不是知识，是能力·

提到幼小衔接，爸爸妈妈最先想到的，往往是小学的学习内容，担心孩子没有先学过，跟不上。其实这恰恰是孩子整个幼升小过程中，最不需要担心的部分。

就我们两个孩子小学入学阶段的经验来看，小学一年级的课程，是为中等水平的孩子准备的，难度并不高，只要孩子上过幼儿园、智力正常、能坚持正常上学、上课听讲状态不错，都能轻松学习。即便开始时孩子稍感困难，只要坚持一个月左右，最初的困难阶段也都能过去，完全不用担心孩子没有事先学过会跟不上。

爸爸妈妈真正需要担心的，反倒是另外一些问题：

孩子在小学课堂上，能不能静得下来？

孩子听老师讲课，能不能听得进去？

孩子进入新的环境，能不能接受和适应学校规则的约束？

孩子进入新的集体，能不能和老师、同学和谐相处？

这些，都不是知识，而是能力。孩子有这些能力，才能尽快地度过从幼儿园到小学的过渡阶段，从心理和行为上，都从幼儿园小朋友，变成真正的小学生。

很多爸爸妈妈来问我们小学一二三年级孩子的学习问题、作业问题，讨论下来，我们发现，他们的孩子，遇到的都不是真正的学习困难，而是适应困难——孩子还没有适应角色和环境的转变。比如，专注力不足，不能专心听讲，配合度不足，上课专接老师话茬，自制力不足，不明白作业是小学生应该完成的任务。

孩子身上的这些不适应表现，甚至会一直延续到小学高年级和初中。最终的结果，当然是学习困难，但要解决，却不能仅仅仅从学习上着手。

·孩子学龄前的赋能·

如果我们说，说孩子幼小衔接实现得非常好的家庭，是在孩子上学之前，整整准备了六年，你可能马上会想，这太可怕了吧？还不得把人给焦虑疯了？

其实，要是真的准备了六年，不但不会焦虑疯了，反而在幼升小阶段会非常淡定从容，大人不焦虑，孩子无压力，根本不需要集中一两个月时间，专门去做所谓的幼小衔接。

为什么这么说呢？

孩子的成长，是一个连续、平稳的上升的过程，如果不是遭遇特别的情况，他的发展水平，不会发生断崖式的跌落，也不可能出现短时间内的急剧上升。

爸爸妈妈看到小学一二级的孩子写作业困难、听课困难，其实这些都不是到小学阶段才出现的问题，而是之前成长过程中累积的问题，遇到合适的状况，正好显现出来。

比如孩子专注力不足，是因为从出生后，他的专注力就没有得到充分发展，他在两三岁时，不能有一小段时间，自己专注地玩儿玩具，他在四五岁时，不能有十几二十分钟，甚至更长时间，自己专注地看书，自然，到八九岁时，他也不会突然地就有了集中注意力四十五分钟专注听课的能力。

很多爸爸妈妈，在孩子上学前，都觉得孩子还小，对孩子在他那个年龄段该具备的能力关注不足、培养不足，觉得孩子大了自然就好了。但是没有之前六年量的积累，哪里能有突然的质变？我们不能在前六年中什么为孩子赋能的工作都不做，然后等孩子上学了，却责备孩子："都这么大了，怎么这里那里还不行？"

前六年准备不足，到上小学前上幼小衔接班集中强化一下，可能会有一点点帮助，但被生硬灌输进入的东西，要内化成为孩子的能力，是一个缓慢的过程，不可能短期见效，而且孩子自身不具备良好基础，这种内化，还可能根本不会发生。

所以我们的建议是，爸爸妈妈们不要等孩子幼儿园最后一年再着急做幼小衔接，要把工夫下在孩子前六年的整个成长过程中，关注孩子各种能力的发展，前面的工夫做足了，顺利幼小衔接，根本就不是问题。而且把工夫下在六年中，也根本不需要焦虑，就是带着孩子，一点一点向前走而已。

·孩子的"社会化"·

说到这里，我们想给爸爸妈妈们分享一个社会学和社会心理学上的重要概念，就是社会化。

社会化可以从两个角度来看。从社会的角度来看，社会化是使个人适应在社会环境中的生活方式，并使他们接受社会的文化传统的过程。从这个角度看，爸爸妈妈对孩子做的早期教育、幼儿园对孩子做的学前教育、学校对孩子做的学校教育，都是让孩子逐步"社会化"的工作。

从个人的角度看，社会化是发展自我、养成独立人格的过程，L. 布鲁姆等社会学家在《社会学》中说：

"通过与他人的相互作用，个人获得某种身份，建立和发展价值观与欲望，并且在顺利的条件下能够充分发掘运用他或她的潜力。社会化对于自我意识的发展及身份的形成是必不可少的。因此，社会化具有两种功能：传递社会传统与创造人格。"

从这个角度看，孩子在家庭、在幼儿园和在学校的生活，其实都是他社会化过程的一部分。

了解什么是社会化，可以帮助爸爸妈妈建立起一种关注孩子长期发展、关注孩子人格发展的观念，把培养孩子的目标定位于帮助他成为一个社会化进程良好、有完整独立人格的个体，而不是只关心孩子学了多少知识，掌握了多少才艺，能不能上个好小学、好初中、好高中、好大学，未来有个好工作、好收入。与孩子作为一个独立的人的个体发展目标相比较，能不能上好学校这些具体目标，实在是太狭隘了。

从幼小衔接，说到孩子的社会化，你可能觉得，这扯得太远了，但我们想说的是，孩子成长中的任何一个阶段所发生的任何一件小事，都不是孤立的，也不是我们能看到的那么浅白、易操作。爸爸妈妈关于孩子成长的本质问题了解得越多，你和孩子走的弯路就会越少。

选择能力：由我选，从我心

你会让孩子自己选择穿什么吗？关心孩子健康的爸妈会说："他要是冻着了怎么办？"

你会让孩子自己选择吃什么吗？关心孩子营养的爸妈会说："那他只爱吃垃圾食品怎么办？"

你会让孩子自己选择上哪个学校吗？关心孩子前途的爸妈会说："那他自己选错了怎么办？"

那么，你会让孩子自己选择大学要学的专业，未来要嫁的丈夫、要娶的妻子吗？关心孩子一生幸福的爸妈又会说："这么重要的事，还是需要爸妈给些意见的吧？"

看看，可怜天下父母心，做爸爸妈妈的，就是这样，永远都不放心把选择权交给孩子，从小到大的每一步，都在为孩子精心规划，权衡利弊，做出选择。但，这样对孩子来说，真的是最适合的选择吗？

·给孩子自己做选择的权利·

真心爸妈十几年来，一直坚持一件事：让孩子自己做选择。

虽然孩子的选择有时不那么让人放心，我们也会告诉自己：他是独立个体，有选择自己生活的权利，他的选择，我们要尊重，无论好坏，他得学会承担选择的后果。

有一次，适逢北京早春的大风天，大儿子学校有外出活动，真心爸爸跟孩子说："今天冷，多穿点吧。"结果，孩子还是只穿了打底的秋衣加长袖校服 T 恤、校服外套一共三层单衣就出门了。

真心爸爸有点小小无奈，发朋友圈说："有种冷，叫你爸觉得你冷。"有朋友评论道："青春期的孩子，就是叛逆。"

真心爸想的倒不是什么叛逆，事实上，我们不认为有"孩子叛逆"这回事。接受他的选择、允许他穿三层单衣就出门的，是那个想着他未来人生的理性的父亲，朋友圈发小牢骚的，不过是担心他第二天打喷嚏流鼻涕的婆妈老爸而已。

第二天，真心爸妈在班级群里看到了孩子们活动的照片，全都是整齐利落的校服，人人都举着笔记本认真记录，真是漂亮，真是帅——没有一个孩子抱着臃肿的大棉衣，当然，我家大儿子回来后也既没咳嗽也没发烧。

真心家孩子，在自己的事上，一向是自己选择、自己决定的，不但穿衣自己选，吃饭也是自己选，他们可以对负责做饭的妈妈提出自己的要求，外出吃饭时，全家四口也是一人一次，轮流做主决定吃什么、吃哪家餐厅，在餐厅也是各自点自己喜欢的菜。

他们还自己上网选书，只需要叫爸爸妈妈去付款；自己选学校的课后兴趣班，爸爸妈妈只管交钱。甚至，大儿子小升初时候的初中，也是自己选的。

孩子说他想试试那所中学时，我们真是有点小意外。那是非常好的学校，和他的小学在一个城区，但不是一个学区，所以给到学区外小学的抽签名额非常有限。

我们跟孩子说："你想报没问题，但名额很少，电脑派位抽不中的可能性很大。如果抽不中，你能接受被分配到不太好的学校吗？如果幸运地抽中了，你能承受那儿的学习压力吗？"孩子答："可以。"我们就说："好，那咱们把它报上。"

·让孩子选择自己想要的东西·

真心爸妈对于“让孩子自己选择”的坚持，一半来自我们对亲子关系的认知——孩子和父母都是独立的个体，孩子有权利做他自己，一半来自我们两人自己的人生经历。

几十年的人生经历，让我们明白：没有遗憾的人生，需要选择自己想要的东西，而不是别人告诉你该选的东西。我们希望孩子也能从小明白这一点。

真心爸妈上的是同一所高中，相差一个年级。高二时，作为比较有名的“好学生”，我们在上文科班还是上理科班的问题上，都遇到了老师好心的劝说。老师认为我们这样的学生，“应该”去上理科班，考个好的理工或者医科大学，数理化成绩不好的孩子，才需要上只用“死记硬背”的文科班。而我们自己的兴趣，却都在文科。老师几番劝阻无果之后，两个铁了心上文科的固执小孩，都离开奔向数理化的大部队，去了“少数派”的文科班。

两年后高考，劝说又如期而至。老师们认为我们这样的成绩，最好去选那些热门的专业，比如经济、金融、新闻，即便上不了顶尖学校，也可以“宁为鸡头，不为凤尾”。结果，一门心思学政治学的真心爸爸，选择了北大政治学系，一门心思学中国文学的真心妈妈，选择了北大中文系。学校是我们想上的，专业也是我们想学的，只是学校够好，不是热门专业又何妨呢。

后来结婚，两人跟家里打了个招呼“我们要结婚了”，就去领了证；再后来，辞职创业，也是跟家里打了个招呼，就开始了；生孩子，家里每年都催，我们硬是扛到了结婚九年，自己觉得可以生了才生了大儿子；决定再生一个，家里老人觉得“一个孩子就行了，两个太累”，我们也是自己想生就生了。

一路走来，每一步，都是自己选的，每个选择，都是自己想要的。虽然小艰辛小困难在所难免，但内心一直都很笃定，更不需要懊恼选了别人认为你“应该”选的，结果错过自己最想要的东西。

因为真心爸妈十几年来的影响，家里两个孩子都已经非常明白，做选择时，要选择自己真正想要的东西，而不是别人认为你“应该”选的东西。

小儿子有一阶段喜欢上了打乒乓球，每天都要在家里对着墙练习，一有机会，就拉着爸爸下楼去小区的球台上玩。开学选兴趣班，真心爸爸就建议说：“你最近喜欢乒乓球，报个班儿吧？”孩子很干脆地回答：“我没想报乒乓球班，要报的班我自己都选好了。”真心爸爸摸摸鼻子：“嗯嗯，是我不对。”

大儿子上初二那会儿，中考时除语文、数学、外语必考外，物理、化学、生物、地理、历史、政治是按照规则选三门来考，为此，学校开出了一些帮学生强化考试科目的选修课。说这事的家长会一直开了三个小时，真心妈妈也是一通狂记笔记，生怕自己一个不小心，漏掉了什么重要信息，影响孩子选课。

会后回到家，赶紧向孩子转述，大儿子很淡定地说：“学校跟我们讲过了，我已经选好了。”“那不用爸爸妈妈帮你参谋啦？”“不用，一会儿我自己弄好。”三个小时的家长会，孩子两句话就搞定，这心理落差，真心妈还真是适应了一小会儿。回过神来，夫妻俩感慨：“孩子自己会选择，真是省心啊，省心啊。”

说到这儿，可能有的爸爸妈妈会觉得，真心爸妈这样是不是太不上心了，中考选考科目这样的大事，怎么能孩子一个人说了算？

怎么不能呢？爸爸妈妈能替他选科目，但是能替他去学好那个科目、能替他去考试吗？十四岁的孩子，连自己对哪个科目更喜欢学、更有把握考好都不清楚，未来的各种选择，可怎么办呢？

大儿子选考的事，还有一些有趣的后续。按照选考科目学习一学期之后，一些父母发现自己帮孩子选的科目，孩子成绩不佳，坐不住了，去找学校要求调换科目。学校为了学生的成绩，又安排了调整。再过一学期，又有家长去找老师：还是不行，还需要换。

这样一直到了初三上学期，老师们都快崩溃了，只好在家长会上劝说不停调整来调整去的家长们：孩子都这么大了，您多少尊重点孩子，让他自己选吧，再换，把考试都耽误了啊！

·父母没有替孩子选择人生的权利·

曾经有读者问我们：

“不少家庭都会很早开始为孩子规划出国，你们对两个孩子有这样的打算吗？”

我们回答：

“没有，我们希望这样的选择由孩子自愿做出，而且非大人一厢情愿。并且一直存疑，做父母的到底有没有权利，为另一个独立的个体，规划他的人生，即便他是我们生养的孩子。”

这不是应付场面的空话，是我们一直以来的真实想法。中小学阶段出国留学，对孩子一生，是非常重大的选择，他需要离开爸妈，离开熟悉的学校，离开同学朋友，等于是把一棵树苗连根拔起，种到全新的土壤中去。当然，如果爸爸妈妈一定要给孩子做这种安排，小学中学阶段的孩子，基本上是反抗不得的。但问题是，我们真的能确定，这是孩子想要的吗？

大儿子回到家，也会跟我们说起，他同学中，谁谁谁在努力学英语，准备出国。我们会告诉他：“如果你有这样的打算，也可以着手准备，如果你自己不想去，爸爸妈妈也不会强迫你。”

孩子的未来都是父母所关注的，父母为孩子所做的规划，出发点当然也是为孩子好。但真心爸妈觉得，做父母的，真是不能想当然地认为自己有为孩子安排人生的权利，一厢情愿地为孩子安排出国、学业、工作、婚姻。孩子是独立的人，他的一生，有权按照他自己的意愿，而不是父母的意愿来过。

有多少从小到大乖乖听父母安排的孩子，长大之后会苦闷地发现，自己得到的，从来都不是自己想要的，而想要的，却从来没有得到过。包裹在所谓“关爱”之下的“痛”的领悟，真心爸妈不希望发生在自己孩子身上。

·做选择的能力，关乎一生幸福·

给孩子选择的权利，需要从小开始，从穿衣、吃饭、选课这样的日常小选择开始，孩子现在做的每一个小选择，都关乎他一生的幸福。

当然，这并不是说，现在这些穿衣、吃饭、选课的小选择，每一个都无比重要、无比关键。事实上，日常的选择，常常都是不关键的。让孩子自己做选择，你赋予他的不只是做选择的权利，还有做选择的能力。

孩子在这些日常锻炼中，会培养出关乎一生的能力——按照自己的本心，选择自己真正需要的，过好自己这一生。这种能力包括：

确认自己的意愿，分析判断哪一个选项更符合自己的意愿；

了解自己的选择会产生的可能后果，其中利弊，是不是自己愿意承受的，是不是自己能够承受的；

确定自己做了选择之后，是否乐于坚持，是否愿意付出努力，去克服可能的困难和艰辛。

真心爸妈开玩笑说，孩子现在不会选课，长大就不会选老公、选老婆。话虽玩笑，意思却不是玩笑，从小到大从不会按照自己的意愿做选择的孩子，在未来的生活中，恐怕会遭遇以下这些窘境：

高考时，按照报考软件的大数据分析结果，选择一个毫不浪费考分的学校和专业，按部就班完成学业，没有兴趣，也没有热爱；

找工作时，按照自己的学校、成绩、能力，去争取一个薪水最高、最体面的工作，没有热爱，也不那么乐于全身心投入；

到结婚年龄了，在父母的催促下，找一个所谓合适的伴侣，未必有足够的爱，未必有足够的激情；

该生孩子了，生个孩子，然后每天在养娃太累、不如不生的懊恼中挣扎……

回头去看时，每一步，都选得那么理所应当，但每一步，似乎不那么兴高采烈、心甘情愿。糊里糊涂中，一切似乎都定型了，只有自己的心，还在游荡，找不到归处。如此，当真是幸福的吗？

与其时时刻刻去为孩子做“对他最好的”“应该”的选择，劳心费力地为孩子安排一生，真心爸妈宁愿在孩子小时候就帮他们明白一点：你有权利做自己的选择，你不必做别人认为“应该”的选择。

为人父母这样做了，即便偶尔也会有一些忧虑和不可避免的担心，总好过等孩子成年之后，眼睁睁地看着他不会做任何选择，被动地在并非自己所愿的生活中挣扎来的好。

合作能力：从与父母合作开始

孩子在外面和小朋友玩儿容易起冲突？孩子在幼儿园太淘气、不听话？孩子在学校容易调皮捣蛋不遵守纪律？

一些爸爸妈妈可能会为孩子身上的这些小状况烦恼。那么孩子为什么会出现这些状况呢？爸爸妈妈可能想到过各种各样的原因，但有一个原因常常被忽视：孩子的合作精神不足。

·与人相处即合作·

合作，不仅仅是团队合作，还包括日常生活中的与人相处。

说到合作精神，比较容易想到的是团队合作，或者在某个集体中的共同行动，比如孩子参加学校的足球队，和队友合作，参加兴趣小组，与同小组的伙伴合作。为了培养孩子的团队合作精神，爸爸妈妈常常会选择让孩子加入这样的集体。

但孩子的合作精神，其实是一种社会化的能力，不仅包括在某个“集体”中多人合作完成任务，还包括日常生活中的与人相处——孩子和一个或者多个小伙伴玩儿，能不能玩得好，容易不容易争抢玩具；孩子上幼儿园、上学，和老师相处如何，能不能配合老师的要求，容易不容易被老师视为不听话、调皮捣蛋的孩子；孩子在家里，和父母相处如何，容易不容易和爸爸妈妈大吵大闹……

这些日常生活中与人和谐相处的能力，是最基本的合作能力。具备这些能力的孩子，当他们进入某个小组，参与团队合作时，通常也很少遇到困难。而缺乏这些能力的孩子，当他们参与团队合作时，往往容易成为团队中破坏规则、难于和大家共同行动，甚至是影响共同目标实现的那一个。

·从婴儿期与父母合作开始·

一些爸爸妈妈从孩子还是小婴儿时，就开始发现“孩子很难带”。比如喂养困难，饿了会哇哇大哭，但喂奶时又不容易吃饱，一会儿吃点儿，一会儿又吃点儿，搞得妈妈疲惫不堪；比如睡眠困难，晚上很难睡整觉，睡一会儿就惊醒，再睡一会儿又哭闹，搞得大人永远在睡眠不足中挣扎。

孩子婴儿时的这些表现，可能确实有天生的因素，但以真心爸妈带两个孩子的经验来看，爸爸妈妈在孩子婴儿时期能否发现和把握孩子的需求，能否与孩子建立起良好的“合作”，起着重要的作用。

比如一些父母笃信“定时喂养”，即使孩子饿了，不到喂奶时间也不给吃，等到了喂奶时间，孩子又困了不想吃，就容易出现喂养困难。再比如，一些爸爸妈妈没有观察和了解孩子的睡眠规律，夜里不停喂奶、换纸尿裤，孩子就很难尽早养成“睡整觉”的习惯。

与孩子在这些早期合作上遇到困难的爸爸妈妈，在孩子更大一些后，又往往很容易发现新的困难，比如孩子不爱自己吃饭，好几岁了，还需要大人追着喂饭，比如孩子常常以哭闹表达要求，而不是好好地跟爸爸妈妈说“我想如何如何”。

但也有的孩子，从小婴儿时起就“很好带”，吃饱了就睡，睡醒了就吃，安静，满足，很少哭闹。长大一些之后，自己吃饭毫无困难，上了幼儿园，容易适应幼儿园生活，上了小学，也容易适应学校生活，很少出现和同学、老师冲突的状况。

这样的孩子，正是得益于爸爸妈妈较早地和他建立起和谐的合作关系，并且赋予了他充足的合作精神和合作能力。

·在日常生活中培养·

培养孩子的合作精神、合作能力，需要尽早开始，从与爸爸妈妈合作开始，而且因为孩子很小，这种合作，需要由爸爸妈妈主动引导和示范。

1. 发现孩子需求并及时满足

孩子婴儿期，困了、饿了、尿布湿了，都需要爸爸妈妈及时发现，然后尽快哄他入睡，喂他吃奶，或者为他换上干爽的尿布。小婴儿的需求得到快速满足，就不容易发展成爱哭闹的婴儿。孩子大一些，爸爸妈妈也同样需要发现和尊重孩子的意愿，而不是以大人的意愿主宰孩子。

从小需求被满足得好、意愿很少被爸爸妈妈违拗的孩子，对身边的人会有更多的安全感和信任感，上幼儿园、上小学后，就不容易时刻对小朋友、同学、老师保持“警惕”状态并随时准备“捍卫”自己的利益，所以不会成为同学老师眼中难于相处的孩子。

2. 允许并鼓励孩子表达意愿

孩子会说话起，就允许并鼓励孩子以语言表达自己的意愿：“我想……”“我要……”孩子习惯了清楚表达意愿，并且清楚自己的意愿会得到大人的关注、理解和尊重，他就会越来越习惯于不采取那些有对抗性的方式——比如哭闹、争抢，等等。

这样，当他需要与同龄小伙伴相处，或者与老师和其他成人相处时，他也会懂得用正面的方式表达意愿，而不是用反抗、挑衅、故意破坏规则等合作精神不足的方式来表达。

3. 教会孩子协商与讨论

为避免溺爱孩子、避免孩子在家里发展得过于“以自我为中心”，爸爸妈妈当然不能无条件地、不加区分地满足孩子所有合理与不合理的需求。那么当孩子表达某种意愿时，爸爸妈妈就经常需要与孩子讨论，并引导孩子接受协商与讨论。

比如，孩子说“我想要个新玩具”，爸爸妈妈就可以和他讨论：“你想要什么玩具呢？你有没有类似的玩具？”

如果爸爸妈妈觉得孩子买这个新玩具的需求可以满足，可以继续和他商量：“好的，那我们周末放学去买可以吗？”

如果爸爸妈妈觉得孩子买新玩具的要求不太合理，也可以告诉孩子：“我觉得你已经有好几个这样的玩具了，咱们先玩现有的，不再买新的可以吗？”

真心爸妈的经验是，用这样简单的小讨论，通常可以达成孩子和大人都可以接受的结果，孩子不会不讲理地大哭大闹：“不行，我非要不可，我现在就要！”大人也不需要为孩子没完没了地想买玩具而训斥他：“不行，就不给你买！”

习惯了与爸爸妈妈用协商、讨论的方式交流的孩子，会懂得表达需求，也懂得做出适当的让步和妥协。这样当他和同伴相处时，也会自然地使用协商讨论的方式，而不是不由分说地争抢，或者依赖大人“撑腰”。

· 父母“互相合作”的示范 ·

爸爸妈妈能做到以上三点，通常在家里就能与孩子建立起良好的“合作关系”，孩子会讲道理、容易沟通、配合度高，不容易和父母执拗、对抗、起冲突。

但这还不够，要想孩子在家庭之外表现出足够的合作精神，能够与人和谐相处，在团队中成为配合度很高的成员，还需要爸爸妈妈在家里，为孩子做出两个人好好合作的示范。

1. 不互相抬杠、斗嘴

一些老师会困扰于学生喜欢顶嘴，老师说什么，他都会理直气壮地反驳。这其实通常来自于爸爸妈妈的坏示范。有的爸爸妈妈喜欢在家里斗嘴抬杠，有时是真的为鸡毛蒜皮的小事争执，有时是纯粹地无聊找乐子，无论是什么情况，在这种氛围中长大的孩子，都更容易用这样的方式与人相处。

2. 不互相唠叨、抱怨

有的爸爸妈妈习惯于互相唠叨，“你看你，真邋遢，用了东西老是不放到原处”“你一天到晚就知道看手机、看电视，家里的事一点都不管”……父母互相唠叨的孩子，也通常会学得“碎嘴”“多话”，在外面和同学老师相处，容易挑衅，容易看人坏处、不看别人好处，还容易认为一点点批评都是“针对我”。

3. 家务上互相配合

爸爸擦地，妈妈就帮着抹桌子，妈妈做了饭，爸爸就积极去洗碗，两个人在家务上积极配合，而不是互相推诿，孩子也会养成与人配合并积极尽自己的能力提供帮助的习惯。

4. 有事好好商量

夫妻之间有遇事协商讨论的习惯，孩子也会学会遇事用理性、建设性的方式去解决；如果爸爸妈妈之间经常争执、吵架，孩子也很难学会在外面与人理性相处。

夫妻共同生活，共同建设家庭，在相当程度上，是两个成人之间的合作。夫妻之间良好的合作，会建立起整个家庭的和谐氛围。彼此争斗不休，无法很好合作的父母，不但建立不起好的家庭氛围，更容易带出合作意识差的孩子。

孩子的行为，显现出来的，虽然只是一些表象，但其实每个行为背后，都隐含着成长环境对他的影响，他从小养成的对事情的看法都是在家庭中由爸爸妈妈潜移默化地影响和赋予的，只不过是在他开始家庭之外的生活时，才会更明显地显现出来。

第五章

合作守则五：多赞美，少差评

孩子在负面评价之下，不会获得更理想的成长。积极的期许，才会让孩子更自信、更有力量。

■ 经常赞美，从不打击——经常赞美孩子，经常赞美自己，经常互相赞美，经常赞美生活，经常赞美有趣、美好的事，不打击孩子的短处，不打击孩子的失误，不打击孩子的错误，不打击孩子的言行，不打击孩子的热情。父母做到这些，孩子会更自信，更“喜欢自己”。

■ 摧毁孩子的自信，只需一句话——培养孩子的自信，需要父母从孩子很小的时候起，花万般心思；打击、摧毁孩子的自信，却常常只需要父母不经过大脑冲口而出的一句话。这句话，还很可能影响孩子的一生。

■ 赶走隐身管教孩子的“别人”——中国孩子都有一个隐身的管教者，这个别人并不真实具体，但他在中国父母的观念中，确实无处不在，随时会跳出来，借你之口，帮你管教自己的孩子。父母放弃“我怕别人……”的观念，才能让孩子更好地发展自我。

■ 赶走作为孩子榜样的“别人”——成长过程中不时出现的“别人家的孩子”，会让自己的孩子愤恨、恼怒，还潜藏着孩子心理畸变的风险。父母放弃这种无意义的比较，才能让孩子更阳光、更自信。

■ 别做孩子的“差评师”——父母给孩子贴坏标签，一刻不停地向他发出“差评”的背后，潜藏着三种可怕的心态：买家心态——你得对得起我付出的代价；占有心态——我的孩子，我怎么说都行；逃避责任心态——我已经很努力了，都是你不好。父母需要放弃焦虑和攀比，给孩子正面期许，并把“同理心”当成理解孩子的入口。

经常赞美，从不打击

上小学的小儿子拿了他在学校的体检报告回来，我们看了看，提醒他：“体检结果上说你有龋齿，要注意仔细刷牙咯！”小儿子开心地答道：“知道了！我是有牙齿不太好，不过它们很快就要换成新牙了，而且，你儿子我是全班唯一心跳正常的孩子啊！”

真不知道他这“全班唯一心跳正常的孩子”，是怎么得出来的，是别的孩子体检时都太紧张？还是小儿子听错了数据？不过没关系，他这么喜欢自己，还是让真心爸妈很开心。

这让我们想起插画家南希·卡尔森的畅销儿童绘本《我喜欢自己》。主人公是一只小猪，胖胖的、憨憨的，但是她很喜欢自己。她说：

> 我有一个最要好的朋友。这个好朋友就是自己！
>
> 我和自己会做好玩的事。我会画漂亮的图画。
>
> 我骑车骑得很快！我还会和自己读好看的书！
>
> 我喜欢照顾自己。我自己刷牙，洗澡，吃有营养的食物。
>
> 早上起来，我都会对自己说：“嗨，你看起来棒极了！”
>
> 我喜欢自己卷卷的尾巴，也喜欢自己圆圆的肚子，还有自己细细的小脚。
>
> 每次心情不好的时候，我会想办法让自己开心。

每次跌倒的时候，我会叫自己爬起来。每次做错事的时候，我会鼓励自己试一次，再试一次！

不管我去哪里，不管我做什么事，我都要做我自己，而且我喜欢这样。

这样的故事，不要说孩子读起来会很高兴，就是大人，也会被其中的自信快乐所感染。

但是很可惜，不是每个孩子都能这么喜欢自己。好多孩子，会经常沉浸在不喜欢自己的负面情绪中，一些孩子玩着玩着，会暴躁地扔掉玩具："我玩儿不好！"一些孩子发起怒来，会打自己、抓自己的头发。

而好多爸爸妈妈，也并没有有效地帮助孩子具备喜欢自己的能力，不但很少赞美，而且经常打击，"你这个不好，你那里不行""你怎么这样，你怎么那样"，让孩子沮丧不已。

爸爸妈妈如何帮孩子喜欢自己？分享一些我们家的日常方法。十个法子，只有八字要诀——经常赞美，从不打击。

·经常赞美孩子·

孩子画了张画，甭管画功如何，我们都会赞美："好有想象力！""真棒！"

孩子考了好成绩，我们会赞美："真牛！""实在太厉害了！"

孩子帮收了个快递，我们会赞美："真长大了，都会帮妈妈收快递了！"

孩子小时候在白墙上画了个涂鸦，我们也会赞美："哈哈，画得真生动！"

甚至孩子举着刚替换下来的牙齿给爸爸妈妈看，我们都会毫不脸红地赞美："哦，多漂亮的小牙齿啊！"

至于孩子乱糟糟的床铺、横躺竖卧的书本、堆得几乎没地方写作业的书桌，能睁只眼闭只眼时，我们就装看不见，实在看不过去了，就帮着收拾一下，很少为此类事情对他们唠唠叨叨。

·经常赞美自己·

真心妈妈烙了张饼，会赞美自己："我烙的饼真漂亮！"

学做了个新手工，会赞美自己："我学习能力可真强！"

某天一口气写了两篇文章，会赞美自己："我可真是小快手儿！"

甚至把给真心爸爸的毛线围脖织成了披肩那么宽大，也能找出可赞美之处："瞧瞧，暖和得连大衣都能省了！"

真心爸爸比真心妈妈含蓄得多，但有什么新想法、新点子，也会赞美自己："不能不说啊，我主意就是多！"

·经常互相赞美·

真心妈妈做了好吃的，真心爸会马上来拍照片："先别动先别动，等我秀秀！"他以在朋友圈晒"孩儿妈"做的饭为乐。

真心爸爸有啥新想法，真心妈妈会说："允许我拍个马屁啊，不得不说，你真是有创意。"

两个儿子还没学得像爸爸妈妈这样赞美自己、互相赞美，但对爸爸妈妈的"厚颜"已经司空见惯，从不在别人自我欣赏、互相欣赏时"哗"地泼你一瓢冷水。

·经常赞美生活·

"自个儿做的饭就是好吃！"

"这屋子一收拾，哦……舒服极了！"

“弹弹琴，看看海，这日子，简直像神仙一样！”

一家人过日子，哪能时时都好得不得了？但时时看到好处，的确让孩子大人都非常满意自己的生活，还有在生活中自己的样子。

·经常赞美有趣、美好的事·

某运动员向领奖台上的女友求婚了，我们会和孩子一起赞美“真好！太浪漫了！”

某运动员有趣的表情被做成了表情包，我们会和孩子一起赞美：“这姑娘太好玩了，有个性，有个性！”

有了大人的积极参与，孩子们也把和爸爸妈妈分享有趣的事当作乐事，里约奥运会的几乎所有趣事，都是大儿子拿着自己手机读给我们听的。

·不打击孩子的短处·

孩子自然不可能处处完美，偶有短处，我们的态度是多提醒，不打击。

比如大儿子有一阵子体重可观，我们就告诉他：“少吃点，多锻炼。”而不会说他：“看你，胖得跟什么什么似的。”

比如小儿子因为体育成绩不够好拿不到三好生，他自己有点小在意，我们就告诉他：“没关系，你认真上体育课，多跑跑，慢慢就跑得快了。”

·不打击孩子的失误·

孩子也不可避免地有失误，打碎杯盘碗盏啦，错了很简单的题啦，擅长的科目考了低分啦，我们都不会说：“看，这么大了，拿个碗都拿不好！”“这么简单的题，还会出错？”“这科不是你很拿手的吗？怎么搞的？”

爸爸妈妈越这么说，孩子越沮丧；越沮丧，就容易自我厌弃。

· 不打击孩子的错误 ·

孩子不可能不犯错，犯了错，该批评批评，该讲道理讲道理，但不能时不时把一次两次小错拿出来敲打他们："你上次如何如何！怎么这次又这样！""你怎么就改不了呢！"

孩子那些改不了的问题，通常都是被爸爸妈妈这么强化出来的。

· 不打击孩子的言行 ·

孩子难免言语幼稚、举止不稳重，我们的态度是，没关系，只要不是言语粗鲁、行为不守规矩、伤害到别人，都随他们去，不会用"小孩子懂什么？""就不能懂事点吗？"这类话批评他们。

比起小小年纪就被大人压制得学会察言观色、世故圆滑，孩子像个孩子，会可爱得多。

· 不打击孩子的热情 ·

孩子兴高采烈的时候，我们从不打击他的热情，哪怕他们谈论的是电脑游戏。

孩子来找大人玩，无论是下棋、打牌，我们也都会耐心地陪着玩上一会儿，来找大人说话，无论是讲段子还是发表对某事的看法，我们也都会耐心地听，认真和他讨论，而不会拒绝孩子："一边儿去，我忙着呢！"

这些都是家里的日常小事，爸爸妈妈稍花点心思，都很容易做到。但我们体会到，这些细节之处的用心，对孩子在"喜欢自己"上的帮助，比空洞地跟他们讲"要自信”“要快乐”“要有积极的心态”，有效得多。

摧毁孩子的自信，只需一句话

下面要说的这个场景，发生在真心家小儿子学校的运动会上。如果不是真心妈妈亲眼所见，我们真是很难相信它会发生，但很不幸，它确确实实在我眼前发生了：

一个看起来五六年级的男孩在大声哭泣，他妈妈在旁边呵斥他：“你给我闭上嘴，你看谁这么大了还哇哇哭?!”

孩子继续哭，边哭边说：“我就是想去跑400米，为什么不让我去？”他妈妈没好气地说：“你没听见名额满了吗？”

孩子依然在哭：“那XXX为什么能去？”

他妈妈愈加生气：“因为人家学习好，你学习差！谁让你学习不好的，你要是学习好，能不让你去?!”

孩子听到这些，仿佛难以置信，接着彻底暴怒：“你就会跟我说这些！跑步是跑步，学习是学习，老往一块扯干吗！”说着抛下妈妈，跑走了。

原来，男孩想参加运动会的400米赛跑，但名额满了，没参加成。没参加成，当然有各种可能原因，但肯定不是那位妈妈臆想的那样，是因为孩子学习不好。

以真心爸妈从小学到高中参加学校运动会的经验，从未见哪位老师按照学习成绩名次选派上场运动员，而让能跑善跳的在场外站脚助威的。恰恰相反，每次运动会，都是那些身强体健、活跃好动（因而可能不是那么专注学习）的同学大展身手的好机会，而像真心妈妈这样文化课成绩名列前茅、体育课成绩倒数第一的，只有帮同学拿拿衣服、喊喊加油的份儿，还要附带收获同学们善意无害的小小嘲笑。

这是一种微妙的平衡，学习成绩好的遭受点小小打击亦无损自信，学习成绩欠佳的，因运动会上的贡献而获得认可、尊重和在班级中的地位，整个班级因而成为

“我们班”，成为一个团结一致、共同努力的整体。每个人，在这个群体中，都可以获得属于自己的优越感与成就感。

所以我们特别能理解那位小男孩对于参加运动会比赛项目的向往：他可以通过参加运动会，展示自己的能力；可以凭借自己的运动能力，帮班级争光；可以获得同学们的关注、尊重、掌声；可以因为努力比赛，获得老师的赞赏；可以通过这些，收获和老师、同学更融洽的关系。而如果他确实学习成绩不大好，这些都是他在日常的学校生活中很难获得的。

错失这样的机会，孩子当然会遗憾、委屈，而糟糕的是，他的妈妈并没能理解孩子这些正常、健康、积极的心思，安慰他“可能确实是其他同学跑得更快，没关系，你回头继续锻炼，这次参加不成，还有下次”，而是胡乱抓来真的并不相关的学习成绩，只为打击孩子。

当孩子愤怒跑开的那一刻，同样作为这么大孩子的妈妈，真心妈妈真是由衷地感到心疼：

孩子的自信，孩子对于成就感的向往，被他的妈妈彻彻底底地轻视了、沉重地打击了。从此以后，运动会对于他来说，可能不再是令人向往的舞台，而是和他妈妈的当众羞辱紧密相关，甚至，他以后可能都不会再尝试通过学习成绩以外的舞台，去证明自己的能力，而且他未来在学习上，很可能也因为他妈妈“谁让你学习不好”的呵斥，而心生厌倦、自暴自弃。

这真是一位超级“高能”的妈妈，只一句话，就摧毁孩子的自信，甚至可能影响到孩子的一生！

培养孩子的自信，需要父母从孩子很小的时候起，花万般心思，鼓励、肯定、分享并赞美孩子在各个方面的大小成就，哪怕他只是跳绳比昨天多跳了十个，或者他自己整理好了明天上学要带的东西。

打击、摧毁孩子的自信，却常常只要爸爸妈妈不经过大脑、冲口而出的一句话，而这样的话，在好多孩子的生活中，比比皆是：

“妈妈，我考了 95 分！”

“有几个 100 分的？”“10 个。”

“那么多考 100 的，你考个 95 有什么可得意的！”

“爸爸，你看我编了个中国结。”

“弄这些有啥用，考试考好点比啥都强！”

“你就不能让我省省心?！你看谁谁谁……”

“你就是个榆木脑袋，不开窍！”

“摊上你这么个孩子，我真是倒八辈子霉了！”

孩子展示自己某方面的成绩时，拿比他更好的来打击他；孩子兴致勃勃地说这件事，拿他不擅长的另一件事来敲打他；不分青红皂白，把孩子说得一无是处。甚至更有沮丧、愤怒的爸妈，把孩子说成自己的累赘、耻辱。

爸爸妈妈在打击孩子的自信上如此“高能”，你的孩子，如何能够建立起对自己的信心？如何能积极地在自己擅长的领域一展所长，获得成就感与卓越感，并在这种感知下，通过更多的努力做得更好呢？

阿德勒在《儿童人格教育》中，如此阐释“对卓越感和成功的追求”在儿童建立健康人格中的重要作用：

“就像我们所知道的那样，这种在任何情况下都具有的追求卓越的劲头，孩子大人都具备，且无法消除。这是人的本性使然，人无法忍受长期的低下与屈从；人甚至会诋毁自己的神祇。被人轻视、被人蔑视以及长久存在的不安全感，心中升起的自卑感都会激励人去攀登更高的目标，只有这样，人的心理才会获得补偿和日渐完美。”

我们在日常生活中也可以观察到，确实像阿德勒所说，孩子和成人都有追求卓越和成就感的劲头，但并不是每个人都足够幸运地成为自信且有所成就的人。

有人因无法获得卓越感而自卑；有人因无法获得成就感而自厌自弃；甚至有人因此走上犯罪道路，以获取无法在生活中通过正常途径获得的卓越感；更有人很早就放弃了努力："反正我无论如何都做不好。"

其实每一个孩子，都面临着这样的多种可能，如果他追求卓越和成就感的心理得到爸爸妈妈的重视和正确引导，他会成为自信、持续努力、不断超越自己、获得更大成就的孩子，如果他不断遭受打击，则可能变得自卑、偏激、妒嫉甚至完全放弃努力。

相信没有爸爸妈妈发自内心地希望孩子成为后者，但相当多的父母却在做着不断打击孩子自信的事：把辱骂当成批评，把诋毁当成鞭策，把全面否定当成"我都是为你好"。

如果真是为孩子好，那么爸爸妈妈们，说话之前，停下几秒钟，想一想，你即将说出的话，是在鼓励孩子的自信，还是在摧毁它？培养孩子的自信，要花万般心思，摧毁它，却只需爸爸妈妈一句话，而且，这句话，很可能影响孩子的一生。

赶走隐身管教孩子的"别人"

·我怕别人……·

一位妈妈问，我孩子做事不够专注，我怎么能让他专注起来？我们回答她，"在孩子专注做事时不要打扰他"。

那位妈妈表示赞同，但是又很有疑虑地说："我是想在他做事时不打扰他，但是又担心，如果别人叫他他不理，别人会不会认为他很没礼貌？"

这就是问题所在了。那位妈妈口头表示愿意在孩子专注做事时不打扰他，但内心又认为如果孩子专注做事，对别人的打扰没有快速反应，是不礼貌的，或者像她说的那样，担心“别人”会认为孩子没有礼貌。

所以，她事实上的行动可能是，要求孩子有礼貌，大人一叫，甭管在做什么，都要马上反应。换句话说，她希望孩子具备专注的素质，但一直在用破坏孩子专注状态的方式。

要培养孩子的专注，和别人的评价何干呢？如果别人在孩子做事时非要打扰孩子，那不是别人没礼貌吗？怎么能说是孩子没礼貌呢？

“我怕别人……”这个句式，高频率地出现在中国爸爸妈妈的育儿活动中。他们对孩子这样说，也对自己这么说。

“别人”是谁呢？可能是带孩子一起玩时碰到的小区邻居，可能是聚会时一次吃饭的亲朋好友，可能是孩子的同学、爸妈的同事，也可能是并不存在于彼时彼刻的场景中的人物。

他们虽然不在现场，却被爸爸妈妈们相信，一定有那么一群人或者一个人，会对孩子某个行动采取不认同的、否定的态度，所以父母和孩子的观念与行为，要尽量符合假想中的那些“别人”可能规定出来的那些规则。

“别人”并不真实具体，但他在中国父母的观念中，确实无处不在，随时会跳出来，借你之口，帮你管教自己的孩子。

·更大自我和更小自我·

英国心理学家鲁道夫·谢弗在他的名著《儿童心理学》中，分析了“个人主义”和“集体主义”两种不同的育儿倾向，并举例说：

西方母亲利用玩具来让儿童注意它们的特征和功能，从而鼓励儿童观察世界，日本母亲则会将自己置于游戏中并强调联系母亲和儿童的规则。拿玩具汽车来说，西方母亲会说：“这是汽车，看到了吗？喜欢吗？汽车有漂亮的轮子。”而日本母亲则会说：“来来，这是汽车，我把汽车给你，你再把它给我，谢谢。”……前者母亲的目的在于使儿童的注意力集中在玩具上，而后者母亲的目的在于使儿童的注意力集中在人际交流方面。

谢弗的这个例子，可以帮我们明确区分出两种育儿倾向。前者是个人主义的，注重孩子的自信和独立，后者是集体主义的，注重孩子符合他人期待。“我怕别人……”，正是集体主义育儿方式的一个典型。

他举的是日本母亲的例子，可能是中国家庭的育儿方式不易于观察所致，但实际上，中国家庭，更多地倾向于采用集体主义的方式。孩子的自我发展不被鼓励，孩子的言行，要更符合“别人”的规则：

别的孩子都这样，所以你也得这样；

大家都如此，所以你得如此；

大家都这样，就你一个人不这样，别人会怎么看你？

隐身的“别人”，随时充当一个重要的管教者，把孩子的言行，规范在一大套“假想”的规范中。

对他人态度和评价的关注，关系到孩子“自我”的发展。如果他从小被鼓励遵从自己的选择，不必刻意关注他人态度和评价，孩子会发展得更独立、自主、自信，他的自我会更强大，更容易发展自己的潜能，更容易成为自己喜欢的样子。

如果孩子从小被要求更多关注社会关系，关注他人态度和评价，孩子会发展得更顺从、更乐于配合他人的期待——即便那种期待仅仅是臆想出来的，那么孩子的“自我”会相对较小，他不太容易充分发展自己，更容易成为别人喜欢的样子，尽管这样做的代价是压抑自己。

我们经常见到在“小小自我”中挣扎的成人，因为在别人的期待中长大，他们乐于符合常规，遵从流行，配合他人的需求，但内心又有深刻的不满足感，总觉得眼前所有并非自己所求，而自己所求是什么，又很模糊渺茫。

更糟糕的是，他们不喜欢自己，老是在寻求自我的改造，这种改造可能是美容整容，可能是丰胸塑身，可能是沉迷于身体心灵课程，可能是经常“立志”或“励志”。这些都是对自我的寻找，可惜，如果这件事要得到成年之后来做，会很艰难、很痛苦。

·父母的选择·

集体主义的育儿倾向，其实并不仅仅存在于家庭当中，还有深厚的社会基础。真心妈妈小时候，学校老师每学期发给我父母看的“学生鉴定”中，都会有莫名其妙的一条“该生个性强”。小时候不能明白，老师所说的个性强，到底是一种鼓励，还是含蓄的批评。现在想起来，应该是用来提示父母，这是个不太合群的孩子，她应该更合群一些。

幸运的是，这种状况在几十年后已经有很大改变，在我们两个孩子的学期评价中，老师更多地会说，“你是个独立、有主见的孩子”，或者“你很自信，这会让你发展得更好”。而且，我们也看到，学校教育对孩子的评价，已经更多元，每个孩子，都会因为他的某个长处，得到肯定和鼓励，这真是很大的进步。

在这种变迁中，爸爸妈妈是选择继续采用“集体主义”育儿方式呢，还是选择忽略那个隐身的“别人”，允许孩子按照自己的方式充分发展自我呢？

我们自己选择后者。我们会要求孩子遵守基本的公共行为规范，比如公共场合不大声喧哗，不乱扔垃圾，坐公交车不抢座位、照顾老人和带小孩子的爸爸妈妈的需求等等，但在日常生活中，不会让这个隐身管教孩子的“别人”生活在我们身边，我们不说“我怕别人……”，也不跟孩子说“大家都如何……”。所以两个孩子都更喜欢说“我”，更遵从内心发展自己。

“幼吾幼，以及人之幼”，我们也不遗余力地和互相讨论的爸爸妈妈们分享“让孩子发展自我”的观念，希望更多的孩子，成长中没有那个幽灵般的管教者“别人”相伴。

赶走作为孩子榜样的“别人”

·你看别人……·

中国孩子的成长过程中，还有另一个“别人”——作为成长榜样的那个“别人”。

你看别人，学习比你好；你看别人，弹钢琴得了奖；你看别人，都知道帮爸爸妈妈干活；你看别人多懂事；你看别人多听话；你看别人，从来不被老师叫家长……

如果你得了第二名，爸爸妈妈会提醒你看看得第一的那个别人；

如果你学会了某件事，爸爸妈妈会提醒你看看早就对这么简单的小事驾轻就熟的别人；

如果你不幸哪里哪里做得不好，那么别人更是在你面前排起长队，个个都比你强，个个都让父母羡慕嫉妒恨，个个都帮你父母来批评你的不争气、不成材。

你被父母驱赶着一路狂奔，追逐那个比你优秀的别人，但超过一个，还有另一个，别人永远在你前面，作为你的榜样，反衬你的无能。

·“别人家孩子”的阴影·

有句俗话，“老婆是别人的好，孩子是自己的好”，说的是爸爸妈妈，甭管自家孩子有多不好，都会认为自家孩子是最好的。我们极度怀疑，这么说只是为了合辙押韵，相当多的时候，做父母的，并没有这样的自信，反倒时刻看到别人家孩子的好，随便抓来一个，就能成为打击自家孩子的理由。

在大人们谈到孩子的场合，谈话通常是这样进行的：

别人家妈妈客气地赞赏你的孩子：“这孩子真棒，多懂事！”自家爸妈和祖辈的回答常常是：“懂事个啥，经常把我气得跳脚，哪像你们这个听话。”

别人家爸爸赞赏你的孩子："这孩子，真爱运动，球踢得多好。"自家大人的回答常是："就喜欢疯跑，一点儿都坐不住，哪像你们这个安静。"

而在这种谈话中，孩子通常就在一边，听着大人间毫不避讳的评头品足，听着自家大人的"自谦"和对自己的贬损。

对于那个传说中的"别人家孩子"，无数成人表示自己痛恨无比，一位网友在他的微博上说：

"小时候到现在，一直有一个很痛恨的人，那就是别人家的孩子。无论家长会还是学校表彰会，还是期末成绩，还是所读的学校，还是每个月发的工资，家里就会出现这样的话，你看看别人家的孩子怎么样怎么样，你又怎么样，我真的很想知道别人家的孩子到底是谁，我保证不打死他。"

但在"别人家孩子"阴影下长大的人们，在自己成为爸爸妈妈后，能做到不给自己的孩子，设定这样假想的榜样吗？恐怕也未必。

爸爸妈妈时刻跟孩子说起那个作为榜样的别人，可能和两种心态有关：追求他人的羡慕（或者叫虚荣）、对自身状况的不满。

一个优秀的孩子，无疑会让爸爸妈妈感到自豪、骄傲，同时也会给爸爸妈妈带来另外一项重要利益——他人的羡慕。

这让一些爸爸妈妈，一边不认为自己的孩子是好的，还没有给自己带来足够的羡慕，一边不断鞭策孩子，要成为最好、最优秀、最完美、最让人羡慕的那一个。

这种虚荣的心理，让爸爸妈妈们在看到别人家孩子的某些好处时，心中既羡且妒，五味杂陈，迫不及待地要把自己未获别人羡慕的责任，追究到自己的孩子身上。

另一种情况是，爸爸妈妈对自己的现状不满——学历、收入、地位、声望，等等，然后把希望都寄托在孩子身上，"我已经这样了，你可得争气"。当孩子没有做到像父母希望的那样争气时，愤怒自然爆发。

两种情况下的爸爸妈妈们，都有同一个问题：不够认同自己。不认同自己，附带地，也不能肯定自己的孩子。

·孩子心理畸变的风险·

成长过程中不时出现的“别人家的孩子”，让孩子愤恨，但还不仅如此，其中潜藏着孩子心理畸变的风险，最可能的，是自卑。

如蒙台梭利在《童年的秘密》中所说：

“如果一个成人使得儿童相信他自身是无能的，那么，一片乌云就会笼罩在他的心灵上，他就会陷入胆怯、冷漠和恐惧的状态中。当这种状况发生时，儿童就形成了一种内在障碍，被称为‘自卑’。这种障碍可能作为一种无能和自卑的感觉而在他心里存下来，这将阻止儿童参加社会生活。”

好多父母，都会困惑于自己的孩子做事畏缩不前，不敢和小朋友一起玩儿，稍遇困难就退缩。其实孩子的那些表现，可能正是自卑感的萌芽，做爸爸妈妈的，实在应该检讨一下自己，是不是老对孩子表示，“你看某某如何，你得跟他学”。

孩子的自卑感，由父母在不经意间种下，但却会顽强生长，很难根除，它常常伴随孩子一生，让他很难成为独立、自信、勇于承担责任的人。

还有一些孩子，会从父母这里学到虚荣和妒嫉，时刻把自己和别人做比较，发现别人的卓越之处时，内心羡慕、烦恼、痛苦，既责备自己，又恼怒他人，负面情绪时常爆棚。

另外一些孩子，则会在成年后对各种程度的不认同极为敏感，稍遇否定，即视为人格侮辱，轻则不快，重则暴怒，许多不必要的矛盾、冲突由此发生。

常把“别人”挂在嘴边的爸爸妈妈们，把目光从别人那里收回来，把对自家孩子的藐视心理修正一些，你会更容易看到自家孩子的好：

他可能确实不善于运动，但他专注阅读；他成绩可能不优异，但他学习很自觉；他没有乐器专长，得不到什么奖项，但他会在生活中发展自己的兴趣，生活得很快乐……

每个孩子都是不同的，而且每个孩子，真的都有自己的好。这些好处时常被爸爸妈妈肯定，孩子会越来越好。

再说，你老说别人家孩子如何如何好，孩子和你说过，“我觉得你不如别人家的爸爸妈妈好”吗？想象一下，如果孩子这么说，你是什么感觉呢？

别做孩子的“差评师”

你能列出自家孩子多少缺点、多少优点？

如果这是一道考试题，你会如何作答？就我们接触到的爸爸妈妈来看，恐怕列起孩子缺点来，都会洋洋洒洒：

不专心、不爱学习、不爱阅读、任性、执拗、坏脾气、不听话、爱捣乱、多动症、不好好吃饭、依赖性强、喜欢大喊大叫、爱吃零食、太胖、太瘦、运动能力不强、不爱动脑筋、丢三落四、坐不住、不负责任、逆反、青春期叛逆、没有耐心、笨、数学不好、语文不好、英语不好、偏科、画画不好、做事不主动、网瘾、早恋、熊孩子……

讨论起自己的孩子，或者孩子的教育时，也总是从缺点开始，我这孩子，这个不好，那个不好，这里让人操心，那里让人着急……一大串负面的“标签”词汇，常常脱口而出。

对孩子说话，也更多地做负面评价：“你怎么这么不讲理？你怎么这么不专心？你……”很少有父母谈到孩子时，特别开心特别陶醉地说：“我家孩子，真是棒啊……”

我们自己正好相反，如果要列两个孩子的优点，我们会洋洋洒洒：

善良、诚实、友善、温和、平静、理性、自己的事自己做、懂道理、守规矩、和爸爸妈妈好沟通、热爱阅读、懂得克制不贪婪、认真、做事专注、负责任、知识面广、思维活跃……而要列举缺点和问题，还真找不出什么。

读到这里你可能会问：你家孩子这么多优点，一定是特别“优秀”的孩子吧？

其实，他们两个都是很普通的十多岁男孩子，优点一大堆，缺点没几个，只是因为我们平时总是去发现孩子的优点，很少去发现和批评他们的缺点、问题而已。

恐怕没有多少爸爸妈妈，不认为孩子是自己的宝贝，但面对如此珍爱的孩子，为什么我们又毫不犹豫地挑剔他的诸多不是，一刻不停地向他发出“差评”呢？在爸爸妈妈贴给孩子的负面标签后面，到底藏着什么样的心态？

可能有读者会说，咱们中国人，不是特别谦虚嘛！可惜，就我们观察，当爸爸妈妈负面评价自己的孩子时，多数时候真不是谦虚、低调，而是他们真的认为自己的孩子不够让人满意。

·买家心态：你得对得起我付出的代价·

小 A 是一位对孩子超级尽心尽力的妈妈，刚一怀孕，就辞了工作，专心在家养胎，后来又下决心做了全职妈妈，给孩子吃最好的奶粉，用最好的东西，陪孩子上早教、学才艺、上各种培训班，希望孩子超级超级优秀。

但是孩子上了学，学习成绩并不如她预期得好，各种表现也不够“拔尖”，于是她又焦虑，又沮丧，对孩子的各种不满也一股脑爆发出来：

“我花了那么多力气，连工作都不要，就为了陪你，你怎么这么差劲，连个学都上不好呢？真没用，真让人失望，你对得起妈妈的付出吗？”

是啊，爸爸妈妈付出了那么多的“代价”，包括时间、精力、金钱，得到了孩子这个“宝贝”，怎么能接受这个宝贝，不如“想象”得那么好呢？于是，任何一点不合想象的地方，都那么扎眼，都值得发一个负面标签、给个差评。

但是想想，这心态，和网上购物时发出差评的“买家”有什么不同？

买家花钱买东西，要求“货物对版”天经地义，但无论爸爸妈妈为孩子付出了什么样的代价，孩子都是一个独立的人，不是一件“东西”，他需要在爸爸妈妈的帮助下一点点成长，长成他自己的样子，希望孩子时时处处符合爸爸妈妈的“完美想象”，有多少现实上的可能性？

忘掉所谓“付出”、所谓“代价”，全心全意地接纳孩子，才是对孩子、对父母都有益的心态。

·占有心态：我的孩子，我怎么说都行·

想象一下，如果我们文化中的家庭和伦理观念，支持孩子自由、公开地评论爸爸妈妈，就像爸爸妈妈经常对孩子做的那样，孩子会给我们贴哪些标签？做什么样的评价？

“我的妈妈，又温柔，又漂亮，又能干。”每个妈妈，都会为这样的评价心花怒放，而且会期待，自己在孩子心目中的形象，真的是这样。

而一位小学生眼中的“我的妈妈”，却是这样的：

我的妈妈不上班，平时就喜欢打牌和看脑残的电视剧，一边看还一边骂，有时也跟着哭。她什么事也做不好，做的饭超级难吃，家里乱七八糟的，到处不干净。

她明明什么都做不好，一天到晚光知道玩儿，还天天叫累，说都是为了我，快把她累死了。和我一起玩的同学，小青的妈妈会开车，她不会；小林的妈妈会陪着小林一起打乒乓球，她不会；小宇的妈妈会画画；瑶瑶的妈妈做的衣服可好看了。我都羡慕死了，可是我妈妈她什么都不会。

我觉得，我的妈妈就是个没用的中年妇女。

“我的爸爸又温和，又慈爱，无微不至地关心我。”每个爸爸，都会为这样的评价感动、泪目，而且会期待，自己在孩子心目中的形象，真的是这样。

而实际情况却可能是：

我的爸爸经常不在家，他是家里的甩手掌柜。

我爸爸脾气暴躁，很没教养，经常对我大吼大叫。

我的爸爸老是玩手机，玩游戏，家务一点都不做。

我的爸爸爱打人，经常打我，有时还摔东西。

说到“我的爸爸妈妈”，父母们又可能期待：“我的爸爸妈妈相亲相爱，他们都非常爱我”，而实际情况却很可能是：

我的爸爸妈妈老是互相抱怨，经常为鸡毛蒜皮的事吵架，有时还拿我撒气。

爸爸妈妈们之所以没有当面收到孩子如此的差评，仅仅是因为，你是大人，他是孩子，在我们的文化中，爸爸妈妈似乎天然地“拥有”孩子，享有自由评价孩子的特权——我生了你，养了你，你就是我的，我怎么说都行，怎么管都行，那些评价还常常负面、否定，有失公允，孩子却从来不享有评价父母的权利，因为那样很不“孝顺”。

每个爸爸妈妈，都从来没有考虑过收到孩子差评的可能性，而且“懒惰”“暴躁”“没用”的负面标签，每一个都可能让我们无比郁闷，甚至怒火熊熊，但当我们轻轻松松地给孩子贴上各种各样的负面标签时，我们想过孩子的感受吗？

经常被父母负面评价的孩子，他们的恼怒无从发泄，于是很可能掉头去伤害自己，“你老说我不爱学习，我就不爱学习了！”“你老说我叛逆，那我就叛逆给你看！”然后父母会眼睁睁地看到，孩子真的变成了你给他贴的标签的样子。

·逃避责任心态：我已经很努力了，都是你不好·

真心爸妈建立了好几个育儿讨论群，经常有爸爸妈妈在群里提出自己遇到的问题，相当比例的提问都是从一个负面的、定性的“标签”开始的：

我孩子很执拗，我该怎么办？我孩子不喜欢上学，我该怎么办？我孩子坏脾气，一不如意就哭闹，我该怎么办？……

我们通常会问：“你觉得孩子这样，具体表现是什么呢？”提问者通常会举出具体事例，而有趣的是，那些事例，常常和他们使用的“标签”并不相关。比如提问执拗的妈妈，她遇到的情况是，孩子有咬衣领的习惯，怎么说都改不掉，打骂都不管用。其实这完全不是执拗，而是孩子心里有某种紧张焦虑的情绪需要疏解。

和爸爸妈妈们的此类讨论，让我们有一种感觉，许多父母好像准备好了一大堆负面的定性标签，遇到问题，会选择其中自己觉得比较相关的一个，给孩子贴上。于是，孩子就从“只是做了这样的事”，变成了“这样的人”，比如从偶尔对作业有厌烦表现，变成了“不爱写作业的孩子”，从偶尔情绪急躁一点，变成了“坏脾气的孩子”。

我们给孩子贴上各种各样的标签时，很容易得到一种心理安慰：不是我不行，是孩子不行，我已经很努力了，是孩子本来就这样，本来就不够好。

孩子的成长，是个漫长的过程，其中当然有很多小小的状况、小小的偏差，需要爸爸妈妈花费心力去解决，但当我们轻易地为这些小问题做定论、给孩子贴标签时，很可能就掩盖了我们在孩子教养、亲子交流上遇到的真正的问题和那些问题的真实原因——真心爸妈认为，原因大多是父母方法不当，于是在心态上就是先把责任推给孩子，然后自己放弃解决问题的努力。

总之，像很多理性的爸爸妈妈们认同的那样，习惯于给孩子贴标签，孜孜不倦地做孩子的“差评师”，真的不是那么好的育儿之道，其中隐含的买家心态、占有心态、逃避责任心态，更是相当可怕，值得爸爸妈妈们深夜悄悄反思。

·背景：焦虑、攀比、传承·

当然，父母在负面评价孩子时的这三种心态，也有其发生背景，那就是对孩子是否优秀的焦虑、一种微妙的“攀比意识”心态、自己成长过程中遭受过习惯性的负面评价。

不知从什么时候起，“不让孩子输在起跑线上”成了爸爸妈妈们的响亮口号。为了让孩子优秀、不输，在金钱、时间、精力的投入上，爸爸妈妈们真是“拼”了，但是越拼，却越焦虑，看不到孩子的进步，却时刻能发现孩子的“短板”，甚至不惜拿着放大镜寻找这些“短板”，以求孩子全面发展，素质超群。这样的爸爸妈妈，观察孩子时，更容易看到孩子的缺点而不是优点，更容易对孩子做出这样那样的负面评价。

再有就是一种微妙的“攀比”意识。前面说过，中国的父母们更喜欢看别人，喜欢拿别人家的孩子作为自己孩子成长的榜样，而且特别容易“以己之短，比人之长”，看别人家孩子学习特别棒，会觉得自家孩子不爱学习，看别人家孩子擅长运动，会觉得自家孩子“小宅男”“小宅女”一枚，看别人家孩子拿奥数奖、才艺奖，就批评自家孩子啥都不肯学、学啥都不认真。

爸爸妈妈们爱负面评价孩子，还和自己的成长环境相关。从小在父母的负面评价中长大，会更习惯看到自己孩子的不好。那些当年父母批评自己的习惯用语，会继续源源不断地用在自己的孩子身上。

有的爸爸妈妈会辩解说，我没那么焦虑，我也不攀比别人，我小时候父母也不老是负面评价我，我之所以老看孩子的缺点，是为了“客观评价”他，让孩子能理性看待自己，能学会接受他人的批评。

但先看孩子的缺点，不看孩子的优点，真的是客观评价吗？如果是客观评价，为什么不是看到很多优点，看到少少的缺点？难道真的是孩子处处都是缺点，找不到什么优点？

把负面评价标榜为客观评价的爸爸妈妈，其实并没有做到真正的客观。他们已经先入为主地认为，自家孩子就是这里那里不好，或者就是不如别人家孩子好，就是更麻烦、更让人操心，然后认为自己不停指出他的缺点，就是“客观”地反映了孩子的真实状况。

其实放下对孩子的成见，仔细观察自己的孩子，每一位爸爸妈妈，都可以从孩子身上看到特别多的闪光点，只不过平日里那些闪光点，都被爸爸妈妈不自觉放大的缺点给掩盖住了。

·给孩子正面期许·

爸爸妈妈习惯于先看孩子身上不好的地方，会发现，孩子身上的缺点越来越多，而且那些被不停批评、不停被要求改正的缺点，不但没有像大人希望的那样，逐渐缩小，慢慢改正，反而越来越大、越来越明显，甚至可能成为孩子身上一个永久性的缺点。

比如一些爸妈老觉得自己孩子不爱学习，就特别想努力地改变他。改变的办法常常是：给他报很多辅导班，让他时刻保持学习状态；要求他不写完作业不许干自己喜欢的事；要求他期中考试必须考多少多少分，考不到就不给买特别想要的玩具，等等。

被父母这样“改造”的孩子，则会因为过多的课时、过长的学习时间，无法从学习中获得乐趣和成就感，更把学习当作苦事而不是乐事，愈加不能爱上学习。这样父母会继续批评，继续加大压力，批评和压力之下，孩子更加难以从学习中获益。

比如一些爸爸妈妈觉得孩子脾气不好，就特别想努力遏止孩子的坏脾气，而且常常用力过度：孩子一发脾气，父母就打骂、责怪、严厉批评、惩罚、要求认识错误、要求道歉、要求下次不再犯。而父母的强力压制，则往往激发起孩子更多负面情绪，让孩子更频繁地发脾气。

从心理机制上来看，爸爸妈妈越重视缺点，越容易让孩子感到气馁、沮丧；孩子越沮丧，越会失去发展自己的勇气。所以，经常被负面评价的孩子，往往很难变得更好，而可能和父母的期待恰好相反，变得越来越差，直至自暴自弃。

明智的办法是，爸爸妈妈学会“放下”，不再和孩子某个所谓的“缺点”纠缠，去发现他身上的闪光点，然后不断肯定、鼓励这些好处，给孩子“正面期许”。

转换观察孩子的角度之后，爸爸妈妈能发现的优点会越来越多，那些曾经困扰爸妈和孩子的“缺点”，会变得越来越没那么明显、没那么重要。

而孩子得到爸妈肯定的地方越多，会越乐于发展自己的这些优点，以加强和延长爸爸妈妈的肯定带来的愉悦情绪和彼此的和谐状态。他会变得更快乐、更自信、更喜欢自己、更肯定自己，而且更有勇气去改变自己身上那些曾经让爸妈和自己都不那么满意的地方。这也正是诸多儿童心理学者和育儿专家倡导鼓励孩子、经常告诉孩子“你真棒”的重要原因。

·被误判的“问题”·

很多父母，经常劳心劳力地去试图解决孩子身上各种各样的大小“问题”，但有时，大人看到的“问题”，可能恰恰是孩子的优点，你现在希望他改正的，可能正是日后要花很多时间、精力去帮他学会的。咱们分析两个小例子。

一位妈妈问：

我家儿子 4 岁半，和他有关的事情都要经过他的同意，比如说去外面玩儿时，别的小朋友看到他的玩具直接拿走了，我儿子就不给他玩儿，就抢过来。我问他为什么，他就告诉我，小朋友没有经过他的同意，要求小朋友向他道歉以后才能玩儿。

昨天晚上，本来宝爸说好的和他一起玩骰子游戏，结果爸爸没和他说就去洗头，然后他就不高兴了，一直在那儿发脾气，我就和他说让爸爸和你道歉行吗？他直接给我来了一句："道歉也不管用！"我让他自己想一个办法解决这个问题，他说他想不出来，我提的意见他都否决了。后来我就把他的注意力转到幼儿园的视频上，但他最后还是带着情绪睡的觉。

这位妈妈的困扰是："如何解决这种问题？"

你是否遇到过这种情况？如果遇到这种情况，你会怎么看？真心爸妈是这么看的：

第一件事，孩子坚持和他有关的事情都要经过他的同意，这非常棒！这位才4岁半的小宝贝，有这么明确的自主意识，说明他的"自我"发展得非常好，而且他坚持小朋友拿他的玩具要先经过他同意，没有经过他同意就拿走需要向他道歉，说明孩子已经非常懂得规则、礼貌，这也是非常棒的事情。

如果是我们自己的孩子这么表现，我们会肯定孩子："对的，关于你的事，确实是需要经过你的同意。"也会继续告诉孩子："你希望小朋友玩你的玩具经过你的同意，那么你想玩其他小朋友的玩具也要经过他的同意，你明白吧？"

孩子有自我、懂规则，恰恰正是许多爸爸妈妈苦于不知如何培养的。一些父母会困扰于孩子长大后没主见，那正是因为孩子小时候，事事都由爸妈做主，自己的意见得不到尊重；另外一些父母困扰于孩子在外面抢小朋友的玩具，冒犯了别人不知道道歉，也正是因为大人没有培养出孩子"自我/他人"的界限感和孩子的规则意识。

第二件事，这位妈妈对于孩子发脾气感到有点小烦恼，似乎是觉得孩子为这样的小事发脾气是小题大做。

真心爸妈不这么看，我们觉得，在这件事上，孩子一点错都没有，错的是大人。孩子生气，是为了大人"失信"。在成人世界里，守信是重要的品格，大人对孩子，也是一样，答应了孩子的事就要做到，不能因为对方是小孩子，是自己的孩子，就一声不吭地失信于他。

培养孩子懂得“守信”，爸爸妈妈要花很多工夫，孩子已经自己懂得守信了，爸妈有什么可烦恼的呢？怎么会是需要想办法解决的问题呢？

这件事的当事人如果换成真心爸妈，我们会怎么做？我们会二话不说，马上道歉，爸爸失信了，爸爸道歉；妈妈失信了，妈妈道歉，谁都不能替代谁。“对不起，对不起，是爸爸/妈妈错了，下次我一定注意。你看是咱们现在玩儿呢，还是我明天多陪你玩儿一会儿，把今天的给补回来？”没错，就是这样谦卑、诚恳、低姿态。

从孩子小时候起，我们就都特别注意，答应孩子的事一定会做到，做不到的，不会答应，突发情况或特殊原因导致做不到的，一定说明原因，并且道歉。

另一位妈妈想要解决的“问题”是这样的：

宝宝两个月起我们就给他读绘本，现在十个月了。他在五个月大的时候开始抓书撕书，现在我一读绘本，他就想撕，看我拿着就要自己抓。感觉五六个月时撕还正常，现在已持续读了好几个月了，他还对内容不感兴趣，就只想动手抓，对厚纸板书还想办法抠。怎么办？

真心爸妈的回复是：

孩子不是想撕书，是想参与。给他布书，让他自己玩，或者买一些表面带覆膜、撕不烂的大卡，和宝宝一起看。十个月的孩子还不到对绘本内容感兴趣的时候呢，给他读绘本，不如多跟他说话，另外这么大的孩子正是探索外界和发展好奇心的阶段，拿到东西想撕、想抠都很正常。

我们真是很钦佩这位妈妈从孩子这么小起就给孩子读绘本的决心和毅力，但绘本虽然是非常适合幼儿的读物，给这么小的婴儿读，我们觉得还是太早了。孩子还远远没到能理解绘本内容，和大人做“亲子阅读”的阶段呢，对这么大的宝贝，大人多跟他说话，多跟他互动，比给他读书重要得多。

很多爸爸妈妈都会困扰于小宝贝爱抢大人手里的东西：拿着书给他读，会抢书，拿勺子喂他吃饭，会抢碗、抢勺子。真心爸妈认为，无论孩子多大，这都不是孩子的问题，而是大人的问题。

孩子抢书，是他自己对书感兴趣，想自己拿来“读”，孩子抢勺子，是他对自己吃饭感兴趣，想自己尝试吃饭。这都是好事。如果孩子还不到一岁，那么大人就给他一本安全的、不会划伤他小手也不容易撕破的书给他“玩着看”，自己拿另一本书陪他读，给他一把安全的勺子让他自己舀东西，大人拿另一个勺子喂他。

如果孩子一两岁了还在抢，只能说明大人在孩子婴儿阶段做得不够好，那就马上调整大人的做法，放手让孩子“自主”，大人只从旁协助。

这位妈妈说的这种情况，如果大人只是从成人的角度出发，认为孩子的行为是“撕书”，需要制止、改正，那么很可能在未来收到一个很负面的效果：孩子一自己拿书就被大人制止，他对书的兴趣会大减，等到真的要培养他的阅读习惯时，大人会非常费劲，甚至完全没有办法让孩子爱上阅读。

孩子抢勺子的情况也是一样，如果他九十个月时，想自己拿勺子你不给他，那么很可能等你希望孩子学会自己吃饭的时候，孩子却偏偏完全不想自己动手，只想等大人来喂了。要大人满世界追着喂饭的孩子，很可能就是大人因为疏忽或者怕麻烦，错过了孩子最想自己学习吃饭的那个时机。

细细分析了两个小例子，真心爸妈想说的是，孩子身上需要解决的问题，其实没有大人认为得那么多，大人认为这也是问题、那也是问题，这也需要解决、那也需要解决，常常是因为大人没有理解到孩子某个非常正常，甚至非常棒的行动背后的动机和需求，只是觉得孩子给大人带来了“麻烦”，想解决掉眼前的麻烦。其实错的不是孩子，而是大人。

我们的经验是，大人看孩子，切不可只看表象就定义出“问题”，更不能仅从大人的角度出发，而不顾孩子的心理和行为特征，否则很容易自己花了很多工夫、很多心力去“管”孩子，反倒把孩子身上那些正在萌生的好品格、孩子在他的那个发展阶段非常正常的表现给管坏了、扼杀了。说得严重点，就是孩子在成长，而大人却在阻碍他的健康成长。

·把“同理心”当成理解孩子的入口·

被孩子弄得气急败坏时，不少爸妈都会数落孩子：你看你现在，什么都有，你还不如何如何！我小时候，哪有你现在这么好的条件，哪儿有你这么不听话！

可是，事实真的如此吗？你小时候物质条件确实不如眼前的孩子，但你真的是那个乖乖的、听话的、从来不气人的“小天使”吗？换个角度看看自己的小时候，也许对孩子的一些表现就没有那么恨铁不成钢、那么痛心疾首了。

爸爸妈妈跟孩子说起小时候，大多有两个角度。

一是拿当年自己享受到的物质条件和孩子眼前的物质条件做比较：

> 我小时候，哪儿敢想买钢琴呢，你看你，用着好几万块的钢琴，还不好好弹！
>
> 我小时候，啥玩具都没有，你现在说买玩具就买玩具，整天就知道玩！
>
> 我小时候，哪有这么多好吃的好穿的，吃饱穿暖就不错了，你看你，想吃啥吃啥，想穿啥穿啥，怎么就是不知道努力呢！

吧啦吧啦，把自己小时候的生活说得诸般艰难困苦，然后得出一个结论：你现在的生活条件比我小时候强多了，所以你得听话、勤奋、不气人，要不然简直对不起眼前你所拥有的一切。

这逻辑听起来挺有道理，细想想全然不通：孩子就是孩子，让他因为生活条件比父母当年好了很多，就知道知足惜福、加倍努力，这是大人的逻辑，他怎么可能理解和做到？

大人这么说，无非是小小发泄一下自己的羡慕嫉妒恨，顺便吐槽一下孩子的诸般不让人满意之处罢了。

二是拿自己当年的表现和自家孩子做比较：

我小时候，哪儿像你这么贪玩，一回家就赶紧写作业！

我小时候，哪儿有你这么不听话，你爷爷 / 奶奶 / 姥姥 / 姥爷说啥就是啥，我爸妈一说，我就赶紧做。

我小时候，考得不好就知道悄悄努力，哪儿像你，一点都不着急上火。

这么说自己的小时候，到底有多少美化的成分，只有爸爸妈妈自己知道了。谁小时候是天使？哪个孩子不气人？你小时候的表现，在你自己父母的眼里，也许还不如今天自己的孩子呢。表现完美的孩子，那都是别人家娃。

还记得你小时候那些气人的事吗？真心爸妈倒是觉得，说起小时候，换个角度，多想想自己小时候那些糗事、淘气事、气人事，面对自己的孩子时，会心平气和得多，对孩子身上那些一时不令大人满意之处，就容易释然了。

孩子周末不肯一大早就爬起来写作业，真心爸妈就想：我小时候，周末和寒暑假，不也是先玩够了，才肯卡着最后期限完成作业吗？

孩子把看过的书乱堆乱放，真心爸妈就想：比我小时候强多了，至少人家自己会收拾，我那会儿还全指着大人呢！

孩子有时贪着多玩会儿手机电脑，真心爸妈就想：我小时候，还不是老想着多看会儿电视？

这都不算啥，回想起来，小时候真心妈妈姐妹俩的打架，才真是让人抓狂！真心妈妈和妹妹差三岁多，感情好得很，但小时候，却常常因为各种各样的小事发生“战争”。记得有一回，俩女孩子打架，生生打碎了屋门玻璃，把手都给扎破了。真心妈妈爸妈回来，自然很生气，但好像也没啥严厉惩罚。

所以每次见到相差三岁多的两个孩子互相照顾、互相谦让、很少争执，真心妈妈就又惭愧又知足：这比我小时候，真是强太多了啊！

爸爸妈妈养育自己的孩子时，多想想自己像孩子这么大时，心里会想什么，遇事会怎么做，是不是像眼前的孩子一样有诸多令自己父母不满的地方，自己今天对孩子的要求，小时候的自己能不能做到，其实是一种“同理心”——设身处地，换位思考，去理解孩子的所思所想、他的行为逻辑、他内心的那些隐秘的小心思。

以“同理心”去回想自己的小时候，可以作为爸爸妈妈理解孩子的一个入口，也是爸爸妈妈养育孩子的一种重要技术和能力。

父母有同理心，才更容易尊重孩子，“己所不欲，勿施于人”，提醒自己，小时候父母对自己做的那些让人不快的事，不要再对孩子做。

父母有同理心，对孩子才会更宽容，理解他作为孩子面临的困难和自身的局限，而不会整天苛责孩子身上那些每个孩子都很容易出现的小问题，搞得孩子整天提心吊胆，生怕一个不小心又被爸爸妈妈抓到把柄。

父母有同理心，才会知道不能与孩子针锋相对，时刻想让孩子服从自己；才会知道什么时候该“睁一只眼闭一只眼”，什么时候该放手、妥协。

父母有同理心，才会知道和颜悦色地与孩子沟通，比指责、呵斥、打骂要有效得多。

父母有同理心，才不会每天为孩子的一点点小事着急上火，搞得自己灰心丧气、疲惫不堪。要知道，那些小事，在自己小时候也经常发生，没什么大不了的，孩子终究会长大，只要父母的育儿大方向和基本方法不出问题，不会影响到什么。

父母有同理心，才更容易知道孩子的所思所想，找到孩子一些行为的动因，从而慢慢去摸索出帮助孩子做出改变的方法。

父母有同理心，才更容易站在平等的角度与孩子沟通，而不是一味从大人的立场出发，只会居高临下地训导孩子，用大人的权威压制孩子自己的想法。

爸爸妈妈能做到这样，孩子大人都会快乐得多。如果大人还能主动去读几本关于儿童行为和心理的好书，并与自己的“小时候”相印证，那么育儿之路，就不但快乐，而且相对轻松了。

第六章

合作建立有效亲子沟通

教会孩子理性、建设性，和孩子过有商有量的生活，避免拒绝型沟通、亲子沟通中的碾压模式，以及命令、追问、斗嘴、顶嘴、讲条件等无效的沟通方式。

■ 培养孩子的理性、建设性——习惯恼怒、发泄的成人和孩子，有一个共同特征，就是沉浸在自己的坏情绪中，缺乏两个最重要的素质：理性和建设性。

■ 和孩子过有商有量的生活——要想孩子好商量，父母先要做和孩子有商量、会商量的成人：和孩子有关的事情，征求孩子的意见；孩子表达了意见，父母认真考虑；尊重孩子，不强令孩子遵从父母。

■ “你喜欢，我奉陪”是愉快聊天的基础——父母需要掌握和孩子聊天的技巧，包括由孩子主导话题，对孩子的话题表现出兴趣，不泼冷水，不了解的话题赶快“恶补”，虚心向孩子请教，对话题内容有所贡献，偶尔引导话题，但避免说教。

■ 拒绝型沟通：推开孩子，伤害关系——拒绝型沟通有几种典型的模式：没反应式、教训式、比较式、摆脱式、批判式、“找你爸 / 妈去”式、茫然式，等等。每种模式导致的结果都是在把孩子推开，伤害亲子关系。

■ 碾压模式：你有理，我认输！——很多父母，都很享受自己与孩子沟通时的强势地位，孩子每天被大人各种各样的大道理压迫着，只能不停地做出他最不愿意的妥协——你有理，我认输！

■ 越命令，沟通越困难——会说话的爸妈讲道理，不会说话的爸妈只命令，命令只是约束，只有教会孩子懂道理，孩子才能自律。命令还会激发孩子的对抗，让父母遭遇更多沟通困境。

■ 追问：无效的沟通——孩子并不喜欢被追问，也无法回答那些父母提出的那些看似简单，却高度概括的问题。父母需要停止追问、盘问、拷问，尊重孩子的沟通意愿。

■ 斗嘴：角色错位的沟通——和孩子“斗嘴”是低质量的亲子交流，习惯于斗嘴的父母和孩子，展现的是一种角色错位。父母应将自己作为成熟的成人，与孩子做有效的沟通。

■ 顶嘴：对抗型沟通——孩子的说话习惯，主要来自于家庭，要想孩子说话有礼数、不顶嘴、不态度轻慢、粗暴、不粗鄙、挑衅，家人之间，需要培养做有建设性的正面表达的习惯，同时教孩子学会尊重、教孩子懂得说话的尺度。

■ 讲条件：谈判型沟通——孩子喜欢讨价还价，是大人的策略和方法有问题。更好的方法是：大人提要求时不附带许诺，孩子讲条件时大人不接招，为常规事项约定基本规则，鼓励孩子的自律行为，大人之间不讲条件。

培养孩子的理性、建设性

一位小学老师朋友，有一次跟真心妈妈讲：

“有的孩子，真是闹啊，怎么说都不行，别人不小心碰了他一下，他能哇哇大哭半堂课，同学道歉也不行，老师劝也不行，真是气得人心脏病都快犯了！”

类似的事，我们也旁观过不少。孩子哇哇大哭，大吵大闹，爸爸妈妈说：

“咱们这样？”“我不！”

“那咱们那样？”“我不要，我就不！”

最后要么是大人被气得把孩子丢一边不理他，要么是大人耐心耗光，对孩子大声呵斥甚至拳脚相加一番。

这样的场景，其实在成人的生活中也很常见。公交车上一个人踩了另一个人的脚，踩人的忙不迭道歉，被踩的不理道歉，兀自连番抱怨，轻者将“踩脚”小事升级成一场争吵，重者将争吵再升级成大打出手。这种场景，是不是很熟悉？

习惯恼怒、发泄的成人和孩子，有一个共同特征，就是沉浸在自己的坏情绪中，只想不管不顾地倾泻怒火，根本不想“我到底想要什么”“我这样的发泄会得到什么样的结果”“事情到底怎么解决”——反正，甭管怎样，我先发泄痛快了再说。但是，这样的恼怒和发泄，对自己又有什么好处，对事情又有什么帮助呢？

这样的成人和孩子，其实都缺乏了两项最重要的素质：理性和建设性地看待问题。

理性，就是遇事保持思考，不为一时情绪所左右。理性的人，为了获得预期结果，会冷静地面对现状，快速全面了解现实情况，分析出多种可行方案，再判断出最佳方案。不理性的人，则更倾向于忽视现状、不顾条件，不考虑多种可能性，做事冲动、不计后果。

建设性，是和理性非常相关的特质，就是遇到事情，从如何改进的角度去思考解决办法；提出异议时，不是为反对而反对，而要提出更好的意见或者方法。有建设性的人，会注重对事态正常发展的促进作用，而没有建设性的人，更可能采用容易导致事情停步不前甚至向负面发展的破坏性方法。

一些成人和孩子的行为，之所以更容易被视为"无理取闹"，而另一些人则会让人觉得通情达理，与之相处如沐春风，两者之间隔着的，正是理性和建设性。

幸运的是，因为特别注重培养孩子的理性和建设性，我们两个分别上小学和初中的孩子，在这方面表现得都不错。

有一次，小儿子所在的班级轮到学校值周，小儿子负责组织，要将六七个同学安排在不同时段、不同职责的各个岗位。

整个周日下午，我们都听到小儿子不停地通过微信和同学们沟通，召集人手，安排和调整位置，一会儿是某同学觉得在那个位置上不行，一会儿是某同学某时间不能参加。

足足两三个小时，听得我们都有点担心了，"到底能不能弄好啊？"却不见小儿子着急，他抱着手机，一会儿跟这个说说，一会儿跟那个说说，一会儿又在群里发个语音，到傍晚时，终于如释重负地说："搞定了。"孩子有这份耐心、这份不停想办法的坚持，真是让真心爸妈都觉得有点吃惊。

另一件事发生在大儿子身上。老师在班级群里发了一张大儿子坐在地上，从班级抽屉里找东西的照片，表扬大儿子多次耐心地帮丢失作业卷子的同学找来卷子，并盯着同学补做。

大儿子是班级学习委员，负有每天监督当天作业是否如数收齐的责任，遇到有同学因为丢了卷子而没完成作业，自然是会小小抓狂。让我们没想到的是，他会积极想办法去解决这件事，而不是向老师表达："都是他们不小心，我没办法。"孩子们能有此表现，让人既安慰，又放心。

是否具备这两个素质，在孩子成年之后，会表现得更为明显，但是在孩子童年时代，就已经显现端倪。一些孩子情绪不稳定，前一分钟笑哈哈，后一分钟就发起脾气，一些孩子做事冲动，一会儿打了小朋友，一会儿搞坏家里的东西，一些孩子遇到一点小事就不计后果地大哭大闹，还有一些孩子遇事就着急，不会想办法，其实都是理性和建设性的思维不足的缘故。

这些小问题，在孩子小时候，除了让爸爸妈妈烦恼，可能不会带来严重后果，但是孩子成年以后，遇到问题后的处理方式如果缺乏理性和建设性，可能会让他在工作中吃到苦头。

培养孩子有理性、有建设性，这听起来是很大的课题，似乎得用一本教程才能说得清楚，事实上，在家里操作起来，却一点都不难，只要从那些最最日常的小事入手，就能一点点看到成果。

比如，孩子两三岁的时候，有时会为小事哭闹，我们会告诉孩子：

"你想要什么，想做什么，就跟爸爸妈妈说，不可以用哭闹的方式表达。你哭了，闹了，除了让你自己和爸爸妈妈不开心，完全不能解决问题。"

孩子就慢慢学会，哦，原来"正面表达"才能达成愿望，哭闹是不解决问题的啊。

比如孩子表示餐桌上的某样东西不爱吃，我们会告诉孩子：

"你不能只说这个不爱吃、那个不爱吃，你要告诉爸爸妈妈，你爱吃什么，想吃什么，这样妈妈才能给你做。"

孩子学会了这个方法，很小的时候就会明确提议："妈妈，你明天能做咖喱饭吗？""妈妈，我觉得下次这个菜可以少放点盐。"

有其他需要，孩子们也会很理性地正面表达。比如想看电影，会说"爸爸你周末能带我看电影吗？”而不会说：“周末无聊死了，啥好玩的都没有。”

比如说在学校做值日要晚点出来，孩子们会说：“我今天值日，爸爸可以晚点来接我。”但不会同时抱怨，“我上次值日，你来得太晚了，让我等半天”。

比如，文具需要换新了，孩子们不会说：“妈妈，我三角板都破成这样了，你还没给我买。”而是说：“妈妈我需要三角板，你有空帮我买一套。”

当然，孩子们有时也会为作业量稍大、某作业做起来有难度，有小小急躁，我们会很冷静地问孩子：

“这作业你能不做吗？能不交吗？要是能，你就自己跟老师说去，爸爸妈妈没意见；要是不能，你就别着急，慢慢地做，有需要的，找爸爸妈妈帮忙。”

孩子们一想，确实是这样，就放下一时的小情绪，安安稳稳地解决问题去了。

我们分享类似这样比较理性地跟孩子对话的方法，经常会有读者评论说：“你们这样，是把孩子当成大人啊。”言下之意，孩子不是大人，此类方法不可行。

我们不是把孩子当大人，只是把孩子当成独立的、有理性的“人”。

孩子并不是无理取闹、毫无道理可讲的“物种”，他是有自己思想、会思考、会学习的“人”，这一点上，和成人没有差别。只要爸爸妈妈有意识地引导孩子用理性的方式沟通，用有建设性的方式思考，让孩子成为通情达理的孩子，并不困难。

相反，如果大人觉得孩子就是孩子，什么都不懂，经常用讨价还价、呵斥、打骂、恼怒、发泄，用“不理你”“不行就是不行，怎么说都不行”等方式和孩子纠缠，孩子恐怕也自然会用同样的办法来与父母沟通。长期限于这样的相处模式，孩子和大人，都很难成长。

和孩子过有商有量的生活

常听一些爸爸妈妈们诉说苦恼：我这孩子特别倔，说一不二，想干啥就非得干啥，怎么说都不行，有什么办法吗？

有办法，而且只用简单一招——爸爸妈妈学会和孩子商量与他相关的所有事，孩子就会变得好沟通、好商量。

·有商量的孩子什么样？·

有一天，真心妈妈从外面回家，发现大楼的电梯坏了，正在维修，一堆大人孩子等在电梯门外，有的焦急，有的无奈，有的不满："这电梯老坏，就不能一次修好吗？"

一位刚放学的小男生和他爷爷也等在那里，小男孩看起来上三四年级，爷爷六十多岁的样子，看上去身体硬朗。爷爷推着自行车，孩子的书包放在车筐里。等了一会儿，不见电梯下来，男孩对爷爷提议："咱们就四层，走上去吧，搬着自行车。"爷爷犹豫片刻，同意了。男孩说："我背上书包，再帮您抬着自行车后面。"说着从车筐里拿出书包背上，又帮爷爷抬着自行车的后轮，祖孙俩走楼梯上楼去了。

小男生和爷爷有商有量的样子，让人看着真是舒心。

我们的两个孩子也是这样。比如，孩子们要买书，会问我们："我能上网去买点书吗？"我们就说："好的，自己去挑吧。"

孩子要带东西去学校，也会和我们商量："妈妈，我吃中饭时垫在桌上的毛巾需要换了，我能带这块毛巾去吗？"我们会看看孩子拿来的那块毛巾，告诉他合不合适，不合适的话，会马上再帮他找一块。

因为孩子遇事会和爸爸妈妈商量，而且不倔犟、不固执，我们和孩子之间很少出现各执己见、互不妥协的情况。

·大人会商量，孩子才好沟通·

如何做到这一点？我们的办法是，从孩子小时候起，和他们相关的事情，就和他们商量，不由爸妈全权决定。这个方法一直用到现在。

有一个周四下午，真心爸爸接孩子放学回来，跟真心妈妈说："我和孩子商量好了，这周的外出吃饭，咱们放在明天。"

我们家是每个周末全家外出就餐一次，边吃边聊，每次都是和孩子商量好，是周五晚餐，还是周六周日的午餐、晚餐出去吃。孩子们有时想在周五傍晚玩电脑，会选择周六日的某一餐，有时想周六日时间更完整，会选择周五。有时爸爸需要外出，会事先跟孩子商量："我周六晚上要出去吃个饭，咱们全家的外出放在周五或者周日吧。"这样商量下来，孩子大人都很愉悦。

小儿子五年级时，真心妈妈应小儿子的要求，每周会给孩子讲几首古诗。有一天讲完，妈妈问："咱们明天讲哪首，你挑一下，我好准备。"小儿子想了想，有点不好意思地说："咱们明天不讲了吧，放假了，休息一天。"妈妈莞尔："好的好的，明天不讲。"

吃饭、亲子娱乐、外出旅行……甚至妈妈储备下周所需的肉蛋鱼虾，都会先征求孩子的意见，是想要排骨还是牛肉。孩子习惯了爸爸妈妈遇事和他们好好商量，也就慢慢学会，自己有事要和爸爸妈妈好好商量。

我这孩子，让干吗不干吗！

我这孩子，想去哪儿就得去哪儿，不让去就发脾气。

我这孩子，就是不听话，怎么说都不行！

我这孩子就这样，倔得不行。

遇到上述情况的爸爸妈妈，不妨换位思考一下，你在孩子的眼中，是否也是如此：

我爸爸 / 妈妈想让我干啥，我就得干啥，一点商量都没有。

我爸爸 / 妈妈让我去哪儿我就得去哪儿，我说不去，他们就生气。

我爸爸 / 妈妈在家里说一不二，我根本就没说话的权利！

我爸爸 / 妈妈就这样，又倔又固执。

大人眼中有个不好沟通、没商量的孩子，孩子眼中一定会有一对不好沟通、没商量的父母。于是家里常常争执不断，大人生气，发脾气；孩子郁闷、不开心。

要想孩子好商量，大人先要做个和孩子有商量、会商量的大人——和孩子有关的事情，征求孩子的意见；孩子表达了意见，爸爸妈妈认真考虑，不一口回绝；把孩子当成小大人一样尊重，不强令孩子遵从大人。

比如问孩子晚上想吃什么这样的小事，真心妈妈会问："孩子们，晚上想吃什么啊？"孩子可能会提出自己的要求，比如他们爱吃的咖喱牛肉，或者说："都行。"

如果孩子提出要求，真心妈妈会说："好的，那妈妈晚上给你做。"或者："咱们家今天没有土豆，妈妈没时间出去买，所以做不了土豆咖喱牛肉，咱们做红烧牛肉好不好？"

如果孩子说"都行"，真心妈妈也会跟孩子说说自己打算做什么。简单讨论一下，孩子大人都会很满意。

这样，孩子也会慢慢学会采用同样的态度和方式来对待大人——遇事征求爸爸妈妈的意见；认真考虑爸爸妈妈的意见；不固执己见，不故意做对。

在这样理性、平和的氛围中，孩子大人都会更愉悦，彼此不满的情况，会减少发生。

"你喜欢，我奉陪"是愉快聊天的基础

好多爸爸妈妈都希望"和孩子做朋友"，这是个美好的目标，但事实常常是，大人和孩子之间，连最起码的愉快聊天都做不到。

一些爸爸妈妈和孩子的对话是这样的：

"今天上学都干啥了？""上课。"

"有什么好玩的事没有？""没有！"

一问一答，再无下文。

更有好多爸爸妈妈困扰于：

孩子从幼儿园、学校放学回来，什么都不说怎么办？

青春期的孩子，特别不耐烦听父母说话怎么办？

孩子看起来不开心，但怎么都问不出原因怎么办？

孩子跟同学聊得嗨着呢，跟父母就没话说怎么办？

那么，孩子怎么才能乐意和大人说话，爸爸妈妈和孩子如何才能愉快地聊天呢？

两个人或者几个人之间，要聊得起来，首先得有“共同话题”——一个人说的内容，别人恰好也感兴趣、有观点、能贡献内容，而且能表达态度。要是对彼此发起的话题兴趣全无，说话的人就不免觉得是鸡同鸭讲、对牛弹琴，自然就没什么兴致再聊下去了。

大人和孩子之间也是一样，要和孩子愉快聊天，爸爸妈妈先得和他有共同话题。孩子不爱和大人说话，常常正是因为他们觉得：反正我和你也聊不到一块去！

真心爸妈没有和孩子做朋友的奢望，孩子会有他们真正的同龄朋友，会彼此分享属于朋友的小秘密、小话题、小兴趣，这是爸爸妈妈和孩子之间很难达到的。

我们觉得，孩子能信任爸爸妈妈，愿意和大人说一些他们觉得有趣的事，愿意常常和爸爸妈妈聊天，就已经很好了。幸运的是，我们在这一点上，做得还不错，一家人经常聊得热火朝天，无比开心。

· 由孩子主导话题 ·

大人最关心的是学习、成绩，而孩子最关心的是他们遇到的有趣的事。如果大人只想和孩子聊大人关心的事，那就很难聊得起来。

“我们来谈谈你这学期如何提高学习成绩。”——孩子一听这个，马上知道大人要说的是什么，哪里还有聊天的兴致？

要和孩子有共同话题，大人一定得跟着孩子的兴趣走，要让话题来自孩子，而不是大人。

“我们今天学 3D 打印课了……”

“嘿，今天我同学某某……”

“希拉里发表了一个败选演讲，我们老师给我们看视频了……”

无论孩子如何开场，大人都马上表现出兴趣：

“学了啥？”

“你那同学发生啥好玩的事了？”

“希拉里怎么说？”

和孩子聊天时，真心爸妈会特别留意配合孩子的话题，他喜欢谈论什么，就跟他谈论什么，比如我们家的话题有时是美食，有时是学校趣事，有时是他们最近看的电影，有时是他们从微博微信上看到的段子，有时是他们看书时的新发现，有时是他们玩的电脑游戏。

孩子的话题可能五花八门、天马行空，大人就随着孩子的兴趣聊。聊什么都没关系，重要的，是愉快地聊天。

·表现出兴趣，不泼冷水·

孩子感兴趣的，大人未必感兴趣，甚至有的话题，可能爸爸妈妈对其态度上还有所保留，不想孩子过多关注，比如孩子谈论电脑游戏。

但要想孩子愿意和大人聊天，大人就需要做到，遇到不感兴趣的话题时不给孩子泼冷水：“这有什么好说的？”或者“又说游戏，你关心点别的好不好！”遇到这样的聊天对象，遇到这样的反应，孩子怎么可能有兴致再继续和你说点什么？

从孩子小时候起，做个不泼冷水、不煞风景的聊天对象，一家人才能养成常常在一起聊天的习惯，这样到了孩子青春期，才不会成为“和你没什么好说的”的孩子。

·遇到不了解的话题，父母赶快“恶补”·

孩子的兴趣，往往和他们的阅读进程有关，而且常常持续很长时间，比如有一阵子我们两个孩子读《三国演义》、看三国电视剧，餐桌上谈论的就全都是三国故事和三国人物；下一阶段我家大儿子迷恋《三体》，就整天聊“三体”；再下一阶段他看《明朝那些事儿》，话题就又变成了明朝各位皇帝和大臣。

孩子谈论的事，大人未必都了解，孩子读《三体》之前，真心爸妈就对什么是“三体”一无所知，孩子读《明朝那些事儿》之前，明朝也是真心爸妈最不了解的朝代。

那怎么办？为了跟上孩子的节奏，大人赶紧去“恶补”。恶补之后，孩子发现爸爸居然能头头是道地说三体了，妈妈也能讲一两个明朝皇帝的小段子了，马上聊天兴致大增。

·虚心向孩子请教·

无论大人多勤奋、多有好奇心，有些话题，还是专属孩子或者对大人来说距离很远、非常冷门的，大人想“恶补”都补不来，那就虚心向孩子请教，“这事儿爸爸妈妈真搞不明白，你给我们说说”？孩子看大人虚心求教，马上成就感倍增，吧啦吧啦给你讲上半天。

我们从孩子那里，就知道了好多以前毫无概念的事，比如乐高生化战士玩具里包含的世界观、在变形金刚迷的眼里日版变形金刚和美版变形金刚的差异、游戏主播的生存方式、电子竞技为什么会有职业选手，等等。

·对话题内容有所贡献·

聊天是互动方式，大人在聊天中对话题内容有所贡献，既能鼓励孩子继续聊下去，也可以帮助孩子获取更多他所不了解的信息、知识、观点。

比如有一次孩子说到，他们历史课上讲到20世纪90年代之前，好多东西需要“凭票供应”，像是冰箱票啊、电视机票啊，我们就给孩子讲了很多自己小时候凭票买东西的事——家里要凭“粮本”到“粮店”领粮油，上大学时要有“粮票”才能从学校食堂买到“饭票”，上学时女生用富余的粮票跟小贩换丝袜、鸡蛋，对那段和现在全然不同的生活，孩子们听得津津有味。

·偶尔引导话题，但避免说教·

和孩子聊天，大人如果确实想借聊天的机会给孩子一些教益，偶尔也可以引导一下话题，把自己希望孩子了解到的内容分享给孩子，但需要注意分寸，避免把聊天变成大人的说教或者批评。

比如，孩子聊到班里某同学特别淘气、特别闹，可能会表现出不那么认同的态度，但是我们希望孩子能够正确理解个体的差异和表现的差异，以及产生差异的成因，我们可以这样表述：“妈妈最近在看一本心理学家的书，正好讲到这个问题，你想听听不？”

孩子表示有兴趣听，真心妈妈就把阿德勒的观点给解说了一番：每个人都会追求被重视、都会追求成就感，特别淘气特别闹的孩子，是用他们的方式追求这种成就感，虽然不是太好，但也可以理解。孩子们虽然还不能完全理解，但也多少明白了一点，“哦，原来是这样”。

真心爸妈认为，经常和孩子聊天，是亲子之间建立良好沟通的最佳方式，而愉快聊天的基础，是爸爸妈妈和孩子之间的共同话题。爸爸妈妈能够有技巧地随着孩子的兴趣，和他分享他感兴趣的话题，大人和孩子之间就会聊得越来越多，越来越愉快，爸爸妈妈也就会很少遇到想和孩子聊天，却不知该说什么好的尴尬状况。

拒绝型沟通：推开孩子，伤害关系

不少爸爸妈妈，嘴里说着希望和孩子沟通，但在具体行动上，表现出来的却是明确的拒绝姿态。这些拒绝姿态，简直就是扼杀孩子沟通欲望的绝招，只要出手，一定“把天儿聊死”。和一个一句话能把天儿聊死的人，你能说什么？

这一点，我真是感受颇深。得知一位朋友的孩子考上了他们当地的重点高中，我就祝贺他：“恭喜恭喜，孩子考得很不错啊！”那位朋友回了句：“不错？那看跟谁比，人家考得最好的，比他多好几十分呢。”一句话，把我噎了个半死。

那么，爸爸妈妈和孩子说话时直接把天聊死的模式，都有哪些呢？真心爸妈小小总结了一下，欢迎对号入座。

·没反应式·

孩子：妈妈妈妈，今天我们班发生了一件特别好玩的事儿。

妈妈低头玩手机。

孩子：妈妈？你在听吗？

妈妈：嗯，我听着呢，说吧。

孩子：我班那个谁，今天收到了一封情书，然后他就给念出来了……

妈妈继续低头刷手机。

孩子：妈妈，你到底听没听啊？

妈妈：听着呢，你说谁丢了一本书？

孩子：……算了，不说了。

爸爸妈妈总是认为自己“愿意”和孩子沟通，但孩子跟大人说话时，一些大人，却连基本的认真倾听都做不到，心不在焉、三心二意是大人听孩子说话的常态。

孩子虽小，但他不是傻瓜，你有没有在听他说话，孩子跟你说一两句话就能发现。跟一个不想听他说话的人聊天，谁还有兴致继续呢？

·教训式·

孩子：妈妈，我水杯丢了。

妈妈马上竖起眉毛：怎么丢的？丢哪儿了？

孩子弱弱回答：我也不知道。

妈妈：跟你说过多少次了，自己的东西自己要看好，怎么就老也记不住呢？你说说，这一学期你丢多少东西了，我可告诉你啊，再丢东西，自己想办法去，我可不管……

常常是孩子的一句话，招来爸爸妈妈一大堆教训。这样的说话方式，孩子躲你还来不及，哪还敢跟你说什么呢？

·比较式·

孩子：妈妈，妈妈，我今天数学考了 99 分。

妈妈：嗯，有考 100 分的吗？

孩子：有，有一个。

妈妈：你看别人考了100分，你才考了99，又不是全班最多的，有什么可得意的！

有的爸爸妈妈，脑子里时刻上着一根“比较”的弦，孩子汇报任何成绩，都能马上想到孩子是不是最多、是不是最好、是不是唯一，如果不是，那好吧，孩子就等着大人的无情打击吧。

这样的沟通模式，孩子有不那么好的消息，自然会尽量不跟你说，即便是有好消息，想到可能得不到爸爸妈妈由衷的赞扬，反倒会被泼上一瓢冷水，说了又有什么意思呢？

·摆脱式·

孩子：妈妈，我跟你说个事儿。

妈妈：有话快说，我忙着呢。

孩子：爸爸，爸爸，你知道吗？……

爸爸：别跟我聒噪了，你作业写完了没有？

像这样的场景，在很多家庭中都不少见。孩子刚要开口，大人就摆出一副急于摆脱的态度，根本不想听，更不想配合孩子的兴致和话题，跟孩子好好坐下来聊会儿天。

孩子熟悉了大人的这种反应模式，会认为他说什么，大人都没兴趣听，自然有话也不想跟你说了。

·批判式·

孩子：爸爸，爸爸，我刚刚从报纸上看了篇文章，说是……，我觉得文章里说得不太对，我认为是……

爸爸：小孩子家家的，你懂什么，别瞎说八道了。

大人总是倾向于认为孩子什么都不懂，所以孩子主动表达自己的意见时，大人很少有兴趣倾听，而且还常常摆出批判的姿态，说孩子想得不对、孩子说的没什么道理。

其实孩子主动表达自己的意见，就是想发起话题，和大人讨论，如果大人积极和他讨论下去，孩子会非常开心，而且也更乐于思考、更乐于就某件事形成自己的见解。大人一上来就批判，孩子自然也就兴致全无了。

·“找你爸 / 妈去”式·

孩子：妈妈妈妈，你知道这是怎么回事吗？

妈妈：妈妈不知道，问你爸去！

孩子：爸爸爸爸，我有个问题……

爸爸：爸爸忙着，找你妈去！

在这样的场景中，孩子被两个大人推来推去，谁都不肯认真地听孩子说什么，然后耐心地给出解答，孩子熟悉了大人的这种“找你爸 / 妈”去，他就慢慢学会，有问题谁都不找了。

·茫然式：一个典型案例·

和前面说的那些明显的拒绝姿态不同，一些爸爸妈妈并非有意“拒绝”和孩子沟通，但在孩子发起话题时，却全然无法了解孩子说话的意图，对答不知所云，不提供任何信息。这其实也是一种隐蔽的拒绝。

一位妈妈，列举了和孩子的几段对话，为的是求解一个疑难问题：三岁孩子不懂大人说的话怎么办？

咱们可以完整地分析一下她和孩子的三段对话。

第一段对话：

孩子：妈妈，车车烂了……（孩子的期待是，妈妈告诉他该怎么办。他还不知道这种情况该怎么处理，需要妈妈的指导。）

妈妈：怎么烂的啊？那怎么办呢？（妈妈把问题推回给孩子。）

孩子：怎么办啊？（孩子依旧困惑，因为妈妈没有提供帮助。）

妈妈：对啊，怎么办？（妈妈依旧没有提供指导，再把问题推给孩子。）

孩子：怎么办啊？（孩子没有办法，还是困惑。）

妈妈：是的，你说怎么办呢？（妈妈第三次把问题推给孩子。）

孩子：怎么办啊？（孩子第三次得不到回答，困惑依旧。）

妈妈：妈妈问你如果车车烂了是要修好它，还是再买？（这时妈妈用一个“逼问”的语气，给了一个稍有内容的回答。）

孩子：车车烂了……

然后，孩子哭了起来。（孩子为什么哭了？因为孩子既不会修理，也知道妈妈不会再给买，而且他跟妈妈讨论半天都没有得到帮助，感到很沮丧。）

在这个例子中，妈妈一次又一次地拒绝回答，拒绝提供帮助。请问如果你和孩子换位思考一下，你的感受会如何呢？

真心爸妈的建议：在第一次回答时，就给予有质量的回复：“哦，妈妈看到车子坏了（表示理解孩子的处境），咱们先试着修修好不好？（提出有建设性的提议，并表示愿意提供帮助。）”

第二段对话：

孩子：妈妈，我不开心。（孩子非常明确地表达了他的感受，希望得到妈妈的理解和同情。）

妈妈：你怎么不开心呢？（妈妈询问原因。）

孩子：怎么不开心啊？（其实对三岁的孩子来说，“怎么不开心”是非常抽象的问题，他根本无法回答。）

妈妈：对啊，你怎么不开心了呢？告诉妈妈。（妈妈第二次询问原因。）

孩子：告诉妈妈？（孩子想告诉妈妈，但是不知道该怎么说。）

妈妈：对啊，告诉妈妈，为什么不开心呢？（妈妈第三次问。）

孩子：为什么呢……（孩子依旧不知道该怎么回答。）

孩子是希望妈妈能理解和同情他不开心的感受，但妈妈关心的是不开心的原因，所以沟通反反复复，毫无进展。

真心爸妈的建议：在孩子表示不开心时，马上表示同情和理解：“哦，宝贝不开心了，来妈妈抱抱好不好？”

第三段对话：

孩子：妈妈，天黑了。（孩子主动跟妈妈表述他对周遭的观察，这是个陈述，不需要怎么办，也不需要回答怎么办。）

妈妈：天黑在家，那怎么办呢？（妈妈重复了事实，然后问孩子怎么办。）

孩子：怎么办啊？（这根本不涉及怎么办的问题，所以孩子很困惑。）

妈妈：天黑是不是要开灯啊？（妈妈勉强给出了个建议。）

孩子：开灯……（孩子只好重复。）

其实，孩子说“天黑了”，只是为了跟妈妈说说话，并不是提问，也不需要妈妈解答，但妈妈却错把孩子的描述当成了问题，把对话从自然现象的讨论，拉回无解的“怎么办”，于是把本来可以轻松愉悦的对话，变成了彼此都很茫然的无效沟通。

真心爸妈的建议：孩子说“妈妈天黑了”，妈妈可以这样回应：“哦，天真的黑了呢（此话表示认同孩子的观察），天黑了，小鸟会待在哪里呢？（此话用来启发孩子联系其他生活体验）”然后孩子如果回答：“小鸟要回家。”那妈妈就回答：“是的哦，小鸟要回家，宝宝和妈妈也要待在家里了。屋子里暗了，咱们开灯好不好？”

这三个例子分析下来，不得不说，这真的不是孩子不能理解大人说话的问题，而是大人完全不能理解孩子的表达，并且完全缺乏引导孩子沟通，并推进话题的技巧。在和孩子的交流中不提供任何信息，只问“孩子怎么办”，又怎么能怪孩子听不懂大人的话呢？根本就是大人听不懂孩子的话，所以孩子主动发起的沟通，才一次又一次被大人弄成无果。

碾压模式：你有理，我认输！

有一次，一位妈妈问："孩子一开始对钢琴很有兴趣，就给他买了钢琴并上了钢琴课，但现在兴趣减退不愿练琴，该不该逼他学？"

我们答说："不逼他学，孩子兴趣转移了要尊重。"并就此事写了一篇文章。有读者评论说："当然得继续，爸爸妈妈得让孩子知道，这世界上的事，没有哪一件是不坚持就能成功的，他现在不坚持练琴，以后什么事都不能坚持怎么办？"

这话听起来很有道理，但让人想到一个非常不好的场景：孩子每天被大人各种各样的大道理压迫着，只能不停地做出他最不愿意的妥协——你有理，我认输！

·享受强势地位的爸爸妈妈·

在家庭内部的沟通中，孩子与爸爸妈妈相比，显然处于弱势：

他不及父母年长，不及父母生活阅历丰富，不及父母有学识，小的时候，语言表达能力也不及父母，而且一些家庭伦理观念也不断告诉孩子，你跟父母顶嘴、辩驳是不对的。

而父母，显然拥有绝对强势的地位：

比孩子年长，比孩子有阅历，无论学识如何，总会比幼儿、儿童、少年阶段的孩子多知道一些，懂得更多道理，教育起孩子来能滔滔不绝，无论大事小事，都能讲出孩子必须得遵从的理由来。而且父母还拥有另一个天然优势——一般的家庭伦理观念的支持。

很少有爸爸妈妈乐于放弃自己的优势地位，放低姿态，和孩子平等沟通。甚至大部分父母在和孩子的沟通中，无比享受自己的优势：

他们擅于使用角色的优势："我是你爸／妈，你得听我的。"

擅于使用学识的优势："我吃过的盐比你吃过的米还多，你得听我的。"

擅于把对孩子的爱当作工具："我都是为你好，你得听我的。"

这样的沟通模式，对孩子来说，无疑是碾压式的：

无论他是否喜欢父母的要求，他都得无条件接受；

无论他有多少自己的理由可讲，都很难得到充分表达的机会；

无论父母的要求对他来说有多艰难——比如每天坚持弹他并不喜欢的钢琴，他都得屈从于爸爸妈妈那些"有益人生"的大道理，只好默默隐忍、无奈坚持。

我曾经很多次看到过在外面摆出强势姿态训斥孩子的父母，他们的脸上无一例外地有一个共同的表情，就是"得意"——看，我管孩子多有办法，孩子多听我的！

当然，父母的强势沟通，并不总能顺利进行。

在孩子小时候，可能会遭遇孩子哭闹、发脾气等形式的抵抗，在孩子长大一点之后，可能遭遇孩子顶嘴、辩驳、拒绝执行命令等形式的抵抗，于是冲突就不断发生。

爸妈认为孩子坏脾气、不懂事，不听话、叛逆，孩子则认为父母不许自己表达意见、不懂自己、家长制、不开明。

这些冲突，在一些家庭中会成为常态，甚至延续到孩子成年之后。

它产生两个很糟糕的后果，一是亲子关系极度紧张，孩子大人都享受不到让人放松、愉悦的关系，二是碾压式的沟通模式在家庭中代代相传。

·四种不同沟通模式·

美国专门从事沟通研究的学者罗纳德·B·阿德勒在他畅销全球40年的名著《沟通的艺术》中，将家庭沟通模式，用"谈话取向"和"遵从取向"两个维度，划分为四种（如下图）。

		遵从取向	
		高	低
谈话取向	高	一致型家庭	多元型家庭
	低	保护型家庭	放任型家庭

谈话取向：

“指家人在讨论各种各样的话题时有多开放。有高度谈话取向的家庭，他们交流不仅更自由、频繁、而且是自发的。这和谈话取向较低的家庭有很大的不同，在后者那里很多话题都是禁忌，除此之外的话题也只能用一种限制的方式被提出来。”

“有高度谈话取向的家庭把沟通视为一种表达喜爱和愉悦的方式，并借此获得放松。”

遵从取向：

“指家人强迫彼此的态度、价值观和信仰保持一致的意愿有多强。高度遵从的家庭管理沟通的目的在于寻求和谐、避免冲突，促进相互依存，以及取得服从。在这样的家庭里，成员之间往往是等级分明的，处理冲突的策略以避免和体贴为特征也就不足为奇了。相比之下，具有较低遵从取向的家庭相信个人的成长应该得到鼓励，并且单个成员的利益要比整个家庭的利益更重要。”

这两个维度，将家庭沟通模式划分为四种：

一致型家庭：高谈话取向，高遵从取向。既承认且保留权威的压力，又存在公开沟通的强烈意愿。

多元型家庭：高谈话取向，低遵从取向。沟通是充分开放的，并不要求对权威的遵从。

保护型家庭：高遵从取向，低谈话取向。强调服从权威（父母），不鼓励公开讨论。

放任型家庭：低遵从取向，低谈话取向。既不强调服从，也不重视讨论，所以成员之间会出现一种互不关心、态度冷漠、拒绝沟通的状态。

对照这四种模式，“你有理，我认输”的碾压式亲子沟通模式是哪一种呢？没错，保护型。这也正是大多数中国父母认为自己为孩子操碎了心，而孩子却不断出现“叛逆”现象的重要原因。

·父母应该学会的事·

真心爸妈认为，对于大多数中国父母而言，要达到与孩子的良好沟通，需要做的，是提高自己与孩子相处时的“谈话取向”，降低与孩子相处时的“遵从取向”。

给孩子更多的话语权，允许孩子充分表达自己的意见；

倾听孩子的意见，并考虑孩子意见的合理性；

不要求孩子绝对遵从自己；

学会适当让步、妥协，让孩子的合理意愿能够实现；

通过和孩子的沟通，达成对大部分事情的一致意见。

这样，父母和孩子才能达成良好的沟通，而不会让孩子时刻处在父母权威的碾压之下。

沟通是双方的事，良好的亲子沟通，本质上是一种合作，双方的意愿，都需要得到表达和尊重，而不是孩子必须无条件地遵从父母。

真心爸妈带两个孩子的经验，也让我们坚定地相信，看到孩子的意愿，倾听孩子的意愿，不用父母的权威碾压孩子，才能为孩子营造一个宽松、自由、愉悦的成长环境。而且这种环境，对孩子自我意识的发展、孩子的心智健康，显然更有益处。

越命令，沟通越困难

爸爸妈妈们每天都在跟孩子说话，但和孩子说话的效果却大不相同。

有的爸爸妈妈跟孩子说什么，孩子一下子就听进去了，而有的父母，一件事反反复复说多少次，孩子就是“油盐不进”，搞得大人恼火万分：“跟你说半天，你怎么就不听呢？这孩子，真是不听话！”

其实，前一种情况，不是孩子更听话，而是爸爸妈妈更会说话，后一种情况，不是孩子不听话，常常是爸爸妈妈只对孩子发号施令，从不给孩子讲道理所致。

·会说话的讲道理，不会说话的发布命令·

有一次在公园，一棵大树下有个小花坛，花坛四周围着一圈二三十厘米高的木栅栏。一位三岁左右的小姑娘，好奇地迈过木栅栏，去看花坛中飞舞的蝴蝶。

孩子妈妈在一边见了，大叫孩子：“出来！”

孩子出来了，不一会儿，又迈进栅栏去看，孩子妈妈又叫：“出来！”

孩子又出来了，不一会儿，趁妈妈不注意，又进了栅栏，孩子妈妈急了：“叫你出来你就出来，怎么又进去了呢？”

其实妈妈的意思很简单：既然花坛围着，就是不可以进去的，叫孩子出来天经地义。而小姑娘也并不是存心违拗妈妈，她只是好奇里面的蝴蝶而已。

这么简单的事，为什么会演化成大人一次又一次制止、孩子一次又一次“不听话”的场景呢？问题，就出在妈妈少说了半句话。

我也曾见到另外一位妈妈，她的孩子，好奇地揪下花瓣来闻，妈妈温柔地制止道：“宝贝，咱们不能揪花啊。你看这些花花草草，这么漂亮，要是大家都揪，是不是就不漂亮呢？”

孩子看了看手中的花瓣，想了想："哦，我知道了。要是我把花瓣揪下来，花还会受伤呢！"

妈妈这样说，同样三岁多的孩子就明白了，而且还加上了自己的理解，说明她已经在认真思考大人教的道理。如果妈妈以后再遇到这种情况，再多给孩子解释几次为什么不能这么做，孩子慢慢就有这个概念，会很自然地约束自己了。

而只知道命令孩子、不懂得多说这后面半句话的妈妈，不但这一次要面对孩子不听话的窘境，可能以后还会多次遇到大人越说孩子越不听的情况。

·命令只是约束，懂道理才会自律·

爸爸妈妈都希望自己的孩子更"听话"，所以特别容易用"命令"的口气对孩子说话："出来！别动！跟你说话呢，听见没有！我叫你别动你还动！再不听话我揍你！"

但命令只是强制性的约束，孩子不是士兵，在他不明白为什么不可以的时候，是做不到"令行禁止"的，孩子越小，越是如此。

常见的情况是，越是禁止不了，爸爸妈妈越是提升命令、强制的强度，最后简单小事升级为大人吼、孩子哭，或者大人气得把孩子打一顿了事。

有的爸爸妈妈把孩子这种不听话的情况归为孩子的性格，"每个人都有自己的性格，小孩子更是，说不听，打不怕，让人束手无策的孩子太多了，不然也不会经常发生父母失手打死小孩的传闻，试想有几个做父母的会无端地置亲生的孩子于死地呢"！

这种说法真是可怕。孩子只是孩子，他需要慢慢明理，慢慢长大，难道孩子不听话，就活该被打，难道爸爸妈妈只能做发号施令者，不能认认真真地做个合格的教育者吗？遭遇束手无策的状况，不是孩子不好，而是爸爸妈妈无能，只会用命令这样一种最简单、最粗暴的方法而已。

做爸爸妈妈的需要明白，孩子成长的过程，同时是他学习的过程，在这个过程中，爸爸妈妈需要扮演的，是教育者、引导者的角色，日常生活的每一件小事，都是孩子增加认知、辨别是非、懂道理、守规矩的机会。

不该做的事情，需要爸爸妈妈讲明理由，不懂的道理，需要爸爸妈妈慢慢地讲给他听。孩子懂得了道理，才会形成自律，才会不再需要爸爸妈妈就一件小事反反复复地发出很难奏效的命令。

那些被孩子不听话气得无可奈何的父母，不妨检讨一下，自己让孩子听的那些话，是不是只是生硬的命令？在制止孩子的某些不当行为时，你耐心地给他讲过道理吗？责备孩子越大越不懂事的爸爸妈妈，孩子小时候，你耐心地教过他懂事吗？

· 更糟糕的情况：命令带来对抗 ·

小儿子放学回来，跟真心妈妈说：

“妈妈妈妈，我今天看到一个六年级的同学跟他妈妈吵架来着，吵得可厉害啦！

“好像是那个孩子在学校犯了什么错误，他一出来，他妈妈就批评他，然后他们就吵起来了。”

从小极少被命令，习惯和妈妈讨论问题的小儿子，几乎是被这种场景吓到了：难道妈妈和孩子之间还能用吵架的方式说话吗？

同样目睹了吵架场景的真心爸爸补充了一些信息：

“哪儿是孩子跟妈妈吵啊，根本就是妈妈挑衅，孩子一出来，妈妈就吼他‘你今天怎么回事’？那么大的孩子，旁边还有好多同学，孩子一下子就怒了。”

原来如此。如果那位妈妈一见到孩子不是当场爆发，不是马上怒吼孩子，命令他“交代”，而是能够等到回家之后，好好和孩子谈谈，“今天老师给我打电话了，是什么情况，跟妈妈说说”，可能这场让双方都愤怒、伤心的争吵就不会发生。

我们的经验是，爸爸妈妈习惯于在小事上多和孩子讲原因、说道理，会慢慢培养出和孩子大人之间好好说话、讲道理地说话的习惯。

如果爸爸妈妈习惯于用命令的方式和孩子说话，到孩子长大一些时，也会学着爸爸妈妈的样子，表现得自行其是、不讲道理，爸爸妈妈也会遭遇更多沟通困境，不得不经常转换到“暴力模式”，多用打、骂的方式解决问题——而打骂和命令一样，除了制造对抗，不能解决任何问题。

追问：无效的沟通

一位妈妈问：我孩子从幼儿园回来，我问他“你今天在幼儿园学到了什么”，孩子要么什么都不说，要么回答说“没学什么”，要么说“这是我的秘密”，我怎么做孩子才会回答我呢？

真心爸妈的回答是：别问，你问了孩子也答不上来。如果希望了解孩子在幼儿园的情况，可以换个问法：“你今天在幼儿园遇到什么好玩的事？”

·孩子并不喜欢被追问·

孩子从幼儿园回来（从学校回来也一样），一天没有见到爸爸妈妈，他希望的是和爸爸妈妈多多亲近，享受爸爸妈妈的关心和宠爱。大人一见面就问他“你今天学到了什么”，会让孩子感受到压力，而且觉得失望：“原来爸爸妈妈关心的不是我，只是我的学习啊！”

大人不妨设身处地想一想，你上了一天班，回到家，想放松放松，歇口气，而你爱人一见面就问："你今天工作上有什么成绩？"你是不是会觉得这个问题不合时宜、大煞风景、惹人生气呢？

· 不提无法回答的问题 ·

爸爸妈妈觉得"你今天学到了什么"是个超简单的问题，常常是随口一问，也觉得孩子能像自己一样，随口轻松作答。

其实，细想想，这根本是个无法回答的问题，提问高度抽象，答案需要高度概括，完全超出了孩子的抽象和概括能力，即便是大人被问到了，也是无法马上回答的。

比如大人去开了一天的会，回来要做个简报，你能不经任何准备、不参考任何笔记，就马上作答，而且条理分明、重点清晰吗？真心爸妈觉得，相当多的大人都完全做不到。

幼儿园的孩子，都在六岁以下，每天七八点钟入园、四五点钟回家，中间十来个小时的幼儿园生活，会有各种课程、各种活动，可能每一节课、每个活动都接触了一些新东西，你要孩子回答"你今天在幼儿园学到了什么"，孩子如何能做到马上从这些课程和活动中概括出两三句话的要点，来回答"学到了什么"这样一个抽象的问题？

所以，遇到大人提出问题，而孩子不回答的情况，爸爸妈妈应该理解，不是孩子不想回答，可能是他根本不知道如何回答。

· 换个更好的问法 ·

孩子一整天不在爸爸妈妈身边，大人想了解孩子这一天过得好不好，很可以理解。真心爸妈分享一个自己的"小技术"，希望可以帮到您。

不问"你今天在幼儿园学到了什么"，而是问"你今天在幼儿园遇到了什么好玩的事”。

“好玩的事”，是个亲切的问题，对上幼儿园孩子来说，他的生活，其实就是玩儿，爸爸妈妈关心他遇到的好玩、有趣的事，会让孩子毫无压力、毫不抵触。

“好玩的事”，是个具体的问题，孩子很容易想起他今天听老师讲的有趣的故事、和小朋友做的有趣的游戏、闯进幼儿园教室的那只小鸟或者户外活动时遇到的那只蝴蝶。

回答“好玩的事”，不需要抽象和概括，孩子很容易运用他熟悉的“列举”方法，把这一天中自己印象深刻的趣事，一件一件地讲给爸爸妈妈听。

另外，其中还有一个小小的关键点，就是爸爸妈妈要问“你今天在幼儿园遇到了什么好玩的事”而不是问“今天在幼儿园有没有好玩的事”。

两种问法看起来差异不大，其实完全不同。前一种问法是问“什么”，是开放的，需要用具体内容来回答，后一种问法是问“有没有”，是封闭的判断式问题，只需要回答“有”或者“没有”。这样提问，在孩子回答“有”或者“没有”之后，对话就很难再进行下去。

·停止追问、盘问、拷问·

好多爸爸妈妈觉得自己和孩子交流很少，没有办法像真心爸妈经常描述的那样，一家人热热闹闹地聊起天来，可能正是因为开启话题的技术不佳——或者是问孩子难于回答的问题，或者是用“是”“不是”“有”“没有”一两个字就能回答的判断式问题，或者是习惯用追问、盘问，甚至拷问的方式，和孩子交流。

比如孩子说，今天在幼儿园被小朋友打了一下，大人马上会连珠炮般盘问：“谁打的？打你哪儿了？用什么打的？你告诉老师了没有？他打你你怎么不还手呢？”

比如孩子说了个考试成绩，大人又会一连串地发问：“错了几个题？是什么题？别人都得多少分？你为什么这么少？”

这盘问的架势，先把孩子给吓着了，他怎么敢继续说下去呢——妈妈这么着急，要是骂我一顿怎么办？孩子的担心不是没来由的，因为“教训式”，是爸爸妈妈跟孩子说话的一种常见模式。

一位妈妈问：

“宝宝不开心的时候不告诉我，问半天也说不清楚，怎么办？”

有这样的疑问，其实就是大人的“追问习惯”在起作用。大人总想着把握孩子所有的情绪和行为动向，而孩子可能并不想说，或者觉得没有必要让大人知道。

每个人都有自己的情绪，有时很开心，有时碰到一些小事不太开心，这很正常，孩子也是一样。比如在幼儿园想玩什么玩具，被别的小朋友先拿到了，和小朋友发生小小的不愉快，幼儿园放学爸爸妈妈接晚了，甚至在幼儿园吃了某种自己不爱吃的食物，孩子可能都会表现出小小的不开心。大人没有必要一见到孩子不开心，就万分紧张，以为发生了什么严重的事情。

孩子再小，也有自己的情绪调节能力，比如很小的宝宝，哭了一会儿，可能一分钟后就又笑了，两三岁的孩子，一刻钟之前还不太开心，一刻钟之后就又有说有笑了。

生活环境正常、健康，情感和情绪能力发展正常的孩子，都能具备情绪调节能力，遇到小小的不开心，不一定非得依靠大人哄劝、抚慰。

相反，大人发现孩子有一点点不开心，马上就特别紧张、想方设法追问原因、安慰孩子，很可能让孩子自己的情绪调节能力建立不起来，孩子变得脆弱、娇气，所有的事情都得大人哄着。

孩子是独立的个体，爸爸妈妈应该建立起一个观念，就是你不能掌控孩子的一切，对孩子的情绪也是一样。不能孩子表现得很高兴，大人就一定要问孩子为什么高兴，孩子表现得不开心，大人就一定要知道孩子为什么不开心，并想方设法让孩子开心起来。

爸爸妈妈需要做的是，孩子开心的时候，我们和他一起开心，孩子不开心，但没有表示需要大人帮助的时候，就给孩子一个空间，让孩子自己消化、调节自己的情绪。

大人用这种方式，会帮助孩子明白：他的开心和不开心，都是正常的情绪，没有什么不对、不好；他有权利有自己的情绪，不需要随时向爸爸妈妈报备；爸爸妈妈会尊重和接纳他的情绪，不会强迫他马上改变情绪状态。

如果孩子的不开心特别明显，而且爸爸妈妈确实想了解孩子为什么不开心、帮助孩子开心起来，可以细心地观察孩子的表现，从孩子不经意的只言片语中，就很可能发现端倪。

大人找到了原因，也不要去跟孩子求证，悄悄地消除那些明显会让孩子不开心的原因，或者过一段时间，在聊天时，引导孩子正确认识引起他不开心的那些小事就好。

我们还遇到过另一个来自十多岁孩子的提问，她的问题是：妈妈们怎么和孩子交流？如果孩子不愿和你们交流，你们会怎么处理？提出这个问题的孩子，很可能遇到了被妈妈不停追问各种问题的状况。

我们家和孩子交流很多，话题也很丰富，但都是用日常的聊天形式来做的，并不会特别刻意地去做所谓的“亲子交流”。

妈妈和孩子的交流，不一定要有正式的形式，日常生活中有无比多的交流机会，比如：

妈妈做了饭，问孩子好不好吃，讨论下怎么做得更好，这就是一种交流；

问孩子明天想吃什么，顺便聊几句美食话题，也是一种交流；

给孩子买文具玩具衣服时，询问他们想要什么样的，和他们一起在网上挑选，这也是交流；

孩子放学回来，问问他们在学校有什么好玩的事，也是交流；

孩子向妈妈提某个问题，妈妈尽可能地回答得清楚、明白，并且分享自己对这个问题的看法，也是交流。

但在和孩子交流时，我们会谨守一个原则，就是尊重孩子的意愿。孩子愿意多说，我们就继续陪着他聊；孩子表示不想继续聊下去了，我们就停止，各自去做自己的事。不会在孩子不想聊天时，抓着他说个不停、问个不停、唠叨个不停。这样，大人和孩子都会觉得，日常交流是一件非常愉快的事。

斗嘴：角色错位的沟通

场景一：为什么让我捡？

有一次，我们在面馆吃面，旁边座位上来了一对母子。孩子大约三四岁，妈妈三十来岁的样子。可能是什么东西掉到了桌子下面，于是母子俩之间就做了下面这段对话：

妈妈："你把它捡起来！"

儿子："为什么要我捡？你自己不会捡吗？"

妈妈："就要你捡！"

儿子："我不捡！"

妈妈："就让你捡！我钻不进去！"

儿子："那我也钻不进去。"

母子俩来来回回真真假假地斗了几个回合，最后不知是谁捡起了东西。

场景二：我能说你"点心"吗？

一位妈妈抱着小妹妹、推着童车来接十来岁的姐姐放学。小姐姐见到妈妈妹妹很开心，自动接过妈妈手里的推车，跟在妈妈后面走。

路旁一块石头卡住了车轮，小女孩试了一两次，还是推不动，着急地叫妈妈：

“妈妈，妈妈，车子卡住了。”

妈妈回过头来帮她，边挪动车子边说：

“我能叫你‘点心’吗？”（真心爸妈注：点心，废物点心的简称。）

小女孩也不生气，跟妈妈回嘴：“我才不是‘点心’呢！”

母女俩斗两句嘴，若无其事地走远了。

两个斗嘴场景中，妈妈和孩子都是特别轻松自在的状态，谁都不生气，谁都不较真，只是认认真真地互耍嘴皮子。如果孩子的声音不是那么稚嫩，活脱脱就是两个大人斗嘴的样子。但是，总觉得哪里不太对劲。

前者像是一对夫妻斗嘴，妈妈像是丈夫面前那个娇嗔的小女孩，儿子则像是那个不解风情的爸爸；后者像是一对闺蜜斗嘴，彼此充当刀子嘴豆腐心的损友。

对于他们彼此，至少是发起斗嘴的一方而言，这可能是一种乐趣。其实我们经常可以看到父子、母子、父女、母女之间用这种方式说话，而且孩子大人似乎都觉得挺有意思。

但这种在成人之间尚且算不上特别有格调的乐趣，移到爸爸妈妈和孩子之间，真的有什么益处，或者退一步说，难道没有什么不妥吗？

·斗嘴是低质量的亲子交流·

习惯于用斗嘴方式与孩子交流的爸爸妈妈，可能觉得这是一种和孩子“平等”的表现，甚至可能把斗嘴作为增添家里幽默、诙谐气氛，让家庭更欢乐和谐的方式。

但我们认为，斗嘴是一种低质量的亲子交流，会对孩子产生多方面的不佳影响。

斗嘴中的亲子，常以彼此轻度敌对、轻度冲突、轻度不尊重的姿态出现，不包含爱意，不导向愉悦的情感，不导向建设性的结果。

斗嘴常常源于非常非常琐碎的小事，大人和孩子习惯于在这样的小事多费唇舌，会引导孩子斤斤计较此类小事，将时间浪费在鸡毛蒜皮的事务中。

斗嘴常常包含轻慢的态度，它会引导孩子习惯于态度的轻慢而不是端庄，尤其是孩子进入学校之后，态度上的轻慢，常常成为他诸多困难的源头。

斗嘴时，人们通常重复使用不包含具体内容的无效言语，无益于引导孩子在与他人的交流中使用适当的、有内容的言语，表达态度、情感和诉求。

的确，斗嘴的不尊重程度、冲突程度、敌对程度都很低，低到用这种方式和孩子说话的父母，会将它视为一毫不重要的小事，完全不与教养相关。但孩子的成长，是一点一滴积累的过程，今天的斗嘴，可能正是亲子之间日后就彼此的不同意见，用争吵方式而不是用“好好谈谈”方式解决的萌芽。

·角色错位和家长的社会化·

和孩子斗嘴的大人，表现出的姿态是幼稚的、不认真的、随意的，有时候甚至是撒娇式的，而和大人斗嘴的孩子，表现出的姿态又是成熟的、老道的、可以挑逗戏弄成人的。大人化身为孩子，孩子又化身为大人，双方都做和自己角色完全相反的表现，是一种典型的角色错位。

造成这种错位的，是成人对父母角色认知的不清晰，而成人对父母角色认知的不足，又源于人们社会化程度的不足。

美国社会心理学者J·罗斯·埃斯尔曼在他的《家庭导论》中说：

“婚姻或家庭组织的基本单位不是一些人，而是他们相互联系的身份（位置）和相互合作的期望（角色）以及合作的状况。”

父母要胜任自己在家庭中的角色，需要完成从青年角色向父母角色迁移的社会化过程：

“（社会化）是一个自我发展的过程，是一个持续不断地学习某一特定社会的各种习俗和文化的过程。……家长们也需要通过社会化来改变自己，成为名副其实的家长。”

但乐于在孩子面前扮演幼稚角色的爸爸妈妈，显然还没能充分完成自己作为家长的社会化，未能将自己作为成熟的成人，扮演父母而不是孩童的角色。

这种角色扮演的失能，还常常波及到孩子，让孩子也处于角色错位或者错乱的状态当中。和爸爸妈妈斗嘴是这种错乱的表现之一，还有更为极端的错乱状态：

一位妈妈经常对孩子说，爸爸不在家的时候，你就是家里唯一的男子汉，你要负责保护妈妈。某天下大雨，家里停在楼下的汽车的警报器响个不停，妈妈不放心，想去看又不敢，结果十岁的小“男子汉”自告奋勇独自打着伞去外面查看。

这位妈妈感到很骄傲，觉得这么小的孩子真的扮演起妈妈的保护者的角色，而在我们看来，这完全是角色错位的表现。

和这个被妈妈培养成保护者的孩子相比，被爸爸妈妈引导着斗嘴的孩子还算是幸运，但与那些和爸爸妈妈彼此尊重、彼此平等地做充满爱意的交流的孩子相比，在和爸爸妈妈的斗嘴中长大的孩子，又失去了多少学习好好说话、认真交流的机会？

教孩子不斗嘴很简单，大人不和他斗嘴就是。大人经常做负面示范，孩子自然无师自通地学会斗嘴。

有的爸爸妈妈，不和孩子斗嘴，但彼此之间经常斗嘴、抬杠，并以此为乐，“你洗碗！”“为什么老是我洗碗，该你洗了！”“你这个笨蛋！”“你才笨蛋呢！”

爸妈经常这样，孩子也会认为这些无意义的“闲磕牙”很好玩、没什么不妥，自然就会对别人这么做，首当其冲的，就是孩子每天接触的老师、同学。有的孩子很随意地用斗嘴式的态度和老师说话，恐怕就是因为家里有这样太过随意的斗嘴习惯。

顶嘴：对抗型沟通

有的孩子，不和大人斗嘴，但会语气激烈地“顶嘴”“犟嘴”：

“干吗老说我，咋不看看你自己？”

“凭什么呀！”

“谁谁也怎么怎么样的，凭什么只说我？”

听到十来岁的孩子，用这么桀骜不驯的语气、挑衅性十足的语言，来“冲撞”大人、顶撞老师，我们每每觉得心痛。

孩子为什么会习惯于“顶嘴”这种对抗型的沟通方式？爸爸妈妈如何教出斯文、知礼的孩子呢？

·孩子为什么以顶嘴来对抗？·

孩子的说话习惯，主要来自于家庭，要想孩子说话有礼数、不顶嘴、不态度轻慢、不粗暴、语气用词不粗鄙、不挑衅，家人之间需要养成正面表达的习惯。

不说废话，不说气话，不说骂人话，不说无聊话；有事说事，说事就认真说，互相认真听，然后对话双方得出建设性的结果。

培养出孩子顶嘴习惯的家庭，通常有这样的场景：

爸爸妈妈暴怒地训斥、打骂孩子：“说，下次还敢不敢了？”“说，你错了没有？”如果孩子争辩了几句，大人的态度会更加激烈：“还敢犟嘴！”（动作：啪，打一下）“我叫你犟嘴！（动作：啪，再打一下）我叫你犟嘴！”

胆小、柔弱的孩子会被打怕，或者被父母的态度吓怕，就此“赎嘴”：“我错了，我错了，下次不敢了！”表面上不以为然，内心的愤怒却日积月累，说不定哪天就把对爸爸妈妈的愤怒转嫁到老师、同学甚至其他毫不相干的人身上。

倔犟的孩子，可能越打骂，越不服，对爸妈的态度越发桀骜不驯，让父母愤怒且无奈："这孩子，我根本管不了了！"自然，桀骜不驯的孩子在学校里也常常会如此表现，让老师又愤怒又无奈。

要孩子不养成顶嘴习惯，爸爸妈妈首先要做到的是，不用粗暴、对抗的方式和孩子说话，日常生活中对孩子和颜悦色，能好好听孩子说话，和孩子好好说话，需要批评孩子时，态度严肃、理性，但不暴怒、失控、逼迫孩子马上认错。

父母倾听孩子越多，孩子越能好好听父母说话，父母越能和孩子好好说话，孩子越能和爸爸、妈妈、老师同学好好说话。

归根结底，爸爸妈妈怎么说话，孩子就会怎么说话，要带出说话斯文、知礼的孩子，最基本的，还是爸爸妈妈在说话时有足够的自律，能好好地与孩子用合作的方式来说话。

·教孩子学会尊重·

某次小儿子作业，要求孩子请父母给列"家训"，我们家没那么正式的家训，但确实有几条，是经常跟孩子讲的，第一是尊重，第二是守规矩，第三是有教养，第四是好好读书。其中尊重，被放在第一位。

我们要求孩子尊重别人——包括长辈、同龄人、陌生人、在各种场合为自己提供服务的人。

态度上尊重，不用轻慢的态度对人。

言语上尊重，不用粗鄙、生硬、不礼貌的语气和语言对人。

行动上尊重，不用轻浮、挑衅的举动对人。

还有，尊重别人的劳动成果，不肆意破坏。

这其中当然包括无比多的细节，从孩子很小的时候起，我们都会就相关的细节提醒孩子。一个细节是，每次在快餐厅吃东西，要把垃圾收到盘子里，自己去倒进垃圾桶。现在他们能很自然地做到，而且不小心掉到桌上的酱料、食物碎屑，也会用餐巾纸擦干净。

我们也要求孩子尊重自己。守规矩、懂道理、自律、不让自己言行粗鄙、做事认真、尽力，都是对自己的尊重；让自己成为有知识、有独立思考能力的人，也是对自己的尊重。这些，孩子可能还理解得不深，但从表现上看，他们都在认真地努力做到。

·教孩子懂得说话的尺度·

在适当的场合用适当的方式说适当的话，是一个人的基本教养。

说话的尺度包括：

用词的尺度——有些词太过亲昵，不适合对家人之外的人说；有些词太过严肃、生硬，不适合日常交流；而有些词，意义粗鄙，什么时候用起来都不合适。

态度的尺度——特别亲昵的态度不适合用于家人之外；生硬的态度不适合日常交流；太过正式的态度会让熟悉的人感觉疏离；而粗鲁、轻慢的态度，什么时候用起来都不合适。

语气的尺度——疑问的、反问的、叙述的、调笑的、斗气的、争辩的……一句话用不同的语气来说，听者的感受会大不相同，其中最具挑衅性的，就是顶嘴时常常用到的反问语气。

尽管如此，在日常生活中，说话尺度过大的例子还是比比皆是。

一次真心妈妈在某快餐厅吃早点，忽然听到一个尖利的女声："你这个死人，成心的吧？"后来又有几句类似的话，循声看去，原来是柜台里的年轻女服务员在说她的年轻男同事。在公众场合、顾客在场的情况下，对同事大声地说这样大尺度的话，还真是让人无话可说。

可能是从小受到家庭的影响，加上自己一直都比较自律，真心爸妈说话的尺度都不大，不大用调笑的语气与人对话，不说脏字，不冲人，说话尽量平静温和；当然偶尔也会吵架，但吵架时不会口不择言；对孩子说话，也保持尊重的态度和语气；偶尔也有严厉批评孩子的时候，但不会用打击、贬斥、否定的语言。

日常生活中，我们也把自己对说话尺度的理解，随时讲给孩子，包括用词是否合适、语气是否太过、态度是否太随意，等等。比如孩子在家有时会用一两个不太斯文的网络用语，我们会告诉他们，这些词太粗鄙，不可以用；有时孩子评价某事的态度比较随意，我们会跟孩子讲，一件事要多方面来看，不要轻易下断言，也不要跟着网上的段子胡乱起哄。

孩子们从小习惯了这些要求，再加上真心爸妈平日里的言传身教，说话的尺度一直很有节制，对爸爸妈妈使用的语气稍重的话不过是“不要说了”。

讲条件：谈判型沟通

“宝贝，该做作业了！”

“我想再看会儿电视嘛！”

“不行，你已经看半天了，赶紧做作业去。”

“就看十分钟。”

“不行，五分钟。”

“爸爸 / 妈妈，我这次要是考 100 分，你们给我啥奖励？”

“吃顿大餐？”

“不，我想买个大玩具。”

“你上次已经买了个好几百的了，这次不能再买了。”

“不，我要买，上次你们说过我考得好奖励我的。”

“好吧好吧，那你可得好好考啊。”

类似上述孩子和大人之间“讨价还价”的场景，每天正在多少家庭上演着？

几乎每一件小事，都能成为孩子和爸爸妈妈讨价还价的由头，孩子提要求，爸爸妈妈打折扣，来来往往，爸妈的防线不断后退，最后常常以大人全面妥协告终。

孩子开心了，爸妈却郁闷：孩子为什么总是喜欢讨价还价呢？为什么做事总喜欢讲条件呢？每天为这些事情磨叽半天，真是累死人了！

有什么办法可以让孩子不讨价还价吗？当然有。孩子喜欢讲条件，还是大人的策略和方法有问题，只要大人做出改变，改变孩子讨价还价的习惯并不困难。

· 大人提要求时不附带许诺 ·

要想孩子做事不讲条件，不讨价还价，爸爸妈妈首先要做到，向孩子提要求时，只讲道理，不附带许诺。

比如要求孩子按时做作业，不说“你几点几点之前完成作业，就可以看一会儿电视”，而是说“你自己看好做作业的时间，这是你自己的事，别等爸爸妈妈催你”。

比如要求孩子遵守玩电脑的时间约定，不说“你这次按时从电脑上下来，下次奖励你十分钟”，而是说“咱们约好时间了，你得守信啊，自己计时，到时候自己下来”。

爸爸妈妈要求孩子做到本该做到的事，却提出额外的许诺，既是为孩子提供讨价还价的理由，也是对孩子讨价还价行为的鼓励。

爸爸妈妈经常对孩子这么做，孩子也会学着对大人这么做，一家人就陷入为每一件小事讨价还价的误区。

· 孩子讲条件时大人不接招 ·

那么，孩子主动跟大人讲条件怎么办？办法是：大人不接招。

不要孩子一提条件，大人马上想着怎么让孩子降低条件。只要父母开始回应孩子提出的条件了，讨价还价就马上开始，即便是没有答应孩子提出的较高条件，而是大人把条件降低达成妥协，也是一样。

“妈妈，我做完作业，能看会儿电视吗？”

“不可以，咱们之前已经约好了，只有周末才能看电视，你忘了吗？要是作业完成得早，你可以看会儿书，玩会儿玩具。”

孩子看到大人不接招，不妥协，通常也会接受。有时候孩子提出来的条件，也并不是真的一定想实现，他只是试探一下爸爸妈妈的底线，看看能不能突破而已。

爸爸妈妈陷入经常和孩子讨价还价的窘境，一个很重要的原因，是大人不能坚持原则。越是没原则、容易让步的大人，越是容易培养出爱和大人纠缠的孩子。

中国有句俗语，叫“看人下菜碟”，大人常常发现，即便是很小的孩子，面对不同的大人，也有这种“看人下菜碟”的本事，就是因为孩子熟悉了不同大人的行为方式，并且知道如何应对。

比如，有的家庭，妈妈容易让步，爸爸言出必行，非常坚定，那么孩子跟妈妈在一起时，就很容易讨价还价；而爸爸在家时，他却会非常规矩。因为孩子们很清楚，妈妈和爸爸的底线各自在哪里。

·为常规事项约定基本规则·

要想彻底解决和孩子讨价还价的困扰，更有建设性的办法是和孩子一起，就与孩子相关的常规事项一起制订基本规则，然后爸爸妈妈和孩子共同遵守。这样既可以避免一些日常小事的“一事一议”，又可以在家中培育共同协商、共守规则的氛围。

我们家有几个这样的基本规则。

一是玩电脑规则。约定了孩子们每周可以玩电脑的时间只有周五、周六、周日三天，同时约定了每次的时间。

二是外出就餐规则。因为俩孩子口味有差异，他们比较小的时候，每次一家人外出吃饭都要纠缠半天，这个要吃披萨，那个要吃火锅，这个要吃鱼，那个不要吃鱼，好半天都出不了门，勉强商定了，点菜时往往又起争端。后来我们就四个人商定，每周一次，去哪儿吃轮流做主，每个人可以点一个自己喜欢的菜。现在这个规则实施好几年了，每次都能痛痛快快出门，高高兴兴吃饭。

三是假期礼物规则。除了生日礼物、圣诞礼物，我们和孩子商定，每个假期，他们也可以要求一件礼物，以慰劳自己一个学期的辛苦。礼物由孩子自己选，而且不和他们的考试成绩挂钩。一到放假，孩子们会很开心地选礼物，他们选什么，我们就给买什么，不要求孩子调低标准，也不因为成绩不是特别好就表现得不那么乐意。

某天小儿子若有所悟："我知道那些和爸爸妈妈闹着买这买那的孩子是为什么了，因为他们老是不被满足啊。"我们问："那你们会讨价还价、要这要那吗？"孩子很自豪："当然不会，我们想买什么都可以满足啊。"

四是做作业规则。我们只告诉孩子必须保质保量完成作业，其余一概不管，孩子想什么时候做就什么时候做，孩子大人都很轻松，也完全没有出现为做作业讨价还价的情形。

·鼓励孩子的自律行为·

要想摆脱孩子和大人之间"要我做什么，大人得付出代价"的模式，爸爸妈妈还要特别注意鼓励孩子的自觉、自律行为。

他自己安排时间完成了作业，爸爸妈妈点赞"真棒"；他自觉停止看电视，爸爸妈妈点赞"真棒"；他最初几次执行了玩电脑时间的约定，爸爸妈妈也要鼓励"太棒了"。孩子的自律行为得到充分鼓励，他会很自豪、很有成就感，会有足够的动力自己坚持下去。

·大人之间不讲条件·

还有一个细节，要想孩子做事不讲条件，爸爸妈妈之间也不能就做家务事讲条件。如果爸爸妈妈经常说，“我今天擦地了，所以你洗碗”“怎么又是我洗碗，我昨天才洗过，该你了”，那毫无疑问，孩子也会经常用这种方式来“对付”爸爸妈妈。

第七章

合作培养孩子好脾气好性格

孩子脾气坏，是与父母的合作出了问题。父母与孩子达成有效合作，培养孩子好脾气好性格并不困难。

■ 生活背景塑造性格——孩子身上的问题，并不出自天生，性格背后，是孩子的“生活背景”。希望孩子的性格中多一些更积极的因素，少一些负面因素，父母需要从改变自己、为孩子营造良好的生活背景开始。

■ 避免暴力和攻击性示范——父母对孩子的暴力和攻击性；父母对他人的暴力和攻击性；家庭中的暴力和攻击性玩笑；部分动画片中的暴力和攻击性；父母对暴力和攻击行为的评论。

■ 无缘无故发脾气的成因——孩子发脾气是因为没有被满足、没有被理解、经常被负面评价、没有被尊重或者公平对待、受到过多限制，等等。减少可能诱发孩子坏脾气的条件，孩子会慢慢变得温和、平静，习惯用更理性的方式做正面表达。

■ 孩子发脾气时父母的合作策略——不要制止发脾气；坚定地阻止与发脾气相伴的破坏行为；离开现场，让孩子自己冷静下来；别惩罚发脾气；别要求孩子为坏情绪道歉或者认错。

■ 大人有多淡定，孩子就有多从容——孩子的情绪表达方式，是被大人影响，或者向大人习得的。要想孩子情绪平稳，大人需要做到不大叫大嚷、不轻易抱怨、不轻易沮丧、教会孩子体谅别人、节制吐槽孩子的欲望、不轻易训斥孩子、减少与孩子的对抗。

■ 任性：避免任性的六个方法——规定适度边界，不过严，不过宽；给孩子充足的自主空间；坚持原则，不轻易妥协；减少强迫，不做任性的大人；避免溺爱；让孩子明白，别人没有义务容忍你的任性。

■ 帮孩子适应日常小挫折——避免玩游戏时故意输给孩子；避免对孩子摔倒大惊小怪；不对孩子做“比较性赞美”；不惩罚孩子遭受的“挫折”；不人为给孩子制造“挫折”；不把孩子的“挫折”与亲密关系挂钩。

■ 培养孩子适度谨慎——不把恐吓当法宝；不用吓唬逗孩子；不盲目鼓励孩子大胆；让孩子明白后果和危险。

■ 别强迫孩子改变个性——外向优于内向是一种误解，内向有内向的力量，强迫内向孩子改变，既可能导致孩子自卑，也无法真正让孩子外向起来。

生活背景塑造性格

暑假里，真心爸妈带孩子们在海边度假。公寓隔壁住着一对年轻夫妻和他们三四岁的孩子。几乎每一天，隔着厚重的防盗门，我们都能听到孩子哇哇大哭的声音。可以想象，那对年轻父母的轻松假期，因为孩子的哭闹，平添了多少烦恼。

孩子为什么爱哭闹？孩子为什么爱发脾气？怎样改变孩子性格里的暴躁易怒？

有的爸爸妈妈，认为孩子性格天生就是如此，所谓“江山易改，本性难移”，有的认为可能是孩子的个性中有某种“缺陷”，让他更容易表现出负面的情绪。

那么，假如你“遇到”那个传说中的爱哭宝宝，而你又在为这种糟糕的状况烦恼万分，该如何尝试改变呢？

·爱哭宝宝，并非天生如此·

我们曾经观察过很多几个月的小婴儿，发现他们的表情、神态已经有很大差异。

有的小婴儿，神态非常安宁，特别容易笑呵呵地，表现得心满意足，而且非常乐于和大人互动，互动时非常愉悦。有的小婴儿，则表情木讷，和大人互动时，特别容易急躁、哭闹。其实孩子的性格，从这个时候开始已经显现出差异了。

有人可能据此认为，孩子这些差异是天生的。但我们认为不是，恰恰是出生后头几个月，大人对待他们的方式，造成了这种差异。

在笑呵呵、心满意足的婴儿身边，总会有一个耐心、细致，能够细心体察孩子的需求并做出反应的大人，而在急躁、哭闹的婴儿身边的，则往往是对孩子需求反应迟钝，很少细致观察并满足孩子需求的大人。

当然，对再大一点的孩子来说，爱哭闹、爱发脾气，甚至爱打人，会有更复杂的原因，但无一例外，都是孩子对他人和外界的一种反应形式。

在我们的育儿专栏，几乎每次讨论到孩子的某种特性是否来自天生，都会得到类似这样的评论：

"瞎说，孩子和孩子不同，我家孩子就是这样，我有什么办法？我是想好好教育孩子来着，但孩子不上路啊！孩子个性不同，家长遇到费心费力的孩子，不打不骂还能怎么样？"

确实，每个孩子都生而不同。家有两个孩子，真心爸妈更是深有体会。

两个孩子，一个酷爱水果，一个不爱水果；一个酷爱鱼虾，一个不吃鱼虾；一个5个月会叫爸爸，一个快两岁才说整话；一个很少甜言蜜语，一个从小就嘴巴甜甜；一个相对我行我素，一个相对热情合群；一个相对活泼，一个相对沉静……

从个头到个性，两个孩子各有特点，绝少雷同。所以从孩子小时候起，我们就特别注意，把每个孩子都当成独立的个体，尊重他们的不同，既不说服不爱吃鱼虾的爱上鱼虾，也不要求嘴巴不甜的学学另一个的甜嘴巴。

但是，我们能观察到的两个孩子之间的差异，也就是这么多，在另外一些更社会化的特征上，他们没有什么不同：

两个孩子做事都很认真；都喜欢阅读；都很少发脾气，更不用说打人；都好沟通、好商量，不任性；都善良、真诚、待人友善；都知道守规矩，几乎从不捣乱和破坏。两个孩子都很少出现让爸爸妈妈烦恼无比的各种状况。

当然，除了尊重他们从很小的时候就显现出来的那些差异，真心爸妈带兄弟两个的方式，也几乎没有不同：用同样的方式培养他们的认真素质；从小培养他们阅读；和他们好好说话，也好好听他们说话；给他们讲待人要善良、要守规矩，等等等等。

自己养育孩子的经验，让我们相信，孩子身上那些让爸妈烦恼的问题，并不出自天生，也并不是每个孩子都不相同，有的容易教育，有的不容易教育。在父母适当的教养下，孩子在社会性上有符合社会规范和父母正常期待的良好表现，是完全可能的，不存在某种“孺子不可教也”的情况。

那些坚信孩子天生不省心、天生任性、天生爱发脾气、天生暴躁、天生不爱看书学习的爸爸妈妈，我想他们可能忘掉了孩子刚刚来到这个世界上的样子：

他们还未满月时，小脸上会常常浮现出甜美的、让爸爸妈妈惊喜不已的笑容；

他们睁开眼睛看爸爸妈妈，眼神干净无比；

他们在妈妈怀抱中吃奶，看着妈妈时，眼神又明亮、又满足；

他们伸出小手找爸爸抱抱，又依赖，又乖巧……

每一个新生的宝宝，都纯净、可爱得如同一个完美的小天使。但是，在一岁之前，这些小天使们，就会变成不同的样子：

有些继续眼神明亮，快乐、满足，会高高兴兴地不停地与爸爸妈妈咿咿呀呀地说话，会自己饶有趣味地玩玩具，很少哭闹和坏情绪；有些则变得爱哭闹、爱发脾气，眼神或呆滞或阴郁，和爸爸妈妈之间的交流，常常变成孩子哭、大人哄，孩子大人都很少享受到单纯的快乐满足的时光。

为什么？是小天使们纷纷卸去了“伪装”，显现出“小恶魔”的本性了吗？一些爸爸妈妈可能会认为“是”，但我们认为“不是”。不是孩子变了，或者孩子本来就不同，是大人的错误方式，让小天使失去了本来的模样。

比如，一些妈妈会问，我孩子一岁多，想干吗就要干吗，想拿什么就得拿什么，不让去、不给拿，就大哭大闹发脾气。

那么，没有危险的情况下，为什么不让孩子去，不让孩子拿呢？烦恼小小孩子就这么任性的妈妈，为什么不把孩子想去哪儿、想拿什么，理解为孩子在好奇、在努力探索他周遭的世界呢？

比如，有的爸爸妈妈烦恼孩子挑食，那么大人为什么不换个角度想想，孩子爱吃什么？为什么一定要求孩子吃“你认为”有营养、健康、“他应该吃”的食物呢？

我们见过一言不合就对孩子大喊大叫的妈妈，也见过动不动威胁孩子“我抽你”的爸爸，见过不停吓唬孩子“再闹大灰狼把你吃了的”的祖辈，也见过呵斥孩子“你哪来这么多问题”的保姆阿姨。

大人们对待孩子的错误方式，多到让人心疼的程度，又怎么能期待孩子永远保持着小天使般的纯净、美好？大人又怎么可以在孩子出现问题时毫无愧色地把所有责任推到孩子身上，肯定地说“我这孩子就这样”呢。

一些爸爸妈妈提问说：孩子的性格，该从什么时候开始培养？我们的回答是：从孩子出生开始。

为什么要从孩子出生开始呢？孩子在妈妈的肚子里时，也会受到妈妈情绪的一些影响，但胎儿阶段，大人能对孩子做的事非常有限，真正有效的工作还是在孩子出生后才开始的。

有的爸爸妈妈会认为，孩子刚刚出生，还什么都不懂呢，除了吃奶就是睡觉，哪能谈到什么性格培养？要培养孩子的好性格，起码要到孩子一两岁、两三岁，稍微懂点事才开始吧？这种想法和与之相关的做法，很可能正是一些孩子变得爱哭闹、爱发脾气的根本原因。

如何从出生开始培养孩子的好性格？我认为最重要的，是做到两点：

第一，对孩子的需求，快速做出反应。

从孩子出生起，只要孩子哭了，马上去观察孩子，体察他的需求：是尿裤湿透了？是饿了？是困了？是想要人陪伴了？

尿裤湿了，马上更换，让孩子感觉到新尿裤的干爽舒适；饿了，马上抱起来喂奶；困了，轻柔地安抚他入睡；想要人陪伴了，就陪在一边，哄哄他，和他“说话”。这样，孩子就特别容易心满意足。

有的爸爸妈妈，认为孩子的需求要“延迟满足”，所以在婴儿期，总是让孩子哭上一会儿再去理他。这样做其实就是在培养孩子的负面性格，你很容易发现，孩子变成了一个所谓的“高需求宝宝”，特别爱哭闹，搞得大人疲惫不堪。

第二，和孩子在一起时，保持平稳情绪，温和愉悦地对待孩子。

在孩子刚刚出生的头几个月——当然之后也是一样，大人的情绪会明显地影响到孩子。一个情绪不稳的、急躁的、不耐烦的、粗暴的大人，很容易把原本很容易就心满意足的小婴儿，变成和大人一样急躁、不耐烦的小婴儿，而情绪平稳的大人，也会把安静、平和的状态传给孩子。

·孩子的社会性特征主要来自环境·

孩子生物学上的特征来自遗传，但社会性的特征，尤其是孩子表现出的那些具有负面意味的所谓“个性”，主要来自他的生活环境、他从小被教养的方式。

人们常说，初生的孩子，如同一张白纸。虽然这个说法现在也有诸多争论，但至少在一点上，这句话是形象的：孩子身上绝大部分社会性的东西，他的语言、行为、情绪、思维方式、习惯，他如何与人沟通和建立关系，都是后天习得的。

孩子来到这个世界，他接触周围环境的每一刻，都是他的学习，孩子会模仿大人的表情、动作、言语，会模仿大人的处事方式，大人和他相处的每一刻，仿佛都是在拿着画笔，在这张白纸上涂上一些线条、一些色彩。

有的大人，是谨慎的画师，会小心地勾勒、着色；有的大人，则是粗暴的画师，毫不吝惜地在画纸上胡乱涂抹。两种方式，得到的画面自然完全不同。而且，更重要的是，这张白纸，没有办法清零重来，大人所画的一切，都不能当成草稿。

孩子还具有天生的适应能力，他会本能地摸索和大人相处的方式，发现哭喊管用时，他会更多地用哭喊；发现愤怒管用时，他会更多地表现愤怒；发现执拗能让大人妥协，他会更加执拗；发现任性能达成目标，他会愈加任性。

这些方式，在孩子一两岁时，通常只是本能的尝试，并非有意为之，如果大人能准确识别孩子这些表现的动机，引导孩子用积极的方式来表达，这些尝试通常都不会演变成日后那些令大人烦恼无比的“个性”，可惜，很多大人都不能很好地做到。

孩子还会反抗。当大人忽视他的意愿，强迫他做什么和不做什么时，孩子会“我不要”，表现得“不乖”“不听话”，而大人，常常用更忽视孩子意愿、更具强迫性的方式来应对孩子的反抗——命令、呵斥、打骂、惩罚。

而不幸的是，这些方式，都是消极的教养方式，它们唯一的“建设性”作用，就是让爸爸妈妈与孩子之间这种互相对抗的模式固定下来，成为之后若干年中亲子之间的稳固模式——一方不断要求，一方坚决不改，大人无奈地认为孩子天生如此，而孩子也从此拒绝在自己的成长上，和父母达成良性的合作关系。

不负责任的父母，才会把问题推给孩子。这么说，可能会显得有些冒犯，让习惯于表达“我很累，我也很努力，是孩子不争气”的父母很不舒服。但如果孩子身上那些特别让爸爸妈妈开心、骄傲的地方——聪明、漂亮、大眼睛、高个子、长睫毛，我们都认为那是得了父母优秀的基因，而把孩子身上那些不那么好的地方——任性、坏脾气、不好好学习、不守规矩……都统统归为孩子的天性，那么做爸爸妈妈的，又有什么底气去说“我是称职的父母，我尽责了”呢？

·性格背后，是孩子的“生活背景”·

生活中我们更多使用“性格”“个性”，来概括一个人对外界的态度和相应的行为方式，但在心理学中，更确切的说法是“人格”，指人所具有的与他人相区别的独特而稳定的思维方式和行为风格。

阿德勒在《儿童人格养成》中，提出了一个关于儿童人格的基本原理，那就是“儿童人格的统一性”。他说：

“儿童所经历和参与的每一项活动，都是他整体生活和完整人格的表达，不了解儿童行为中隐蔽的生活背景，就无从理解他正在做的事情。我们将这一现象称为儿童人格的统一性。”

“儿童人格统一性的发展，是儿童行动和行为方式相互协调形成的单一模式。这种人格的发展从儿童的童年时期就开始了。童年生活中的一些需求引导儿童整合和统一他们自身的反应，不仅使儿童对不同情境的统一反应形式形成儿童的性格，而且还使儿童其他的行动有别于其他儿童，更加个性化。”

这就为爸爸妈妈关心的许多孩子性格话题，提供了清晰的解释：

为什么有的孩子很内向？有的孩子很外向？

为什么我的孩子胆小、不自信？

为什么孩子很任性？

——那是因为，每一个孩子，从小都生活在不同的“生活背景”当中，针对他的生活背景，孩子慢慢形成了自己的反应形式。

比如真心妈妈自己，从小由我妈妈的奶奶、我的太姥姥帮助带大。太姥姥在我家开始带我时，已经78岁了，78岁的老奶奶，当然没办法每天抱着我到外面玩儿，所以从小我就是个特别安静、不喜欢到外面跑的孩子。直到成年后，仍然是喜欢独处胜过待在人群中，也就是人们常说的“内向性格”。

一位两孩爸爸曾经向我们倾诉，他的大孩子特别争强好胜，连上下楼梯都要争个第一，而且两个孩子在家里也争斗不休，让爸爸妈妈头疼万分。

是孩子天生就争强好胜吗？当然不是。孩子的这种表现，一定是他的生活背景在起作用。当二宝出生，而爸爸妈妈不知不觉地把注意力转移到新出生的小宝贝身上时，大孩子自然会想方设法地试图重新赢得爸爸妈妈足够多的关注。大人看到的争强好胜的表现，实际上是孩子对新的生活背景的反应。

出于对孩子的爱、对孩子健康成长的期望，每位爸爸妈妈，都会关心孩子的性格培养，甚至有不少父母，很早就去帮孩子做“性格测试”，以搞清楚自家孩子到底是哪种性格，然后希望性格测试机构能给出一个类似“使用指南”的性格培养办法，自己好照方抓药，解决孩子的性格“问题”，或者弥补孩子的性格“缺陷”。

但如果我们能理解“儿童人格的统一性”，看到孩子的人格形成，实际上是他从小到大的生活背景在起作用，就不难发现，培养孩子良好性格的关键，并不在孩子身上，而在父母自己——你想培养孩子什么样的性格，就需要为他营造什么样的生活背景。

如果有问题、有缺陷，那也不是孩子自身的，而是他的生活背景所造就的问题和缺陷。

比如，几乎每个爸爸妈妈都希望孩子乐观、开朗。的确，乐观开朗是特别积极的性格因素，但是如果孩子的生活背景中没有这样的积极因素，孩子无论如何都不会乐观开朗起来：

一个充满抱怨的家庭，培养不出乐观开朗的孩子；

遇到一点点不顺心的小事、遇到一点点小困难，就开始怨天尤人，然后表现得不知所措、无能为力的父母，也培养不出乐观开朗的孩子；

遇到麻烦事，先想糟糕的后果、可能带来的麻烦，而不是积极去想办法解决的父母，也培养不出乐观开朗的孩子；

情绪化、爱生气、爱发脾气、爱冷战的父母，也容易带出不开朗、不乐观的孩子。

而对于很少抱怨、遇事淡定从容、乐于从积极的角度看问题、懂得有效控制不良情绪的爸爸妈妈来说，孩子的开朗乐观，则几乎不需要花心思去刻意培养。

我们在讨论群曾看到一位妈妈的提问：

“孩子心事重，担心大人生气，性格敏感，该如何引导？”

我认为，不是孩子的性格让他习惯于采用这种方式，而是爸爸妈妈对待孩子的方式，将孩子逼成了这样，形成了这样的性格和表现。

这位妈妈提出的问题是如何引导孩子，其实，需要做出改变的，不是孩子，而是父母。

当我们把孩子的表现，放到他的“生活背景”中去分析，可以推测孩子的日常生活环境很可能是这样的：

家里有个特别喜欢生气的爸爸或者妈妈，自己稍有不高兴，一定会在脸上表现出来，告诉别人“我不高兴了”，然后需要别人来道歉、承认错误，说一些“对不起”“求求你别生气了”之类服软、讨饶的话，才会满意，才肯“放过”那个惹他不高兴的人。

此类成人，会对配偶采用这样的方式，也很容易对孩子采用这样的方式。孩子有什么不听话的地方，或者做了什么大小错事，他会首先告诉孩子，“爸爸妈妈不高兴”“爸爸妈妈很生气”，甚至威胁孩子“你再这样，爸爸妈妈不喜欢你了，不要你了”，非得孩子承认错误、道歉，才会不情不愿地表示接受，然后恢复对孩子的好言语、好态度。

当然，在有老人参与育儿的家庭中，有如此表现的，可能不是爸爸妈妈，而是祖辈中的某一个。

孩子老是被如此对待，就会习惯于这种模式，于是就会出现上述那位妈妈遇到的“问题”。

另外一位妈妈，描述了一个更确切的场景：

“我家宝贝三岁多，每次做错事的时候他会条件反射地说对不起，有时候大人很生气，他一看大人不原谅就马上抱着你哭，还特别可怜地说求求你别生气了吧。”

要避免孩子这样，爸爸妈妈首先需要检讨的，是孩子的生活背景中有没有逼迫孩子必须如此表现的人，然后与此人沟通，改变对待孩子的方式。大人不用“我不高兴”来要挟孩子了，孩子自然会慢慢地不再如此敏感、紧张。

所以，如果你遇到了传说中的“爱哭宝宝”“高需求宝宝”，如果你希望孩子的性格中多一些更积极的因素，少一些自卑、胆小、暴躁等负面因素，就从尝试改变自己、为孩子营造良好的生活背景开始吧。

避免暴力和攻击性示范

一两岁的孩子，一起玩得好好的，玩着玩着，想拿小朋友的玩具，人家不给，上去就抢，一把抓人脸上，还把人给推倒，孩子大人瞬间乱成一团。

三四岁上幼儿园了，三天两头被老师投诉“某某又打小朋友了”，爸爸妈妈不得不经常跟老师道歉，跟小朋友家长道歉，再回家教训自己的孩子：“不许打小朋友了，知道不？”

上小学了，还是省不了心，经常和同学打斗，把这个头上撞出大包，把那个膝盖擦破块皮。爸爸妈妈挨批吧，道歉吧，带被打伤的同学上医院吧，赔人家医药费吧，等别人家长找来理论吧，忙得焦头烂额。

上了中学，更是不得了，和同学动手打架，桌椅板凳都抄起来！这可不是挨批、道歉就行的事，搞不好孩子得背上个大小处分，未来升学都受影响。

家有爱动手打人的孩子，从小到大，爸爸妈妈操的心、抓的狂、挨的批、道的歉，“说多了都是泪”！

·孩子打人，大人教的·

如果说“孩子打人都是大人教的”，爸爸妈妈们一定大呼冤枉：我没教他啊！打人又不是什么好事，我怎么会教孩子打人呢！

那么困扰于孩子爱打人的爸妈们，一起来回忆一下吧：

场景一：

孩子几个月时，抬起小手，啪，打了下爸爸妈妈的脸。爸爸妈妈什么反应呢？是不是笑着抱起娃，“这小家伙，还会打爸爸妈妈啦”！

场景二：

孩子一岁多时，大人不当心碰到了宝贝，宝贝哭了，是不是马上有别的大人抱起宝贝，抓过“罪魁祸首”：“都是爸爸／妈妈不好，碰到宝贝，咱们打他，给宝贝报仇。”一边说，一边抓着宝贝的小手，真真假假地打在“肇事”的大人身上，“咱们打他！打他！”报了仇，宝贝破涕为笑，大人笑逐颜开。

场景三：

孩子两三岁，跑来跑去，撞到桌椅板凳，或者被玩具绊倒，哇哇大哭，大人抱起宝贝，再次为宝贝报仇：“这破桌子，磕着我宝贝，咱们打它、打它！”大人打，拉着孩子一起打，孩子发泄几下，把摔倒啦、磕疼啦，就都忘了。

场景四：

爸爸妈妈开玩笑，妈妈抄起个靠枕砸爸爸，爸爸抓着妈妈作势要打，或者爸爸做了啥小坏事，妈妈抬起手来作势要打。

这些场景都够熟悉吧？家有爱打人的孩子，这些场景一定少不了。大人是没有认认真真地正式教孩子打人，但这些活动，不都是生动的打人教学吗？

孩子好多事不用教，跟着大人耳濡目染，就能学会。这么说，大人会不以为然，“咋好的不学，不好的一学就会呢”？

其实孩子每天和大人生活在一起，好的、坏的，都在学，只是孩子的进步，大人不容易发现，不好的言行，打人啦、说脏话啦，因为经常会给大人带来尴尬、麻烦，大人更容易注意到罢了。

除了对孩子很小时候的打人行为不以为意、不当鼓励，大人“教”孩子打人的主要途径，就是暴力和攻击性示范。如果孩子的生活背景中有很多这样的示范，孩子就很容易变得攻击性强、喜欢使用暴力。

·父母对孩子的暴力和攻击性·

社会心理学家将“攻击行为”定义为“旨在引起身体痛苦或者心理痛苦的有意行为”，这种行为可能是身体的，我们可以叫它“暴力”，也可能是言语、情绪的、表情的，我们可以叫它们“冷暴力”。

研究发现，父母对孩子的严厉惩罚，可能是孩子极具攻击性的诱因之一。无论爸爸妈妈是否愿意接受，我们都不得不承认，孩子最初接触的暴力和攻击行为，主要来自父母和其他主要照顾者。

“再不听话我打你！再不听话妈妈不要你了！”“你这孩子真讨厌！”在许多家庭中，爸妈这样不过大脑的话常常是冲口而出。大人习以为常，却不知对孩子来说，是一种伤害和示范。

更有爸爸妈妈，依然相信“棍棒底下出孝子”，习惯于用打骂来“教育孩子”，认为让孩子感受到了生理或者心理上的痛苦，孩子就会吸取教训，改掉坏毛病。

父母对孩子的暴力和攻击性传递的信息其实是：你看，除了打你骂你，我没有更好的办法来管教你。

孩子看不到成人的理性，也看不到成人为解决问题所做的努力，自然也没有办法从大人身上学习到理性地解决问题的方法，等他长大之后，很可能也继续用这种方式，去解决他感到愤怒、挫败、沮丧、痛苦、伤及自尊和自信的问题。

·父母对他人的暴力和攻击性·

曾经有两个监控视频片段，引起千万网民“围观”。视频中的爸爸妈妈，都是在给孩子做活生生的暴力示范：

一位妈妈带一两岁的孩子在儿童乐园玩，另外一个稍大一点点的孩子从滑梯上下来时，不小心踩了那位妈妈的孩子一下，妈妈发飙，疯狂拉扯厮打“肇事”小女孩，还去厮打小女孩的妈妈。

一位爸爸，因为自家孩子投诉和某小朋友关系不好，就跟着孩子去幼儿园，一见到那个被投诉的小朋友，就飞起一脚，将人踢飞。

而且糟糕的是，每一个现场，都有小朋友在！大人那么做时，丝毫没有顾及在场的自家孩子的感受、别人家孩子的感受，以及他的行为对周围小朋友们的影响。

这让人不免担心，那位爸爸今天踢出去的一脚，明天很可能就成为他的孩子打人的“表率”，那位妈妈今天撕扯别的小朋友，她的孩子和那位被撕扯的小朋友，明天也可能对小小的“冒犯”做出歇斯底里的过度反应。

在妈妈发飙的视频中，其实我们已经可以看到这种示范的直接后果了：那位被拉扯厮打的小女孩，挣脱拉扯后，愤怒地一把推开她前面一个“挡路”的小朋友。

这样两件小事，当然可以用更温和、理性、非暴力的方式来解决，但那位妈妈和那位爸爸都选择了宣泄和报复。事实上，这两种方式，都无益于解决问题，而且宣泄一旦开始，就会迅速升级，报复一旦开始，我们意图施加给别人的伤害，一定远远超过别人实际带来的伤害。

让孩子看到爸爸妈妈如此对待他人，他也很容易学会用这样的方式，去解决他在幼儿园和学校生活中遇到的大小冲突，一言不合，即大打出手。

我们和两个孩子讨论发生在教室里的暴力事件和打架事件，孩子们都表示，自己班里也会发生这样的情况，起因都是很小的事情，但打起来都是桌翻椅倒、人仰马翻、一片狼藉。

学生间打架，自然少不了叫家长，但有的家长到了之后，不是批评自家孩子动手打架的方式，而是先看孩子有没有吃亏，然后要求调监控录像，去找打架对方的错处。有如此家长，孩子怎么可能检讨自己行为呢？

·家庭中的暴力和攻击性玩笑·

一位朋友给我们讲过一件亲身经历的小事，提供了一个特别生动、典型的案例：

我去快餐店吃东西，排队等付款时，一个三岁左右的陌生小男孩突然跑过来打了我一下，打得还挺疼。我问："你干吗打我？"孩子却继续打，我说："那我打你行不行？"之前在一边看着的孩子妈妈，居然开玩笑式地回了一句"行啊"。后来吃饭时，小男孩继续跑过来骚扰，孩子妈妈看孩子实在太过分，才不得不制止。

我想，那个孩子攻击陌生人的举动，源头很可能是他在家里也经常对大人做这样的暴力和攻击性的举动，而大人并没有认真制止，态度就像她妈妈说的那句"行啊"。

有的家庭，是成人对孩子小时候的打人行为做玩笑式的处理，"这孩子，还会打人啦"，传递给孩子一种非常错误的认知：我是小孩子，是小宝贝，我打大人没有什么不对的，相反，大人还会很开心。于是，孩子的行为得到鼓励，他会继续用这种方式吸引成人的注意。

有的家庭，是爸爸妈妈之间经常开这种暴力和攻击性的玩笑，拿不伤人的东西互扔，互相威胁"信不信我打你"，等等。大人觉得这没什么，认为这是一种表达感情、表现关系亲密的方式，所谓"打是亲，骂是爱"，但却会对孩子造成非常负面的影响，孩子会认为，和家庭之外的人相处，也可以用这样的方式，于是我那位朋友就莫名其妙地遭遇了"熊孩子"的攻击。

·动画片中的暴力和攻击性·

美国社会心理学家曾推测，一个孩子在成人前，会通过各种渠道接触到十万宗暴力和攻击性行为，其中相当大一部分，来自孩子接触到的媒体以及他们经常看的动画片。

我们两个孩子小时候，都特别喜欢看《猫和老鼠》。《猫和老鼠》已经是非常经典的动画片了，但里边的内容真是让真心爸妈曾经很担心：汤姆猫和杰瑞鼠的日常活动，就是互相攻击，汤姆每天想方设法地捉住杰瑞，而杰瑞每次都成功破坏汤姆的计谋，并把汤姆整得九死一生、狼狈不堪。

我们不得不经常在旁边提点孩子：你看猫和老鼠整天打架，但他们是好朋友，杰瑞遇到危险，汤姆会来保护他，而且这是动画片，里面一些危险的动作是特别夸张的，我们在生活中不能这么做，否则就会真的造成伤害哦。直到孩子再大一些，看到更轻松、更有爱的《史努比》，我们才放下心来。

爸爸妈妈们稍加用心，就不难发现，孩子们看的那些生动有趣的动画片、童话故事当中，包含着相当多的暴力和攻击性，如果不加筛选地给孩子看，甚至不假思索地将其中的暴力行动解释为勇敢、无畏、英雄气概，对孩子可能产生非常负面的影响。

社会心理学家们的长期研究表明，“人们在儿童时代收看的暴力越多，他们后来进入少年和青年时代所表现出来的暴力也越多”。

·爸妈对暴力和攻击行为的评论·

爸爸妈妈在家中，经常不免谈论到暴力和攻击行为，比如刚刚看过的某部电影中的情节、报纸上的打斗、杀人、家暴事件、亲眼见到或者听别人说起的暴力事件、孩子和小朋友之间的推搡、打斗，等等。

成人对这些暴力和攻击行为的评论方式和评论内容，也可能无意中给孩子做出负面的示范。

比如有的爸爸见到某事可能会说："这人就是欠揍，冲上去揍一顿，就怂了。这么打一顿还是轻的，要是我，往死里抽！"

有的妈妈见到某事可能会说："活该，自找的！"

有的父母听孩子说起班级、学校的打架事件，可能会说："他要是敢打你，你就抄起板凳抡他，爸爸妈妈出医药费，咱们可不能挨欺负。"

有的父母谈到和自家孩子发生冲突的小朋友，可能会说："那就是个没家教的熊孩子，下次他再推你，你也推他。"

成人传达这样的观念给孩子，其实是传授给孩子一种"暴力规则"：暴力是有用的，暴力可以解决问题，我们需要以暴制暴，遭受暴力的人是咎由自取……

孩子经过这样的耳濡目染，很可能也学会用爸爸妈妈赞同的暴力方式解决问题。所以，跟孩子说话，爸爸妈妈真是要特别当心。

没有爸爸妈妈愿意见到孩子用暴力的方式解决问题，更何况，孩子卷入暴力和攻击性事件，还很可能为自己招来严重伤害或者严重惩罚。那么，何不从孩子很小的时候就开始，警惕身边的暴力和攻击性示范，让孩子避免受到这些负面的影响呢？

· 尽早用心，莫待日后 ·

那么，如果孩子已经有攻击人的表现了，该如何帮他改变呢？

如果你的孩子在三岁之前，我们的建议是：大人停止家庭内的"打人"示范，并且在孩子每一次出现想要打人的倾向时，温柔而坚定地告诉他："不可以。"

世界著名早期教育专家怀特在他的《从出生到三岁》中说：

"对于宝宝自己、对于与他年龄相差不大的兄弟姐妹，以及他以后将要交往的其他孩子来说，父母的过度放任或习惯性地满足孩子的不合理要求是不会带来好处的，毕竟，你的宝宝以后要在这个世界上和其他人一起生活，因此，在他8~24个月期间教给他与别人的共处之道要比以后再教他容易得多。……在这方面，大部分家庭遇到的主要问题是过多地允许宝宝侵犯父母的权利，最好是让宝宝尽早学会尊重他人的权利（通常是父母的权利）并一直坚持下去。如果在宝宝8~24个月期间父母能够在这个问题上取得成功，其益处是非常大的。”

在宝宝几个月的时候，允许他打爸爸妈妈，无疑正是怀特所说的“过度放任”“侵犯父母权利”的现象之一。我们爱这个可爱的小宝宝，但为了孩子日后的发展，同样要制止他不好行为的萌芽。

纠正小宝宝打人行为，大人所能用的最差的手段就是呵斥、打骂、关小黑屋，等等。严厉的方式可以暂时奏效，但很难持久，而且会吓到孩子。

可行而且奏效的方式是，在宝宝每一次出现打人倾向时，爸爸妈妈温柔地抓住宝宝的小手，看着他的眼睛，语气温和、态度坚定地告诉他“宝贝，这样不可以”。这样，宝宝既不会被爸爸妈妈突然爆发的严厉态度吓到哇哇大哭，也会慢慢明白，什么样的行为是不被允许的。

同时，大人也不要对孩子打人的行为表现出任何赞赏——不要觉得有趣，不要说“都会打人了”，更不要自己凑过去找孩子打。孩子小时候打大人，很多爸爸妈妈、爷爷奶奶、姥姥姥爷都会觉得“好玩”，这其实是给孩子一种鼓励，孩子得到鼓励，会越做越欢。

不管孩子多大，打人都是不好的行为。不要觉得，孩子那么小，打了又不疼，孩子不过就是觉得好玩而已。自家大人可以允许孩子打，孩子出去打别人家小朋友、别人家大人，别人会笑呵呵地接受吗？

孩子长大一点后很多不好的行为，其实都是在孩子一两岁时爸爸妈妈没有及时制止，才慢慢养成的，比如打人、乱扔东西、喜欢破坏性的举动，等等。不要觉得孩子还小，长大了就懂事了，不会这么做了。大人不从小教育孩子什么样的行为是好的、什么样的行为是不好的，孩子怎么能随着年龄的增长就无师自通地明了呢？

人们常说“三岁看老”，其实有一定道理，孩子的很多观念和行为习惯，在三岁左右时，都已经初现端倪。如果爸爸妈妈没有敏感地觉察到，及时给予正确引导，孩子身上一些负面的观念和行为就会留下来，并且随着孩子的成长，会变得越来越明显。

如果孩子已经超过三岁，在幼儿园或者学校出现打人行为，我们的建议是：和他讲道理。

告诉孩子，和小朋友、同学发生争执时，用打人的方式解决是不好的，如果没有发生争执，就无缘无故地侵犯别人，更是不对，如果被打的是你自己，你会不会痛？会不会不开心？别人的感受，和我们是一样的，你自己不喜欢的事，也不能施加给别人。“己所不欲，勿施于人”的道理，需要让孩子尽早明白。

可能束手无策的爸爸妈妈们会说，我讲道理了，没用啊。讲道理是个慢工夫，不会一次就奏效。孩子的理解、接受需要一个过程，就算是大人，好多问题，也是会一犯再犯的。多点耐心，一次不行，下次再讲，讲多了，孩子一定会慢慢明白。

总之，孩子三岁之后开始逐渐显现的、大人认为需要纠正的那些言行，大部分都是在他三岁之前不知不觉形成的。那时，爸爸妈妈们认为孩子还什么都不懂，对待孩子的方式过于随意，浑然不觉已经种下不好的种子。日后让爸爸妈妈抓狂的各种问题，都是坏种子结出来的坏果实而已。

一些爸爸妈妈觉得孩子越带越累，根源正是在于在孩子三岁之前没有投入足够多的精力，没有做足够深的思考，没有认认真真地对待教养孩子这件事，所以等到孩子越大，会发现坏果实越多，不得不忙于纠正、改变，然后又沮丧地发现，虽然大人纠正孩子不好言行的愿望很强烈，但收效实在是难以让人满意。

无缘无故发脾气的成因

一对爸爸妈妈带着三岁左右的孩子进快餐店。一家人的气质看起来挺平静，但是点餐时，孩子爆发了。

爸爸问："你要这个吗？"

孩子大喊："我不要——"

妈妈问："那要这个？"

孩子继续大叫："不要——不要——"

爸爸问："那你想要啥？"

孩子："不要——不要——就不要——"

爸爸妈妈又尴尬又无奈地看着大叫大嚷的孩子，不知如何是好。

在我们的育儿讨论群中，一位妈妈向大家求助：

"我家孩子特别倔，脾气暴躁，气得我生活质量急剧下降，两个人被一个孩子搞得全乱套了。"

另一位妈妈，宝宝更小，也遇到相近的问题：

"宝贝一岁五个月，拿不到想要的东西就会发脾气，不顺着就会打人，没人教过，这么小的年龄出现这种状况是正常的吗？出现这种状况的时候会好好跟他说，感觉他能听得懂，但是下一次又犯，我该怎么办？"

·真的是无缘无故吗？·

一位妈妈问："我孩子老是无缘无故地发脾气，我该怎么办？"

我们问她："您怎么知道孩子发脾气是无缘无故呢？"

爸爸妈妈们常常会认为，孩子发脾气是"无缘无故"的。但是爸爸妈妈为什么会这么认为呢？

因为不了解孩子，没有在孩子发脾气之前，观察到孩子的需求或者意愿，而孩子突然发怒了，突然发脾气了，突然哭闹了，大人的注意力马上被吸引到发脾气这件事本身，以及如何让孩子停止发脾气上，顾不得去回顾几分钟前到底发生了什么事，才导致了孩子的情绪爆发。

不找原因就认为孩子是无缘无故地发脾气，那么发脾气的孩子对面，势必出现一个同样恼怒的大人。

这个恼怒的大人，开始用南辕北辙的方法解决问题："你怎么回事？为什么又哭闹？再闹打你啦！去，回屋罚站去！刚刚为什么发脾气，跟爸爸 / 妈妈道歉！"

孩子本来就有需求没有满足、愿望没有被了解，再被大人火急火燎地制止发脾气，被劈头盖脸地责怪一番，更觉得委屈、愤怒，平时比较温和的孩子，可能继续哭上好半天，平时就比较急躁的孩子，不免用更激烈的方式反抗。

于是，可能本来由一点特别小的原因引发的小脾气，演变成孩子大人之间，一次让彼此都恼怒无助的激烈冲突。

孩子发脾气，背后必有原因。

大人通常就会说孩子"一点不如意就生气""动不动就生气"，遇到有爸爸妈妈这么问我们，我们会反问："孩子具体是在什么情况下生气？"

有的爸爸妈妈会说："提要求不满足的时候，被批评的时候，大人带他出去他不想去的时候，大人让他改什么毛病他不改的时候……"还有各种各样的情况。

孩子每一次发脾气，爸爸妈妈细心观察，肯定都有一个明确的导火索，而且常常是大人无意中点燃了这个导火索，才会导致孩子的爆发。

从本质上说，孩子的每一次发脾气，其实都是他和父母的合作出了问题的时候，孩子长期坏脾气，是和父母的合作中存在着长期没有解决的问题。

发脾气本身不是问题，背后的根源才是爸爸妈妈需要关注、需要解决的问题。被孩子发脾气问题困扰的爸爸妈妈，需要放下“孩子无缘无故发脾气”的误解，放下“让孩子改正”的执念，转而去分析孩子暴躁发脾气的具体原因，再从具体原因去深入挖掘坏脾气的成因，才能真正解决这个问题。

· 成因之一：没有被满足 ·

孩子为什么会暴躁？成因之一，就是孩子的需求没有得到满足，从而引发愤怒情绪。

回想一下小婴儿时期，饿了要吃奶，他会用哭声表示，如果妈妈马上把他抱起来喂他，乳头含进嘴里的那一刻，哭声是不是就马上停止了？如果任由他哭，不理他，孩子是不是哭得更厉害，直到哭得满脸通红、声嘶力竭？

这就是孩子最基本的“需求—满足”机制。随着孩子的成长，这种机制会持续有效。需求很少被拒绝，总是被及时满足的孩子，会更平静、更快乐，而需求经常被拒绝、被错误地延迟满足的孩子，会急躁、喜欢哭闹，再大一点，会表现得急脾气、坏脾气，很难沟通。

我们可以看一些常见的场景，以及在这些场景下，大人如何避免让孩子发脾气：

我宝宝才几个月，脾气就大得很，不如他意就砸东西。——几个月大的宝宝还不会说话，没有办法表达自己的意愿，所以哭闹、摔东西，其实不是他坏脾气，只是他表达意愿的一种方式。大人仔细观察他的表现，看他到底想去干什么，抱着他去就是了，何必非要“不如他意”呢？

我家孩子一岁多了，想上哪儿去，就一定要上哪儿去，不让去就哭闹。——一岁多的宝宝，好奇心旺盛，正是特别闲不住、特别想到处探索的时候，确认没有危险的前提下，大人随他去探索好了，孩子的愿望得到满足，自然不会有“不让去就哭闹”的情况发生。大人越是拦着，越是为孩子的恼怒“火上加油”。

有一次一个妈妈问我：这几天我孩子情绪都不好，特别爱生气，我该怎么办？

问了原因才知道，孩子想在期末考试后买个玩具，而爸爸妈妈提了一个条件，是考试达到多少分，才能买玩具，所以孩子就不高兴了。

我们不太赞同这样的做法。我们主张，在孩子的要求不过分的情况下，大人尽量满足孩子，不带附加条件。

所以，如果爸爸妈妈发现孩子有急躁、坏脾气的状况，首先要检讨的是，大人是不是做到快速、准确地满足孩子需求了？

说到这里，可能爸爸妈妈就会担心了，要是都满足孩子，都顺着孩子，不就成溺爱了吗？

这个真是不需要担心的，孩子从小到大，真正提出完全不合理的需求的情况是很少的，而且越是经常得到满足的孩子，越不容易提无理要求。

溺爱产生的条件是，孩子不满足，发生哭闹了，大人马上妥协，而且用超出孩子需求的条件来满足他，孩子发现哭闹管用，就把哭闹当成满足无理要求的手段。所以与溺爱相伴的，通常恰恰是一个坏脾气的孩子。

我们自己的经验是，心满意足的孩子不会被惯坏，倒是要求经常被拒绝的孩子，一有机会，就可能提无理的要求。

·成因之二：没有被理解·

孩子容易暴躁的另一个原因，是大人“不明白”自己，也不努力地去弄明白，孩子不被理解，于是恼怒起来。

比如，两岁以内的孩子哭闹，很多时候是因为他没有办法明确地表达需求，而大人也没有通过细心观察孩子的行为和表情，了解到孩子的需求是什么。

每个孩子的语言发展程度不同，有的孩子，在一到两岁之间，语言表达已经非常好，能明确地向爸爸妈妈表达需求，比如“我要这个，我要那个”“我想吃……”“我想去……”，但有的孩子，语言发展稍晚一点，到两岁时，还不能清楚地表达自己的意愿。还没有开始说话的小宝贝，当然更是只能用表情和动作来表达需求。

这时候遇到比较粗心的爸爸妈妈，孩子的需求不被了解、理解的情况就会很多，孩子没有办法，就只好用哭闹来继续表达了。

再比如，前文说的在快餐店大叫大嚷的孩子，他的恼怒是来自于爸爸妈妈自作主张地为他做选择，而完全没有去了解他自己想吃什么。

解决办法很简单：要么把孩子带到柜台前：“你想吃什么，自己挑吧！”要么爸爸妈妈先问问孩子：“你想吃什么，爸爸妈妈去帮你点。”两种方法，都可以马上让孩子开心起来，大人又何乐而不为呢?

吃东西是这样，其他事情也是这样，要想孩子不暴躁，就要允许孩子表达自己的想法和需求，努力去倾听孩子、理解并尊重孩子的想法。一个经常被大人理解的孩子，不会发展成暴躁的孩子。很多时候，我们见到的大叫大嚷的孩子，旁边跟着的，肯定是不听孩子说话的大人。

我家孩子三岁了，玩具玩儿不好，就会生气，砸东西。

——这个年龄的孩子，玩儿不好玩具时，会有一种严重的挫败感，这时，大人从旁提供一些帮助，解决孩子遇到的问题，孩子的焦躁情绪就会得到缓解。如果大人责骂他“玩儿得好好的，怎么说发脾气就发脾气”，孩子的挫败，就很可能继续发展成愤怒。

我家的上一年级了，每天早上都要发脾气，诓也诓了，打也打了，没用。

——刚上学的孩子，在上学日的早上发脾气，很可能是他对上学这件事感到很有压力，学校规则、老师要求、家庭作业，孩子都需要时间来适应，这时候爸爸妈妈责骂他发脾气，会加剧孩子对学校的恐惧和抵触。比较好的解决办法是，爸爸妈妈平时别对孩子提太多要求，而且经常鼓励孩子的进步。孩子的压力变小，早晨的“起床气”也会变小。

·成因之三：孩子的反抗策略·

从儿童心理学的角度来看，孩子易暴躁，还与对成人的反抗相关。

关于孩子的情绪发展，儿童心理学家谢弗说：

“儿童最先在家庭中学习情绪。他人与婴儿交往的方式可以传达以下信息，包括怎样表现情绪、可以表达情绪的场合、用来应对引发情绪的环境的行为等。”

一些孩子与父母建立良好的依恋关系，情绪总是能被父母接纳，会很自然地表达苦恼、高兴、焦虑、伤心等等；另外一些孩子，情绪表现不能被接纳，会形成隐藏情绪的习惯；而另外一些孩子，则用反抗来表现：

“反抗型的孩子，他们的情绪表现得到的反应是不一致的，所以其结果是不可预料的。因此，他们形成了夸大表现（尤其是消极情绪）的策略，因为这样才能吸引父母的注意力。”

孩子采用大叫大嚷、哭闹、摔东西等暴躁方式发泄自己的愤怒和不满，正是对消极情绪的夸大表现，对父母忽视他意愿和需求的反抗。

这种情况下，大人做出适当改变，对孩子的情绪做稳定、平静的反应，孩子的暴躁就会慢慢消失。

·成因之四：经常被负面评价·

一些孩子经常被父母负面评价，造成孩子的自我评价也很低，形成自卑心理。自卑的孩子和成人，会很容易觉得别人在针对他、否定他，会刻意地通过生气、愤怒，来表现得强大、优越、威严，这实际上是一种“恼羞成怒”“外强中干”的状态。

有的爸爸妈妈认为，孩子容易愤怒、有自卑感，是因为孩子性格就是这样，甚至是天生的。但愤怒和自卑都不是性格特征，更不是天生的。

愤怒不是性格，而是一种情绪。每个人都有可能在某个时刻、某种情景下表现得很愤怒，但如果一个人非常容易愤怒，就说明，他要么缺乏控制情绪的能力，要么他的生活环境中能引发愤怒情绪的因素太多。这都不是天生的，而是后天的成长经历、生活环境的影响造成的。

自卑也不是性格，而是一种心理。自卑的表现是怯懦、易恐惧、易退缩、不自信、自我评价过低，等等。孩子不会天生就自卑，事实上，很小的孩子，就会表现出强烈的好奇心、对外界浓厚的兴趣，并且相信自己能做很多事情。孩子变得自卑起来，与他的主要养育者、他的生活环境密切相关。比如一个孩子经常遭到大人的否定、呵斥，他就很容易自卑。

如果一个孩子很容易发怒，特别容易表现出激烈的情绪，不太会理性地控制情绪，通常与他内心的自卑感密切相关。

阿德勒在《自卑与超越》中，着重分析了人们对于成就感的追求和自卑心理的产生。

他认为，每个人都有对于成就感、卓越感的追求，孩子也不例外。当他通过某个方面的优秀表现获得他人的认同、赞许，获得某种形式的肯定，他就会获得成就感，从而感到自己强大、愉快、有能力、自信，而当追求成就感、认同感受挫，他就会产生沮丧、恼怒、自我否定的情绪，这种情绪积淀久了，就会成为长期的自卑心理，表现得犹豫不决、不知所措、畏畏缩缩。

孩子产生自卑心理，主要原因可能在于，他很少得到父母的肯定，或者在他的生活环境中有浓厚的批评性的氛围，孩子的很多行为，都会被批评、被指责，而孩子的成就，却得不到充分的肯定。

比如，非常典型的，很多爸爸妈妈都会拿自己的孩子跟别人家孩子比较："你看谁谁谁，哪里哪里多好，你再看看你！"再比如，父母事事都追求完美，孩子有一点点做得不好，大人就会有很激烈的反应："你怎么这么点小事都做不好！"

爸爸妈妈经常这样对待孩子，孩子就很容易自卑，然后沮丧、挫败的情绪又会通过发怒的形式表现出来。

改变孩子的易怒和自卑心理，还需要从爸爸妈妈做起。在日常生活中，多赞美孩子，多肯定孩子，减少批评，让孩子能够获得充足的成就感、认同感，他人的认同就会慢慢激发孩子的自我认同，让他相信：我是有能力的，我是被肯定的，我相信我自己能努力完成要做的事。这样孩子的自卑就会慢慢消失，自信也会逐渐建立起来。孩子内心不自卑了，也就不再需要通过愤怒来表现出虚假的自信和强大。

·成因之五：没有被尊重或者公平对待·

在一些家庭中，孩子所有的事都由父母说了算，孩子根本没有表达意见的权利，而且父母也从不关注、尊重孩子的意愿、感受和意见，孩子就会生活得很压抑，会习惯用生气、激烈情绪表达对父母的不满。

如果孩子觉得经常在家中受到不公平待遇，或者觉得被忽视，也容易表现得暴躁易怒。这种情况，通常发生在二孩家庭。

如果家有两个孩子，父母很容易在老二出生后，对老大有所忽视，或者让哥哥姐姐凡事都让着弟弟妹妹，这时候，老大就可能变得容易为小事生气；如果家有两个孩子，而父母比较重视其中的男孩或女孩，另一个孩子就容易觉得受到了不公平待遇，也容易变得坏脾气。

·成因之六：对孩子的限制过多·

父母或者其他照顾者对孩子的限制过多，也是孩子变得暴躁易怒的重要原因。

比如两岁左右的孩子，正处于好奇心非常旺盛的阶段，喜欢到处探索，而且孩子的自我意识开始萌芽，开始特别喜欢坚持自己的意愿，这都是孩子很正常的发展特征。

但是不少大人，既没有看到孩子的好奇心，也没有留意孩子自我意识的萌芽，对孩子限制过多，这个不许，那个也不许，孩子的行动和意愿总是被限制，自然会频繁地处于恼怒的状态中，然后用哭闹来发泄。

比如，五六岁的孩子，“我要吃这个”，大人拒绝：“不行，不能吃，这个没营养，你要吃那个。”那么孩子自然就不高兴，有的孩子勉强默默接受，情绪激烈点的孩子，就很可能发作起来。

再比如，已经上学的孩子，说“我等会儿写作业”，大人说，“不行，你不能磨蹭，必须马上写”，孩子也有可能发起火来。

这一点，在青春期的孩子身上尤其明显。有的爸爸妈妈，觉得孩子之前脾气还不算坏，青春期一开始，马上变得特别喜欢和大人“作对”，而且情绪也特别容易变得激烈起来。

其实这不是孩子脾气变坏了，而是孩子长大了，更喜欢自己做主了，而爸爸妈妈恰恰因为孩子到了青春期，担心孩子出早恋等各种各样的问题，就变本加厉地严加管束，一个要管束，一个要自主，冲突自然会经常发生。

真心爸妈自己的经验是，要想孩子少发火，大人就要少拒绝、少说“不许”。你不许的事情越多，孩子发火的机会就越多，而且这种模式一旦在父母和孩子之间形成，孩子就会对此类事情变得更加敏感，就会出现很多爸爸妈妈遇到的情况，很小很小的一件事，孩子也会用哭闹和发火来表达不满的情绪。

孩子发脾气时父母的合作策略

孩子发脾气时，是强力制止他？温柔哄劝他？还是随他去不理他？不管吧，担心孩子养成爱发脾气的习惯；管吧，又常常在现场引发更激烈的冲突。

孩子发脾气时，父母用不同方式处理，会有不同的结果。处理得好，孩子会慢慢变得温和平静，很少发脾气；处理得不好，孩子的暴脾气可能一直会延续下来，到孩子更大的时候，甚至可能演变成和爸爸妈妈的激烈对抗。

·不要制止发脾气·

孩子发脾气，大人的第一反应常常是制止，让孩子停下来。好脾气的大人会百般哄劝，急脾气的大人可能就会呵斥、责骂、惩罚甚至体罚。

为什么要制止呢？因为大人直觉上认为发脾气是不好的。

但发脾气本身，其实算不上有多不好，它是情绪激烈到一定程度的自然反应。大人有时也会控制不住情绪，失控发脾气。大人应该理解，孩子和你一样，都有控制不住情绪的时候，这不是什么严重的事。

日本著名心理学家河合隼雄在他的著作《孩子与恶》中，特别讨论了孩子发火的问题：

> 喜欢“阳光、纯朴、活泼的好孩子”的大人，特别忌讳孩子发怒、悲伤，等等。“不许哭”“不可以发这么大火”，逼着孩子随时随地都得阳光灿烂的。这样的大人，有没有想过，如果整一年每天都是大晴天，从来不阴天下雨，这个世界会是什么样呢？孩子要成长，哭也很重要，发火也很重要。好好地体会人该有的所有感情，才能成为一个情感丰富的人。

如果爸爸妈妈都能如此理性地看待孩子发火，不是孩子一发火就心急火燎，恨不得把孩子抓过来揍一顿，心态上就会轻松很多。

孩子一发脾气就想方设法制止他，也是孩子养成发脾气习惯的原因之一。因为孩子一发脾气，大人就会格外关注，孩子发现这种方式有效，就会下意识地常发脾气，让大人关注他，甚至把发脾气当成向大人表达意愿或要求的常规方式。

所以，孩子发脾气时，爸爸妈妈不妨尝试着不要马上制止，等孩子将激烈情绪发泄出来，变得相对平和，再去和他讨论引起他发脾气的事到底该如何解决。

· 坚定地阻止与发脾气相伴的破坏行为 ·

孩子发脾气时，我们不会试图制止，但是会坚定地阻止与发脾气相伴的破坏性行为：打翻玩具、乱扔东西、攻击大人等等。别管在什么样的情境下，这些行为都是坏行为，都需要及时制止。

制止的办法不能是“以暴制暴”。孩子乱扔东西，大人就抄起东西打他，孩子打大人，大人就把孩子按住打一顿。大人的这些行为，本质上和孩子的行为没有什么不同，都是在发脾气而已，只是大人的发脾气有个管教的名义。这样做会给孩子坏示范，会让孩子更倾向于用激烈而不是温和的方式来表达情绪。

最好的办法，是“温和而坚定”，大人温和但是坚定地抓住他的手，平静地告诉他：“你发脾气可以，但是不能扔东西，不能打大人，这是不好的行为。”

这个法子可能不会一次奏效，那么大人就在他每次发脾气时都这样做，坚持几次，孩子可能仍旧会发脾气，但是相伴的破坏性行为会慢慢减少直到停止。

· 离开现场，让孩子自己冷静下来 ·

孩子常发脾气的爸爸妈妈都不难发现，孩子发脾气时，大人越哄劝，越制止，孩子的情绪会越激烈，大人所有努力起到的都是反作用，会让孩子的怒火越烧越旺，让情况愈加难以控制。既然如此，大人就不应该做这种“火上浇油”的举动。

我们的办法是，孩子发脾气时，在确认他不会伤害自己的前提下，离开现场，让他自己冷静下来。离开的方式也要平静、温和：“爸爸 / 妈妈觉得你需要自己待一会儿，冷静下来。等你不发脾气时，再来找爸爸妈妈。”

如果孩子很小，爸爸妈妈可以离开他一段距离，去做别的事，但还是和孩子待在同一个房间，以免孩子在失控中摔伤撞伤；如果孩子大一些，大人可以在确保孩子安全的前提下，离开孩子所在的房间。

大人离开现场之后，仔细听孩子的动静，你会发现，不到一两分钟，孩子的哭闹或者叫喊声就会越来越小，然后停下来。等你再去看他时，他可能已经完全忘记刚刚在发脾气，开始自己玩儿玩具了。或者等孩子来找大人时，他已经换上平静的表情，完全一副若无其事的样子了。

孩子小时候，我们常用这个办法，几乎是屡试不爽，习惯在孩子发脾气时和他在现场纠缠的大人，不妨试试。

·别惩罚发脾气·

孩子发脾气时，不在现场惩罚，事后也不做惩罚。别把孩子关小黑屋，也别在现场罚站。让他自己冷静时，也不能这么说：“你就在这儿站着，等自己想清楚了再来找爸爸妈妈。”

前面说过，发脾气只是一种表达情绪的方式，惩罚发脾气，就是惩罚情绪，这会造成两种可能的坏后果：

一是孩子惧怕惩罚，以后学会把负面情绪隐藏起来，不再展示给父母；

二是孩子自己本身的坏情绪和遭受惩罚带来的坏情绪叠加起来，变得更加情绪激烈，甚至慢慢变得很情绪化。

·别要求孩子道歉或者认错·

一些爸爸妈妈会要求孩子在发过脾气之后道歉，或者认错。“你刚刚大吵大闹发脾气，这样是错了，现在知道了吗？”“你发脾气不对，要向爸爸妈妈道歉。”

孩子发脾气，可能会有各种各样的原因，而且发脾气本身是情绪激化的自然反应，不是什么错事。他能停止发脾气，平静下来，就够了，不需要道歉或者认错。

另外，孩子刚刚平静，大人又提起来，会破坏孩子刚刚好转的情绪，很可能引发另一场冲突。

我们的办法是，孩子平静下来之后，大人就当这件事没发生过，对孩子该怎样还怎样，孩子大人该干吗干吗，彼此都不会再提发脾气的事情。

这样，孩子不会为刚刚发过脾气感到惴惴不安，大人也不需要继续让自己停留在孩子爱发脾气的恼怒中。孩子大人都能迅速转换情绪，家里的氛围更容易温和平静。

如果大人觉得需要就发脾气的事和孩子谈谈，我们会选择第二天，或者更晚的时候，等孩子完全从坏情绪中走出来，并且远离当时发脾气的诱因之后。

和孩子谈论时，也会用温和平静的办法：“昨天你发脾气了，能告诉爸爸妈妈是为什么吗？”孩子通常会告诉大人，当时是为什么不高兴了，当然有时也会选择不正面回答，无论怎么样，我们都不会追问不休，只是告诉他：

“爸爸妈妈觉得发脾气不是好方式，下次你有什么不高兴的，直接跟爸爸妈妈说好吗？”

爸爸妈妈坚持用上面这些方式处理孩子发脾气，几次之后，就会发现，孩子发脾气的频率和发脾气的激烈程度，都会逐渐降低。再参考前面说过的孩子坏脾气的成因，逐渐减少可能诱发孩子坏脾气的条件，孩子会慢慢变得温和、平静，习惯用更理性的方式做正面表达，而不再借助发脾气表达愤怒和不满。

大人有多淡定，孩子就有多从容

真心妈妈在面包坊吃早点，同桌坐着一个两三岁的小男孩和他的奶奶或姥姥。

小宝贝安安静静地吃着面包，突然抬头四顾："哎，妈妈呢？"

我想这下糟了，准是妈妈把孩子安顿在这里，自己悄悄溜走上班去了，孩子发现妈妈不见了，还不得哇哇大哭起来？不想老人笑了笑，很淡定地对小宝贝说：

"终于发现啦？妈妈上班去了啊。"

孩子一听，也笑了："哦，妈妈上班去了。"

然后继续低头吃东西。

这淡定平静的一老一小，真是让真心妈妈又诧异又赞赏。

有孩子以来，我们一直特别留意孩子的情绪，也注意观察别的孩子的情绪反应，慢慢发现，孩子的情绪表达方式，其实常常是被大人影响，或者向大人习得的。孩子表现得暴躁，他的生活环境中，很可能有一位或者多位情绪化、易暴躁的大人。

要想孩子情绪平稳，大人需要在诸多细节上自制自律，大人能做到多淡定，孩子就会有多从容。

如果大人遇事爱着急，孩子也会变得爱着急；

如果大人一点小事就大叫大嚷，孩子也会经常性大叫大嚷；

如果大人发脾气、摔东西，孩子毫无疑问也会好发脾气、爱摔东西。

有些大人没有这些明显的暴躁表现，但对孩子缺乏耐心，喜欢对孩子玩"变脸"。孩子"乖"时，大人喜笑颜开，孩子稍有"不乖"表现，大人马上对孩子沉下脸来："你怎么这么讨厌，我不喜欢你了。"类似的威胁还包括：不管你了、把你送人、把你丢到哪里哪里去。

大人的这种情绪不稳、反复无常的表现，是给孩子做出的一不如意马上变脸的绝佳示范。

·不大叫大嚷·

真心爸妈就曾经遇到过一位脾气特别火暴的成人，如同火药桶一般，点火就着，脾气上来，吼声如雷。后来知道，他的父亲，年轻时就是这样的火暴脾气，他从小到大都很不喜欢父亲的暴脾气，不想自己长大之后，也成了父亲的样子。

所以，困扰于孩子生起气来就大叫大嚷的爸爸妈妈，自检一下家里有没有同样大叫大嚷的成人吧。当大人停止对孩子吼叫，孩子也同样会停止对大人吼叫。

·不轻易抱怨·

情绪不稳定的孩子对环境的容忍度比较低，容易因各种小事心生不满，不停抱怨。菜咸了、菜淡了、衣服大了、衣服小了、妈妈做饭晚了、爸爸送上学迟了、别人碰到自己了，都能成为不高兴的理由。说实话，这样的孩子，真是挺不让人愉悦的，而且他在学校与同学老师相处，恐怕也不会很受欢迎。

孩子爱抱怨，通常也是从大人那里学来。如果大人在生活中常常表现得怨气连天，爱负面评价身边的人和事，孩子也会学得爱以抱怨而不是宽容的方式对人对事。

我们曾经在微博上看到一件事：一位爸爸，他的孩子夜里摔伤了，在找医院上费了点工夫，孩子爸爸就发微博大骂医疗环境太差。

这位爸爸的心情可以理解，但是表达方式却让人不敢苟同：如此发泄一番，不会马上多出几家医院来，对下次找医院也没有什么实质上的帮助。再说，遇到什么情况到哪里快速就医的功课，不是爸爸妈妈该提前做好的准备吗？遇到不便就一味地把责任推卸出去，恐怕不会对孩子有正面的影响。

·不轻易沮丧·

有的孩子玩具没玩好，会表现得很沮丧，啪地推倒玩具："我不玩儿了！"有的孩子考试考不好会很沮丧："我不学了！"有的孩子作业多了也会沮丧："我不做了！"

这自然会让爸爸妈妈相当烦恼，但要求孩子能抗压、有毅力、不轻易失望、放弃的时候，爸爸妈妈不妨也检讨下自己：做事遇到困难时，你自己的表现是什么样？是乐观接受不太好的结果，继续努力或从头再来呢？还是灰心失望、唉声叹气呢？

分享我们家的一件小事，希望能对有此困扰的爸爸妈妈有点小启发。

家里的玻璃脏了，真心妈妈花了一整天时间，把一半的玻璃里里外外擦了一遍，准备第二天擦余下的部分，不想当夜下起了大雨，刚擦好的玻璃又花了。真心爸爸原本担心真心妈会心疼她一整天的劳动成果呢，结果真心妈妈发现下雨了，很是开心："下雨了啊，正好，水冲一下明天更好擦。"

·教会孩子体谅别人·

孩子能体谅别人，因各种大小事情引发糟糕情绪的情况，也会少很多。我们的办法是，从小用"别人也需要如何如何"这样的句式，来跟孩子解说对方的需求或者困难。

比如在小区里玩游艺设施和小朋友发生争抢，我们会告诉孩子："你想玩，别的小朋友也想玩啊，大家排队轮流玩就好了。"比如在餐厅吃饭，遇到上菜慢的情况，我们会告诉孩子："可能今天刚好服务员比较少，或者有厨师休息了，或者是人太多了，别着急，咱们慢慢等，你看比咱们先来的人不也一样等着呢吗？"

大人经常跟孩子这么讲，孩子就会慢慢学会遇事不自我为中心，能够考虑到别人，不因自己的一点点不快或者不便而心生怨气。

· 节制吐槽孩子的欲望 ·

有的爸爸妈妈爱不停吐槽孩子："你看你这么磨蹭！""你看你这么点小事都做不好！"

……

其实大人有时也未必是认真的，只是随口一说，觉得爸爸妈妈唠叨唠叨孩子是天经地义的事。但这些唠叨，通常是负面评价，很容易让孩子反感。大的孩子会不耐烦："一天到晚说我！"小的孩子会委屈、挫败，更容易一言不合就大哭大闹发脾气。

比如前面说的，祖孙俩在面包坊的场景，如果换成"吐槽模式"，就是这样的：

"一会儿看不到妈妈就找，妈妈上班去了，你不知道吗？"可以预见，本来没什么的孩子，被这么一说，很可能就会马上大哭起来。其实就我们的经验，孩子哭大人叫的混乱场景，多数情况下不是孩子而是大人先引发的。

· 不轻易训斥孩子 ·

比不停吐槽孩子更严重的，是大人经常用训斥的方式教育孩子。习惯训斥的爸爸妈妈，常常越说越怒："跟你说过多少次了，怎么就是不管用？"

训斥真的是不管用的，它唯一的作用就是让大人孩子都情绪糟糕。

父母对孩子的教育，不能依赖强权、压力，而是要让孩子知事、明理。我们的办法是，用温和的语言讲道理，不用粗暴的语言训斥孩子。大人用"讲理"对待孩子，孩子也不会习惯于用"不讲理"的方式对待大人。

·减少与孩子的对抗·

生活中越少争执对抗，孩子越容易情绪平稳、淡定从容。那些孩子大哭大闹的场景，不少都伴随着孩子大人之间的激烈对抗——孩子要往西，大人拖着孩子非得往东，孩子越坚持，大人也越坚持。激烈反抗的孩子，通常被大人冠以“执拗”之名，殊不知，和孩子对抗中的大人，表现出和孩子一样的执拗。

所以爸爸妈妈要尽量减少，甚至消灭家里的对抗场景：不涉及原则问题的事，尽量听从孩子的意见；原则问题，和孩子理性沟通，讲明道理；多给孩子自己做决定的自由；不要事无巨细都要求孩子服从大人。

说了这么多，可能你已经发现了，都是要大人好脾气。确实，真心爸妈觉得，好脾气的大人，才能养出好脾气的孩子。

一些爸爸妈妈经常感叹：“生了孩子，自己个儿的脾气都被磨没了。”其实不是脾气被孩子磨没了，而是爸爸妈妈成熟了，学会用理性成熟的方式处理问题了。这不也正是爸妈成长的重要部分吗，有什么不好呢？

避免任性的六个方法

孩子在家里无法无天，想干啥就非得干啥？在学校胆大妄为，把老师气得不行？不给买零食满地打滚？不让看电视就要砸遥控器？——说起孩子任性，好多爸爸妈妈都是一肚子苦水，满脑门官司。孩子任性，能不能“破”？怎么“破”？

·规定适度边界·

所谓任性，是相对原则、约束、底线、边界而言的，孩子突破爸爸妈妈的原则、抗拒大人的约束、超出爸爸妈妈容忍底线、突破大人允许的边界的言行，会被归为“任性”。所以讨论孩子任性，首先要看大人定的边界在哪里。

有的家庭，信奉严厉管教，平时对孩子的约束过严，孩子稍稍试图突破，就会被批评“太任性”。

这种任性的孩子，其实最开始，并不是真的任性，常常只是秉承自由的天性，尝试摆脱过严的管束而已。但如果一直在约束过于严格的环境中成长，这种反抗大人的姿态，可能会一直保持下来，成为真正的任性。

就像孩子一直被捆绑着，他会恐惧、愤怒、奋力挣脱，即便是捆绑的绳索并不存在了，但被捆绑的恐惧感、愤怒感、奋力挣脱的本能仍旧会在。

有的家庭，最初对孩子过分放纵，也并不觉得孩子有多任性，等到发现孩子管不住了，就开始划定各种规则来约束孩子，这时任性问题就不可避免地出现了。试想一匹无拘无束、想去哪儿去哪儿的小野马，现在要被关进笼子里，或者被限制在一小片草原上，它怎么会甘心呢？

所以，要想孩子不任性，大人需要从小为孩子的言行划定适度的边界，既不过严，导致孩子养成不断挣脱管束的习惯，也不过宽，让孩子无法适应任何约束。

孩子天性不同，每个家庭的环境不同，这个边界到底有多大，需要爸爸妈妈慢慢摸索，但还是有些例子可以参考。

比如，一位妈妈说孩子越大越任性、越不好管了，那么这位妈妈管孩子管到什么程度呢？孩子进门脱了鞋，鞋子摆放的方向，都要符合要求。如此动辄得咎，孩子怎么能不反抗？

另一位妈妈说，孩子小时候就养成顶嘴的习惯，后来到了青春期，对大人说话态度非常恶劣，甚至会在电话中训斥妈妈，大人受不了了，尝试管束孩子，但孩子多年下来已经习惯成自然，再想约束，就真的非常困难了。

·给孩子充足的自主空间·

好多家庭对孩子任性的困扰，集中在孩子买零食、买玩具上，孩子想买啥就买啥，不给买就撒泼打滚、大哭大闹。孩子小时候，我们从他们的幼儿园学到了一个方法，用起来非常有效。

幼儿园每学期都会给孩子安排好几次“自己买东西”的活动，老师会带孩子们去超市，告诉孩子们，每人可以买几件零食，每个人买的零食要在多少钱之内，然后让孩子们自由挑选。

幼儿园的孩子不少，孩子们的年龄也只在 3~6 岁之间，但每次都能够遵守要求，在规定允许的范围内买得心满意足，从来没听说过有孩子大哭大闹。这让我们很惊奇，原来孩子这么小，就能懂得如何在规则之下自己做主了。

后来我们在家里也用同样的办法，孩子要求买零食时，会跟他约好，可以花多少钱，然后给他几块钱，大人在外边等着，孩子自己去买。他会先挑选自己想吃的，如果便利店的阿姨告诉他钱不够，他会再换一个价格稍低、自己可以接受的，从来没有出现跟人家不讲理地要拿价格高的东西，或者跑出来要爸爸妈妈再加钱的状况。

这让我们学会，大人要相信孩子的能力，给孩子一定的空间，让他在这个空间内充分自主。孩子有了自主的空间，和大人不讲理地哭闹的情况就会大大减少。

给自主空间的办法，也被我们推广到买东西之外，看电视、玩电脑、做作业，都会事先约定规则，然后让他们在规则之内自己安排，孩子们通常能安排得很好，也为大人省掉了好多不停地管孩子和不停地和孩子斗智、斗勇、斗狠的麻烦。

·坚持原则，不轻易妥协·

大人一旦和孩子规定了原则、约束、底线、边界，就要坚持，不能轻易妥协。

有的爸爸妈妈虽然和孩子约定了原则，或者自己心里设定了一个底线，但孩子一哭闹，情形就失控了，像打仗的士兵一样，先是试图抵抗，守住阵地，发现敌人火力太猛，就节节败退，最终全线失守，敌人长驱直入。

一位读者讲了一件事，非常典型。一个二三年级的小姑娘每天上学都要带钱买零食，先是一块钱，发展到现在一天五块钱还不知足，只要不给就闹，连叫爷爷奶奶滚出这个家的话都能说出来。如果一开始，大人就坚持不让孩子自己带零钱上学的原则，孩子就不会发展出每天买零食的习惯，如果一开始就守住一块钱的底线，也不会发生现在五块钱还不满足的情况。

任性的孩子后面，有时会有一个或者多个不能坚持原则、在孩子不断进攻下不停败退的大人，是大人的不坚持，助长了孩子养成对愿望不克制、做事情不妥协、遇事不能受委屈的习惯。

·减少强迫，不做任性的大人·

孩子的任性，还有不少情况是大人常常强迫孩子做这做那造成的。如果大人不施压，孩子哪里会反弹？

有的大人抱定“大人说什么，孩子就得听什么，大人要求怎么做，孩子就得怎么做”的观念，在事关孩子的好多事情上，都不考虑孩子的意愿。孩子有时候勉强自己接受了，有时实在不愿意接受，就只好反抗，自然就“任性”起来。这哪里是孩子任性，分明就是大人任性。

一位妈妈，要十几岁的孩子跟他一起参与一个活动，孩子不愿意去，大人就百般说服，又保证不会花太长时间，孩子最后只得勉强同意。但到了现场，孩子发现，活动既不是他感兴趣的，夹在一堆大人中被问东问西又让他很不舒服。

孩子开始还能忍，后来活动又超了时，孩子一下子爆发起来，对妈妈大叫大嚷，搞得大人们非常尴尬，那位妈妈自己也很难堪。其实退一步想，如果妈妈自己不任性地要求孩子配合，这种尴尬状况根本不会发生。

·避免溺爱·

前面说过，有的家庭，小时候对孩子过分放纵，把孩子带成了无法无天的小野马。“小野马”们会有无比多的奇葩行为：把爸爸的手机摔地上砸烂，把妈妈的衣服从衣柜里丢出来扔满地，把鞋子扔汤里，把超市的东西从货架上扫荡下来……

孩子任性到这个程度，是长期不加管束的结果。在孩子一开始出现这类行为时，就制止他，就不会发展到这个程度。那么为什么不制止，让“小任性”越养越大呢？很可能家里有一个或者多个无原则溺爱孩子的大人。

这个无原则溺爱的人可能是爸爸妈妈，也可能是祖辈。说服他们不纵容孩子，不把孩子最初的“小淘气”“小破坏”当好玩、不鼓励孩子的任性行为、不在孩子挨批评时充当孩子的“保护伞”会很困难，但为了孩子的发展，必须要这么做。

有成功的可能性吗？当然有。大家都是成人，都为孩子好，关于孩子的问题，坐下来冷静沟通是可能的。有些爸爸妈妈会说：“爷爷奶奶、姥姥姥爷就是惯着孩子，我们根本管不了啊。”那常常是畏难的借口，孩子是自己的，难道因为“管”不了自己的父母就放弃教养孩子？

·让孩子明白，别人没有义务容忍你的任性·

任性的孩子，还常常把任性的言行从家中带到学校。几乎每个班里，都有无比任性的孩子，让老师头痛不已。他们一次一次袭击同学，对老师的话充耳不闻，自己不高兴，就让所有人不安生，课上吵闹到老师没法上课，课下打斗到隔壁班老师都来投诉。

为什么会这样？因为他们不明白，自己即便是任性，也只能在家里对着爸爸妈妈爷爷奶奶任性，老师、同学都不是可以任性的对象，到了学校，就得遵守学校的规则。

这又是个社会化的问题。孩子小时候，会认为自己无比重要，家里的大人都得照顾自己，但孩子会长大，需要适应幼儿园、学校的规则，需要学会与家人之外的人相处，需要有能力在相对社会化的环境中生存。这些，都需要爸爸妈妈从小教给孩子。

爸爸妈妈让孩子从小明白，这世界上可以容忍你任性的人，除了父母祖辈，可能只有你妻子 / 丈夫（如果你侥幸找到那一个的话），走出家门，别人没有义务容忍你的任性——其实父母、祖辈、未来的配偶，同样也没有容忍你任性的义务，他们只是爱你，对你才格外宽容。

孩子任性，不是一天两天养成的，解决孩子任性问题，爸爸妈妈们也不能期待速战速决，多些耐心，多些坚持，孩子慢慢会发生让人惊喜的改变的，爸爸妈妈们也会从这个过程中，收获更多的学习做父母的成就感。

帮孩子适应日常小挫折

我孩子三岁了，每天幼儿园放学时都会跑出来，一旦没跑在最前面，就会大哭，“我跑不动啦，我不跑了”，这是为什么呢？

我孩子玩具玩儿不好，就特别容易生气、发脾气、扔东西，是为什么呢？

我孩子输不起怎么办？我孩子遇到困难很容易放弃怎么办？

提出这些问题的爸爸妈妈，会不约而同地想到：孩子的“挫折教育”该怎么做？

真心爸妈认为，不需要对孩子特别有意识地做挫折教育，只要大人在日常生活中稍稍留意，避免生活中常见的六个可能导致孩子“输不起”的做法，孩子会很自然地成为能坦然接受日常小挫折的孩子。有了承受日常小挫折的积累，孩子的抗挫折能力也会慢慢培养起来。

·避免玩游戏时故意输给孩子·

一些孩子“输不起”，是因为小时候爸爸妈妈总让他赢。

很多有小宝贝的家庭，都会经常上演“孩子打败成人”的戏码：

宝贝，来咱们比赛跑步！——大人故意慢慢吞吞地跑在后面，让孩子轻松得胜：“哇，宝贝好棒！”

宝贝，咱们下棋吧！——大人故意下得错漏百出，被孩子杀个落花流水：“哇，宝贝好厉害！”

宝贝，咱们打仗吧！——孩子一端起玩具枪、一伸出小拳头，爸爸妈妈就应声而倒，乖乖认输：“被你打败啦！”

父母、祖辈，是孩子最容易打败的成人，也是唯一一群会被幼小的孩子打败的成人。可惜，别人不会和你的孩子玩这种“彩衣娱子”的戏码，孩子终究需要明白：别人没有理由时刻让着他、时刻让他赢。轻松“赢”惯了的孩子，一旦正常地输掉，就会受不了。

孩子刚上幼儿园的爸爸妈妈，如果发现自己的孩子在和小朋友做竞赛型的活动时，特别容易不开心，特别容易为没有“赢”而哭闹，很可能就是这个原因。

另外，真心爸妈还有一个建议，就是在孩子小时候，尽量多和孩子做“协作型”的游戏，少做“竞争型”的游戏，不要引导孩子过于关注竞争、胜败、输赢以及是否得第一。

·避免对孩子摔倒大惊小怪·

孩子小时候，不小心摔倒了是常有的事，爸爸妈妈或者其他照顾者对孩子摔倒的态度，也微妙地左右着孩子的抗挫折能力。

有的是孩子一摔倒，大人马上扶起来，甭管孩子有没有受伤，大人都表现得心疼得不得了，“快看看摔疼了没有”“哦，给我宝贝揉揉啊，揉揉就不疼了”。

这么一来，本来没摔疼的孩子，也会马上委屈地哭起来。而且大人很快会发现，孩子对摔倒这件事的忍受程度越来越低，变得越来越娇气。小时候不能忍受摔倒带来的小小痛苦，长大也就很难承受或大或小的挫折带来的压力和不快。

有的是孩子不小心摔倒了，大人马上去寻找“肇事者”，或是别的人，或是桌椅板凳玩具之类，然后作势责打一番：“都是你，都是你，害我宝贝摔倒了。”

这是在告诉孩子：你摔倒了，一定是别人的问题，不是你的责任。这样被带大的孩子，当他遭受挫折时，很容易产生愤怒的情绪，认为自己的状况都是别人造成的，不是自己的问题。推卸责任、迁怒他人，也是抗挫折能力低下的一种表现。

另外一种态度，是孩子摔倒了，马上责备孩子“你怎么这么不小心”“你走路咋不长眼呢”？结果，孩子摔倒了都没有哭，反倒被大人骂哭了。

这样做的大人，是在告诉孩子，你不该摔倒、你摔倒是错的，是大人不可忍受的行为。而且，这样做的大人，在孩子遭遇其他大小挫折时，也很容易用这样的态度对孩子。

这会导致孩子认为所有的挫折都是自己的错误，是自己不够好。这样的孩子，会越来越自卑，越来越害怕遭受挫折。

·不对孩子做“比较性赞美”·

不少爸爸妈妈都看过“知心姐姐”卢勤老师的《告诉孩子，你真棒！》，或者从各种媒体上接触到这种方法，于是尝试在生活中多赞美孩子、鼓励孩子。这件事真的很棒，如果不是把“你真棒！”误解为“你最棒！”的话。

“你真棒”，说的是孩子自己很棒，这种棒与别人无关；“你最棒”，说的是孩子和别人比起来很棒，需要以和他人的比较为前提。

一字之差，含义完全不同，前者给孩子自信，后者引导孩子关注和别人的比较——如果和别人比起来，我是最棒的，我会很开心，如果我不是最棒的，我“落后”了，那我就不够好，就很失败，就值得沮丧。一旦孩子萌发了这样的心理，就容易成为一个只能赢、不肯输的“输不起”的孩子。

可惜，不少爸妈没有理解这一字之差，总是用“我儿子最厉害啦”“我女儿最棒啦”“我孩子比谁谁谁强多了”这样的“比较性赞美”的话来鼓励孩子。要知道，你越是这样鼓励，孩子在“输不起”的路上就走得越远。

·不惩罚孩子遭受的“挫折”·

一些爸爸妈妈喜欢惩罚孩子遭受的“挫折”：

小测验不满分，罚面壁思过；大考试成绩不佳，取消原来计划好的大餐、礼物或者旅行。甚至孩子在外面玩时摔倒、受伤、和小朋友起争执、被大孩子推了一下，也会罚他不许再出去玩，或者不许踢球、爬高、骑自行车、跟大孩子玩。更有暴脾气的爸爸妈妈，用打骂来惩罚孩子的这些小挫折。

这样做的后果，不是让孩子“长记性”，不再“犯错”，而是让孩子越来越害怕挫折的后果，于是也越来越不能面对挫折本身。因为惩罚带来的心理感受太负面了，孩子会直觉地拒绝承受所有挫折，即便这个挫折很小，并不在大人可能采取惩罚行动的范围内。

为避免孩子因为这个原因而缺乏对挫折的承受能力，爸爸妈妈明智的做法是，取消所有惩罚，而代之以鼓励：“没关系，下次加油！”一对愿意在孩子身后加油打气的父母，是孩子面对挑战时的坚强后盾和遭受挫折时的安全港湾。

·不人为给孩子制造“挫折”·

就像部分爸爸妈妈把“延迟满足”简单地理解为“孩子提出的要求，不能痛快地答应，要有意拖延”一样，也有爸爸妈妈，简单地把“挫折教育”理解为让孩子经受更多挫折，甚至在觉得孩子太过一帆风顺、遭受的挫折不够多时，人为地为孩子制造困难、制造挫折。典型的，就是让孩子挑战超出他能力的活动。

有一次，在一个公园，我们见到一对父母，非要让自家五六岁的孩子去体验三四米高的高空独木桥项目，孩子不敢上，爸爸妈妈就在一旁鼓励：

“你看，小朋友多勇敢啊，你是小男子汉，也要勇敢。”

被爸妈连哄带骗，孩子只得战战兢兢地走了上去，没走几步，就吓得哇哇大哭起来，一步都不敢再动，孩子爸妈不但毫不心疼孩子的恐惧，还在下边“鼓励”：

“小男子汉要坚强、要勇敢！”

后来是管理员实在看不下去，走过去把孩子“救”了下来。结果，爸爸妈妈不仅没有安慰孩子，还呵斥他：“真没用！真丢脸！”可以想象，孩子以后肯定对此类活动深恶痛绝。

我们是这样理解的，真正的挫折教育不是让孩子经受更多挫折，而是在日常生活中自然地培养孩子面对挫折的承受能力。人为地让孩子频繁面对挫折、体验挫败感，不但不会增强这种能力，反而会让孩子把挫折与负面感受密切相连，从而降低承受挫折的能力。

·不把孩子的“挫折”与亲密关系挂钩·

可能没有爸爸妈妈会直接说：“你考试名次不好，我就不喜欢你。”“你赢不了这个比赛，我就不喜欢你。”但事实上，不少父母却在这么做。

孩子考试、比赛，得了好成绩、好名次，爸爸妈妈会表现得欢天喜地，对孩子格外热情、格外和颜悦色，孩子提出任何要求，都会毫不犹豫地满足，“好好好，都答应你”，甚至一些平时不允许做的事，也会格外宽容，“好好好，你是大功臣，你想干啥就干啥”。

而如果孩子没有得到爸爸妈妈期望的成绩，大人马上就换了一副面孔，“考成这样，还有脸要这要那？想得美！”“玩手机、玩电脑，一天到晚就知道玩、玩，学习上怎么没见你这么有精神头”。

爸妈这样做，其实就是在告诉孩子，我对你的态度，由你的成绩决定，你成绩好，我就爱你多一些；成绩不好，我就不喜欢你、不爱你。

孩子无论大小，都能准确解读这样的信号，这样会让他们对成绩、输赢格外关注，无法接受成绩不好或者比赛失利的后果——因为他们输掉的并不是自己的名次，而是爸爸妈妈的爱。

而一个有意思的想象是，越是这样，孩子越容易在重要的考试或者比赛上失利——因为他们太患得患失了，根本拿不出足够的勇气和信心去拼一把。

所以，爸爸妈妈明智的做法是通过态度、言语、行动，让孩子从小就明白，爸爸妈妈爱你，只因为你是我们的孩子，与你在学校是否名列前茅、是否有傲人才艺，没有一点关系。并且，大人也要真的发自内心地这么认为。

总之，孩子的抗挫折能力，是在日常生活中培养起来的，孩子“输不起”，根源也在日常生活中的诸多小事。爸爸妈妈避免在言行上误导孩子，就是在对孩子做最好的挫折教育。

培养孩子适度谨慎

一些爸爸妈妈，特别关心孩子“胆子”大小，而且倾向于认为，胆小是不好的个性，胆大是更好的个性，尤其希望男孩子“胆子要大”，认为这样孩子长大了才有男子汉气概。

对于孩子胆大胆小，真心爸妈的观点是，爸妈要帮助过于胆小的孩子克服胆小的问题，但也不需要盲目鼓励孩子胆子要大。知道考虑后果、危险性，懂得理性、谨慎地做事，对孩子来说，是很重要的能力，孩子从小就具有这样的能力，长大后也会受益无穷。

·不把恐吓当法宝·

一位爸爸问：

我儿子五岁，特别胆小，晚上去卫生间，都要大人先给开灯，是为什么呢？怎么才能让他胆子大点？

我们告诉他，注意一下家里带孩子的人是不是经常拿大灰狼、妖魔鬼怪之类的话吓唬孩子。

孩子小时候其实都是天不怕地不怕的小冒险家，什么都不怕，哪里都敢去。孩子变得胆小，如果不是家庭氛围不佳、大人经常吵架、摔东西，吓到孩子，那么多数情况下，是被大人那些故意吓唬孩子的话给吓出来的。

老人、保姆，甚至父母，带孩子时都经常会做各种各样的恐吓，最常被拿来吓唬小孩的，有大马猴、大灰狼、狼外婆、动画片里的坏家伙们、隔壁那个看起来很严肃的男人、医院里的医生护士、大马路上的警察叔叔，等等。

你再不睡觉，大马猴来了！

你再闹人，大灰狼吃你！

你再不听话，警察把你抓走关小黑屋！

你再不好好吃饭，医生来给你扎针！

有的孩子并不当真害怕，有的孩子比较敏感，从小就听到这些吓人话，就会留下印象，慢慢地变得怕黑、怕生人、怕陌生的地方、怕没见过的事物，恨不得时刻紧拉着大人的手才觉得安全。

有些孩子过于胆小，是因为大人为了孩子的安全，故意夸大一些稍有危险的行为的后果。比如孩子爬高，大人可能吓唬他：

“别爬，掉下来会摔着的，要是摔骨折，就得用那么厚的石膏把你绑起来，动都动不了，要是摔出口子，就得去医院缝针，好粗的针，好粗的线……”

老这么说，孩子怎么能不害怕？

孩子天性好奇，而且常常不知道有些举动有多危险。比如一两岁孩子老是想动饮水机热水龙头、电源插座，还特别喜欢爬高。三四岁孩子，尤其是男孩，会对汽车很好奇，特别想坐到司机座位上，动动这儿，动动那儿。

让孩子知道危险，是很必要的，但拿各种各样吓人的可能性来吓唬孩子，肯定不是好办法，既会造成孩子胆小，还可能激发一部分孩子的好奇心，让他们故意地去尝试那些危险举动。

大人吓唬孩子，都是图省事。不睡觉、闹人、不听话，都得百般哄劝，而且经常是大人费尽唇舌还不管用。随便抓点什么来吓唬吓唬孩子，就简单多了。孩子一害怕，就乖乖睡了、不哭闹了、听话了，多省事！殊不知，一时是省事了，孩子胆小的种子却可能就此埋下。

所以爸爸妈妈要特别注意，不把吓唬孩子当作让孩子乖乖听话的法宝。带孩子不是简单轻松的事，遇到孩子让大人抓狂的情况，需要大人多动些脑筋、多想办法，不能凡事就用最简单粗暴的方式。

如果孩子是主要由老人或者保姆来带，父母也要观察，他们是不是有吓唬孩子的情况。发现这些情况，需要和他们沟通，请他们改变方式。

·不用吓唬逗孩子·

还有一部分大人比较无聊，喜欢吓唬小孩子玩儿，摆出一副吓人样儿，说些吓唬孩子的话，看到孩子很惊恐，甚至吓得哇哇大哭，就觉得很好玩儿，自己在那儿哈哈大笑。

孩子不是大人的玩具，这样逗弄孩子，极不可取，不但会让孩子遭受无谓的恐惧，还削减孩子对大人的信任感。

爸爸妈妈不但自己不要这样逗孩子，带孩子在外面玩儿，遇到别人这样逗自己家孩子，也要马上制止。

有些父母可能会感到困难，“人家也没恶意，这没法说啊”“说了他们也不听啊”。孩子是自己的孩子，保护孩子不受伤害，有什么张不开嘴的？真心爸妈遇到这种情况，我们会直接说：“别吓唬孩子，孩子会害怕的。”管他高兴不高兴呢！

当然，孩子胆小，还有一种可能，就是家庭环境不太好，大人之间经常争吵、打骂、摔东西，让孩子感到很恐惧。这个问题，前面的《多施爱，少失控》那一章已经深入讲过，您可以参看。

·不盲目鼓励孩子大胆·

特别爱鼓励孩子“胆子要大”的爸爸妈妈，可能会认为胆大是勇敢，但真心爸妈认为，孩子勇敢不勇敢，和胆子大不大，是两回事。

勇敢是有勇气面对困难和挑战，不会怯懦退缩，不会先告诉自己“我不行”。无论在学习上还是生活上，这种勇敢都是上佳品格。

而“胆大”通常与“妄为”相连，只是胆大，但缺乏理性的人，不会考虑行动的风险、后果，更容易做事冒险、不守规则、不听劝阻、任性妄为。无论对男孩子还是女孩子，这种胆大，都不是什么好事。

真心妈妈开车接孩子放学，经过一个路口，红灯变绿灯，我启动了车子，突然一个背书包的十多岁小男孩“嗖”地窜了过来。开车的人，都知道那一刻是啥感觉吧？真心妈妈的汗毛都竖起来了，立马一身冷汗。亏得真心妈妈过路口一向不快，赶紧一脚刹车，孩子从车前两三米处跑过去了。

那位小男孩可能已经习惯了一个人上下学，他爸爸妈妈可能还会对此感到很骄傲，可他们不知道，在他们看不见的地方，孩子在冒着生命危险闯红灯！

真心爸爸倒不认为无论上学路程多近、孩子多大，爸爸妈妈都要接送。但让孩子知道，过马路时不要胆大包天地闯红灯，无论如何都是非常必要的，遵守交通规则固然是一个原因，更重要的，是生命安全。

胆大的孩子，容易不计后果地冒险，这一点，真心妈妈从小就深有体会。我小时候住在农村小镇，四周有不少小河、池塘。每到暑假，学校、老师都会反复叮嘱：千万不要在没有大人带的情况下，下河玩水，因为你不知道水有多深，不知道哪里有挖沙子挖出的大坑。

但每次路过水边，都会见到三五成群的男孩子玩得正欢。同样，几乎是每次暑假后开学，学校都会沉痛地通报，暑假里，我们学校或是别的学校，有孩子溺水身亡了。

住在城市，这样的消息听得少了，但孩子爬到窗户的护栏上玩，结果护栏松动，掉到楼下，孩子在家玩火引起火灾之类惨痛危险的事，也常见诸报端。

孩子怕黑、怕鬼怪、怕见生人、夜里不敢一个人起夜等特别胆小的表现，固然不太好，需要爸爸妈妈帮助克服，但不计后果地胆大、不知道什么叫危险，同样让人担心。

那些在路上与人一言不合就拳脚相向的男性成人，那些把做人工流产看得和做个指甲一般轻松的年轻女孩，他们很可能小时候都是“胆大”的孩子，长大后，成了胆大妄为的成人。

人常说，“艺高人胆大”“胆大心细”，这些正面的胆大，都是有条件的，要么技艺高超，有成功的把握；要么心思缜密，能既大胆又谨慎。

真心爸妈家里是两个男孩子，孩子从小到大，我们会鼓励孩子遇到困难不要怕，但从来不盲目鼓励孩子“胆子要大”。

·让孩子明白后果和危险·

对于可能带来危险的事，真心爸妈有三个对策：

一是减少孩子接触危险物品或者做危险举动的条件。

孩子小时候，刀子一定放到孩子拿不到的地方、电源插座尽量用家具挡起来，挡不住的，加保护盖或选有儿童保护装置的；孩子在车上时，不拿汽车钥匙给孩子玩，也不让孩子坐司机座位。大人先把日常生活中这些细节之处做好，就会减少很多危险。

二是大人特别留意照看孩子。

无论在家还是在外面，我们都会特别留意照看孩子，不会把孩子丢在一边，大人自己聊天或玩手机。孩子发生危险，通常是大人太疏忽，而不是孩子太大胆。

三是尽量让孩子从小就知道哪些东西、哪些举动是危险的。

孩子从小到大，他们的行动，只要不侵害他人、不危害自身，我们都很少干涉，但是有潜在危险的事，我们会明明白白地给他们讲可能的后果和危险性。

给孩子讲危险后果时，我们会说得很直接，让孩子能听明白，但不会刻意夸大和渲染，让孩子感到很害怕。从说服技巧的角度来说，这是两种不同的诉求方式，前者叫“理性诉求”，让孩子明白道理，后者叫“恐惧诉求”，让人因恐惧而采取或不采取某种行动。

比如我们会跟孩子讲，乱动开水、热锅、灶台，容易发生烧伤、烫伤，烧伤、烫伤都很痛，轻的长大后会留下疤痕，重的会有生命危险；乱动电源、插座可能会发生触电，触电是非常危险的事，会危及生命；爬到书架、衣柜顶上可能摔伤；用尖利东西互相打斗可能弄伤彼此；我们住在高楼，小孩子不可以随便开窗，虽然窗户装有护栏，但护栏的安装方式，让它未必可以承受一个孩子的重量……

只要日常生活中遇到的事情，我们都会跟孩子讲，怎么做是安全的、怎么做是危险的，所以两个孩子都对“后果”“危险”有明确的概念，做事谨慎，不胆大妄为，更是从来不会大人不让做什么偏做什么、不做让大人心惊肉跳的“淘气”举动。

说到让孩子明白什么是“危险”，一位妈妈说：

“我孩子才两岁，你跟他讲什么是危险，他能明白？不让他摸电门，除了大声呵斥，还能有什么办法？”

但也有一位妈妈说：

“我孩子小的时候也动过电门，我告诉他那样就再也见不到爸爸妈妈了，孩子就再也没动过。”

我们赞同第二位妈妈的态度和方式，孩子不是什么都不懂，而是你要用他能明白的方式跟他讲。两岁的孩子确实不能明白什么是死亡，但他明白“见不到爸爸妈妈”是很严重的事，按照孩子的理性，这样的事，他不会做的。

比如告诉孩子开水很烫，不要碰，我们是在孩子刚开始到处爬时，拿他的小手，轻轻碰一下放热水的杯子的外壁，孩子不会烫到哇哇大哭，也不会烫伤，但是对于“烫到会痛”，就有很明确的印象了。

记得我们两个孩子小时候，我们跟他们讲“生命危险”，孩子会理解成“生病危险”，我们就告诉孩子，“生命危险”可比“生病危险”严重多了，感冒啊、拉肚子啊等大部分疾病是比较轻的、能治好的，但失去生命，是治不好的。这样说，他们就明白了。

有的爸爸妈妈相信小孩子是没有理性的，跟孩子讲道理讲不明白，只能用呵斥、恐吓、打骂的方式让孩子在高压之下就范。但就真心爸妈带两个孩子的经验来看，孩子是有他自己的理性的，大人越用理性的方式教养孩子，孩子的理性程度越高。

爸爸妈妈不跟一两岁的孩子讲道理，那么到孩子五六岁甚至更大，你同样跟他讲不通道理；而从孩子一两岁时就用他能明白的话跟他讲道理，到三四岁的时候，你会发现孩子已经成为非常理性、非常聪慧的小孩，大人说什么，他们都能懂，而且还会用自己的话跟大人来解释和讨论，那种怎么说都说不通，把大人气得不行的状况，会很少发生。

别强迫孩子改变个性

很多爸爸妈妈都担心自己的孩子个性内向，总是希望孩子“外向”些，表现得更勇敢、活泼大方。其实，这里面有个挺严重的误解：个性内向是不好的，外向才更好。

真心妈妈自己就是通常说的个性内向的人，从小就是这样，现在人到中年，还是如此：不喜欢太热闹的场合；不太喜欢一群人在一起；不是特别容易和不熟悉的人成为朋友；喜欢独处，甚至很“宅”；不太喜欢多说话。

但是我并不觉得，从小到大，这种个性对我的学习、生活、工作有什么负面影响。

从小学到中学到大学到研究生，我都能交到很谈得来的朋友，彼此沟通无碍；工作之后，这种个性也完全不影响和领导、同事的沟通，只是可能表现得没有那么热情，完全不影响沟通的内容和效果；自己做公司的时候，这种个性也不影响日常工作；甚至做商务谈判，也完全没有问题。所差的，可能就是不太善于“应酬”而已。

勇敢活泼大方，通常被认为是外向型性格的特质，其实这些特质，内向的人如果有能力、自信，同样也不缺乏。

勇敢，不是表现得很勇敢，是面对困难、挑战时，不怯懦、不软弱，真的有迎接挑战的勇气，并且能付诸行动。该勇敢时，内向的人同样也会有这种勇敢。相反很多人看起来很外向、很勇敢，实际上却没有充分的自信，等到需要勇敢时，同样会恐惧、退缩。

活泼，不是表现得活泼、活跃、爱说话、特别合群、能歌善舞、八面玲珑，而是内心真的有活力、有热情、有乐趣、有兴致，这些东西，内向的人同样会有。所以，再内向的人，不一定沉闷无趣，该参与热闹时，内向的人也不一定是煞风景、搞得大家索然无味的人。

大方，不是表面看起来很大方，是内心稳定、处事淡然、宠辱不惊、行事得体。外向的人，不一定都能做到，内向的人，也不一定都做不到。

内向的人，喜欢独处，更能够面对自己的内心、和内心对话，所以更容易内心强大；

内向的人，通过独处，会有更强大的“自我”，不会轻易受到别人的影响，所以更容易保持自我；

内向的人，内心世界更丰富，所以即便是独处，也不会觉得孤独寂寞，反倒会觉得是一种享受；

内向的人，不太会受到外界的影响，有更强的专注力，做事会更严谨、更高效。

一群人在一起的时候，我们很容易看到有的人口若悬河，被人们簇拥，成为谈话的中心，也很容易看到另外一些人，他们安安静静地坐着，听别人聊天，偶尔会心一笑。

但一个人是口若悬河，还是安静内向，和他是否有能力，真的是没有一点关系。口若悬河的人，可能是以喋喋不休掩饰自己内在的空虚和不自信；安安静静的人，他的内心可能有很多思考，到做事的时候，会表现出很强的能力。

很多非常有成就的人，都是内向的人。

比如《哈利·波特》的作者J. K. 罗琳，个性内向，灵感涌现时，甚至不好意思跟别人借一支笔记录下来，她说：

“我从六岁就开始写作了，但是之前我从来没有如此激动过，这本书的灵感太棒了。但是我又非常无奈，因为我手边没有能用的笔，我又太腼腆不敢跟别人借……我当时手中没有笔，但是我觉得那也许是件好事。我就只是坐在那里思考着，思考了整整 4 个小时（因为列车晚点了），所有的细节都在我脑海里涌现了出来。我想象着一个瘦弱的黑发小男孩，戴着眼镜，他还不知道自己是个巫师，但是他的形象在我脑中越来越清晰了。”

但这个内向的小女孩，成了畅销全球的超级畅销书的作者。比尔·盖茨也被认为是内向的人，但他创办了微软；沃伦·巴菲特也是个内向的人，但他成了全球投资界的传奇。

我们家两个孩子，可能受到妈妈的影响，都比较偏内向，喜欢安静独处，但我们观察，这对他们幼儿园生活和学校生活都没有什么影响。

参加集体活动，他们都会特别认真、特别投入；

和同学交往，也都顺畅无碍，各自都有自己的好朋友；

和老师、家长沟通，他们也会充分表达自己的想法，而且很有主见，不会让人觉得这孩子闷得不行、没法沟通。

所以，我们不太主张爸爸妈妈一定要求偏内向的孩子变得外向起来。内向外向不重要，更重要的是孩子的能力和自信。一个有能力、有自信的人，无论他是外向还是内向，都能让自己生活、工作得愉悦而且有成就；一个能力不足、内心自卑的人，即便是性格非常外向，也是外表强大、内心虚弱，无法享受到愉悦的生活和有成就感的工作。

很多中国父母，都担心自己的孩子太过内向，长大后会“没出息”，于是不停地告诉孩子：你得变得活泼点，你得变得爱说话。这对孩子来说，是非常痛苦的事。

一是他原本内向的性格，被认为是一种负面的个性，不停被批评，在父母“洗脑”之下，他很可能就慢慢地认为，自己的个性是不好的，因而自我评价降低，变得自卑起来。

二是让内向的人变得外向，几乎不可能实现。曾经有一个内向的人，拼命变得外向，后来果然“表现得外向”了，他坚持了五年，最后放弃了，因为觉得那个外向的人根本是装出来的，完全不是他自己。

第八章

合作培养孩子好习惯（上）

孩子的任何好习惯，都需要父母用合作的方式帮助他培养。

■ 你的孩子，他会不会学习？——观察和分析孩子到底会不会学习的角度：知不知道自己要学什么、知不知道什么时候学、知不知道怎么学、需不需要花无比多时间、需不需要外力驱动、父母费不费劲。

■ 学习能力培养：施压式和赋能式——对孩子来说，真正重要的是学习能力，孩子的学习能力，来自他从小到大的学习实践；不懂孩子的父母，向自己和孩子施压，懂孩子的父母，为自己和孩子赋能。

■ 不陪写作业让孩子多拥有五种能力——安排任务、管理时间、独立思考、解决问题、相信自己。

■ 陪写作业的八个高效方法——约定时间、放下手机、不“盯”着孩子、不时时出声提醒、不时时判断对错、示范工作一次性完成、快速响应求助、检查作业不吐槽。

■ 培养孩子自主阅读——避免阅读焦虑；避免填鸭式的“亲子共读”；尽早开始，但避免“形式化”；“睡前故事”是亲子时间，不是阅读时间；亲子共读，以培养自主阅读为方向；尊重孩子自己的阅读方法；自主阅读，也是自由阅读；避免过度强调阅读。

■ 让孩子自主管理时间的七个方法——把时间交给孩子；别拘泥“时间管理法”；目标是提高效率，不是挤出时间；教孩子懂得“要事第一”；

教会孩子“一次只做一件事”；教会孩子高效完成简单小事；父母做好时间管理的示范。

■ 给孩子的时间留白——孩子有可以自己支配的自由时间，才能获得一些对他的学习、生活乃至人生来说相当重要的能力，包括独处的能力、静思的能力、觉知自我的能力。

■ 打卡毁掉孩子的自律——习惯是积久养成的生活方式，好习惯需要强大的内心意愿的驱动。带孩子打卡学习并不能培养出孩子内心强大的学习意愿，只能培养孩子对于“他律”的服从。

■ 如何培养孩子的专注力——不贴“不专注”标签；不打扰原则；不鼓励孩子“一心二用”；给孩子留专注投入的时间；给孩子的事务做减法；尊重孩子自己的兴趣；帮孩子专注课堂；父母示范专注。

■ 帮孩子学会深度工作——专注的孩子最大特征是擅长深度工作。要培养孩子深度工作的能力，父母需要帮孩子从小学会“一个人工作”，帮孩子从小体验长时间工作，帮孩子从小体验“艰巨”工作。

你的孩子，他会不会学习？

有一次，真心爸妈和自己的中学班主任讨论孩子学习的问题，这位老师已经有三十多年的教学经验，他说：

“会学习的孩子，我一眼就能看出来。”

我们就问了：“您是怎么看出来的呢？”

老师回答说：

“会学习的孩子，他跟你说话时，自己是在思考的，不是只听你说。不会学习的孩子，跟你说话时，是茫然的，他只是等你说，自己完全没有想法。”

我们老师的话，真是一语中的。相信每个有经验的老师，都能很快识别出哪个孩子是会学习的，哪个孩子是不会学习的。但可能大部分爸爸妈妈，都没有机会锻炼出这样的识别能力，他们会很困惑，我对孩子的学习也抓得很紧，孩子也没少花工夫，为什么就是学不好呢？但很少会想到从“会不会学习”的角度去分析。

孩子会不会学习，有哪些标志性的特征，或者说，会学习和不会学习的孩子，可识别的差异到底在哪里呢？真心爸妈觉得，可以从以下几个角度来看：

·知不知道自己要学什么·

会学习的孩子，他的学习版图是立体的，他能识别出哪些是重点，需要特别关注，哪些对自己来说是难点，需要多花工夫，哪些没有那么重要，一般掌握就好。

不会学习的孩子，他的学习版图是平面的，上面不分大小、不分高低，密密麻麻排列着要学的东西，等着他们一点一点地去捡起来。他们勤奋地捡啊捡啊，却常常丢了西瓜捡芝麻，或者像很多老师常说的那样，“熊瞎子掰棒子，捡一个丢一个”。

孩子知道自己要学什么的能力，来自哪里？最初是来自他对老师课堂教学的理解，老师说，这里是重点，或者老师在讲解某一部分时花的时间多，孩子就理解了，这些东西是重要的，但不会听课的孩子，就识别不出这些。

之后，会学习的孩子，通过跟随老师讲解，积累了越来越多的经验，学习内容在他的视野中就慢慢立体起来。但缺乏这种理解能力和思考能力的孩子，会不加识别地接收老师讲的所有东西，于是面对越积越多的学习内容，就慢慢迷路了。

·知不知道什么时候学·

会学习的孩子，懂得自己安排时间把计划中的学习任务完成，并且多花时间在那些重要的、有难度的内容上；但不会学习的孩子，需要别人帮助来安排时间，列出任务，然后按要求去完成。一旦没有了任务，不会学习的孩子就不知道自己该做什么。

孩子这种知道什么时候学的能力来自哪里？来自他对如何掌控学习时间的实践。

比如最简单的，从小到大都自己决定什么时间写作业的孩子，他就慢慢学会把各项作业排出顺序，然后逐项完成。

但有的孩子，从小到大都是由父母陪着、督促着写作业，那么他的习惯就是遵守爸爸妈妈安排的时间表，一旦要自己决定什么时候做什么，就会不知所措。

·知不知道怎么学·

会学习的孩子，知道怎么学，比如他明白课堂听讲的重要，懂得老师要求的“错题本”的重要性，会把知识在头脑中整理出清晰的脉络，会在学习的过程中，发展出自己的小方法，比如有的善于做思维导图，有的擅长将要点整理成表格。

但不会学习的孩子，没有自己的学习方法，他们习惯听从老师或者爸爸妈妈的安排，大人说你这么做，好，我就这么做；大人说那么做，好，我就那么做，完全没有思考，不会多做一点点东西，不会做一点自己的东西，更不会用自己的方法去做点什么。

孩子知道怎么学的能力，从哪里来？还是来自他从小到大的学习实践和爸爸妈妈的引导：

大人多引导孩子自己想、自己做，孩子就有自己的空间，去发展独立思考的能力和自己的学习方法；大人时刻掌控孩子的学习，孩子就没有办法也没有空间去发展这样的能力。

·需不需要花无比多时间·

会学习的孩子，好像并没有在学习上花很多很多时间，不需废寝忘食地学，但他能学得既快又好；不会学习的孩子，却不得不依赖在学习上耗费更多时间，但往往那些时间和努力又很难见到效果。

很多爸爸妈妈都疑惑，自家孩子挺用功的，每天都在不停学习，也没有什么怨言，为什么就是见不到效果呢？那是因为，你的孩子，他可能缺乏学习方法，方法不够，只好时间来凑。

怎么能让孩子不花那么多时间，就学得更快更好呢？办法就是，爸爸妈妈在培养孩子学习习惯的最初阶段，就别把花多少时间当成指标，而把“有没有效果”当成衡量标准，引导孩子去摸索方法，而不是一味地花费时间。

·需不需要外力驱动·

会学习的孩子，能从学习过程中获得乐趣和成就感，所以不需要爸爸妈妈督促，也不需要老师给很大压力，学习这件事，对他来说，好像是在自动自发地进行。而且他也不会觉得学习是一件困难的事：他可以很轻松地完成目前的学习任务，也可以很积极地开始新项目的学习。

但不会学习的孩子学起来就既没有乐趣，也没有成就感；既需要父母不停督促，也需要老师不断施压，没有外力的驱动，他很容易松懈甚至停滞；同时，他会觉得学习是很困难的事，对眼前的学习任务疲于应付，对于新的学习项目有畏难情绪。

为什么有的孩子不需要外力驱动，有的孩子却需要父母和老师不停施压呢？这和孩子在最初的学习过程中习惯了的模式有关。

习惯了在外界压力下学习的孩子，其实他一开始感受到的不是乐趣，而是压力，习惯于顺从压力或者对抗压力，而不是自我驱动；而从小到大被父母用激发而不是施压的方式培养的孩子，他更多感受到的是乐趣和成就感，于是他乐于不断获取这些乐趣和成就感，学习上就更加主动。

·父母费不费劲·

这其实不是孩子身上的差异，而是父母感受上的差异。

一些父母觉得，培养孩子学习的过程，既需要花很多时间督促、辅导，又需要花很多钱，送孩子上这样那样的补习班、辅导班，而且效果还不见得最佳，真是太费劲太累人了。

读到这儿，可能有的爸爸妈妈都快哭了：我们家孩子就是这样，太费劲了，老天爷怎么就不能赐给我一个会学习的孩子呢？

另外一些父母会觉得，孩子既不需要父母花很多时间督促、辅导，也不需要花钱去上什么班，好像大人没费什么劲，孩子就能学得很好了。

同样，读到这儿，可能有些爸爸妈妈就会心地笑了：对对对，我孩子就是这样，特别省心省力。那么恭喜您，您已经有了有了非常好的方法，带出了一个会学习的孩子。

孩子爱不爱学习，不是天生的，会不会学习，也不是天生的。老天爷不会赐给你一个天然会学习的孩子，但是爸爸妈妈可以通过自己在孩子学龄前和学习生涯最初几年的有效努力，培养出一个会学习的孩子。

学习能力培养：施压式和赋能式

一位妈妈在微博晒出儿子第一天上幼儿园的照片，按照当地的风俗，妈妈给他准备的装备包括：两棵葱，寓意聪明；几个苹果，寓意平安；当地一种叫“烤果”的小点心，寓意考试必过；菱角，寓意伶俐可人。

这些东西，加起来有五六斤重，孩子就这样书包里插着大葱，双手各提着一大袋“吉祥”食物，开始了他第一天的幼儿园生活。

照片一出来，网友们就献上了无比多评论，有人说可怜天下父母心，有人说迷信，有人调侃：“这孩子，将来要是考不上清华，都对不起那两棵葱！”

对这位妈妈的做法你怎么看呢？真心爸妈觉得这件事虽然看起来夸张，但它确实是当今很多家庭都在奉行的中国式家庭教育模式的一个特别真实、生动的缩影：

一边是焦虑万分、压力山大的爸妈，他们对孩子寄予厚望，并且从孩子上幼儿园开始，就不遗余力地关注孩子的学习、考试、升学；

另一边是可怜的孩子，他们从小背起父母给准备的沉重的书包，之后又背着越来越重的学习负担，一路被驱赶着，蹒跚前行。

·真正重要的是学习能力·

如此这般，父母压力大，孩子压力更大，但父母做的那些努力，真的有效帮助到了孩子吗?

很多爸爸妈妈，随着孩子慢慢长大，发现让孩子主动学习越来越困难，越来越累人，而很多孩子，根本没有学习动力和学习能力，离开父母的监控和驱动，就完全停步不前。

前面真心爸妈已经列举了孩子会学习和不会学习的一些具体表现，其实这些差异，归结起来只有一个——孩子学习能力的差异。

当我们看到一个孩子"会学习"，那说明他具备了很强的学习能力，当我们烦恼于一个孩子学习费劲，其实真正应该烦恼的，是他的学习能力。学习能力，才是决定孩子学业表现的最根本的东西。

心理学者将学习能力概括为，"个体所具有的能够引起行为或思维方面比较持久变化的内在素质"。

一个人的学习能力包括很多方面，比如注意力、观察力、记忆力、思维力、想象力、创造力、理解力、语言表达、操作能力、运算能力、听觉知觉能力、视觉知觉能力、学习成就感、自信心、独立性、灵活度、反思能力，等等。同时，还包括学习的方法与技巧，学习方法和技巧可以帮助一个人有效甚至高效学习。

这些素质，决定了一个孩子的学习能力，而不会学习的孩子欠缺的也正是这些。如果爸爸妈妈很为孩子的学习烦恼，基本上会同时发现，孩子注意力不够集中、理解能力不强、表达能力不强、学习成就感差、学习独立性差，等等，同时还会发现，孩子没有自己的学习方法，学习效率低下。

而面对一个会学习的孩子，你会发现，他的各项素质都比较高，同时，他还能在学习中建立自己的方法。

·学习能力从哪里来？·

孩子的学习能力，是由这些素质构成的一种综合能力，那么，它是怎么来的呢？真心爸妈认为，来源只有一个，就是——他从小到大的学习实践。

孩子从一出生就开始了学习，他学走路、学吃饭、学说话、学会数一二三四，学会背第一首古诗，都是他的学习实践。他在这些学习实践中，会一点一点学到学习能力，然后在真正开始上学之后，这些积累起来的学习能力，就会对他的学校学习发生作用。

当然，孩子小时候的这些学习都是在爸爸妈妈的引导下完成的，如果父母关注到了哪些是与学习能力相关的素质，并有意识地引导和培养，孩子的学习能力就能一点点地发展起来，如果父母没能有意识地去做这样的工作，孩子的学习能力就得不到发展。

比如父母从孩子小时候起就注意培养孩子的专注力，孩子学习起来就会更专注；

父母一直注意培养孩子独立思考能力，孩子就慢慢变得爱思考；

父母持续地培养孩子学习上的独立性，孩子就会变得不依赖爸妈、善于独立学习……

其他一些素质也是这样，没有长期的培养，孩子不会一下子就具备，爸爸妈妈们也不能期待，你送孩子去上一个“培养学习能力”的培训班，孩子的学习能力就一下子强大起来。

对烦恼孩子不会学习的爸爸妈妈来说，这可能是个坏消息，当然，换个角度看，这也是一个特别好的消息。

说坏消息，是因为培养学习能力并不容易，不解决这些基本素质问题，孩子的学习能力就无法提升，孩子就很难变得“会学习”。爸爸妈妈正在努力尝试的任何一个方法，比如送孩子去补习、每天盯着孩子写作业，都没有办法从根本上帮助孩子提升这些素质。

说好消息，是因为学习能力是一种通过日积月累形成的综合能力，只要爸爸妈妈能够理解到孩子的哪些素质与学习能力相关，并从孩子一出生起，一直到孩子上幼儿园、孩子小学阶段的最初几年，注意在日常生活中帮孩子养成这些素质，培养出一个会学习的孩子其实并不困难，甚至不需要额外花更多的时间、精力和金钱。

· 不懂孩子的父母，向自己和孩子施压 ·

同样努力的父母，却得到学习能力差异较大的孩子——根本原因，很可能是父母努力方向上的差异。

不懂孩子的父母，向自己和孩子施压；懂孩子的父母，给自己和孩子赋能。

一些爸爸妈妈并没有认真理解，或者根本没有想去弄明白孩子学习到底是怎么一回事，就开始吓唬自己、给自己施加压力：

现在孩子升学竞争这么厉害，我不早点抓孩子学习，孩子输在起跑线上怎么办？

我不让孩子从幼儿园起就学拼音、学认字，孩子上小学跟不上怎么办？

大家都送孩子去补习班，我不送孩子去，孩子学得比别人差怎么办？

越这么想，就越焦虑，越焦虑，压力就越大，然后就不由自主地向孩子施压，表现主要有以下几个：

第一，让孩子开始正规学习的时间越来越早。不用说小学孩子、初中孩子被各种班儿压得喘不过气来，就是幼儿园的孩子同时上好几个课外班的也屡见不鲜。焦虑的父母，甚至已经开始向几个月大的婴儿施压——要不要送孩子去上“早教班”呢？

第二，孩子的学习内容越来越多。除了上课，孩子们还要应付各种各样的课外辅导班、补习班，有的孩子甚至在校外有一套完整的辅导班体系，与校内课程一一对应。

第三，孩子的学习时间越来越长。周一到周五，从学校放了学，就得赶紧去上校外课，周末两天都被排满课程，然后再应付学校作业，简直捞不到哪怕半天的休息时间。有的孩子，除了睡觉，就一直是在学学学。

第四，严密监控孩子的学习。很多爸爸妈妈，从小学一年级起，直到小学毕业，甚至孩子上了初中，都是全程陪着孩子写作业，孩子什么时候开始写、写得快慢、写得对错、写得好坏，都在父母的监控之下。

如此给孩子施压的爸爸妈妈，当然也都认真负责，但真心爸妈认为，这些努力其实都没有花在对的、有效的方向上。

这些办法，都是在一味地严格管控孩子的学习，但着眼点，却并不是从根本上提升孩子的学习能力。这样培养出来的恐怕只是一个时时刻刻在学习的孩子，而不是一个会学习的孩子。当孩子缺乏真正的学习能力时，家长再用心，孩子再努力，都很难取得好成绩。

父母一味施压，还会起到反作用。当孩子不能自主学习时，家长越督促，孩子压力越大，越逆反，越没有那么热爱学习。

· 懂孩子的父母，为自己和孩子赋能 ·

与向自己和孩子施压的父母不同，懂得如何引导孩子学习的父母，他们做的事，不是施压，而是为自己和孩子赋能——让自己成为有方法的父母，让孩子成为有能力的孩子。

这样的爸妈，不会跟风去送孩子学这学那，而是首先花时间看书和学习，提升自己养育、教育孩子的能力，懂得学习和学习能力是怎么一回事，然后，从小培养孩子与学习能力相关的素质，努力做到让孩子不需要爸爸妈妈的督促、陪伴，就自己知道应该学习，而且知道怎么学习——这些，才是对孩子真正有益的工作。

爸爸妈妈给孩子学习“赋能”的行动包括：

帮孩子从小养成阅读习惯；

帮孩子从小养成爱思考的习惯；

从小培养孩子解决问题的能力；

从小培养孩子做事认真的素质；

从小培养孩子的专注力……

这样，孩子的学习能力，会从很小的时候起，就一点点地被培养出来，等到他开始上学，这些日积月累得来的学习能力，就会让他成为一个“会学习”的孩子。

然后，会发生一件更神奇的事：孩子越大，父母在他学习上要操的心越少，孩子的学习仿佛自动自发地向前走，学习能力越来越强，而且孩子也越来越有学习方法，自然，学习成绩会越来越好，或者好成绩一直得以保持。

有的爸爸妈妈可能觉得：我小时候，我父母也没花什么工夫，我学习也不错啊？其实是因为那时候大家都忙，父母对孩子的学习介入程度有限，反倒给了孩子一个自主习得和发展学习能力的空间。

而现在的爸妈，对孩子的学习关注太多、介入太多，用过多的学习内容、过多的学习辅导，挤压掉了孩子自己的发展空间：孩子光是应付那些压力还忙得不可开交呢，哪儿还有工夫和精力去发展学习能力呢？

焦虑的爸爸妈妈们，你给自己和孩子的压力已经太大了，焦虑之余，不妨想一想：如果你和孩子对他的学习能力都特别有信心，还需要这么焦虑吗？

不陪写作业让孩子多拥有五种能力

陪写作业，似乎是爸爸妈妈，尤其是小学生爸妈的一项“必做功课”，好多爸妈一边烦恼每天的家庭作业“像给大人留的一样”，一边又担心：

我要是不陪着写，孩子写不完怎么办？孩子磨磨蹭蹭怎么办？要是不帮盯着对错，作业错误百出怎么办？

真心爸妈的方法是：不陪着写作业，让孩子独立地、保质保量完成作业，如果老师不要求，家长不主动帮助检查对错，更不指挥孩子“这道题你该这么做”“这篇作文你这么写不好，该那么写”。

为什么？

我们觉得，陪着、盯着孩子写作业，可能能保证孩子每天都按时保质保量地完成作业，但对培养孩子的独立性来说坏处多多；而让孩子从小养成独立写作业的习惯，孩子收获的，不仅仅是完成每天的作业，还有以下五种对他日后学习和生活至关重要的能力，爸爸妈妈收获的，不仅仅是每天好几个小时的自由时间，还有一个独立性强、学习上毫不依赖的孩子。

·安排任务·

孩子每天在记事本上记下的家庭作业，实际上是个任务清单，老师通常要求孩子，完成一项，打一个钩，都完成了，找家长签字。

孩子需要对照着这个任务清单搞清楚每项任务的具体内容、每项任务的工作量、每项任务需要的时间，按照轻重缓急，自己排出执行这些任务的顺序，然后逐项完成。

这其实是个训练理解任务、安排任务、完成任务能力的过程。孩子能自己安排好作业任务，也能慢慢学会安排其他学习任务，比如考试前的复习、自习课上的自习等。

习惯于大人陪着写作业的孩子，安排任务的事常常是由爸爸妈妈来做的：“把你今天的记事拿来给我看看。”于是孩子乖乖地拿来，大人看一遍，“好了，语文作业在大练习册上，数学作业是在书上，英语要背课文，咱们一项一项来吧……”

这样，孩子根本没有机会锻炼自己安排任务的能力，等孩子大些，爸爸妈妈希望不再陪着写作业了，问题就一个一个冒出来了："咦，你昨天忘了语文作业？""你的朗读作业昨天没找我签字？""你数学作业本今天忘带了？"

·管理时间·

对于成人来说，时间管理是一项重要能力。有人会自嘲有"拖延症"，要做的事不到最后一刻绝不动手，甚至一直拖到"忘了"，有人会烦恼"忙死了，一堆事没时间做"。时间管理的能力不能一下子获得，而孩子小时候，其实就有一个重要的学习时间管理的机会——自己管理做作业的时间。

完成作业总共需要多长时间，每一项需要多长时间，几点开始，几点能做完——习惯于独立做作业的孩子，会有这样的概念，而习惯于爸爸妈妈盯着、陪着写作业的孩子，则往往既缺乏这样的时间观念，更缺乏时间上的自律。

爸爸妈妈说"你得写作业了""好，我去写作业"；"你快点写！""好，我快点写。""你怎么还没写完？你就是磨磨蹭蹭！"越是被这样督促着的孩子，在爸爸妈妈眼里，越是磨蹭。爸爸妈妈常常沮丧地发现：陪孩子写作业陪了好几年，孩子磨蹭的"毛病"一点儿没改，效率完全没有像大人希望的那样大幅提升。每天和孩子一起低效率地耗上几个小时，大人也常常濒临崩溃，甚至有爸妈说，自己陪孩子写作业，都陪出了心脏病。

其实如果爸爸妈妈尽早尝试放手，孩子在经过几次拖拖拉拉写到很晚，或者磨磨蹭蹭写不完之后，很快就学会适时开始、高效完成了。

·独立思考·

真心爸妈在快餐店里遇到的一对写作业的母女，场景是这样的：

一个看上去像四五年级的小姑娘忙着写作业，她妈妈坐在对面陪着。小姑娘写一个题目，就抬头看一眼妈妈，要是妈妈点点头，“这么写对”，小姑娘就低头继续写，要是妈妈摇摇头，“这么写不对”，小姑娘就停下来，等妈妈解释。

孩子很乖巧，妈妈也很耐心，但这样陪写作业，还是让人觉得不大妥当。小姑娘太依赖于妈妈的判断了，妈妈又太积极、太主动、太事无巨细了。假如孩子不在妈妈眼皮底下，而是在课堂上，或者在考试，她能写一个题目就等一下老师的评判吗？

上学是孩子上学，不是爸爸妈妈上学，孩子上学除了学习知识，更重要的是要学会思考。如果孩子写作业时，爸爸妈妈总是陪在旁边，孩子不免就变得依赖大人，总想着让大人看看自己做对了没有。陪在一边的爸爸妈妈，也常常自觉负担起“监督”“评判”的责任，不时纠正、指导孩子。

长期下来，孩子就很难养成独立思考的习惯。而且其中还有一个技术问题：虽然小学生的作业题目，对于大部分父母来说都没有难度，但爸爸妈妈不了解老师课上具体讲解的内容、步骤，指挥孩子做题，很容易让孩子的做法不符合他这个阶段的教材的具体要求，帮忙说不定就成了帮倒忙。

·解决问题·

孩子的作业中，可能会有他自己感到困难的题目。如果是孩子自己写作业，大人没有在一边看着，他可能会停下来，翻翻书或者找找例题，尝试自己解决。

如果大人在一边，情况就不同了。大人会说：“怎么停下来了？”“有不会的？我看看！”孩子也就只好配合着爸爸妈妈要“快点做完”的要求，放弃自己去慢慢思考、摸索，而接受大人的讲解、帮助。

爸爸妈妈这么陪着，几年下来，不给孩子一点自己面对困难、解决问题的机会，孩子恐怕很难培养出独立面对、独立解决困难问题的能力。

孩子会慢慢长大，学的课程也会越来越多，越来越难，就算是爸爸妈妈，也没有办法做到所有题目都会，更何况一些爸爸妈妈从孩子低年级时就开始自嘲："上学时学到的，都还给老师了。"到那时，爸爸妈妈帮不上忙，孩子自己不会动脑筋解决，大家怎么办呢？

·相信自己·

孩子自己写作业，除了能学会安排任务、管理时间、独立思考、解决问题，还有一个更大的收获，就是更相信自己——相信自己能完成作业，相信自己能解决难题，相信自己的思考和判断，而不会像前面说的那个小姑娘那样，每写一道题，都等着妈妈来帮助判断对错。

相信自己，或者说自信，对孩子未来的发展非常重要。

自信的孩子，遇到新课程、新任务，会相信自己能从容应对，而不够自信的孩子，遇到困难或者仅仅是想象中的困难，最先想到的，往往不是"我能行"，而是"我不行"，总是希望得到别人的帮助，得不到预期的帮助时，很容易灰心、放弃。

比如孩子上初中了，课程一下子增加好几门，自信的孩子会觉得，"这没什么，一点点学就好了"，不够自信的孩子，则可能还没开始就先怕了，"我的妈呀，这么多门课，光是作业就得多少啊"！爸爸妈妈不妨想象一下，两种表现的孩子，未来得有多大的差异！

一些爸爸妈妈会认为，大人陪孩子写作业，才是尽职尽责，主张不陪孩子写作业，是大人为自己的懒惰找借口。

但从真正对孩子负责的角度来看，到底是花费多年时间，陪出一个不会学习的孩子更好，还是花点精力，培养孩子独立写作业、进而提升学习能力更好呢？

陪写作业的八个高效方法

我们每次在育儿专栏里说不要陪孩子写作业，都会收到一大堆评论。有一部分爸爸妈妈是和我们一样不陪孩子写作业的，他们会说，确实是，不陪孩子写作业，不但大人轻松，对孩子养成好的学习习惯也大有好处。

但相当不少的爸爸妈妈，都是陪孩子写作业的，有的是自己认为孩子还小，大人不陪着，他就写不好作业，还会磨磨蹭蹭；有的是说自己孩子还没有独立写作业的习惯，爸妈不看着，孩子就不写作业或者作业品质很差；有的是说孩子上一二年级，老师明确要求家长陪着；有的是觉得自家孩子学习成绩不太好，担心不陪着写，孩子的成绩会更差。

当然，也有部分爸爸妈妈很愤怒，会吐槽学校、老师，觉得那些作业简直就是给家长留的。真心爸妈觉得，恼怒和吐槽只是发泄情绪，不解决问题。再说了，爸爸妈妈对学校、教育、老师抱负面态度，也不会给孩子什么良好影响。

既然相当多的爸爸妈妈有“不得不陪”的理由，那么咱们不妨继续讨论一下，如何陪孩子写作业，才能做到爸妈省心、孩子高效。

·约定时间·

孩子磨磨蹭蹭地不爱开始写作业怎么办？

孩子放学后总要玩够了再写作业怎么办？

很多爸妈都觉得，孩子放学回家，最好是一吃完晚饭，就马上开始写作业，甚至吃饭前，就把作业写完，所以大人会不停催促孩子：“赶紧的，我陪你写作业。”

但往往是大人越催促，孩子越磨蹭，最后大人不得不动用高压手段，把孩子弄到书桌前，而且好多孩子都是人坐在那儿了，心还没放到作业上，大人又是一通着急上火。

应对此类难题，爸爸妈妈可以尝试和孩子约定开始时间。我们家不陪写作业，但是比较早地用了约定时间的办法。不逼着孩子一放下饭碗就开始，但会和孩子商量好几点开始。

需要提醒爸爸妈妈们的是，和孩子“约定时间”，是用商量的办法，就是和孩子讨论他每天的作业有多少、需要用多长时间、他觉得什么时间写可以在正常的洗漱和上床睡觉时间前写完，同时也告诉孩子，爸爸妈妈希望他不要开始得太晚、必须保证不影响准时上床睡觉。这样商量下来，大家就可以得到一个双方都能接受的时间。

如果不听孩子的意见，只是由爸爸妈妈给他指定一个时间，那就不叫“商量”，也不叫“约定时间”。写作业的时间不必每天约定，在学期开始时，和孩子约好就可以。

如果孩子写作业不需要大人陪着，那么大人到时间提醒一下孩子，确认孩子准时开始就可以了，已经养成好的作业习惯的孩子，甚至连提醒都不用；如果孩子写作业还需要大人陪着，那么爸妈妈妈到了时间就放下手头其他的事情，招呼孩子“咱们开始写作业了”。这样一个学期下来，孩子就很容易养成在每天大致固定的时间开始写作业的习惯。

·放下手机·

如果孩子自己有手机，那么到了该写作业的时候，就要求孩子放下手机，最好放到别的房间，以免边写作业边受手机的诱惑。爸爸妈妈陪着写作业，自己也要放下手机。

大人边陪着孩子写作业边看手机，有两个明显的坏处：一是大人手上的手机会诱惑孩子，二是大人刷手机通常会刷得很投入，孩子写作业过程中需要求助，大人被打扰了，可能就会不耐烦。

说放下手机，一些爸爸妈妈会有点舍不得：我不看手机我做什么呢？现在很多爸爸妈妈都为孩子太迷恋手机而烦恼，但孩子不分时候地玩手机，玩起手机来什么都不想干，很多时候都是因为大人的示范。如果大人在陪着孩子写作业时还不停看手机，或者一放下手机就不知道干啥，孩子当然也会受到影响。

·不“盯”着孩子·

一些爸爸妈妈陪孩子写作业时，会眼珠不眨地盯着孩子。这样比起玩手机的大人来当然认真得多，但既不必要，也坏处多多。

大人紧盯着孩子，其实是一种监视，孩子会紧张，状态基本上是如坐针毡；大人也会紧张，状态简直是如临大敌。孩子和大人在这样被监视和监视的状态下，很难共同营造出每天轻轻松松写作业的氛围。

有些孩子，越被盯着效率越低、越容易出错，搞得在一边监督的爸爸妈妈火冒三丈，有的妈妈说，陪孩子写作业，简直分分钟想“抽娃”，有的妈妈说，经常被气炸了，有的妈妈说，简直想把作业给撕了。

大人是这样的状态，孩子写作业时，怎么可能保持稳定的情绪？本来该是一个安安静静地写，一个安安静静地陪，却在不少家庭中变成每天的作业大战。结果是，写作业的过程不愉悦，作业质量也不尽如人意。

陪写作业时，孩子做孩子的事，大人做自己的事，比如在一边看书、做手工，或者做自己的工作，是比较好的状态，既能起到一些爸爸妈妈希望的“监督”作用，也能让孩子相对轻松、自如。

·不时时出声提醒·

爸爸妈妈担心孩子坐姿不好影响视力，陪写作业时，不免随时提醒坐姿：“坐直了！”“头抬起来！”“别歪脑袋！”“笔拿高点！”还有的会时刻监督质量：“字写大点！”“别写那么潦草！”

这样，孩子写作业的过程就不停地被打断，孩子的注意力不断地在眼前的作业和爸爸妈妈提醒的事之间转换，长此以往，专注力就会受到影响。

如果孩子确实坐姿有问题，很可能是灯光不够好，或桌椅高度不合适，爸爸妈妈可以尝试改善灯光、调整座椅高度，一次性解决问题。

如果孩子握笔姿势有问题、写字太大或者太小、写字潦草、难以辨认，那是孩子基本书写习惯的问题，爸爸妈妈可以另找时间，帮孩子改善，但是不要把这些问题一股脑地都塞到孩子写作业的过程中解决。

·不时时判断对错·

一些爸爸妈妈认为，陪孩子写作业，就是随时监督孩子写得对不对、好不好的，所以只要一发现不对的地方，就马上打断孩子“你这道题写错了”“你那个字缺了一笔”，等等。

这样做的大人会发现，自己陪写作业陪得尽心尽力，孩子的作业质量却没有提升，甚至学习成绩也越陪越差，问题出在哪儿呢？

一是爸爸妈妈随时插进来打断孩子，会影响孩子写作业的效率和专注程度。

二是大人时刻在旁边判断对错，孩子会形成依赖心理，“反正爸爸妈妈盯着呢，我没写对，大人会告诉我”。这样，孩子自己的投入程度就会降低，对作业质量的要求也会降低。

爸爸妈妈可以尝试把指出作业中的错误、辅导孩子改正的工作，放到孩子完成作业、爸爸妈妈按照老师要求帮助检查的环节一次性完成。

孩子不被打扰，会写得更快更专注，爸爸妈妈也可以不用时刻盯着孩子，从而把陪写作业的时间，变成自己可以安静阅读或者做其他小事的时间。

·示范工作一次性完成·

当然，对一些对课堂内容掌握得还不够好的孩子来说，大人陪写作业还有辅导的作用，最典型的是，孩子刚上一年级时辅导笔顺。

孩子刚上一年级时，确实会经常出现有些字或者字母不知如何下笔的情况，需要爸爸妈妈来指导。但爸爸妈妈的指导最好在孩子开始写作业时一次性完成，而不是在孩子写作业的过程中随时提醒“笔顺不对”“写错了”。

比如孩子今天要写五个生字，每个字写五遍，爸爸妈妈可以让孩子每个字都先写一遍，如果笔顺没有问题，就让孩子继续写下去，如果有问题，爸爸妈妈就集中示范一下，再让孩子写一遍，确认孩子会写之后，这项工作就完成了。

让孩子一开始就掌握正确的方法，比让他一遍又一遍地重复错误、重复改正，要高效得多，对孩子的提高也更有帮助。

·快速响应求助·

如果孩子写作业过程中遇到问题，需要求助于大人，陪在一边的爸爸妈妈要快速反应，马上提供帮助，不能说“等会儿”“我正忙着呢”。

大人这么说，还没学会先把问题放到一边的孩子，很可能就会停下来，一直等着大人来辅导或者帮忙，写作业的时间自然就会延长。

另外，爸爸妈妈明明是在陪着孩子写作业，孩子求助时却又不能及时反应，也会让孩子很困惑：“你不就是在陪我写作业吗，怎么还说自己忙别的呢？”大人专注于当下，也是给孩子做出的专心致志做好一件事的示范。

如果孩子已经养成不需要大人陪着写作业的习惯，孩子求助时大人正忙着，倒是可以告诉孩子：“稍等一会儿，我忙完手头的事，你先做别的。”

有的爸爸妈妈，看起来是在陪孩子写作业，而且也觉得自己负有“辅导”的责任，但是孩子真的遇到问题，大人的态度马上就变了。

有的是马上责备孩子：“课上不是学过了吗？怎么还不会？”

有的是马上吐槽作业：“现在三年级孩子的题目，怎么就这么难了？”

有的是连题目都没看呢，就先打退堂鼓：“哎呀，这我可不会啊，这都多少年了，我小时候学过的早还给老师了！”

父母这样的表现，显然对孩子不好。比较好的办法是，遇到孩子求助，大人认认真真地帮忙，和他一起研究题目，一起复习课本上相关的内容，然后找到正确的解决办法。

爸爸妈妈这样做，是给孩子做出一个“如何解决问题”的好示范，也会潜移默化地影响孩子建立这样的观念：遇到困难，想办法去解决，不要轻易放弃。

·检查作业不吐槽·

一些爸爸妈妈，帮孩子检查作业时发现错误，会习惯性地吐槽孩子：“这道题这么简单，你怎么还错了？”“这么多错，你上课怎么听的？”有的甚至是火冒三丈，恨不得把孩子大骂一顿才解气。

这些抱怨、吐槽、批评、指责，除了让孩子大人都不开心，没有任何好处。孩子写错了，自然是他还没有彻底掌握那部分知识，爸爸妈妈帮他找到错误原因，把有问题的地方给他讲清楚，让孩子能自己改对了，才是有建设性的做法。

总之，爸爸妈妈陪孩子写作业，最终的目标是实现孩子不需要大人陪着也能独立完成作业，而不是一直一直陪下去。所以，需要陪写作业的爸爸妈妈，真的得注意自己的方法，边陪着，边培养孩子专心致志地高效完成作业的习惯。

培养孩子自主阅读

“宝贝现在八个多月，读绘本不是自己拿过去啃就是拿手撕扯，怎么培养孩子安静地听我读绘本呢？”

“我们家孩子听不了几句就跑去玩别的，怎么办？”

“亲子共读变成了爸妈阅读，孩子根本不配合你，怎么办？”

“每次亲子共读点读本的时候，孩子总是吃点读笔怎么办？”

·避免“阅读焦虑”·

在每一个关于小宝贝阅读的问题背后，我们都能感觉到，有一股浓浓的焦虑情绪在蔓延。爸爸妈妈们心急火燎地想方设法寻找更高效的办法，而孩子们的表现，在父母眼中，却不爱读、读得慢、读得不专心，总之就是不配合。

难道育儿焦虑，已经从上幼儿园、幼升小、小升初，传染到培养孩子阅读习惯上来了吗？培养孩子阅读习惯，真的需要这么着急吗？

培养孩子阅读习惯，是一项漫长的工作，真的急不得。按照我们的经验，爸爸妈妈能在孩子上小学前，帮助孩子养成阅读习惯，就算是非常成功了，完全没有必要期待孩子半岁时就能听你讲故事、一岁时就能捧着绘本读得津津有味。

爸爸妈妈也没有必要急着去和别人家做比较，“别人的孩子一岁前已经亲子共读多少多少本绘本了，我们还没开始，会不会太晚了”？“别人家孩子三岁时就通过阅读认识很多字了，我们孩子还一个字都不认识呢，怎么办呢”？

每个孩子都是不同的，各种能力都发展得有早有晚、有快有慢。就像孩子长牙，有的宝贝六个月时就长出了好几颗漂亮的小牙齿，有的孩子八九个月了，还秃着小牙床啃香蕉，但这有什么关系呢？只要喂养得当，到一岁多点的时候，每个孩子都能用自己的牙齿正常吃饭。

培养孩子阅读也是一样，只要爸爸妈妈方法得当，持续努力，每个孩子都有在上学之前养成良好阅读习惯的潜力，怕的反倒是爸爸妈妈操之过急、过度焦虑，采用不当方法，把孩子对阅读的兴趣给过早耗尽或者扼杀了。

·避免填鸭式的“亲子共读”·

爸爸妈妈扼杀孩子阅读兴趣最典型的方法，就是填鸭式的亲子共读。

真心爸妈曾被一位妈妈给吓到。这位超级认真负责的妈妈问：

“孩子三个月了，我准备开始亲子共读了，老师有什么绘本可以推荐吗？”

看到这样的问题，我们眼前浮现了一个特别不好的场景：一只可怜的小鸭子，被捉着脖子、捏大嘴巴，嘴巴里塞进一根管子，让小鸭子迅速长肉的饲料就这样顺着管子，填到小鸭子的胃里。

可能没有任何一位爸爸妈妈喜欢被说成是如此简单粗暴的“饲养者”，但给三个月的孩子做亲子共读、希望八个月的孩子能安安静静地坐下来听大人读绘本，父母所做的，真的是与填鸭无异的工作。

三个月的孩子要练习的，不是趴在床上，练习翻身、抬头、伸手抓握吗？什么时候，阅读也成了他的必修课了？

八个月的孩子要练习的，不是爬行能力、简单的认物能力，然后满屋子欢快地爬来爬去、探索他周围的世界吗？什么时候，变成得安安静静地坐下来听妈妈读绘本了？

揠苗助长，可能是我们最早教会孩子的几个成语之一，大人讲的时候，总是绘声绘色，把那位农夫给嘲笑得体无完肤，但回过头来看看自己，有多少爸爸妈妈，打着“为孩子好”的旗号，做的却都是违背孩子的发展规律、揠苗助长的事？

古人说“揠苗助长，苦心极力，卒无所得也”。大人用这样的方法培养孩子阅读，亲子共读变成爸妈阅读，真是没什么可奇怪的。

·尽早开始，但避免“形式化”·

在培养孩子阅读上，真心爸妈确实主张尽早开始，但不赞同过早开始中规中矩的“亲子共读”。

希望几个月大的孩子在爸爸妈妈怀里安安静静地听大人读书，基本上是难于实现的。孩子一定会好奇地去抓书、撕书，或者想把书从大人手里抢过来自己翻看，或者注意力很快被其他东西吸引，小手指着这里那里，让大人抱着去看。很多在孩子一岁以内开始亲子共读的爸爸妈妈遭遇的“孩子不配合”，都是非常正常的。

几个月的孩子，好奇心超强，但他们更感兴趣的是玩具，而不是听大人读书，所以我们家的办法是，把书当作玩具，拿给孩子玩：三个月的时候，给他们准备布书、洗澡书，让他们随便抓着玩，再大一点，给他们玩认物大卡，撕啊、抓啊，翻看啊，怎么玩都没关系，玩多久都可以，咬坏了、撕坏了，就换新的。

如果孩子指着这些小书、大卡，向爸妈妈妈表示疑问，大人可以简单地告诉孩子画面上是什么、有什么特点、能做什么，孩子不问大人，大人也不抓着孩子给他讲。

这么做，孩子就会把这些东西当成普通的“玩具”，想起来就玩玩，不想玩了就丢下，完全不受形式化的“亲子阅读”的约束，也不会感到压力，更不会因为被限制在大人怀里“读书”而烦躁不安。

其实这一阶段培养孩子阅读的目标，不是马上让他爱上看书，而是建立起孩子与这些可读之物的接触，让孩子觉得，书就是玩具，是他每天都可以玩而且可以随意玩的东西。

建立起最初的接触，等到一岁多的时候，孩子自己偶尔拿起书来翻一会儿，或者听大人讲上几分钟，就变成非常自然的事。

·“睡前故事”是亲子时间，不是阅读时间·

“我的孩子非常喜欢亲子阅读，已经有三年了，但一直停留在我读她听的状态，是否有更好的方法让孩子过渡到自主阅读呢？“

“宝贝四岁半，坚持亲子阅读近两年，已经养成了睡前阅读的好习惯，但还不会自己读书，如何进一步引导主动阅读？”

“孩子在睡前要拉着爸爸妈妈讲一个又一个故事，但给他书，他从来不看，为什么呢？”

爸爸妈妈这么努力地做亲子阅读，孩子听了那么多睡前故事，为什么还是没有像爸爸妈妈期待的那样，很快爱上自己读书？

真心爸妈认为，这恐怕与爸爸妈妈对亲子阅读理解上的误区、操作上的偏颇有关。如果一直用“我读你听”的方式培养孩子阅读习惯，或者孩子的阅读活动只停留在睡前故事，孩子很可能像一位妈妈描述的那样，变成在阅读上毫无主动性的孩子：

“孩子五年级，每次去图书馆借书或者去书城买书，都是让妈妈帮他选，他从来不选，叫他选他也只会选一两本漫画书，然后就说，妈妈你再帮我选选，他自己都懒得去找。”

一些爸爸妈妈会把睡前故事时间，当成是亲子阅读时间，觉得自己每天照着书给孩子讲睡前故事，或者读书给孩子听，就是在培养孩子的阅读习惯了。这恐怕是一个美丽的误会。

睡前故事时间，是亲子时间，不是阅读时间。孩子睡前要求爸爸妈妈讲故事，其实是享受大人的陪伴和与父母的亲密关系，他的需求并不是听到什么新故事或者有趣的事，甚至听到什么，对孩子来说都毫不重要。

我家大儿子很早就开始阅读，他上幼儿园前和上幼儿园那几年，只要在家里，都会自己拿绘本和漫画书来看，但是临睡前，都会叫爸爸去给他讲睡前故事，而且最爱的睡前故事只有一个，就是《三个和尚》，直接讲故事还不行，一定要照着上海美影的那本《三个和尚》的电影故事书来读。

每天的场景是这样的：爸爸靠在他床上，举着《三个和尚》，和尚念经般地读，孩子在床上躺躺、坐坐、靠爸爸身上腻腻、自己玩儿玩具，过一会儿就睡着了。

有时是爸爸念着念着先睡着了，孩子就把爸爸推醒："爸爸，爸爸，别睡，讲故事。"爸爸就打起精神继续念。最好笑的是，他四岁左右时，已经自己认识了好多字，就成了爸爸的"小监工"，爸爸稍微偷懒，少念了几个字，孩子马上毫不客气地指出来："爸爸爸爸，你念错了，这几个字你还没念。"爸爸很郁闷："你都认字了，为啥不自己读，非得让我念？"孩子理直气壮："因为是你在给我讲睡前故事啊。"

现在孩子十几岁了，说起这事，真心爸爸还是一脸心有余悸："我的天啊，一个故事每天每天念，真是快把我给念吐了！"

从这件小事，我们就发现，大人给孩子讲睡前故事，真的是和培养孩子阅读习惯没什么关系。睡前故事，对孩子最大的价值是爸爸妈妈的陪伴、亲子之间的交流，大人只要把孩子睡前这一小段故事时间，当成一天中最宝贵、最温馨的亲子时间就好了。

·亲子共读，以培养自主阅读为方向·

当然，好多特别注重亲子共读的爸爸妈妈，除了睡前故事，也会在白天时段，尽可能找时间，带着孩子阅读，希望通过从小给孩子朗读，和孩子一起看书，给孩子讲故事、读绘本，让孩子养成阅读习惯。但恐怕又会陷入另一个误区，就是大人读、孩子听，而不是孩子读、大人陪。

这听起来好像没什么差别，不都是孩子大人坐下来一起读书吗？其实操作起来，差别大极了。

“我读你听”通常是这样的：

爸爸妈妈是阅读中的“导演”，读什么、怎么读、阅读进程如何，由大人主导；

爸爸妈妈是亲子阅读的“主角”，“读”的活动由大人而不是孩子进行；

书拿在大人手里，而不是孩子手里；

大人是亲子阅读的发起者，孩子是亲子阅读活动中的跟从者；

大人读什么，孩子听什么，“不要打断”。

孩子要提问、要讨论，爸爸妈妈说：“等咱们读完了你再说话。”通常等到读完了，孩子已经忘掉当时想说什么了。

而“你读我陪”是这样的：

孩子决定读什么；

孩子决定在卧室读、客厅读，还是在床上读；

孩子决定要不要爸爸妈妈陪；

孩子决定读多长时间，想读就读，不想读就放下；

书拿在孩子手里，他决定从哪儿开始，自己想什么时候翻页就什么时候翻页；

孩子遇到问题，随时抬头问爸爸妈妈：“这是什么？”“这是怎么回事？”“这个字念什么？”爸爸妈妈马上尽可能准确、清楚但不啰唆地回答，而不是告诉孩子：“等你读完了再问。”

两相对比，发现了吧？“我读你听”模式的亲子阅读，是大人在读，“你读我陪”模式的亲子阅读，才是孩子在读。

看清楚这一点，就不难理解，为什么不少爸爸妈妈在亲子阅读上投入了相当多的时间和精力，却发现到头来孩子根本没爱上阅读，只要大人不陪着，孩子就不知道读什么、不知道怎么读，甚至没有大人要求，孩子根本就不会想到拿起书来读。

听和读是两种不同的能力，孩子只是听爸爸妈妈朗读、讲书，可能会听到好多知识、故事，但不会听出独立阅读图画或者文字的能力。这也正是好多孩子在上学前一直听大人读书，但却完全没有阅读能力的根本原因。

在亲子共读中，孩子能决定的东西，其实非常有限，读什么，通常是大人选择的，读的进度，也由大人掌握，一旦孩子停下来问问题，大人还往往认为孩子读得不专心，在东拉西扯。这样很难培养出孩子自己的阅读兴趣、阅读能力和阅读习惯。

习惯，是一个人日久养成的日常活动和生活方式，是一个人会主动进行的活动，如果需要他人驱动、监督、主导，才会做某种活动，那么这种活动就不是习惯，只是被动的遵从，阅读习惯也是一样。

培养孩子阅读习惯，其实是要培养孩子的主动阅读、自主阅读习惯，而不是由爸爸妈妈陪着读、督促着读、监督着读。

培养自主阅读习惯，是通过尽早让孩子接触书、为孩子创造良好的阅读环境、鼓励孩子想读什么就读什么、想怎么读就怎么读实现的。

能够自主阅读的孩子，才能摆脱亲子共读的束缚，在阅读中获得更大的乐趣，才能不断地自己扩大阅读领域，在阅读中不断地自己思考、提出问题，然后通过更广泛的阅读，来获得解答。

孩子找不到自主阅读、主动阅读的感觉，可以说基本上很难培养出阅读习惯，一旦大人停止亲子共读，他就不再有兴趣拿起任何一本来读。这样，阅读就成了非得大人督促不可的事。

如果爸爸妈妈一直采用“我读你听”的办法，孩子不但很难养成阅读习惯，甚至再大一点之后，还容易对阅读这件事产生逆反：你越让我读，我越不读。

对于已经开始亲子共读的爸爸妈妈，真心爸妈的建议是：

在和孩子亲子共读时，减少爸爸妈妈的引导和控制，尽早让孩子自己决定读什么、怎么读，由孩子自己控制阅读方式和进程，然后当大人发现不需要大人陪伴，孩子就能自己拿起书来读时，大人就不再参与孩子的阅读活动，只在孩子提出问题时，尽量充分地解答，在孩子表示希望看一些他暂时还看不懂的文字书时帮孩子朗读就可以了。

·尊重孩子自己的阅读方法·

一些爸爸妈妈忧虑如何让孩子爱上阅读，但孩子喜欢上阅读之后，爸爸妈妈又常常为孩子到底该怎么读，孩子现在的阅读方法对不对、好不好而烦恼。

孩子阅读时爱“跑题”——

我儿子四岁半，在讲故事时他爱提问，要是回答他就跑题了，不回答又觉得不能满足他的好奇，请问应该怎么做？

女儿四岁，看书的时候想象力太丰富，总是由书中的一点发散到很远很远的地方去了，我要不要在她扯太远的时候把她叫回来呢？

孩子读得太慢——

孩子老是喜欢看同一本书，四岁了，最近几周都是这样，怎么改变这种情况？

孩子看书时太爱问问题，一本书要读很久，怎么办？

如何教会孩子快速吸取书中的知识，而不是全部都读，以便节省出时间来阅读其他的书籍？

孩子记住的信息太少——

孩子阅读从来不做笔记，感觉只是看看而已，如何引导孩子深度阅读并做笔记？

我家孩子喜欢看书，就是前面看后面马上就忘了，感觉白看了，怎么办？

孩子读的时候很认真，也可以把内容用自己的语言讲出来，但是对阅读内容的文字记忆不清，有什么好办法吗？

如果让爸爸妈妈们敞开罗列，相信“问题”还远远不止这么多。是孩子真的不会读吗？

家有两个很早就培养出自主阅读习惯的孩子，但真心爸妈对这些问题一点办法都没有：

我家孩子看书时，也是一样的想象力丰富，一样地爱跑题，从一个问题能联想到十万八千里远，能和大人讨论上半小时甚至一小时；

他们也常常一本书反反复复读很久、读很多遍；

除了老师要求的读书笔记，他们自己看书从来不做笔记；

而且我们也对他们看了哪本书，记住了什么，完全不闻不问。

之所以对诸如此类的“问题”不闻不问，是因为在真心爸妈看来，这些都完全不是“问题”，只是孩子自己的阅读方法而已，而且它们还都是孩子自己摸索出来的很好的方法。

比如孩子阅读时爱“跑题”、爱提问题：

孩子看书时提出问题，说明他“看进去”了，如果读的内容完全没过脑子，他就提不出任何问题；孩子不停从一个问题联想到另一个问题，说明他想象力丰富、知识面宽广、善于思考、能够调动更多信息来解决眼前的问题。这都是爸爸妈妈花很大力气培养，也不一定能培养出来的方法和能力，不但不需要纠正，反倒应该高兴，而且还要大力鼓励。

人们常说，一些孩子是“死读书”“读死书”，就是说无论是自己阅读，还是在学校学习，他能从书上得到的，只有字面意思，从课堂上得到的，只有老师明确讲到的东西。书上讲了什么就是什么，老师说什么就只知道什么，不会自己思考，也不会把新学到的东西和自己已经知道的东西联系起来。这样的孩子，和看书想象力丰富、不断提出问题的孩子相比，学习能力是差很多的。

所以孩子看书时向爸爸妈妈提问，一定不要打击他，不要跟他说，“哪来那么多问题”“你怎么这么不专心”，要做到积极、主动、热情、高度配合地回答孩子的问题，百问不厌，百答不烦。爸爸妈妈坚持这么做，你会发现，孩子的想象力、提问能力、表达能力、讨论能力、独思考能力都会越来越强，他的知识面也会越来越宽。

比如读得慢、一本书读很多遍：

爸爸妈妈可能会觉得孩子这样看书是在浪费时间，认为他每读一遍，从书中获取的信息都是相同的，有这时间，不如再去读一本新书。其实完全不是这样。

同一本书，孩子每看一遍，不但都会加深对已经获取的信息的印象，更重要的是，每看一次，都会看到新东西——之前没有注意到的细节、关联、因果关系，等等，从而获取到新的、更丰富的信息。正因为每次都有新发现，孩子才会有兴趣一遍一遍地看下去。

我们家两个孩子，很多书都是反反复复看很多遍的，比如他们幼儿园阶段喜欢看《神奇校车》，三个系列好几十本的每一本，都看了不知道多少遍，甚至有一段时间，把自己的阅读时间直接命名为“神奇校车时间”，结果，没过多久，他们就对生活中的声、光、水、电、雨、雪、风、霜等常见现象，解释得头头是道了。

反反复复看一本书，是孩子自己发展出的深度阅读技术——精读，就是深入阅读一本书，然后获取其中更丰富的内容。反倒是一本接一本地读下去，一本书从来不会读第二遍的孩子，爸爸妈妈才应该担心。这说明，孩子不会“精读”，他从书中获得的信息，会很浅、很有限。而且，孩子这么读，很可能只是为了完成爸爸妈妈交给他的阅读任务、为了讨爸爸妈妈高兴，他对阅读并没有自己的目标。

再比如爸爸妈妈担心的，孩子不做笔记、记住的东西少，问他什么都说不出来，问他书上的字词也答不上来的问题。

其实爸爸妈妈不必纠结于孩子看一本书，看懂了没有，记住了没有。阅读是个慢工夫，孩子看一本书，也许大人看不到明确的收获，但是孩子读过几百本、一千本之后，效果自然就会显现了。

如果孩子每看一本书，大人都要考他记住了什么，甚至要求孩子用做笔记的方式加深记忆，会严重伤害孩子的阅读兴趣。这样，你就不是在培养孩子阅读，而是给热爱阅读的孩子拖后腿。

孩子阅读，不是上语文课，需要能马上回答老师问题，而且他不能马上答出来，也并不能说明孩子一无所获。

在这儿，我想介绍关于人类个人知识的一对概念，就是显性知识和隐性知识。这是由英籍犹太裔物理化学家和哲学家迈克尔·波兰尼提出来的，他认为：

“人类的知识有两种。通常被描述为知识的，即以书面文字、图表和数学公式加以表述的，只是一种类型的知识。而未被表述的知识，像我们在做某事的行动中所拥有的知识，是另一种知识。”

他把前者称为显性知识，而将后者称为隐性知识。

显性知识，简单说，就是“能明确表述的知识”，显性知识能够被人类以一定符码——最典型的是语言，也包括数学公式、各类图表、盲文、手势语、旗语等诸种符号形式加以完整表述，比如孩子从书上看到的知识，就是显性知识。

隐性知识，存在于人的头脑中，来自人们学习到的显性知识、他自身的经历和经验、他对某事的反复实践，是个人能力的一部分。

孩子学习的过程，其实就是把书本上的显性知识，内化为自己的隐性知识的过程，就是把知识转化为自己的能力。

一些孩子，看完了书，你马上问他，他都能答得上来，但过三天再问，他就全忘光了，这就是他的知识没有内化；有的孩子，你问他，他说不出什么，但是可能突然有一天，他说出了一个让你吃惊的观点，或者突然解释了一个原本他会问“为什么”的问题，就说明，他悄悄地把从书上看到的东西，内化为他自己的思考能力和解决问题能力了。

很多孩子看起来很用功，平时做作业也都会，但就是题目一有变化或者稍微难一点，需要动点脑筋，他就不会了，这就是他从课堂上学到的东西，没有内化为他自己的知识的原因。

所以，在孩子阅读的问题上，大人不要只关注他记住了多少、有没有记笔记，能不能马上做输出，而是要关注孩子的知识面，有没有随着阅读越来越宽，孩子的思考能力、提问的能力，有没有随着阅读变得更强。只要孩子的知识和能力都在提升，大人就完全不用担心他的阅读品质的问题。

有的爸爸妈妈会很担心，孩子看书是不是认真看了，是不是每一个字、每一段话都看了。比如有一位妈妈问我们："我孩子阅读时老丢字落字，我该怎么帮他？"

这让我们非常吃惊，阅读难道不是该安安静静读的吗？难道要孩子读出声？如果不是要孩子读出声，妈妈又怎么知道孩子读书的时候丢了一个字呢？

这里边其实藏着一个巨大的误解，就是：把"阅读"和"朗读"等同起来。阅读和朗读是完全不同的活动，阅读不是朗读，朗读也不是阅读。

真正的阅读，是安静地读，不读出声的。一是读出声来，会读得很慢，二是读出声来的动作，其实是影响孩子阅读时的状态的，他很容易只经过了嘴巴，而没经过脑子，所谓的"有口无心"。

再者，如果我们用要求孩子读出声来的办法来监督孩子的阅读，孩子很容易就养成不读出声来就读不下去的习惯。难道他在考试时读卷子也能读出声来吗？

朗读当然也是重要的，但朗读主要培养的是孩子的语感，不是全面的阅读能力，所以爸爸妈妈不能用朗读来替代不出声的、真正的阅读。

回到孩子丢字落字的问题，其实这是一种特别正常的状态，真正有效率的阅读，不是一个字一个字读，而是一个句子一个句子、一个句群一个句群，甚至是一个段落一个段落地读。这样读起来，你不可能关注到每个字词，不可能一个字都不落下。被爸妈妈妈要求阅读时一字不落的孩子，他读书一定非常慢、效率非常低。

除了前面说过的精读，还有另外一个重要的阅读技术，就是泛读。泛读是一种快速阅读技术，会泛读的孩子能很快读完一本书，并打捞出他感兴趣的内容。孩子掌握了泛读的技术，才能做阅读量上的积累。真正的阅读，是需要阅读量的积累的。

我们说培养孩子的阅读习惯，结果他只能读得很慢，一学期勉强能读完一本书，那他即便有阅读习惯，每天都在读，阅读能力也是非常低的。我们认为，孩子既要能反复读一本书，也要能一小时快速翻完一本书，两种能力都具备的孩子，才能说是真的会阅读。

·自主阅读，也是自由阅读·

真心爸妈主张培养孩子自主阅读，这里的自主，就包括让孩子享有怎么读的自由，自主阅读本质上也是自由阅读：

我想读哪本书，就读哪本；

我想什么时候读，只要不影响睡觉、吃饭、完成作业，就什么时候读；

一本书，我想读多久，就读多久，有兴趣读多少遍，就读多少遍；

我想和大人讨论，就和大人讨论，我不想和大人讨论，就不讨论；

我想做笔记，就做笔记，不想做就不做。

而对这样的“放任自流”，很多爸爸妈妈会感到不放心，常常试图介入：

为孩子选书：这本好，你该读这本，那本不好，你不要读；

为孩子做计划：我们今天读这本，明天读那本；

为孩子定目标：我们这学期，要读完这些那些；

为孩子规定阅读的“标准动作”：你要做笔记，你要专注于这本书，你要读得快点，你不能东想西想；

要求孩子“即时”输出：来，跟爸爸妈妈说说你从这本书学到了什么，来考考你读这本书掌握了什么，来念一念、来背一背。

这样做的爸爸妈妈，当然是非常“尽心尽力”的，但恕真心爸妈直言，我们认为，这么做，不是在鼓励孩子阅读，而是在阻碍孩子爱上阅读，会让孩子感到有压力，从而产生抵触，会打消孩子的阅读兴趣，会干扰孩子的阅读和思考节奏，让他没有办法专注于自己的阅读和思考……

阅读是很私人的事情，表面上是用眼睛进行，实际上是用头脑进行，两个人长着不一样的大脑，你怎么知道别人读到了什么，从读到的东西想到了什么？你怎么可能胜任为别的大脑规定动作、规定节奏的工作？

孩子虽小，但他们也是独立的个体。爸爸妈妈常常一厢情愿地认为“孩子就是一张白纸，你给他写上什么，就是什么”，但这想法真是很让人不解，你怎么知道孩子自己没有给他的大脑写入什么？你给他输入什么，他头脑中就只有什么？你让他输出什么，他就能按照你的期待完完整整地、“准确”地输出什么呢？孩子是个活生生的人，又不是可以随时插拔的移动硬盘。

担心孩子阅读方法不对、阅读收获不大，而想方设法干涉、纠正，其实往深里想，还是大人控制孩子的欲望在作怪——你是我的孩子，我是大人，你是孩子，你什么都不懂，所以你得听我的，按照我给你的方法、我做的规划做事。

真心爸妈曾经花很多时间观察和分析成人对孩子的控制，发现这种控制简直是无所不在，而且爸爸妈妈都打着“我这都是为你好”的旗号。

在这个旗号下，爸爸妈妈时时刻刻都有可能介入孩子的方方面面，大到上学、功课、兴趣班，小到吃喝拉撒，随时能找到孩子需要“纠正”的地方，也仿佛有天然的权力去不停纠正大人认为的所有不对、不好之处，孩子的阅读自然也不能幸免。

但是，真心爸妈很怀疑，孩子是独立的个体，即便是爸爸妈妈，真的有权力控制他的一切吗？爸爸妈妈又哪来的自信，认为自己对孩子的所有控制，都是理性的、有益的，对孩子长期发展有好处的？

真心爸妈自己没有这样的自信，也没有这样的胆量，所以我们会时刻提醒自己，在与孩子相处的过程中，把自己的位置放低一些，再放低一些，不做高高在上的主导者，不做居高临下的发号施令者，让孩子享有按照已经习得的方法发展自己的自由。

·避免过度强调阅读·

有些爸爸妈妈会担心，如果不每天为孩子安排亲子共读时间，孩子就会只想着玩玩具或者看动画片，根本想不起来阅读。

真心爸妈的观点是，阅读当然很好，但对孩子来说，玩玩具和看动画片同样重要，爸爸妈妈不能认为，阅读是第一重要的事，玩玩具和看动画片都需要给阅读让路。

玩玩具，是孩子重要的学习方式之一。通过玩玩具，孩子可以锻炼手部的力量和灵巧性，锻炼动手能力、手眼协调的能力、思维能力，等等。

很多爸爸妈妈发现自家孩子的动手能力不足，上小学后很多手工作业都需要爸爸妈妈帮助完成，很可能是因为，孩子小时候，动手搭建、制作、拆解的经验太少。

一些爸爸妈妈发现孩子做事缺乏规划，东一榔头西一棒子，很可能是孩子在小时候，很少玩需要自己照图组装的玩具，缺乏项目规划的能力。

另外一些爸爸妈妈觉得自家孩子专注力不足，其实也与孩子缺乏专心致志地长时间玩玩具的机会有关。有的爸爸妈妈在孩子玩玩具时都会陪在一边，不停地指挥、帮助，有的是在孩子玩玩具时非得叫孩子来读书。孩子老是被打扰，自然难以专注。

看优秀的动画片，也是孩子重要的学习方式。孩子可以通过动画片中的形象和故事，学习如何与别人相处，学习日常生活中暂时还接触不到，但是对未来适应幼儿园和学校生活非常重要的社会性规则，增进对周遭世界的理解，扩展对社会和生活的认知，体验成就感、挫折、愤怒、失落等情绪和情感。这些东西，爸爸妈妈很难一一教给孩子，但是通过形象生动的优秀动画片，孩子会很容易理解。

总之，培养孩子的阅读习惯，也是爸爸妈妈与孩子的合作。如果爸爸妈妈发现孩子对大人的阅读要求不够“配合”，那么一定不是孩子的问题，而是爸爸妈妈的引导方式不当。只有大人顺应孩子不同阶段的发展特点，合理引导，才能培养出孩子的自主阅读习惯，亲子共读也才不会变成爸妈阅读。

让孩子自主管理时间的七个方法

一开学，爸爸妈妈和孩子们就进入了起早贪黑的“打仗”一样的状态。一些爸妈不免开始发愁：

孩子写作业磨磨蹭蹭怎么办？孩子没时间玩、没时间阅读、没时间锻炼身体怎么办？如何才能让孩子有好的时间观念，珍惜时间不浪费？如何帮孩子学会时间管理，让他能规划好自己的时间、高效做好每一天的大事小事？

·把时间交给孩子·

想要孩子有管理时间的意识和管理方法，首先得有他自己可管的时间。

如果孩子的时间都被上学、被爸爸妈妈安排的各种课外班占满了，那么他就只会被动服从大人的安排，无法学会自己管理时间。

从孩子上小学开始，我们家在“把时间交给孩子”上就做得特别彻底：

孩子一周七天，都不上校外的课外班；

小学时，学校有校内兴趣班，从一年级开始，我们就让孩子自己选择上什么、哪天上；

课余时间、周末时间都由孩子自己来管理；

作业时间、阅读时间、玩电脑时间、打游戏时间、洗澡时间、上床睡觉时间、周末的起床时间，都由孩子自己安排。

看到这儿，你可能就惊呼了：这还了得？这不就完全“放羊”了吗？

其实，爸爸妈妈不用担心，孩子越没有自己的时间，一旦捞到大把时间可自由支配，才越容易“失控”，越能在时间上自主，反倒会越有理性，知道哪些事必须在什么时间完成、哪些事需要节制，因为他们很明白，如果做不到，爸爸妈妈就无法放心地把时间交给他们自己来管理。

当然，把时间交给孩子，也不是完全没有要求，我们对孩子时间管理的要求是：

作业必须保质保量完成；

其余时间自由安排，不用画时间表，也不用跟爸爸妈妈汇报；

容易失控的时间，比如手机时间、电脑（包括游戏）时间，每学期和爸爸妈妈约定规则。

·别拘泥“时间管理法”·

一说到时间管理，你可能马上想到各种各样流行的时间管理方法，比如时间管理手帐、番茄工作法、时间日志，然后想：我能把哪种方法教给孩子呢？

但孩子不是成人，尤其是小学、初中阶段的孩子，他们在时间管理上，做不到成人那样的理性，其实很多热衷于花样繁多的时间管理法且不停尝试的成人，也常常以失败告终。所以我们不主张用现在流行的成人的时间管理办法教孩子时间管理。

教孩子学会时间管理的重点，应该是：

建立对时间和事务的基本概念；

掌握一些提高时间利用效率的基本原则；

在一个有充分弹性的范围内，大致控制好自己各项活动或者任务的时间。

一个小学或者初中阶段的孩子能做到这样，已经很不错了，大人不能对孩子要求过高。

·目标是提高效率，不是挤出时间·

在孩子的时间管理上，爸爸妈妈可能需要避免一个误区：教孩子时间管理，是为了挤出更多时间来，好给孩子安排更多任务。

你跟孩子说：“妈妈想让你上个新的兴趣班，但咱们现在没时间了，所以你周末早点做作业，快点做完，咱们好能报班。”孩子一听，马上就被吓到了：我做得越快，任务越重，那我干脆磨蹭点好了。

但如果你跟孩子说：“你时间上抓紧一点，提高点效率，周末就能多腾出点时间来玩了。”孩子提高效率的积极性会高得多。

成人的时间管理目标，也是提高效率，让自己从“每天被工作追着，时间完全不够用”的状态解脱出来，既提高工作质量，又能在日常生活中享受到高质量的休闲和娱乐，而不是想方设法挤出时间来，再把腾出的时间塞满各种不得不做的事儿。

·教孩子懂得“要事第一”·

美国管理学家史蒂芬·柯维在他的著作《高效能人士的七个习惯》一书中“要事第一”的章节里，都特别强调时间管理的象限法则，就是把事务按照是否紧急、是否重要分成四个象限和对应的四个优先级：

第一优先级，重要且紧急；

第二优先级，重要不紧急；

第三优先级，紧急不重要；

第四优先级，不紧急不重要；

柯维认为高效能人士应该专注于前两个优先级的事务，而不要被后两个优先级的事务占据时间。对照柯维的划分，我们会发现，大部分人认为的“没时间”，其实是因为大量时间被后两个优先级的事务占据。

所以，我们教孩子学会时间管理，第一个要告诉他的具体原则，就是要事第一，让孩子知道重要且紧急的事，比如明天要交的作业，重要不紧急的事，比如这个月要读的学校要求的必读书，要优先做完，不能拖到最后，而那些无论是否紧急，但都不那么重要的事，比如在同学群里聊天、玩电脑游戏，应该在重要的事完成之后，在相对空闲的时间才去做。

·教会孩子“一次只做一件事”·

做事效率不高的人，最常出现的一个状况，就是把好几件事搅和到一起做，总体上花的时间一点不少，但每件事的效率都不高，完成得都很勉强，而且没有品质。

如果孩子也习惯于这样，情况会更糟糕——他的专注力会大受影响，做事时特别毛躁，很难认认真真、全神贯注地把一件事从头到尾做完。

所以从孩子很小的时候起，我们就告诉孩子一次只做一件事，尽量高效、高品质完成，之后不用返工。要看书，就专心看，不能一边看电脑，一边看书；要写作业，就把手机、iPad，全放到一边，专心致志地写；要玩儿，就好好玩，不要一边玩，一边惦记作业。

同时，我们也尽量不催促孩子“快点快点，咱们还得做什么什么呢”。这样，孩子也会有相对从容的心态，踏踏实实地做好眼前的事。

·教会孩子高效完成简单小事·

时间不够用，常常是在简单小事上花费了太多时间。

按照 80/20 法则（也叫帕累托法则、帕累托定律、最省力法则）来分析我们每一天的时间，你很可能会发现，大约 80% 的时间，被产生 20% 成果的小事占据，而我们希望它产生 80% 成果的那些事，又常常没有时间完成，因为那余下的 20% 的时间被浪费掉了。

孩子的很多时间也是被这样浪费掉的。比如他书包凌乱，找一个写作业的本子要花上一刻钟，比如备用文具放得到处都是，找一根新铅笔要喊半天爸爸妈妈。然后大人也会很火大：“你这孩子，这么点小事怎么这么磨蹭呢！”

未必是孩子真心想磨蹭，他只是还没有掌握高效完成这些小事的办法，还没学会一次性解决需要反复花时间的问题，孩子越小，就越是这样。

这就需要爸爸妈妈在日常生活中多多留心，发现这些小磨蹭，就马上教会孩子如何高效地做好。比如收拾书包，你说一百次他书包乱，帮他收拾好几个学期，也不如踏踏实实地坐下来，花上十分钟、二十分钟，教他怎么把课本、作业本、试卷分门别类地整理好，放在大致固定的位置。你教给孩子做小事的方法越多，孩子在这些小事上浪费掉的时间越少。

·父母做好时间管理的示范·

当然，要孩子学会时间管理，爸爸妈妈给孩子做好时间管理的示范也非常重要。

比如不拖延。如果父母做事总是拖延，到最后一刻才惊叫“哎呀，某某事我还没做”，拖延症也很容易被传染到孩子身上。

比如做事的风格是有条不紊还是急急忙忙。如果爸爸妈妈是毛毛糙糙的性子，做事总是不分轻重缓急、眉毛胡子一把抓、丢三落四，孩子也会从日常生活中习得大人的这种做事风格。

比如对待任务的态度方面，对于计划中的事是乐于按时完成还是消极处理。如果爸爸妈妈一想起要做的事来，就一脸烦恼“唉，真麻烦，还有一大堆事没做呢”，孩子对任务的态度，很可能也是厌烦。如果爸爸妈妈经常非常肯定地说“我今天要把某事做完”，孩子对任务的态度，也会积极、从容得多。

需要再次提醒爸爸妈妈，我们的孩子实在是太忙了，爸爸妈妈真的不要再借教孩子时间管理之机，给他的日程表塞进更多任务。高效的时间管理，给孩子带来的应该是更多的自由和愉悦，而不是没完没了的新压力。

给孩子的时间留白

“上幼儿园的孩子周末没事可做，我要不要给他报几个兴趣班？”

“我孩子三岁，总喜欢自己玩玩具，不喜欢跟爸爸妈妈一起玩儿，他长大会不会性格孤僻？”

“孩子青春期了，喜欢待在自己的房间里，还不乐意爸爸妈妈去看他在做什么，是不是开始青春期叛逆了呢？”

无论孩子多大，看到孩子有“没事可做的时间”，或者孩子“独处”，很多爸爸妈妈就开始不安，觉得有什么不好的事正在发生，或者可能发生。

但这样真的不好吗？真心爸妈觉得，这其实不但是好事，而且是很好的事。孩子有可以自己支配的自由时间，有时间“独处”，才能有机会获得一些对他的学习、生活乃至人生来说相当重要的能力。

·独处的能力：孩子在享受自己的独处时光·

孩子在没有被安排事情也没有人陪伴时，并不是无事可做。只要他没有表现得烦躁、无聊，其实他就是在“享受”独处的时光。

真心家两个孩子大约几个月大时，我们都曾发现过下面这样特别有意思的场景：

他躺在小床上，大睁着眼睛，或者看着某一处，或者专心致志地看自己的小手，啃自己的小脚丫，不哭不闹，也不发出任何声音呼叫大人，只是安安静静地躺在那里很多分钟。

后来孩子一两岁时，我们也经常发现，孩子会专心致志地玩一件玩具，或者翻看一本书，有时是十来分钟，有时长达半个小时，仿佛完全沉浸在自己的世界里，忘记了大人的存在。

安静独处时，孩子的状态既惬意又满足，那一刻，你会觉得，他不是一个那么小的小宝贝，而是一个独立的小大人，他在享受这种状态。

这样的认知，其实也来自我们自己的童年。那时候大人都忙着上班，并没有那么多时间“陪伴”孩子，孩子们就有很多“放空”的时间，自个儿待着。在家门口，看蚂蚁搬家，或盯着一两只蜻蜓蝴蝶，看它们在花间飞舞。有时候满脑子奇思妙想，有时候又什么都不想，只是安静地独自待着，但也并不觉得很闷，也不需要有人陪在旁边。

今天的孩子，失去了这种独处的乐趣。要么被大人用各种各样的兴趣班填满空闲时间，要么时刻被大人“陪伴”，他几乎没有时间和空间安安静静地和自己待上一会儿。慢慢地，他小时候其实就已经具备的独处能力，就一点点消失了。

然而讽刺的是，等到成年之后，人们又常常努力地去各种问答网站提问，去读各种心灵鸡汤，想办法学会“如何独处”，以达到自我的身心和谐。

·静思的能力：孩子智慧的花朵，在你看不见的地方开放·

如果爸爸妈妈耐心地去观察一个安静独处的孩子，你会发现，他并不是像大人想象得那样无所事事、无聊和荒废时间，很多时候，他是沉浸在一个属于自己的世界中，有一些东西，正在他的头脑中发生——我们觉得，那是属于孩子自己的智慧的花朵，在你看不见的地方开放。

大人面对孩子时，基于“我比你懂得多的”的优越感，常常有一种盲目的自恋，觉得孩子就是一张白纸，然后他所有的一切，都由爸爸妈妈、老师或者其他影响者，用看得见的笔触，一笔一笔地描画上去，过程由大人掌控，完全透明、可见。

其实并非如此。孩子的头脑中的东西，远比大人想象得更丰富，而且其中相当大的一部分也并不来自大人和外界的输入，而是由他自己搜集信息，再由这些信息衍生出自己的奇思妙想。

但大人常常并没有给孩子留下静思的时间和空间。学龄前的孩子安安静静地自己“想事儿”，大人会担心孩子会不会太孤僻、太内向，甚至是不是有“自闭倾向”；

青春期的孩子自己“想事儿”，爸爸妈妈又会觉得，孩子是“心不在焉”，是不是有了什么“不可告人”的小秘密。

总之，当大人发现不能了解孩子头脑中在想什么时，往往会生出没来由的担心，甚至恐惧，总觉得有些事情脱离了自己的掌控。

但实际上，能一个人安静地思考，是孩子的重要能力，也是成年人的重要能力。如果孩子离开幼儿园、学校，离开兴趣班，离开爸爸妈妈的陪伴、指导、监控，头脑中就一片空白，那才是可怕的事。

·觉知自我的能力：一个独立完整的孩子，在独处中生长·

放空时间和独处时间，是一个人和 “自我”最接近的时间，是他建设独立人格的一个重要环节。

萨特说，“如果你独处时感到寂寞，这说明你没有和你自己成为好朋友”，叔本华说，“一个人只有在独处时才能成为自己。谁要是不爱独处，那他就不爱自由，因为一个人只有在独处时才是真正自由的”。

很多人在成年后痛苦地寻找自我，原因之一，可能就是在幼年、儿童和青年时代，从来没有过和自己独处的经历。

在幼儿园，孩子要听老师的安排，和小朋友一起玩儿，做个“表现特别棒的小朋友”；在学校，孩子要按照安排好的课程表，规规矩矩地上课，做个合格的学生；在家里，孩子要服从大人的安排，听从大人的“管教”，做个“听话的乖孩子”。

在这些场景下，孩子其实都是在扮演他的“社会角色”，成为别人希望的样子。只有在完全由自己支配的时间里、在和自己相处的时候，孩子才能做最真实的自己，做自己想做的事，想自己想思考的事，他面对的，才是一个真正的“我”。

真心妈妈自己，就有这样深刻的体验，有些固定的自由、独处时光，现在想起来，还觉得美妙无比。

一是假期自己在家。大人都去上班，自己待在家里，想做作业就做作业，想做手工就做手工，想看书，就把大人正在看的书翻出来偷偷地看。半天时间飞快过去，特别自在轻松。

二是探索学校的“后花园”。上中学时，学校里有一小片菜地，很少有人去，特别安静，我就喜欢在课后到那儿流连一会儿，有时背书，有时看野花野草，觉得那一小段夹在放学后和回家前的时间，完完全全属于自己。

三是跑步锻炼后一个人走回学校。高三时，班主任每天轰着全班到校门外的马路边长跑，出去时是全班一起，回来时就稀稀拉拉各走各的。我就常常享受这段一个人的散步时光。

成年后回想起来，如果没有那些自由、独处的时光，我很可能不是现在这样能和自己的内心好好对话的人，可能也不会成为一个愿意给孩子自由时间的妈妈。

中国美学中，有一个重要的概念，叫“留白”，书法、绘画有了留白，才有独特的神韵和无限的想象空间。爸爸妈妈给孩子自由时间，允许他独处、发呆、做自己喜欢的事，其实也是一种留白的艺术，孩子会在这些不被别人控制的时间和空间中，获得独处的能力、静思的能力、觉知自我的能力，慢慢地成长为真正的、更有力量的自己。

而那些完完全全由爸爸妈妈安排好所有时间，甚至精确到几点几分的时间表来过每一天的孩子，没有一点自由，没有一点自我，不免让人有一种担心：他现在的生活状态，不正是爸爸妈妈们内心深处极力想摆脱的状态吗？而爸爸妈妈们，却让自己的孩子提前几十年过上了这样的生活。

打卡毁掉孩子的自律

每到傍晚和晚饭后，我们朋友圈的爸爸妈妈，主要是妈妈们，都会开始勤奋地带孩子打卡学习。

今天识字打卡完成，一个小时内，孩子认会了 99 个字！

今天阅读打卡完成，我们和孩子一起读了《xxxxx》!

今天英语打卡完成，孩子学会了 10 个单词！

每位带孩子打卡的妈妈的语气，都又兴奋又骄傲，仿佛朝着一个伟大的目标，又迈进了一步。

我们真是很佩服那些每天跟着妈妈打卡学习的孩子，他们很乖很听话，也很佩服把孩子的各种学习活动都发展成打卡的妈妈，她们很坚持很拼。

但我们同时又很怀疑，让孩子每天用打卡的方式学习，真的对他们的长期发展有益处吗？

·打卡到底是什么？·

支持打卡学习的妈妈们，会认为打卡给孩子的学习建立了一种仪式感，让学认字、学英语、培养阅读习惯，都变成了一件特别正式、严肃的事，而且打卡还带来一种约束力，为了连续打卡，你需要每天坚持，坚持久了，良好的习惯就慢慢培养起来了。

但是对这样的想法，我们不敢苟同。因为回溯打卡学习的来源，你就会发现，它是一种彻头彻尾的包含消极暗示的活动。

打卡是现代社会各类型机构普遍使用的一种考勤制度，员工在上班到岗时，需要出示考勤卡，让打卡机记录你的到岗时间，下班离岗时，再由机器记录你的离岗时间。

对于不迟到、不早退的员工来说，你需要用这些记录，来证明你是个遵守纪律、勤勤恳恳的好员工；对于因各种原因迟到早退的人来说，打卡为单位提供了你在考勤上表现不佳的记录，这个记录会成为扣奖金、扣工资乃至辞退你的理由。

所以，打卡考勤制度包含着的，其实是对人的不信任：你不能约束自己不迟到不早退，那么就让机器来约束你。

但是，它对于激励人勤奋工作真的有效吗？真心爸妈的发现是，那些对工作有热情、有内在驱动力的员工，无论是否有打卡制度，他们都更乐于早早到岗，做好开工准备，然后在一天的工作圆满结束后，才不急不忙地离开；而那些并不乐于工作的人，再怎么强调考勤，他们都无法“高高兴兴上班来”，一整天的工作，对他们来说，折磨远远大于乐趣。

·打卡培养“他律”与“被动”·

习惯是积久养成的生活方式。坏的习惯很容易在惰性中养成，好的习惯，却需要强大的内心意愿来驱动。打卡并不能培养出内心的强大意愿，只能培养人对于“他律”的服从。

什么是“他律”？他律是指非自愿地受他人约束、检查和监督。它正好和自律相对，自律是自愿地进行自我约束。

比如，孩子放学后只管玩儿，爸爸妈妈不督促着写作业，他就假装把作业给忘到一边，这就是孩子需要“他律”；孩子放学后玩一会儿，然后自己决定什么时间开始写作业，不用督促就能把作业写完，这就是孩子有“自律”。

习惯于他律的人，做事是被动地做，因为不做有糟糕的后果，所以不得不做；

习惯于自律的人，做事是主动地做，因为“我知道我需要完成某件事，而且我也愿意完成某件事”。

他律做事的人，对于要做的事难以产生愉悦感，自然对工作成果的品质也没有自我的要求，因为他们在完成任务；

自律做事的人，对于要做的事会感到愉悦，自然对工作成果的品质也有自己的要求，因为他在完成的是自己的目标。

对于孩子来说，习惯于自律还是他律，是影响他们未来学业表现的重要因素。如果一个孩子从小习惯了由父母来约束着学习，那么直到上初中，他可能还需要爸爸妈妈来检查作业，你能指望这样的孩子，在学业上有优秀表现吗？

说到自律，不得不说到大名鼎鼎的“拖延症”。拖延症是指自我调节失败，在能够预料后果有害的情况下，仍然把计划要做的事情往后推迟的一种行为。作为现代人的一种常见“病症”，它被认为是一种无伤大雅的小问题，很多人都能乐呵呵地承认“我有拖延症”“懒癌犯了”。

拖延症的本质，正是缺乏自律。因为自我约束的意识和能力不足，才会屡屡自我调节失败，不到最后期限，一件事就坚决拖着不做，甚至到了最后期限都还不能完成。

“治疗”拖延症，自嘲和沮丧都没用，只有一个方法，就是培养自律。看到这儿，你可能就想了，我们热衷于打卡，可不就是为了治愈拖延症、养成自律好习惯吗？可是，打卡真的能吗？

为了帮助爸爸妈妈们培养孩子的阅读习惯，我们推出了一个关于阅读的音频课程，刚一上线，就有一位妈妈问：老师，您会带着我们和孩子一起做阅读打卡吗？

我们回答说不会，这门课程是教给爸爸妈妈培养孩子阅读习惯的方法的，不是直接讲给孩子的，而且我们也认为，孩子的阅读习惯，不会通过多长时间的坚持打卡就能培养出来。

当我们遇到一件事，马上就想到打卡时，实际上是放弃了自律的努力，直接把自己置入他律模式中，在他律模式下，自律连萌芽的可能性都没有，还哪里谈得上养成自律好习惯呢？

所谓21天培养出某某习惯，其实只是一种方便的说法，并没有非常靠得住的科学依据，我们健身、护肤、健康饮食、时间管理，哪些习惯，如果没有内在的驱动力，真的就能用21天的打卡式的方式培养起来呢？

对于培养孩子的学习习惯，打卡更是负面作用大于正面作用。

打卡阅读、打卡识字、打卡学英语，对于孩子来说，只是跟着大人完成任务，而且还不一定是他乐于完成的任务，如果孩子内心并没有产生浓厚兴趣，或者产生强烈的学习愿望，这种学习，永远不会变成孩子的主动行动。如果没有长期坚持用适当的方式培养孩子的阅读习惯，你让孩子打上 100 轮卡，他也爱不上阅读。

孩子从小导入打卡这种他律的学习模式，还会给孩子一种潜移默化的影响，让他认为，学习就是需要由大人或者由某种机制，强制监督着被动进行的，那么孩子长大以后，就很难进入自律的学习模式。

再者，一边担心孩子过度使用电子设备，一边积极鼓励孩子用手机做各种打卡学习，这简直是自相矛盾的做法。等到我们跟孩子说“少用手机”，而孩子回答说“那你还让我用手机打卡看书”，我们有办法应对吗？

所以，真心爸妈认为，爸爸妈妈的打卡教育，正在毁掉孩子的自律，如果你想孩子初中时还给他查作业，那就每天带孩子在朋友圈打卡阅读、认字、学英语吧。

如何培养孩子的专注力

孩子缺乏专注力怎么办？老师说孩子上课不专心听讲怎么办？孩子边做作业边玩儿怎么办？孩子不能专心看书怎么办？身为爸妈，你是否也和无比多的爸爸妈妈一样，为孩子专注力的问题所困扰？

·不贴“不专注”标签·

“我孩子不专注怎么办？”——烦恼的爸爸妈妈们，常常一上来就提出这样一个高度概括的问题。

不专注，几乎已经成为爸妈们贴给孩子的一个标签，当孩子做某事的专心程度，没有达到爸妈的期望值，或者当大人希望孩子专心做某件事、孩子却做得三心二意时，大人就会觉得，孩子这是不够专注。

但是这种滥用标签的情况，其实掩盖了两个很重要的事实；

第一个事实是，孩子的有些表现，和专注不专注并不相关。

比如一些父母觉得孩子吃饭不够专心，于是认为应该想办法提升孩子的专注力。但这其实是孩子从小被培养出来的吃饭习惯的问题，还有饭菜合不合口味的问题。

有的孩子是从小就被大人喂饭，而且大人常常是拿各种玩具哄着喂，甚至端着碗追着喂，这么被喂出来的孩子，自然就很难习惯于好好坐下来自己吃饭。另外，就算是不会坐下来好好吃饭的孩子，遇到特别爱吃的东西，也会好好吃的。所以吃饭的事和专注不专注真的没有关系。

还有，有的爸爸妈妈觉得孩子写作业不够专注，是大人想让孩子放学后一到家就马上做作业，但是孩子总是想先玩一会儿再写，于是爸爸妈妈看到的就是孩子不能专心写作业了。这也和孩子的专注程度没有关系，他只是上了一天学，觉得累了，想先玩一会儿而已。

第二个事实是，孩子对某一件事的不专注，不等于他缺乏专注力。

遇到烦恼的爸爸妈妈们问："我孩子不专注怎么办？"我们通常会反问："您是觉得孩子做什么不够专注呢？是孩子做所有的事情都不专注吗？孩子有没有什么事，做得特别专注呢？"

回答通常是看书不专注、上课听讲不专注、做作业不专注，但看起动画片、玩起玩具、打起游戏来，还是挺专注的。

这就是了。做任何事情都没有办法专注的孩子是非常少的，孩子只是在某些事情上非常专注，而在爸爸妈妈特别希望他专注的事情上不够专注而已。比如上课不听讲，光玩文具的孩子，他玩的时候，状态也是专注的。

问题不是孩子缺乏专注力，而是有时会把专注力放偏。我们发现，大部分爸爸妈妈说的孩子不专注的问题，都是这种情况。

所以，当谈论孩子专注力的问题时，我们的建议是，爸爸妈妈不要一看到你觉得不够专注的表现，就不分青红皂白地给孩子贴上一个不专注的标签，而是要具体问题具体分析，要看这件事到底和孩子的专注程度是否相关，还要看孩子是只在某些情况下，对某些事情不够专注，还是做什么事都不专注。孩子不能专注地做任何事，才能说是孩子缺乏专注力。

· 不打扰原则 ·

要想培养和提升孩子的专注力，第一原则就是不打扰，孩子专心做事时，大人不去打扰他。

这听起来很简单，但真的做到并不容易，因为在育儿过程中，大人对孩子的打扰，几乎是无处不在、随时发生的。可以说，大人以陪伴为名的打扰，是破坏孩子专注力的第一元凶。

现在的父母，越来越关注对孩子的陪伴，孩子做很多事情——玩、阅读、写作业，爸爸妈妈都会陪伴在孩子身边。但这种陪伴，却常常成为对孩子的打扰：

孩子玩玩具，大人会边看边指挥，“你这么玩不对，应该那么玩”；

孩子写作业，大人会边督促边纠正，“你快点，别磨蹭”“哎，你这道题写错了”“注意拿笔的姿势啊”“头抬起来点，离那么近，回头近视啦”！

孩子不停地被爸爸妈妈打岔，他的思路不断被打断，他的方法不停地被纠正，他还得时不时地对爸爸妈妈的指挥做出反馈，怎么可能进入全神贯注的专注状态？说不定一些孩子还会因此不耐烦起来，又被大人贴上“坏脾气”的标签。

经常有爸爸妈妈问：“怎样才能从小培养孩子的专注力？”

我们通常回答：“只要爸爸妈妈做到，孩子自己玩的时候，不去打扰他，就足够了。”

孩子很小的时候，在确保安全的前提下，大人要允许孩子自己玩，他一个人玩时，不要打扰他，不要未经邀请就跑过去帮忙、参与、指导，或者不停地给他送喝的、送吃的，借机“窥探”他到底在干啥。

给孩子独自玩儿、独自阅读，甚至独自出神的时间，是培养孩子专注力的重要方式。一些爸爸妈妈困扰于孩子长大之后注意力不集中、做事不够专注，检讨一下自己，一定不难发现，大人正是那个不断打扰他，让他不停分神、难以专注做事的始作俑者。

那么，孩子自己玩儿，到底让他玩儿到什么程度？我们的经验是，大人不打扰他，不催促他，让他玩儿到自己停下来。

可能是十几分钟，可能是半个小时，可能是两三个小时，甚至可能是一整天，都没关系，我们家孩子小时候的最高纪录是，大儿子幼儿园大班，在家拼新买的乐高玩具，连续拼了三个小时，中间匆匆忙忙出来吃了个饭，又赶回去玩儿，直到自己完完整整拼出一架大飞机。

当然，让孩子专心玩儿，对于大一点儿的孩子，有几个地方还是需要注意的：看电视的时间需要事先约定好；玩电脑玩游戏的时间需要事先约定好；玩手机的时间需要事先约定好。这是爸爸妈妈和孩子之间必要的君子协定，越是不经常被打扰的孩子，越能遵守好。

对于小一点，还不能自觉遵守约定的孩子，最好的办法是，大人别用电脑、iPad、电视、手机来哄孩子，多让孩子有机会沉浸在有趣、有益的活动中。

我们说孩子专心玩时大人不要去打扰他，就有不止一位爸爸妈妈问我们：“孩子玩儿的时候，爸爸妈妈叫他都不理，这样不好吧？”

大人为什么老要叫孩子？这事儿一直让我们十分不解。

是为了确认孩子安全？如果是在外边，孩子玩儿的时候，大人在一边确保他是安全的就可以了，没必要一会儿叫他一下；要是在家里，大人关好门窗，确认孩子没有危险，也就足够了。

我们家的办法是，孩子一岁以内，除非睡着，不留他独自待在一个房间中；一岁以后，确定房间的窗子关好，孩子没有爬到高处，屋门是开着的，大人随时可以听到孩子的声音，会让孩子短时间独处；三岁以后的几年，可以放心留孩子在自己房间，但不让孩子关门；到上小学之后，就完全由着他们待在自己的房间里，关不关门都可以，但是会提醒孩子，一定不能反锁房门。

有的爸妈去叫孩子，是为了叫他吃饭，或者叫他出来玩儿。我们的观点是，如果小宝贝确实在自己专心地玩儿，吃饭晚一会儿是没关系的；叫他出来玩儿，更是没有必要，人家玩儿得好好的，为什么一定要出来玩儿呢？孩子的不专注，常常就是一会儿被叫干这件事，一会儿被叫做那件事造成的。

还有的爸爸妈妈就是简单地想叫叫他，或者和孩子待在一起，觉得这样才是陪伴孩子。这很有趣，一方面抱怨孩子占去了大人的所有时间，一方面在孩子独处时，又不放心、不踏实，非得一会儿叫一下孩子，这简直就是大人一厢情愿地“黏”着孩子。

孩子在家里一个人专心玩儿的时候，正是大人做做家务、做点自己的事，或者干脆安安静静休息一会儿的大好时机，为什么一定要把孩子绑在身边呢？尝试一下一家人各自专心做事、不互相打扰的状态，你会发现，孩子大人都会很放松、很自在。

另外，大人孩子都该有自己的空间，大人老把孩子的一举一动置于自己的监控之下，会让一家人过于纠缠彼此，而且孩子也容易养成老是盯着大人，不停“监视”大人在干什么的习惯。

想让孩子听到呼唤就答应的爸爸妈妈，是希望孩子这么回应吗？“哦，爸爸/妈妈，我来了，是您在叫我吗？您叫我什么事？”这真是《弟子规》里“父母呼，应勿缓”的完美示范。爸爸妈妈真的希望孩子的言行完美符合那些规范吗？那么是不是孩子能晨昏定醒，爸爸妈妈会更开心？

中国传统社会的亲子关系中，更强调父母、子女地位的不对等，注重家长对于子女的威权。这是真心爸妈们最不能认同的部分。美好的亲子关系，应该包含更多的爱，彼此平等，彼此尊重，彼此爱，而不是父母对子女的单方面要求。

真心爸妈聊天时谈到这一点，真心爸爸大笑：“哈哈，我们正相反，我们是‘儿子呼，应勿缓’。”确实，两个儿子从小到大，我们都是孩子一叫，只要没有手头没有放不下的事，马上会飞奔过去：“爸爸 / 妈妈在，有什么需要帮忙的？”

这个小窍门让我们两个孩子一直保持超高的满意度，极少哭闹，从不和爸爸妈妈执拗，而且他们都特别信任爸爸妈妈，遇到自己解决不了的问题，会很坦然地向我们求助。当然，作为从小被培养自己做主、不依赖的孩子，他们需要求助的时候真是非常少，现在基本上只有课程上的难题了。

一些爸妈担心，孩子专心玩儿的时候，大人叫他他不理，会养成不礼貌的习惯。这真是有点忧虑过度，而且把这件事弄反了。

人家在专心玩儿,大人叫他,就是打扰他,是大人不礼貌,怎么会是孩子不礼貌?

大人在工作、社交场合，会不看对方是否忙着，就冲上去叫人，而且希望别人马上回应，如果别人不回应，就责备别人不礼貌吗？如果大人在外面懂得这个基本的礼貌规则，为什么不能把它用在家里、用在自己的孩子身上？

我们觉得，懂得尊重别人，懂得不打扰，懂得等待，才是真的教养和礼貌。孩子专心玩儿的时候，大人不打扰，就是在家里为他做的最好的礼貌示范。不总被大人打扰的孩子，也会明白，大人专心做事的时候，自己不应该去打扰。

像我们家，虽然坚定执行“儿子呼，应勿缓”的原则，但两个孩子，都有很好的不打扰大人的习惯：

大人打电话时，他们不会在大人身边吵闹；想找大人帮忙时，他们会先看看爸爸妈妈手头是否忙着；大人真的一时走不开，告诉他们“稍等一下”，他们完全不会不耐烦地一催再催，更不会对爸爸妈妈大叫大嚷。

蒙台梭利在《童年的秘密》中，讲到过她在“儿童之家”看到的一件小事：

一位三岁左右的小女孩，反反复复地把一系列圆柱体放入小孔，然后再把它们取出来，一次又一次，安安静静，聚精会神，完全不受老师和其他小朋友在旁边走动的影响。“她重复这项练习 42 遍，然后才停下来，仿佛从梦中醒来并愉快地微笑着”。

可见，专注做事，对于孩子来说是一个相当愉快的过程，而且三岁的孩子达到这种心无旁骛的专注状态也毫无困难。那么为什么慢慢长大之后，很多孩子却失去了这种专注力呢？这真的是特别需要爸爸妈妈们反思的事。

·不鼓励孩子“一心二用”·

大人经常鼓励孩子一心二用，会破坏孩子的专注力。这么说，可能很多爸爸妈妈会大呼冤枉，“我培养孩子专注力还来不及呢，怎么可能从小鼓励他一心二用”？

我们回过头来看看到底什么是专注。所谓专注，简单说，就是较长时间把注意力放在一件事上，专心致志地去做。专注的对象，是一件事，不是两件事，也不是好几件事。

但一些父母，为了培养孩子的全面素质、让孩子发展更多兴趣、学到更多东西、更有效地利用时间，往往从小就是让孩子一边干这一边干那。最典型的，就是学龄前孩子玩玩具时，在旁边给他放音乐、放英语，美其名曰“磨耳朵”。

“磨耳朵”的理论依据，似乎是让孩子使用视觉时，听觉也别闲着，把“潜能”充分调动起来。但专注，要求的是“全神贯注”，是全部的视觉、听觉注意力和心理活动的目标，都聚焦于一件事，不分神，不一心二用。让孩子边玩边听，并不能让孩子对听和玩两件事同时全神贯注，结果就是听也没听进去，玩也被外界噪声干扰，两件事，都不能专注。

孩子长期这么被培养着一心二用，就会养成注意力不集中的习惯，比如在写作业时，手上写着，耳朵还会听着旁边的动静，稍有风吹草动，就要跑出来看看、参与一下，这就是让大人烦恼无比的“不专心”了。

·给孩子留专注投入的时间·

专注的状态，还表现为较长时间的投入，如果孩子在一件事上只能投入很短时间，很快把注意力转移到别的事上，我们就会说孩子不专注。其实，这也往往是大人给孩子安排过于密集的活动，留给孩子专注一件事的时间太短造成的。

我们曾经看到过一位妈妈给孩子安排的时间表：孩子幼儿园放学，妈妈下班后的时间，被以半小时为单位分成五六段，分别安排进英语启蒙、亲子阅读、亲子游戏、亲子散步、睡前朗读等内容，每一时间段之间，没有一分钟的间隔，孩子妈妈自己说："每天按照这个时间表走，追求最佳性价比的育儿，简直跟打仗一样。"

如此密集的活动，就算是大人，也要疲于应付，更不用说孩子了。孩子的注意力，需要不停顿地、快速地从一件事转移到另外一件事上，他怎么可能做到像机器人一样，做每一件事，都迅速投入、专注无比？

我们要培养孩子的专注力，就需要给孩子留出专注投入的时间，让孩子能有较长的时间专心致志地做一件事。

比如他喜欢玩某个玩具，可以一直玩儿两三个小时，中间不被催促着去看书；他喜欢看一本书，看上小半天也没关系，中间不会被督促着去做作业。孩子经常有这样自由的专注投入某件事的机会，他的专注力无须特别培养，也能很自然地发展起来。

·给孩子的事务做减法·

孩子对一件事的专注程度不足，和孩子要专注的事情太多有关。

一个人的专注力再强，他在一天之内能专注去做的项目也是有限的。比如一个成人，一天之内有五六件不同类型的工作要做，每个都需要专注地投入，我们就会觉得这一天又赶又忙又累又紧张，而且很难对每一件事都保持同样高的专注度，不是心不在焉，就是丢三落四，哪件都做不好。

但我们可怜的孩子，要专注去做的事情实在是太多了。在学校六七个小时，要上好几门课，下课之后，好多孩子都是要赶着去上各种名目的兴趣班、补习班，连晚饭都不能坐下来踏踏实实地吃。好不容易回家了，还有写作业、弹钢琴、听英语、亲子共读等好多事情等着他呢，他怎么可能每件事都做得像大人期望的那样专心致志？

不但周一到周五如此，就是周六日，孩子也不得休息。有一次，我们小儿子班级想在周末组织一次外出参观活动，在家长群里商量时间，结果有三分之一的孩子是周六要“上班儿”，没时间，有三分之一的孩子是周日要“上班儿”，没时间，另三分之一的孩子，是周六、周日都“上班儿”，更没时间。

孩子们忙成这样，哪里还能踏踏实实、全神贯注地做一件事呢？我们真是特别想提醒爸爸妈妈们，如果发现孩子有明显的不能专注于一件事的表现，不妨尝试缩减孩子的学习项目和学习量，让孩子能有时间做事，更从容地做事。

·尊重孩子自己的兴趣·

专注源于兴趣，但一些爸爸妈妈常常不考虑孩子的兴趣。

这就回到了前面说过的，孩子在一些事情上很专注，但在另外一些事情上不够专注的问题。

孩子能专注做的事，一定是他非常感兴趣的事，比如看动画片、玩游戏，不能专注做的事，一定是他不感兴趣的事，比如上课听讲不专注，可能是他对那门课程兴趣不足，不能专注地练琴，是因为他对弹钢琴兴趣不足。

我们不能把兴趣不足造成的不专注现象，简单地归结为孩子缺乏专注力，而要从如何提升他做某事的兴趣，或者如何让他更多地做自己感兴趣的事上来想解决办法。

比如孩子上课不专注，反反复复地跟孩子讲“你上课要认真听讲”是不管用的，爸爸妈妈要做的，是帮助孩子培养出对那门课程，或者所有课程学习的兴趣，学习兴趣上来了，上课听讲的品质自然会得到提升。

比如孩子对某项才艺学习不专注，反复地跟他讲“你要专心练琴”“你要专心画画”“你要专心练书法”，也是不管用的。我们不能因为大人希望孩子学什么，就要求孩子一定能对那个项目发生兴趣。

真正能让孩子专注地投入兴趣、特长、才艺学习的办法，是让孩子自己选择他要学什么，让孩子能去学他真正感兴趣的东西。比如真心家小儿子喜欢上了画漫画，不用大人说，他就自己上网买来漫画教程自学，还上网搜寻很多漫画资料，每天都会花一些时间在漫画学习上。

每个大人都有这样的体会，如果某件事你特别有兴趣、特别想做，会想方设法挤出时间来去做，而且做起来会特别认真、特别投入，而某件事你不太想做，或者是别人派过来的任务，你可能做起来就没什么动力，甚至会想明着拖延、下意识地拖延。

孩子也是一样，感兴趣的事，你不用推动，他也会主动去做，而且做得投入，不感兴趣的事，你逼着他做，他也会做得三心二意。

所以想要提升孩子的专注力，爸爸妈妈需要让孩子的学习和生活中尽量充满他感兴趣的事，而不是被大人强加给他的任务。

·帮孩子专注课堂·

让很多爸妈特别烦恼的孩子上课不专心听讲的问题，也和大人给孩子安排太多的课外班有关。课堂上老师讲的内容，他都在课外班上学过了，上课时自然缺乏新鲜感，难以专注于已经学过的内容。

对应学校课程的课外班，主要会讲授课本上的内容，办法是比学校讲得快一点、深一点，然后再通过大量做题、做难题来强化，以达到“提分”的目的。但实际上，孩子在这样的学习中，学习兴趣和学习能力都很难得到提升，反倒会影响他课堂学习专注程度。

我们家两个孩子，一个六年级，一个初三，都在不错的小学和中学，孩子的老师都很反对学生们去上这样的补习班，无奈执着于送孩子去补习的家长，都根本听不进去老师的劝告。

我们还遇到一位孩子刚上初一的妈妈，问我们要不要给孩子报补习班。我们问她："孩子学习有困难吗？"那位妈妈回答说："孩子学习很好，而且一开学就考进了实验班。"我们就笑了，这样的孩子，难道还需要上补习班吗？但那位妈妈还是很担心："别人都上了，我们不上，能行吗？"很多孩子实际上都是因为父母毫无必要的焦虑和盲目的跟风，从而变得特别忙碌，致使连基本的课上认真听讲都没有办法做到。

·父母示范专注·

孩子跟父母生活在一起，耳濡目染，会把爸爸妈妈身上很多东西原原本本地学过来，专注力也是一样。

我们带孩子看电影，经常看到一些带孩子看电影的爸爸妈妈，看两眼屏幕，刷一会儿手机，再看两眼屏幕，再刷一会儿手机。带孩子在外边吃饭，也是经常看到，很多爸妈跟孩子说这说那，但是头都不抬，注意力一直在手机上。这样的父母，当他们要求孩子做事专心时，怎么能有说服力？

所以真心爸妈特别建议，当你发现孩子做作业不够专注、阅读不够专注、上课听讲不够专注时，先在自己身上下一点工夫：

跟孩子说话时，看着他，专心倾听，认真回应；和孩子看电影时，把手机关机；尝试花一两个小时，心无旁骛地做一件事；把花在看电视、玩游戏上的时间，挪到阅读、学习上；做事时不匆匆忙忙、不走神、不丢三落四。

孩子看到爸爸妈妈做事专注，也会慢慢学习到大人的专注风格。

帮孩子学会深度工作

每对爸妈，都希望自家孩子特别专注。专注的孩子，到底是什么样的呢？

你心目中的专注孩子，可能是这样的：上课专心听讲，回家专心致志地完成作业，不分神，不走神，做事时不三心二意，不会家里稍有风吹草动就跑出来看看“咋回事”。

但这样真的就够了吗？其实，爸爸妈妈们常常并不了解，孩子真正的专注，并不仅仅体现在这些表象上，专注的孩子最大特征是擅长深度工作。

·什么是深度工作·

麻省理工学院计算机科学博士、乔治城大学计算机科学副教授，多本畅销学习著作的作者卡尔·纽波特在《深度工作：如何有效使用每一点脑力》中，提出了“深度工作”的概念。

他为“深度工作”下的定义是：

深度工作（Deep Work）：在无干扰的状态下专注进行职业活动，使个人的认知能力达到极限。这种努力能够创造新价值，提升技能，而且难以复制。

和“深度工作”相对的，是“浮浅工作”：

浮浅工作（Shallow Work）：对认知要求不高的事务性任务，往往在受到干扰的情况下展开。此类工作不会为世界创造太多新价值，且容易复制。

一个低效率、工作质量和速度都不高的人，常常把自己淹没在耗费大量时间的、碎片式的浮浅工作中，而一个高效率、在工作质量和速度上都达到精英层次的人，他会有意识地为自己规定深度工作时间，让自己在某一段时间，调动全部脑力，沉浸于真正重要的工作项目中。

纽波特列举了很多在科学研究、写作、商业等领域卓有成就的人士如何擅长深度工作，其实，深度工作几乎是每个有高质量产出的人都会主动采取的工作方式。

日本著名作家村上春树在他的自传性作品《我的职业是小说家》中，专门有一个章节，叫“彻底的个人体力劳动”，写自己如何长时间沉浸于此，虽然他并没有明确地称这种状态为“深度工作”。他说：

“要写一部长篇小说，就得有一年多（两年，有时甚至三年）的时间钻进书房，独自伏案埋头苦写。清晨起床，每天五到六小时集中心力执笔写稿。像这样绞尽脑汁冥思苦想，脑袋势必会进入过热状态（还真有过头皮发热的情况），甚至会老半天都朦胧不清。”

在这样五六个小时的深度工作之后，村上春树才会停下来，结束一天的工作：“到了下午我就睡睡午觉，听听音乐，读读无害的书。”他还跑步，参加世界各地的马拉松。

·会深度工作的孩子什么样·

纽波特是将深度工作放在成人工作和学习的背景下来讨论的，但对于孩子来说，深度工作能力同样重要。

比如上课。会深度工作的孩子，几乎是上课铃一响，马上就能进入状态，一边跟随老师的讲述，一边开动脑筋，全神贯注地投入对课堂内容的理解。

而那些不会专心听课的孩子，则还处在浮浅工作的状态：他可能会看看黑板，再看看老师今天穿了什么，看看课本，再看看旁边同学在干什么，记记笔记，再在笔记本边上画个卡通小人。这样边听边玩，一堂课也就过去了。

两个类型的孩子都上了四十五分钟课，但状态不同，收获自然天壤之别。

比如写作业。有的孩子是放学一回家就按照爸爸妈妈的要求写作业，但是写一会儿，就玩会儿玩具，再写一会儿，又出来吃点东西，最终像大人看到的那样，磨磨蹭蹭地写上好几个小时，效率又低，作业品质又不高。

有的孩子并没有那么早开始写，他们先休息够了，玩够了，才开始写，但只要开始写作业，就不再四处走动，也不东张西望，直到写完，一直都保持深度工作的状态，结果自然是写得又快又好。

可能每个老师，都熟悉这样的故事：

班里有个特别勤奋的孩子，每天都早早起床，别人还没开始早读，他已经学习了一个小时，课间十分钟，别人在休息，他在学习，到了考试复习阶段，更是把能挤出来的每一分钟都用到学习上，恨不得觉都不睡了。

看到这里，爸爸妈妈们可能就羡慕了：我的孩子，怎么就不能如此勤奋呢？

且慢羡慕。此类故事的结果通常是，这个孩子的学习成绩并不理想，而班里学习成绩名列前茅的那几个孩子，从来不需要花这么多时间，甚至到了期中、期末考试的复习阶段，他们可能提前好几天就不再紧锣密鼓地复习了。

差异在哪里呢？就在于会不会深度工作。

会学习的孩子，只花比较短的时间，但全神贯注、效率极高；不会学习的孩子，却只是简单地在花时间。纽波特把这种让自己显得很忙碌，或者认为自己很勤奋的现象，叫作“忙碌代表生产能力”：

“在工作中，对于生产能力和价值没有明确的指标时，很多知识工作者都会采用工业时代关于生产能力的指标：以可视的方式完成很多事情。”

就是说，人们会让自己看起来很忙——这显然是一种错误的倾向。一个显著的事实是：同样工作量的前提下，不停忙碌的人，常常是工作效率最低的人，而工作效率高的人，会快速完成工作，还有大把的时间优哉游哉地“游手好闲”。

·如何帮孩子学会深度工作·

所以，关注孩子的专注力、专注程度的爸爸妈妈们，要做的并不是让孩子时时刻刻都看起来很忙、很认真、很专注，而是帮助孩子学会在某一段时间，集中注意力，进入高质量的深度工作的状态。

如何让孩子学会深度工作呢？真心爸妈有几个建议：

1. 帮孩子从小学会"一个人工作"

深度工作，是一个人的工作，别人没有办法逼迫或者推动他进入全神贯注的状态、保持高效率和高质量。对孩子来说，也是一样。

靠老师在课堂上看着，靠爸爸妈妈每天陪着写作业、每天督促着复习功课或者学这学那，孩子一定没有办法进入深度工作的状态，更没有办法成为一个擅长深度工作、深度学习的孩子。

爸爸妈妈需要帮孩子从小学会"一个人工作"——其实对学龄前的孩子来说，就是从小给孩子"一个人玩"的机会。

比如三四岁的孩子一个人待在他自己的房间里，或者家里某个安静的角落，专心致志地玩儿玩具，爸爸妈妈就不要去打扰他，孩子没有要求大人陪的时候，也不要去"陪伴"——实际上是打扰——他。

孩子从小经常体验到"一个人玩"的乐趣，长大一点后，自然能学会"一个人"做更多的事：一个人安安静静地看书，一个人专心致志地写作业，一个人心无旁骛地听课。

2. 帮孩子从小体验长时间工作

深度工作，还是相对长时间的工作。

对村上春树那样的小说家来说，是每天专注写作五六个小时，这样花上两三年写出一部长篇小说；对幼儿园阶段的孩子来说，是一个人玩玩具玩上半个小时、一个小时；对小学生、中学生来说，是专心听课四十五分钟、专心写作业一两个小时；

对职场上的成人来说，是上午下午各有两三个小时全心全意投入工作，不被琐碎的电话、会议打扰，不隔三五分钟就看一次手机。

培养孩子的专注力，培养孩子的深度工作能力，爸爸妈妈需要做的第二件事，是帮孩子从小体验长时间的工作：

不把孩子的日程用课外班、兴趣班以及各种各样由大人安排的活动填充得那么满，让孩子有很多机会，可以独自享受两三个小时的空闲，用来做自己特别喜欢的事；

孩子长时间工作（很多时候是“长时间玩”）时，大人不要去打断他；

不要担心孩子“不务正业”、孩子浪费时间，他“浪费”在任何一件长时间事务——折纸也好、做拼插模型也好、整理自己的书架也好，只要不是把时间花费在没完没了地打电脑或者玩手机游戏——都是对他深度工作能力的有益锻炼。

3. 帮孩子从小体验“艰巨”工作

越是难度高、耗时长的工作，越需要专注于深度工作的能力。很多孩子见到难题就害怕、作业一多就抓狂，正是因为他们从小缺乏完成艰巨工作的体验：

小的时候，一遇到困难一点的事，大人就告诉他，“你不会，你做不了”；

遇到需要花很多时间的事，大人就告诉他，“别弄了，太浪费时间”；

看到孩子做有难度的事，大人马上去帮忙，“爸爸妈妈跟你一起做”。

这些细节，看起来都很正常，大人也并没有任何破坏孩子专注力的意图，但实际上，它们也是孩子缺乏专注于深度工作的能力的重要原因。

真心爸妈的建议是，让孩子从小就适度体验艰巨工作，使他习惯于完成难度高、耗时长的工作，并且享受到完成此类工作的乐趣。

比如玩拼图。玩拼图时，孩子需要识别每一小片拼图的外形特征，一个一个找到可以拼接在一起的小片，再一点点拼接成整幅图片，工作难度无疑高过比较大块的积木玩具，也比那种只需要简单拼搭的积木更能锻炼深度工作能力。一个孩子，如果在幼儿园阶段就能专心致志地完成一个幅面稍大、片数稍多的拼图，他的专注力会比不擅长拼图玩具的孩子强很多。

比如玩需要组装的玩具。需要先组装起来才能玩的玩具，对孩子来说，也比拿起来就能玩的玩具，比如毛绒玩具，难度要大，也更能锻炼孩子的能力。爸爸妈妈可以根据孩子的年龄，为他选择适龄的需要组装的玩具，并且尽量让孩子自己组装，不要由大人组装好再交给孩子玩，至少也是大人带着孩子一起组装。

再比如像乐高那样的小块拼插玩具，同样也是艰巨工作。孩子要按照说明图册的指导，识别出不同形状的零件，再一个一个地把它们组合起来，这个过程，既锻炼孩子的细心、耐心，也锻炼孩子的读图能力、按步骤操作的能力，孩子还可以充分体验到自己动手完成艰巨工作的乐趣和成就感。

卡尔·纽波特认为，深度工作能给人带来深度的满足感。真心爸妈自己的体验是，这种满足感，真的会让人“上瘾”，一旦你有过通过长时间的专注，独自完成一项艰巨工作的体验，就很难再满足于忙忙碌碌地让自己随着“浮浅工作”状态沉浮了，这就像一个体验过成绩名列前茅的成就感的孩子，不会再简单满足于考试及格一样。

所以，为孩子的专注力不足烦恼的爸爸妈妈们，不妨聚焦一下，放下对孩子不专注的各种指责、抱怨、说教，转而去培养孩子的“深度工作”能力。一旦孩子熟悉了深度工作的状态，你再让他习惯于三心二意的工作，孩子自己都会觉得不过瘾、不满足。

第九章

合作培养孩子好习惯（下）

要帮孩子改进负面的行为和习惯，合作比强迫的方式有效得多。

■ 玩电脑玩游戏：适度许可和安全界限——游戏是孩子的天性，越禁止，诱惑就越大；适度许可，满足孩子的游戏欲望，更容易帮助孩子获得熟练使用电脑的益处，并理性地投入游戏。安全界限包括：时间的安全界限、游戏内容和伙伴的安全界限、金钱的安全界限。

■ 老看电视：越无聊，越依赖——孩子无聊，才会依赖电视，让孩子看电视有节制，父母需要做到转移家庭生活的主场，不让电视处于家庭的中心，不把电视当生活背景声，父母自己从电视上解绑，丰富孩子的生活，和孩子约定看电视的时长，用碟片代替电视，同时也需要明白，并非所有影视内容都适合做孩子的娱乐。

■ 赖床：不是想睡觉，而是不想起来——孩子赖床，可能是不喜欢上学的信号，父母需要帮孩子提升上学成就感；赖床，可能是亲密时光不足，父母可以用愉悦的睡前时光和起床小仪式提升孩子的情感满足度；赖床，可能是因为被强迫起床，父母需要给孩子休息日睡到自然醒的自由。

■ 不想去上学：有原则，有底线——父母需要帮助孩子明白，上不上学，由父母决定，同时对上不上学的尺度要从严掌握，而且态度明确，不摇摆。

■ 丢三落四：帮忙还是放手——大人越帮忙，孩子越依赖；父母需要避免不停催促，同时也要在细节上提供支持，帮孩子养成严谨仔细、不丢三落四的习惯。

玩电脑玩游戏：适度许可和安全界限

一位妈妈问我们：

孩子刚学会说话时，就会说“回家”，问“回家干吗”？“上网”。现在上小学了，每天为玩不玩电脑斗争。我该怎么办？

这也是很多爸爸妈妈都头疼不已的问题。孩子玩起来不懂得控制时间，耽误写作业，甚至为给游戏充值偷偷用爸爸妈妈的银行卡、手机钱包……孩子玩游戏，看起来真是危险重重。

怎么办？断网、让电脑“坏掉”、和孩子讨价还价讲条件，还是干脆用打骂解决？其实，孩子爱玩电脑、手机或者其他电子产品，严格禁止，都不是最好的办法，不但不会让孩子断掉玩电脑的念头，还会引发更激烈的斗争，让孩子每天纠结，大人每天疲于制止，亲子之间氛围紧张。

我们的办法是：适度许可，规定安全界限。

·游戏是孩子的天性·

游戏是孩子的天性，一定程度上也是成人的天性。

真心爸妈现在已经过了爱玩游戏的年龄，但20世纪90年代初刚刚用上电脑时，也曾为了“挖地雷”废寝忘食，早些年刚用上iPad时，也曾在被窝里没完没了地“连连看”，小时候，电子游戏机刚刚盛行时，也特别享受控制着小坦克“砰砰砰”炸掉小砖墙的快感。

游戏带来乐趣，而人们需要这种简单的、不需要花费巨大努力即可获得的乐趣；游戏还带来成就感，大人和孩子，也都需要这种积累分数、扮演英雄的成就感。心理学家认为，获取成就感是人们内心深处重要的动机之一。

因此，适度游戏是健康的，孩子玩电脑或者手机游戏，和他们玩任何一种其他游戏，比如足球、篮球、象棋、围棋，甚至小宝贝喜欢的过家家、藏猫猫，没有本质的不同。需要管控的，不是玩游戏这件事本身，而是玩的方式——玩什么、什么时间玩、玩多久。

这和引导酷爱踢足球的孩子不在上课时间跑去踢球没什么不同，爸爸妈妈们都能做到。

·越禁止，诱惑就越大·

一件东西，越难得到，对人的诱惑就越大，人们占有它的时候，就越容易贪婪、无节制，孩子和成人都是如此。

真心爸妈常常讲到我们家孩子吃巧克力的例子。从孩子小时候起，我们就不告诉孩子，吃巧克力或者其他糖果是不好的，而且我们认为，只要吃品质有保障的东西、吃得适度，它们都没什么不好。只是告诉他们，如果一次吃得太多，会影响吃饭，会导致发胖，还会损害牙齿，可以每天吃一点，但不要一次吃很多。

我们从不拒绝孩子买巧克力的需求，也不会买了巧克力藏起来，不让孩子看到，甚至我们会常备巧克力和糖果，告诉孩子们放在哪里，让他们想吃的时候自己去拿。

这样做的结果，有点戏剧性——孩子们对巧克力和其他任何糖果都没有强烈的欲望，他们会每天自己去吃一颗，但从不一次吃一颗以上，因为他们很确定，今天吃了，明天还可以吃，吃完了，还可以再要求爸爸妈妈买。

孩子玩电脑和手机，我们也用同样的方式。两个人都有自己的电脑，放在各自房间里，电脑没有爸爸妈妈预设的密码，也没有任何家长管控措施。他们小学高年级后，都有自己的手机，都自己掌握，用的时候不需要跟大人申请。他们会按照约定的时间长度玩电脑、玩手机，偶尔也会稍稍超时，但没有出现过需要爸爸妈妈严厉管控的情况。

大人越是把电脑、手机、游戏当成洪水猛兽，越禁止孩子玩，越是用打骂等严厉手段控制，它们们就越对孩子有魔法般的诱惑，孩子会千方百计地找机会玩——爸爸妈妈不在家时偷偷玩，告诉大人在写作业然后关起门来玩，跟爸爸妈妈说老师要求用电脑查资料，实际上却是在玩游戏或者上网聊天。甚至孩子大一些之后，会自己跑到外面网吧去玩，那样更危险。

·适度许可，满足孩子的游戏欲望·

既然游戏是孩子的天性，而且越是禁止诱惑就越大，爸爸妈妈不如采用适度许可的方式，满足孩子的游戏欲望。孩子接触电脑、手机、游戏的欲望得到适度满足，无节制玩乐的欲望反而不会那么强烈。

不要一听孩子想玩游戏就马上竖起警戒线，把玩游戏和“网瘾”“学坏”、耽误学习等纯负面的现象挂起钩来——适度地玩游戏，和那些最糟糕的状况，距离还有十万八千里远呢，如果没有情感满足上的欠缺、亲子关系上的严重问题，一个适度玩游戏的孩子，不会成为网瘾少年，就像是休息时间喜欢打打小麻将的成人，成为不折不扣的“赌徒”的可能性微乎其微。

也不用担心允许孩子适度玩游戏，会被批评为教育方法不当、对孩子管教不严、纵容孩子学坏。事实上，造成孩子沉迷游戏、行为出格、成绩一落千丈的原因，通常不是大人允许孩子玩游戏，而是整个家庭更深层的问题，比如家庭成员之间关系冷漠、孩子被严重忽视、孩子严重缺乏安全感，等等。

某地“戒网瘾中心”事情爆发后，我们家两个孩子都非常关注，他们不能理解，为什么那些孩子的父母认为用那种强制性的方式，就能戒除所谓“网瘾”。真心爸妈也同样不能理解，那些父母为什么不从家庭环境上找原因，而把“网瘾”简单地归咎于孩子？

我们两个孩子关注那件事，可能也是因为有点担心——我们也都玩游戏啊，爸爸妈妈会不会吓得禁止我们玩呢？后来看到我们没什么反应，就继续放心地去玩了。

当然，要想孩子玩电脑有度，大人还需要帮孩子发展更多有趣的活动。有的孩子老想玩电脑，是因为他无聊，无事可做。如果他有更多有趣的事可做，玩电脑的愿望就没有那么强烈了。

还有一点，要想让孩子不沉迷电脑游戏，爸爸妈妈首先要做到自己不沉迷，有的爸爸妈妈自己电子产品不离手，却要求孩子少玩电脑、少玩手机、少玩 iPad，这是不现实的。

真心爸爸陪小儿子去看电影，就看到很让人吃惊的一幕：看电影时，一位妈妈觉得无聊，就拿出手机来打游戏。且不说电影院里打游戏影响别人，只说对自己孩子的影响，这位看电影时都想着打游戏的妈妈，又如何要求自己的孩子不沉迷游戏呢？

·“我的世界，你了解吗？”·

提起孩子玩电脑，大多数爸妈都是一脑门官司：孩子爱玩电脑怎么办？家长如何控制孩子玩电脑？那么，孩子玩电脑，当真是只有坏处，没有好处吗？

大儿子新学期的家长会，真心妈妈在校门口等候时，旁听到了几位家长的聊天，一位妈妈抱怨说：

“这次的假期作业，好几门课都是要用电脑在网上完成的，我们家本来是不让孩子玩电脑的，孩子也很少碰电脑，这下好了，一下子规矩都给破坏了，而且我们家孩子平时就不会用电脑，这次用电脑做作业可费时间了，还不如像以前一样发一本作业手写呢。”

而我家大儿子，因为从几岁开始就被允许玩电脑，对于同样的假期作业，丝毫没有感到困难，甚至做作业的积极性，都比平时高了很多。

不管爸爸妈妈们是否乐于接受，电脑成为孩子重要的学习工具，已经是不争的事实。

老师会布置孩子上网搜索某个专题的资料，用电脑绘图软件完成“主题小报”，为课前演讲或者小型研究课题的汇报准备好自己的 PPT，用软件制作规范漂亮的思维导图，还会布置需要在网上完成的假期作业。孩子会不会熟练地使用搜索引擎、常用的应用程序，甚至打字快慢，已经成为学习能力、完成作业能力的重要组成部分。

面对这样的现实，那位妈妈骄傲地宣称“我家孩子不会用电脑”，可能真有点跟不上时代的脚步了。

大约 1993 年，时任美国麻省理工学院教授及媒体实验室创办人、《连线》（*Wired*）杂志专栏作家的尼葛洛庞帝发现，美国许多 10~15 岁的青少年，会订阅刚刚创刊的《连线》杂志送给父母做圣诞礼物——这本杂志着重报道科学技术应用于现代和未来人类生活的各个方面，至今仍是数字化时代的重要杂志。

这些孩子用他们的行动在说：“这本杂志谈的就是我们的世界，你们了解吗？你们不想进来看一看吗？”受这件事的启发，尼葛洛庞帝写作了关于数字时代的重要著作《数字化生存》，这本书畅销全球，他也因此被《时代》周刊列为当代最有影响的未来学家之一。

他说：

“计算不再只和计算机有关，它决定我们的生存。”

“真正的文化差距其实会出现在世代之间。当一个成年人说，他最近发现了光盘的新天地时，我可以猜得出他有一个5~10岁的孩子；当一位女士告诉我，她知道了美国在线时，也许她家中的孩子正值花季……在今天的孩童眼中，光盘和网络就好像成人眼中的空气一般稀松平常。”

他说这些话时，还是二十多年前，而今天，孩子们面对的世界又有了更大的进步，他们已经会头头是道地谈论3D打印、人工智能、虚拟现实和增强现实，而爸爸妈妈们却仍然视电脑为洪水猛兽，每天努力地阻止他们接触由电脑、网络带来的新世界，这不是两代人之间的文化差距，又是什么？

大人对孩子，很容易抱一种“你小孩子知道什么”的态度，可惜，孩子们所处的时代，和爸爸妈妈青少年时所处的时代，真的是大大的不同了。

爸爸妈妈们得承认，有很多时候，我们不如孩子懂得多，我们需要更新迭代自己的认知，以尽量和孩子的认知保持同步，并且需要谦逊地承认自己的不足，不以自己的局限为孩子的发展设限——最典型的实例，就是我们需要认识到，使用电脑和网络在孩子们生活和学习中的作用，不再一味简单粗暴地阻止孩子使用电脑。

·孩子熟练使用电脑的益处·

我们家两个孩子，在约定上学日不可以玩、周末限定时间的前提下，都可以使用电脑，他们用电脑玩游戏，做要求用电脑完成的作业，也在网上各处浏览，上他们玩的游戏的论坛、贴吧，到网上书店自己选书下订单（大人只负责付款）。从自家经验，我们发现，孩子熟练使用电脑，至少有以下几大好处：

1. 更容易拓展知识面

真心爸妈都是纸质书的拥趸，但也同时承认，纸质图书已经不再是获取知识的唯一途径。孩子熟练地使用搜索引擎，会大大提升他们接触新知识的效率。

孩子们有时会和爸爸妈妈聊起某个话题，我们常常惊奇地发现，他们对那个话题的了解大大超出了大人的预期，问他们怎么知道的，孩子会骄傲地回答："自己从网上查的！"

很多爸爸妈妈经常会困扰，孩子提出一个问题，而大人完全不了解、不会回答。那么怎么办呢？即便是受教育程度很高的爸爸妈妈，也完全没有办法成为通晓"十万个为什么"的百科全书，所以教会孩子使用网络搜索这种方便、快速的手段来获取知识和信息，并学会甄别信息来源的品质和可靠性，就变得非常必要。

2. 可以更高效地完成需要使用电脑的作业

学校其实已经在有意识地引导中小学生熟练地使用电脑和网络，有时需要用到搜索，有时要用到应用软件，孩子不会用，会给学习带来很多困难，甚至也让爸爸妈妈烦恼无比："老师留的这是啥破作业？老得让爸爸妈妈帮忙！"

如果父母刚好也不会，那麻烦就更大了。我家大儿子上初中，有时需要登录学习网站上传一些校外开放课程的学习成果，大儿子用电脑很熟练，只用几分钟就能自己轻松搞定，而我们经常在家长群里看到，老师在反复催促一些孩子和家长尽快完成，孩子和家长也反复尝试，就是无法成功，搞得几方都很抓狂。

3. 培养出对新知识、新信息的开放和敏感

一些爸爸妈妈常常烦恼，孩子学东西很慢、对新知识接受能力很差，那是因为，孩子的头脑被禁锢在有限的课本上、禁锢在大人传授给他的有限的知识当中，没有开放性，也没有敏感度。

电脑和网络，会为孩子带来一个完全开放的世界，在那里，他可以随时接触到新的知识、新的信息，思维会变得更不受局限、更灵活。

4. 进行现实生活中所缺乏的学习

孩子使用电脑和网络，也可以获得现实生活中没有的学习机会，即便他们在玩游戏时，也同样在进行某种形式的"学习"。尼葛洛庞帝说：

“大多数成年人都搞不懂小孩是怎样从电子游戏中学习的。大家通常都认为这些诱人的游戏比电视还糟糕，孩子们会沉溺其中而变得焦躁不安。但毫无疑问，许多电子游戏也教孩子们如何制订策略，培养他们的规划能力，这种能力在他们未来生活中大有用处。”

我们家两个孩子，都爱玩一款叫 minecraft（中文名“我的世界”）的游戏，在游戏中，他们使用简单的方块建造种种奇妙事物，有时是简单的住宅，有时是宏伟的城堡，有时是家具、工具，他们甚至可以自己制作一份地图，建成一个岛屿和岛屿上所有的花园、道路、建筑、迷宫。这些活动，既需要规划能力，也需要随机应变的能力，这些能力，大人在现实生活中根本无从教起，但孩子在游戏中会很容易学到。

5. 更自信

最后一个好处，涉及孩子的心理层面：熟练使用电脑和网络，会让孩子在和同学、同伴相处时，获得更多自信。

真心爸妈小时候，擅长跳皮筋的女孩子、擅长制作玩具枪的男孩子，甚至比学习好的孩子在小伙伴中更受尊重、更受欢迎。现在，玩电脑玩得很好的孩子，也可以在同学当中获得相近的认同。

这自然不是孩子自信的全部来源，但当同学们在谈论 minecraft 时，你的孩子一脸茫然，别人轻松地用电脑完成作业时，你的孩子还在为不会打字烦恼，那孩子的感受真的会很好吗？

写下让孩子玩电脑的必要性和好处，真心爸妈当然不是要鼓励大人完全把电脑交给孩子随便玩，只是希望帮助还在单纯地为孩子爱玩电脑而烦恼的父母认识到：

电脑和网络，只是一种工具，不是引诱孩子变坏的万恶之源，不加区分地禁止孩子使用电脑，可能让孩子缺乏在他所处的时代已经变得非常必要的能力，也会人为地增加父母和孩子之间的隔阂，就像给爸妈订《连线》杂志的美国孩子们问的那样：

“我们的世界，你们了解吗？”

·时间的安全界限·

看到前面说的这些观点，可能一些爸爸妈妈会被吓到：这么纵容，那还管得住吗？孩子玩起来还不得没完没了？

允许孩子玩儿，并不是纵容他无限度地玩，爸爸妈妈需要和孩子一起，为他玩电脑、玩手机、玩游戏，设定安全的界限，包括时间上的安全界限、游戏内容和游戏伙伴上的安全界限、金钱上的安全界限，以免孩子一味沉迷游戏，发生为玩游戏影响学习、为玩游戏花费大量金钱，甚至偷用大人账户为游戏充值等失控状况。

这些规则中，排在第一位的，爸爸妈妈也最关心的，是时间上的安全界限：每周七天中，哪些天可以玩，哪些天不可以玩；可以玩的那些天，每天可以玩儿多长时间；假期每天可以玩多长时间，等等。

这个时间规则需要爸爸妈妈和孩子一起商定，不能简单地由父母按照自己的意愿，列出个十条八条丢给孩子，那样，孩子仍旧会把它们当成爸爸妈妈的限制而心生抵触。

和孩子商定时间规则时，要考虑孩子的诉求，也和孩子说明大人的希望，然后一起商讨出一个双方都能接受的方案。孩子当然希望可以玩的时间越长越好，父母希望的则是玩的时间越短越好。一味照顾孩子的需求，大人不高兴，一味强调大人的意愿，孩子不满意。这有点像商业谈判，双方都需要做些妥协、让步，才能最终达成协议。

爸爸妈妈通过和孩子协商，规定好时间规则，然后约定大家共同尊重，孩子在约定时间之内玩，大人不去打扰他，孩子也需要做到，只有在约定日子玩，玩到约定时长就停止。

规则约定好后，大人需要特别注意，不要在约定之外再临时增加别的要求，那样规则就都失去了意义，孩子和大人仍旧会回到每天就玩电脑讨价还价的状态。

我们和孩子一起约定的规则是这样的：

他们幼儿园时，周一到周日，一周七天，每天有半个小时电脑时间；

上学后，小学低年级时，周五、周六、周日三天，每天一小时电脑时间；周一到周四，绝对不可以玩电脑。

孩子上到小学高年级后，他们觉得每次一小时有点短，大家就重新协商，把每次时间延长到两个小时，仍旧是周五、周六、周日三天可以玩儿，周一到周四绝对不可以玩儿。

我们采用这个办法之后，孩子大人之间就基本上不会为玩电脑发生争斗了。孩子到时间会去玩，玩足了时间，会自己结束，而且约定不可以玩电脑的周一到周四，他们从来不要求玩电脑。

我们的经验是，大人越守信——不在约定之外提额外要求，孩子越守信——不随意延长时间。

另外，这个规则最初开始执行时，爸爸妈妈一定要严格，约定不可以玩的日子，一定不可以允许孩子玩，无论孩子怎么要求，都不要答应。破例一次，规则就形同虚设了。

在孩子玩电脑的时间界限上，一个最重要的规则是：上学日，不可以玩。

有的家庭，会允许孩子上学日完成作业后，玩半小时或一小时，真心爸妈认为，这就是时间失控的开始。孩子没有那么好的自律能力，很难能玩到半小时、一小时自动停止，通常会超时，这样实际上就会在时间上失控，而且是每天失控。于是爸爸妈妈和孩子就不可避免地每天为玩游戏斗智斗勇。孩子在上学日的晚上惦记着玩电脑、玩游戏，写作业时就不免心浮气躁、草草完成，作业质量也难以保证。

我们家的情况是，因为约定了周末有相对大块儿的游戏时间，孩子们就能很愉快地接受上学日不玩。孩子在休息日玩得超时一点，不会影响到写作业和第二天上学，所以也不需要爸爸妈妈分分秒秒地严格控制。

我们不会每天批评孩子玩电脑，也不对孩子按照约定玩电脑表现出任何不满，甚至，我们还分享他们玩电脑的乐趣，比如孩子有时候会给我们讲游戏中好玩的事，还有自己如何提升游戏技巧，我们都兴致勃勃地和他们讨论。

把按照约定玩电脑当成孩子的一项正常的娱乐活动，孩子和爸爸妈妈之间，就不会因为这个问题频繁产生矛盾冲突，更不会发生孩子把玩电脑当成反抗手段的状况。

· 游戏内容和伙伴的安全界限 ·

不少游戏确实有暴力和色情因素，这也是不少父母谈游戏色变的重要原因。但游戏类型多种多样，确实也有很多适合不同年龄段孩子玩儿的游戏，大人不需要完全禁止孩子玩游戏，只要和孩子一起建立游戏内容上的安全界限就可以了。

我们会直言不讳地告诉孩子：你们还小，并不是所有游戏都适合你们，爸妈允许你们玩游戏，但必须玩适合你们的游戏，包含暴力和色情的游戏一概都不许玩。

因为经常和孩子讲道理，孩子们都表示能接受这样的规定，不会碰到随便一个什么游戏，就不管不顾地玩起来。

我们也会告诉孩子，要选择适合的游戏伙伴，你们是孩子，游戏伙伴应该是中小学生，不可以是成人，因为一些成人可能会诱导孩子做不太好的事情，而同龄的游戏伙伴会安全得多。

一些爸爸妈妈会觉得，孩子哪儿懂这些啊。那是大人忽视了孩子的智慧和判断力。孩子们是能建立起这样的理性的，前提是父母经常用理性的方式引导他们，与他们对话，而不仅仅用成人的权威来压制他、“管教”他。一些孩子玩游戏玩出麻烦来，可能正是因为规则概念全无导致的。

·金钱的安全界限·

允许孩子玩游戏，为他们建立金钱上的安全界限也极其必要。媒体经常报道的十来岁孩子用父母手机钱包、银行卡为游戏做高达数万元大额充值的事，凸显的，就是金钱方面安全界限的严重缺失。

孩子为什么会掌握父母的账号和密码？为什么不知道不可以动父母的账号？为什么不知道那些钱是家里的生活费或者积蓄，不可以随便给游戏充值？为什么孩子对“钱”是毫无概念的？

遭遇这种状况的父母，通常会对游戏公司非常愤慨，会尝试讨回孩子充值的钱，但其实更应该检讨的，是自己为什么没有为孩子玩游戏建立起必要的安全界限。

真心爸妈认为，父母为玩游戏的孩子建立的金钱安全界限，需要包括：

告诉孩子不可以玩需要不断充值的游戏；

让孩子明白，家里的钱，由爸爸妈妈支配，你不可以动；

让孩子懂得，钱不是数字，是爸爸妈妈辛苦劳动所得，我们需要用它来支付房贷、支付生活费用、支付你们上学的费用，不可以拿来随便地“玩儿”掉；

不让孩子掌握父母的银行账号和密码、手机钱包账号和密码，以及任何事关金钱的账户和密码；

不给孩子开设他可以随意支配的金钱账户，或是可以随意支配的现金。

最后一个界限，可能与一些父母的观念不同。

一些父母会把孩子的压岁钱存起来，交给孩子掌握，目的是培养孩子的“财商”。但真心爸妈认为，这样可能弊大于利——孩子可以理直气壮地用“自己的钱”做一些爸爸妈妈并不赞同的消费，比如给游戏充值、买不健康零食，等等，可能会培养出不那么好的消费观念。

我们家的办法是，告诉孩子，你想买什么，都可以跟爸爸妈妈提，只要适合的东西，爸爸妈妈都会给你们买。实际操作上，我们也真的会买。

比如两个孩子都曾经要求买正版游戏中只需一次购买的长期账号，我们给买了；孩子说他在玩的游戏，有一个圣诞节打折活动，可以获得额外的一套装备，我们给买了；孩子说有一种游戏专用的鼠标垫，价格是普通鼠标垫的几十倍，但很好用，我们也给买了。买这些时，我们就当是给孩子买普通玩具，不会批评，也不会讨价还价。

总之，作为家里两个孩子都在玩游戏的爸爸妈妈，真心爸妈的基本观念是，电脑、手机、游戏不需要严格禁止，只要适度许可并建立规则，它就是孩子的一种普普通通的娱乐活动，不会成为带坏孩子、引发亲子对抗的万恶之源。

老看电视：越无聊，越依赖

说起电视，爸爸妈妈们都会认同：孩子看电视要有节制，不能没完没了地看电视，也不能不加区分地看任何类型的电视节目。真心爸妈也是这样的观点。

但说起来简单，做到了却真是不容易，所以很多爸妈都还在为孩子太爱看电视烦恼：

孩子看电视有瘾，不让看就着急、哭闹；孩子只要在家，就要开电视，拦都拦不住；孩子做什么都很着急，因为怕耽误看电视；孩子为了看电视，到了吃饭时间怎么叫都不肯来吃；孩子寒暑假一个人在家，除了玩电脑，就是看电视；孩子假期待在爷爷奶奶家，老人会长时间放任孩子看电视。

甚至还有一位妈妈绝望地问：

孩子就是爱打游戏爱看电视，不爱看书，是不是这辈子要完了？我该怎么办？

·到底有没有办法节制？·

孩子爱看电视的问题，之所以困扰很多爸爸妈妈，是因为大家觉得，让孩子不爱看电视，根本就做不到：电视就在那儿摆着，孩子在客厅出来进去都能看得到，孩子又不是不会开，怎么能控制得住呢？

真心爸妈的观点恰好相反：电视就在自己家里放着，不过就是一台家用电器而已，想让孩子有节制地看，一定有办法。

是否有办法节制孩子看电视，其实关系到爸爸妈妈们的一个基本观念：

有的父母认为，关于孩子的事，很多因素都不是自己能控制得了的，所以很多事我都无能为力；但另外一些父母会认为，关于孩子的事，无论外界因素的影响有多大，只要在自己能力范围内的部分，都能努力找到更好的选择。

比如要不要陪孩子写作业，抱持前面一种观念的爸妈会认为，“老师又要求家长检查作业，又要求家长签字，还要保证作业质量，我不陪着，能怎么办”？但抱后一种观念的爸妈会认为，“老师要求检查作业没问题，孩子写完让我签字没问题，孩子作业要保证质量也没问题，我能做到这些，但是同时可以想办法不用每天陪着、盯着就能做到这些”。

再比如，说起有些儿童动画片太暴力、太吓人，不适合孩子看，会有爸妈愤怒地表示：应该禁播！禁播不禁播不是咱们普通爸妈能管得了的事，但让不让孩子看、看多少，爸爸妈妈还是有办法的，如果连这个都做不到，那教养孩子过程中遇到的所有问题，我们都可以推给社会、推给环境，都可以表示我改变不了环境，所以我没办法。

首先相信自己，尽管电视就在那儿摆着，但一定有办法可以解决孩子没完没了看电视的问题，然后咱们再来讨论，有哪些办法可以让孩子做到看电视有节制。

·转移家庭生活的主场·

当今家庭的住房格局，基本上以客厅为中心，电视大多放在客厅中间，又成为客厅的中心。甚至装修时，电视背景墙也会成为装修重点。晚上一家人坐在客厅舒适的沙发上一起看电视，是大部分家庭的生活常态。

但是，有不少社会学、传播学的研究指出，这种以电视为中心的客厅格局，对融洽家庭生活并没有好处。在客厅看电视时，一家人看起来是坐在一起，但每个人的注意力其实都在电视上，彼此之间交流很少，而生活中没有电视机的年代，一家人的交流，反倒要多得多。

我家的做法可能有些极端，不妨分享出来给大家参考。我家没有客厅，买房子时，本来有个朝向最好的超大空间，开发商在设计房子时，是留给业主做客厅的，但我们在装修时，给改造成了两间大大的儿童房，规划是两个孩子一人一间。最初两个孩子把其中一间当卧室，另一间当游戏室，上学后，把游戏室改做两个人的书房，后来一个初中，一个小学，作息时间不同，就改成最初设计的一人一间，既是自己的卧室，又是自己的书房。他们的书桌和书架，都放在自己的房间。

没有客厅，我们把在屋子中间的、开放式的餐厅空间当作一家人活动的主要场所。吃饭时，大家会边吃边聊。餐厅墙上也挂个小电视屏幕，但很少开，也没有电视信号，孩子们有时用它来看动画片碟片，有时用它来玩体感运动游戏。其余时间，大家会各自待在自己的书房，孩子玩玩具、做作业、看书，大人或看书或工作。

我们家保持这样的空间格局已有十年之久，而且感觉一家人不但没有因为没客厅而减少交流，反倒因为大家坐在一起时，不会各自盯着电视屏幕，彼此聊天说话，会更专注。

当然，我们也不是建议读者像我们这样取消客厅。我们的建议是：尽量不要把电视所在的地方当成家庭生活的主场，把一起看电视当成一家人待在一起的主要活动。电视在家庭生活中的地位弱化，在孩子日常生活中的地位也就没那么醒目和重要了。

·不把电视当生活背景声·

有的家庭，电视开机时间很长，几乎是一到家就打开电视，直到睡觉才会关电视，无论大人孩子在没在看，电视都一直开着，简直就成为家庭日常活动的背景声。在这样的环境中，孩子怎么可能做到少看电视呢？

要想孩子日常少看电视、假期也不会不停看电视，爸妈需要有意识地缩短家里电视的开机时间，弱化电视对日常生活的参与。如果孩子从小就习惯了家里很少开电视，也就不会一无聊时就想看电视了。

那么如果家里习惯了电视常开，怎么办？从现在开始，缩短开机时间。有意义的事情，不能因为做得晚就不做，开始做，总比一直不做强。

·父母从电视上解绑·

如果孩子特别喜欢长时间看电视，家里一定有喜欢长时间看电视的大人。晚上做好家务，窝在沙发上，舒舒服服地追剧，是不少大人的乐趣。

没有孩子时，这样做没什么影响。有了孩子，这样的习惯可能真需要做些改变。你让孩子少看电视，孩子回一句“那你自己还老看呢”，大人能如何回答呢？

而且，大部分家庭住的是普通楼房住宅，面积没有那么大，也不分楼层，客厅里电视的声音，在另一个房间可以听得清清楚楚，孩子做作业时，不停地听到电视里的各种动静，肯定做不到专心致志。有的孩子，甚至还养成边看电视边做作业的习惯，专注程度和作业质量就可想而知了。

所以我们建议，要想孩子没那么爱看电视，大人需要减少看电视的时间，最好是孩子不看电视了，大人也关闭电视机。

可能你会想了，大人上班累了一天，晚上回家不看电视能做什么？可做的事多了。

可以健身，既保持健康，又减少不断长胖的烦恼；可以动手做烘焙，既为家人制作美食，又增加生活乐趣；可以阅读，丰富自己也带动孩子；可以夫妻两个人聊天，增进夫妻感情……

把自己从电视上解绑，会省出来大段时间，增加很多生活乐趣。如果生活中只有上班、吃饭、看电视，会多枯燥多无聊！

·丰富孩子的生活·

孩子不停看电视，其实常常并不是因为有多爱看电视，而是因为无聊，或是需要一些陪伴。

比如孩子放假，住在爷爷奶奶、姥姥姥爷家，老人有自己的事要忙，不会有很多时间陪着孩子，让孩子到外面玩又不放心，而且也确实有很多让人不放心的地方，孩子除了做作业，待在家里就没别的事可做，不看电视又能干什么呢？

再比如，很多一两岁的孩子，大人为了不让他无聊、哭闹，就会打开电视，让她自己看，省得他老来“烦”大人。这种让电视帮忙哄孩子的状况，在很多家庭都很常见。这样，孩子从小习惯让电视陪着他，再大一点，大人希望他少看点电视的时候，就比较困难了。

我们的经验是，孩子有事可做，不无聊，就不太会老想着看电视。所以要改变孩子太爱看电视的习惯，爸爸妈妈可以做的另外一件事，是帮孩子丰富他的生活。

比如三岁以内的孩子，有动手动脑的有趣玩具可玩，就不会老盯着电视；孩子幼儿园放学回家，有很多有趣的书可看，也不会老盯着电视；周末带孩子出去玩，就可以避免孩子无聊地看电视；已经上学的孩子，喜欢阅读，就不会一味地迷恋电视。总的来说，玩玩具、阅读、户外活动越多的孩子，对电视的依赖程度会越低。

当然，爸爸妈妈下班之后、家务之余，腾出时间来多陪孩子，多和孩子聊天说话，孩子有爸爸妈妈的陪伴，也会减少让电视陪着他的时间。

·约定看电视的时长·

有的家庭，爸妈为了让孩子不过度沉迷于看电视，会每天跟孩子做斗争。

比如大人叫孩子:“别看电视了,去写作业吧！”孩子不情不愿,“再看一会儿”！

孩子看了一会儿，大人又催，孩子还说：“再看一会儿嘛！”火暴脾气的爸爸或者妈妈可能就着急了：“让你别看了你怎么还看，赶紧走赶紧走！”要是孩子还不配合，可能小小争执就变成关电源、抢遥控器的大战。

如何避免每天都遭遇这样的难题呢？我们的建议是：和孩子约定每天看电视的时长。当然这个办法对太小的宝贝可能不太奏效，但孩子上幼儿园之后，就可以开始尝试了。

对上幼儿园的孩子，可以跟他约定：每天晚上可以看一会儿电视，但时间限定在半小时之内。有的爸爸妈妈对孩子视力不是那么忧虑，也可能会放宽到一小时。半小时或一小时其实都没关系，重要的是让孩子慢慢习惯，电视不可以每天无限制地看下去。

对已经上学的孩子，可以跟他约定：假期可以每天看电视，每天看多长时间；学期中间，星期几可以看电视，可以看多长时间。

我们家因为很多年都没有看电视的习惯了，所以目前不需要做这样的约定，对于家有学童的爸爸妈妈,我们的建议是:最好和孩子约定,周一到周四不可以看电视,周五、周六、周日才可以看电视，以免孩子每天都要花一些时间在看电视上，而且孩子大人还需要每天为看电视还是写作业不停争执。

约定时间的办法可能开始执行时会有些困难，需要爸爸妈妈稍做监督，执行一段时间后，孩子就会慢慢习惯，不可以看电视的上学日，根本不开电视，也别想看电视的事儿。约定可以看电视的日子，看到差不多时长，就自己从电视机前离开。

·用碟片代替电视·

关于看电视，我们的最后一个建议，是在孩子比较小的时候，用看动画片碟片代替看电视节目。

建议采用这个方式，有两个原因：

一是动画碟片每一集都有固定时长，更方便和孩子约定看电视的时间；

二是很多电视节目，即便是幼儿、儿童节目，内容也并不完全适合孩子，或足够对孩子有益，有的过于暴力，有的格调不高，更不用说非幼儿节目、儿童节目了。与电视节目相比，动画片更便于选择，爸爸妈妈可以筛选高品质的动画片给孩子看。

大约十年前，也是感觉孩子看电视太多，而且觉得电视中很多内容并不适合孩子，我们在家里采取了一个可能比较极端的办法——停掉电视信号，让孩子改用影碟机看动画片，孩子没有了电视可看，但是有好看的动画片，也一样开心。

那么，没有电视信号，怎么看新闻呢？我们家用网络和报纸。现在网上资讯那么发达，大人不看电视，一样可以通过网络及时了解时事。

为了方便孩子看新闻，我们多年订阅一份侧重新闻的报纸，孩子们几年前就开始每天看报，不但不影响他们了解时事，对提升他们的阅读能力还有一定帮助。

没有电视信号，大人不看电影电视剧吗？我们家看得不太多，但也不是完全不看，仍旧主要是通过网络。近年视频网站发达，我们会购买一个视频网站的账号，这样新上线的好电影、新上线的美剧，就可以看到，适合孩子看的，我们也会在周末邀请孩子一起看。对于我们这样没有追剧爱好的观众来说，也足够了。

总之，要想让孩子不没完没了地看电视，主要还是需要大人为孩子营造一个不依赖电视的家庭环境。电视在生活中的重要性降低了，孩子也会慢慢习惯过那种不需要电视陪伴的生活。

·并非所有影视内容，都适合做孩子的娱乐·

关于电视，真心爸妈还有一个观念，就是并非所有的影视内容，都适合做孩子的娱乐。

先看一件小事。有一天傍晚突然下雨，真心妈妈去接上初中的大儿子放学，学校门口站满了给孩子送伞的家长。真心妈妈无意中听到两位爷爷或姥爷模样的老人家寒暄：

“来啦？”“来啦！这不一下雨就赶紧跑来，省得‘小主’被雨浇嘛！”

祖辈叫孙女小主，这称呼可真新鲜，不过听起来，实在是让人觉得太诡异。那部大热的电视剧大家肯定都看到过，可能你会觉得流行而已，好玩而已，何必较真呢？

真心爸妈觉得。成人以此类流行文化做娱乐甚至当成精神食粮，是好是坏，暂且可以不论，但让这些流行如此细节地影响到孩子，实在是非常不妥。

真的不能认为，这些流行的、好玩的东西只是玩玩而已，没什么深远影响，要是没有那么大的影响，流行文化也就不会成为流行文化，明星的粉丝们也就不会为自家“爱豆”的各种大事小情疯狂、痴迷，甚至打得不可开交了。

前些年，专业学习所需，真心爸妈曾读过国内外不少关于大众文化、流行文化的论著，深知大众传媒比如电视台的商业模式和运行机制，了解它们倾向于生产一些无深度的娱乐性内容，以满足大量以娱乐、消遣、打发时间为目的受众的需求。而他们生产出的这些内容，并不适合孩子，有的甚至完全搞坏孩子的品位。

比如表现一夜成名的真人秀和故事冗长、情节彼此相近重复、更适合打发时间的肥皂剧。它们提供虚幻场景，提供对生活的解释，还提供一整套话语系统，以便把观众拉入其中并产生共鸣。这些内容，并不会看过就忘，它们中让人觉得最有“趣味”、最能引起共鸣的那一部分，会留在观众——无论是成人观众还是儿童观众的记忆中，像他们读过的书一样，成为他们的气质、品味乃至对生活的理解的一部分。

想象一下，爸爸妈妈们愿意孩子跟大人一起，追看几十集的电视剧，煞有介事地跟大人讨论其中的爱情、宫斗情节，还把自己代入为其中的某个角色，幻想着某天穿越到某个英俊潇洒英明神武的皇帝的床上，或者把自己想象成某个能力超群的皇帝，引得后宫一干女子拼命争宠吗？

真心爸妈对大众娱乐没有偏见，只是了解多了，深知其中潜藏的可能无益于孩子精神成长的因素。所以建议爸爸妈妈们，缩短全家人看电视的时间，避免孩子大量接触无意义的电视节目，在人生观尚未定型之前，受到肤浅的流行文化的过度影响。

赖床：不是想睡觉，而是不想起来

早晨闹钟响了，孩子就是不起床，要爸妈又哄又劝，叫上十多分钟，甚至要用上掀被子、生拉硬拽、打几巴掌等武力手段，好好一个早晨，搞得大人火急火燎、大喊大叫、气急败坏。这样的场景，几乎每天都在很多家庭上演。

还有一些孩子，有严重的“起床气”，倒是能做到大人一叫就起床，但起床后情绪糟糕，总能找到理由跟父母或自己生气、发脾气。

孩子睡得晚、孩子觉多、孩子懒——你是这么解释孩子早晨赖床的吗？其实，事情可能比爸爸妈妈想象得严重得多。

·赖床，可能是不喜欢上学·

孩子刚上学时，需要一段时间适应学校生活，确实很容易发生赖床现象，刚上幼儿园时也一样。但经过一段时间之后，大部分孩子应该能做到早晨快快起床去上学。

我们两个孩子刚上学时，也有过不同程度的赖床，后来就做到无论前一天晚上睡得多晚、第二天要起得多早——有时学校有活动，需要提早起床、提早到校，大人一叫，一咕噜就爬起来，紧锣密鼓地穿衣、洗漱，麻利地背起晚上就收拾好的书包，跟着爸爸妈妈出门。

但很多孩子，上到小学高年级，甚至初中，每天叫起床，还是困难无比。其实上学一年以上的孩子，应该已经很清楚，非休息日必须去上学，上学不可以迟到，也明白赖床会导致上学迟到。

那么，他为什么要冒着迟到、被批评的危险，不顾爸爸妈妈的反复催促，非得在床上多赖那么几分钟呢？很可能是——他下意识地觉得上学不是那么令他愉快的事，他不喜欢学校、不想去上学，所以才拖上一刻是一刻。

如果孩子上学日喜欢赖床，爸爸妈妈还可能同时遇到另外两件非常典型的小事：

一是孩子小病不断。前一天晚上还好好的，早晨起来却说头疼、肚子疼，爸爸妈妈摸摸、看看，看不出哪里不妥，但孩子就是表示不舒服。没办法，只好向老师请假，或上医院，或待在家里。

二是孩子上学丢三落四。要么得大人放下工作跑回家找到再送去学校，要么就只好忍受忘带东西的不便，影响当天的学习效果。

其实一个身体健康、没什么慢性病的孩子，如果没有着凉、吃坏东西等确定原因，经常发生头疼脑热的可能性是不大的。如果上学的孩子小病不断，大人真的是需要特别注意：先到医院认认真真地检查一下，看看是不是有什么之前没有发现的病症，以免小毛病拖成大问题；如果确定不是身体上的原因，那就要从了解孩子在学校的学习和生活状况入手，从心理上解决孩子不那么爱上学的问题。

孩子上学丢三落四也是一样，“非不能也，是不为也”。不是孩子没能力记住上学要带的东西，而是他没觉得每天带齐东西，对他来说很重要、值得花心思做好。一个很有趣的事实是，在学业上表现良好的孩子，上学很少会丢三落四，越是学习上有困难的孩子，越是经常发生这样的现象，而这无疑又加剧了他的学习困难。

孩子为什么会出现这些下意识的不喜欢上学的现象？按照阿德勒的理论，还是和追求卓越以及成就感的心理有关。

每个孩子都希望自己能在学业上表现优秀，获得老师的赞赏、同学的钦佩，同时也建立起“我能行、我能做得更好”的信心。但因为各种原因，确实不是每个孩子都能在学业上有良好表现，有的甚至各门功课都表现糟糕，成为班级里师生公认的“差生”。

学业上遇到的困难会严重影响到孩子的自信，进而影响孩子对学校和学习生活的整体感受，他可能会希望逃避让自己感到心里不舒服、感到失落挫败的环境，就像成人待在一间感受不到成就感、感受不到受重视的公司，会觉得郁闷，会希望逃离一样。

但孩子还没有像大人一样，在心理上完全抵触，因为上学对孩子来说，是无可逃避的“工作”，他无法明确表述和解决这种不快，所以只能用诸如赖床、生病、丢三落四等行动，做出消极的应对。

·帮孩子提升上学成就感·

遭遇孩子赖床问题的爸爸妈妈，可能在一边烦恼不已，一边日复一日地努力地叫孩子起床，甚至不得不多加一个闹钟以更有效地叫醒孩子，或者提早十分钟叫起床，以抵消被赖床浪费掉的时间。

孩子小病小痛不断的爸爸妈妈，可能经常忙于一大早送孩子去医院，在确认孩子并无大碍后，再把孩子送去学校，以赶上当天余下的课程。

孩子丢三落四的爸爸妈妈，可能一边无奈地赶去送东西，一边不停地督促孩子改正：“下次细心点，知道不？”

但这些都只是疲于应对，头疼医头，脚疼医脚，解决不了根本问题。要消除这些现象，还是要从导致这些现象的原因入手——下工夫帮孩子解决在幼儿园和学校生活中遇到的问题，帮助孩子提升在学校和幼儿园获得的成就感。

这不是容易的事，但如果不去发现、不去解决，爸爸妈妈和孩子将来要面对的问题，恐怕不只是起床大战。

那么，爸妈该如何做呢？真心爸妈有两个建议：

第一，帮助孩子在学校和幼儿园获得更多认可。

幼儿园有各种各样的活动，每个孩子也各有自己的特点，爸爸妈妈需要引导孩子发展自身的长处，尽量少关注孩子不擅长的活动。

比如一个不太擅长肢体活动的孩子，可能不太喜欢舞蹈课程或者舞蹈类型的活动，但他动手能力可能很强，在手工课上表现会特别好。那么，爸爸妈妈在家里就不要多跟他讨论跳舞课，而是多讨论手工课。

同时爸爸妈妈也可以和幼儿园老师沟通，在孩子擅长的活动中，对孩子稍稍多做鼓励。这样，孩子上幼儿园的动力会更加充足。

对于已经上学的孩子，如果他学习成绩不是特别棒，爸爸妈妈可以引导他在学业之外获得更多认可。

现在好多孩子都上各种特长班，有各种才艺，父母可以鼓励他参加学校内的相关比赛或者相关社团。参加专门社团会让孩子有更多展示特长、获得认可的机会，也会帮助孩子获得更多“志同道合”的伙伴，并和他们建立良好关系。

孩子在学校多了获得认可的机会、多了认可他能力的伙伴，成就感和自信心都会大大提升，而这种良好感觉也会促使他自觉地在学业上更用心、更努力。

第二，集中某一段时间，帮助孩子提升某一门课程的成绩。

如果孩子学习成绩整体不佳，要在短时间内全面提升是非常困难的，但提升一门课程的成绩，相对容易得多。爸爸妈妈可以暂时放弃督促孩子全面提升成绩的努力，和孩子一起，选择一门孩子基础较好或者父母在这方面辅导能力较强，提升成绩相对容易的课程。

真心妈妈自己的经验是，任何课程，只要付出三个月的有效努力，都能得到明显提升。我高中时，曾因数学成绩不佳，而花了一整个学期把课本上所有的定理都自己证明一遍，把所有例题、习题全都重做一遍，到学期末，数学成绩就遥遥领先了。

只要肯花工夫，这完全不难。

孩子在某一门课程上有良好表现，就会在这门课程上获得成就感，进而有信心逐个去提升其他课程的成绩，去获得更多成就感。学业上有成就感，对学校生活下意识的逃避就会逐渐消失了。

·赖床，可能是亲密时光不足·

孩子喜欢赖床，另一个可能性是，和爸爸妈妈的亲密时光不足，孩子有情感上的“饥饿”。

一位妈妈这样描述上幼儿园孩子的起床困难：

“孩子每天起床，都要哭着闹着找大人抱，午睡起来，也要找大人抱。我跟他说，你是选择自己起床，还是选择爸爸打屁屁，孩子什么都不选，就是要大人抱。”

这位妈妈显然没有意识到，她要面对的，其实并不是孩子爱不爱起床、爱不爱上幼儿园的问题，而是孩子缺乏安全感、需要更多地享受和爸爸妈妈的亲密时光的问题。用“爸爸打屁屁”相威胁，更是雪上加霜。

孩子想被爸爸妈妈哄着起床，只是想撒撒娇、被抱一抱，只要大人体察到孩子内心的这个小需求，抱他起来，和他腻一会儿，孩子就会很自然地起床了，完全不需要拉锯战、威胁、打骂。

·愉悦的睡前时光和起床小仪式·

爸爸妈妈如果观察到你的孩子是这种情况，需要做的是多关注孩子的需求，增加对孩子的陪伴。晚上，给孩子一段轻松愉悦的睡前时光；早晨，给孩子一个有爱的起床小仪式。

比较小的孩子，尤其是刚上幼儿园的孩子，离开爸爸妈妈一整天，回到家时会非常期待和爸爸妈妈有更多时间亲昵、互动，但大人常常是忙这忙那，顾不上陪孩子，于是孩子就常常下意识地拖晚睡觉时间，但孩子不睡觉，大人又烦恼，于是有些家庭，晚上睡觉前的场景是这样的：

爸爸妈妈：别玩儿了，快去睡觉！不讲故事了，去睡觉！

孩子：我再玩会儿嘛！再讲一会儿嘛！

爸爸妈妈：不行，明天上幼儿园迟到了！

孩子：可是我还不困！

爸爸妈妈：别磨蹭，快睡！别招我吼你！

于是孩子不情不愿地上床睡了。

孩子晚上和爸爸妈妈多腻一会儿的需求没有得到满足，情感上依然处于“饥饿”状态，到了早晨，自然会赖着不起，想继续跟爸爸妈妈撒撒娇。

孩子小时候，我们家的入睡前时光是这样的：

爸爸妈妈：宝贝，该睡觉了，今天要爸爸陪还是妈妈陪？

孩子：爸爸 / 妈妈。

爸爸妈妈：是讲睡前故事还是念书？

孩子：讲睡前故事 / 念书。

大人讲了会儿故事，或念了会儿书：好了，你睡睡吧，跟爸爸妈妈说晚安。要不要抱一下？自己关灯还是爸爸妈妈关灯？

孩子上学后，我们家的入睡前时光是这样的：

孩子们做完作业，洗了澡，躺到床上。大人不会催他们马上睡觉，孩子们会自己享受一小段轻松的睡前时光，看会儿书，看看手机，然后喊爸爸妈妈：“帮我关灯吧。”我们就去关了灯、关好门，孩子们就安安静静地入睡了。

有时真心妈妈还会逗他们一下“跟妈妈说晚安”，孩子就很敷衍地“安”——他们觉得自己已经是大孩子，妈妈这样挺幼稚的——之后心满意足地睡着。

爸爸妈妈也不妨尝试，在早晨起床时，给孩子一个有爱的小仪式，或者是亲亲，或者是抱抱，或者是起床小游戏，都会让孩子在稍稍赖一下后，轻松愉悦地起床。

这个办法，真心妈妈是从自己爸爸那里学来的。小时候，冬天家里只有土暖气，被窝暖和，起床后就很冷，真心妈妈就嫌冷不爱起床，爸爸就每天说，“我把你的棉袄拿炉子上烤烤啊”，过一两分钟回来，“棉袄暖和咯，起床穿衣服啦”，然后我就迷迷糊糊地起床了。

·赖床，可能因为被强迫·

晚上强迫睡觉、早晨强迫起床，也是孩子不爱起床的原因之一。强迫睡觉、强迫起床的程度越激烈，孩子早晨不爱起床的情况越严重，而且起床气发作得越厉害。

孩子早晨情绪糟糕，通常是前一天晚上的糟糕情绪的延续。大人因为担心孩子早上不起床，会在晚上不停催促孩子：“快点睡，要不早晨起不来！”如果催了几次，孩子还没去睡，大人的脾气就会提前爆发：“晚上不睡觉，早晨不起床，你怎么回事？”孩子被逼无奈，只好不情不愿、闷闷不乐地上床睡觉，有的孩子，甚至是哭着入睡的。

晚上上演了入睡大战，多半早晨还会继续上演起床大战。大人喊：“起来起来快起来，迟到了！”孩子还没从昨晚的坏情绪中恢复过来，自然不会太配合，大人的脾气，又会像晚上一样爆发：“叫你睡觉你不睡觉，有本事不用叫就起床啊！”更火暴的大人，可能会把孩子痛骂一顿，说不定还打上几巴掌。

如果经常是这样的情况，孩子就会把睡觉、起床，和爸妈的坏脾气、威胁、打骂这些负面的东西联系起来，把睡觉、起床都当成不愿面对的事，非但不会像爸妈期待的那样乖乖睡觉、乖乖起床，反而一想到睡觉、起床就不高兴，更别说愉悦地入睡、轻松地起床了。

·休息日睡到自然醒的自由·

真心家两个孩子，上学日都会很快起床，但一到周六周日和假期，马上变成爱睡懒觉的小懒猫，会一觉睡到九十点钟。

等到他们起来，真心爸妈会问候他们："睡醒啦？当个小孩可真不容易，都不能天天睡到自然醒。"孩子马上点头："可不是嘛！"

有时醒得早点，他们会赖在床上不起来，爸爸妈妈去问吃不吃早饭，他们说："先不吃，我还想再赖会儿床呢。"

孩子们赖床时，我们从不催他，在床上看书、玩玩具，或者迷迷糊糊地发呆，都没问题。周末有任何活动，我们都会安排在他们睡好懒觉、赖够了床，心满意足地爬起来之后。

这份在休息日赖床的自由，以及通过晚起床充分补足的睡眠，让孩子们对于上学日早起床，或者偶尔休息日要早起床，更没有任何怨尤。

如果你的孩子还没上学、上幼儿园，那就且放轻松，让孩子天天睡到自然醒吧，要知道，他们以后要过好多年天天被从香甜的睡梦中叫醒的生活呢。

不想去上学：有原则，有底线

有的孩子是喜欢赖床，有些孩子则会在早晨起来明确提出不想去上学：我不舒服，不想去；我累了，不想去；我还没睡醒，不想去；哥哥为什么可以待在家里？哥哥不去我也不去……

遇到孩子提出今天不想去上学，你会怎么办？

·上不上学，从严掌握·

真心爸妈从孩子上小学一年级起，就对什么情况必须去上学、什么情况可以不去上学，掌握得比较严。

只有一种情况，可以不去上学，就是真的生病。其他情况，比如孩子说自己不舒服、孩子说累了、孩子想睡懒觉，都不可以不去上学。

我们认为，孩子既然已经上学了，爸爸妈妈就需要让他明白，如果不是生病了不能去，一个学生，是必须每天去上学的。

如果父母在这上面掌握的尺度很宽松，孩子一开始上学就因为这样那样的小原因三天打鱼两天晒网，那么这种状态很容易成为孩子的一个习惯，既影响孩子做事的毅力，也影响孩子的学校学习。

孩子说自己不舒服不想去上学的情况，确实是有的，那么要不要孩子一说不舒服，爸爸妈妈就允许他不去上学呢？我们认为不要。

孩子说不舒服，有时是真生病了，有时可能是为不上学找的小借口，毕竟，舒服不舒服是个人感受，别人很难判断是否真的生病。

我们的办法是，是否生病，由爸爸妈妈来判断，判断的依据有两个：一是有明确体征，比如发烧、严重咳嗽、嗓子肿得厉害，等等；二是孩子确实发蔫，精神不太好。

第一种情况好判断，第二种情况，需要父母平时就细心观察孩子，知道什么样的表现是情绪不高，什么样的情况是身体不舒服导致的精神不太好。

如果前面说的两个条件具备一个，我们就会主动跟孩子商量："你生病了，可能需要在家休息，你今天在学校有什么要紧的事没有？会不会落下很多功课？"

如果孩子表示没关系，我们就会告诉孩子："那你今天在家休息，不去上学了，我去跟老师请假，必要时咱们上医院。”当然有时孩子也会表示“我觉得我能去”，我们会告诉孩子：“那你去吧，要是觉得特别不舒服，就给爸爸妈妈打电话，我们去接你回来。”

我们认为，孩子病了不适合去上学，就得让孩子在家休息，不能“病成什么样都得去上学”，而且不去上学这件事，需要爸爸妈妈根据孩子生病的严重程度，主动提出来，不能等孩子要求。

爸爸妈妈这样做，孩子会明白，病了要不要上学，不是由他来决定的，是由爸爸妈妈来判断的，真的不能上学的情况，爸爸妈妈一定不会让他去，能上学的情况，爸爸妈妈也不允许不去。

·大人态度明确，不摇摆·

做父母这么多年，即便不是专业的医生，孩子是不是真生病了，爸妈应该都是能判断的，所以要不要去上学，大人的态度要明确，不能摇摆：真病了，就不去；没生病，一定要去。

有的爸爸妈妈在这件事上很纠结，既心疼孩子生病，又担心不上学落下功课，所以孩子提出不上学时，大人会先努力说服孩子：“我觉得你病得不厉害，能去上学，你去吧。”

但孩子觉得自己不舒服，会继续表示不去，大人就会继续说服。几番拉锯战下来，要么大人拗不过孩子，只好不情不愿地让孩子待在家里，要么孩子拗不过大人，不情不愿地去上学。如果大人一开始就根据孩子的状况拿定了主意，孩子大人之间就根本不需要发生这些争执。

家有两个孩子，爸爸妈妈还可能遇到另一种情况，就是两个人互相攀比。比如哥哥病了，在家休息；弟弟心生羡慕，也可能会要求：“哥哥不去，我也不去。”

这种情况，两个孩子上幼儿园时，我们掌握得稍宽松一点，会允许没生病的那一个也待在家里。上学后，就会掌握得比较严，没生病的那一个一定要去上学。

我们会很肯定地告诉孩子："学生不生病，都得去上学。哥哥 / 弟弟生病了，需要待在家里休息，你没生病，所以得去上学，爸爸妈妈会准时接你。"因为平时对要不要去上学的事态度明确，事实上，没生病的孩子，很少会要求自己也不去。

有的孩子，会因为"累了"，而要求不去上学。孩子确实是会有很累的时候，比如周末活动比较多，周一一早起来去上学的兴致可能就没那么高。

我们家的办法是，周末给孩子非常充分的休息，不安排长时间的、耗体力的外出活动，也不给孩子报课外班，他们可以睡懒觉，睡到几点都没关系，可以按照约定时间玩电脑、手机。休息足了之后，再开始写作业。这样，整个周末两天，孩子都处在放松、休息的状态，到周一就能毫不勉强地一大早爬起来去上学。

另外，孩子有时候表示很累，不是身体的累，而是情绪不高，比如头一天在家里发生了一些不太愉快的事，或者在学校遇到一些不太顺利的事情——换了新老师、最近考试不太好，等等，可能都会表现出不太积极上学的情绪。大人可能需要细心观察一下，解决很"累"背后的问题。

除了极其特殊、不可控的情况，我们不给孩子请事假，请假只有一种情况——生病了要请病假。

有的爸爸妈妈会在期末快放假时给孩子请假，全家提早一两天出去旅行；有的大人，会在孩子上学时间给孩子安排例行的牙齿检查；有的会为了课外班的比赛，给孩子从学校请假；我们甚至听说有的家长，长时间给孩子从学校请事假，然后送孩子去校外的培训机构上学。

这样对孩子都不太好，会让孩子觉得去上学没那么重要，只要自己有"事"，上学都可以给这些大事小事让路，于是他提出"不想去上学"的情况，很可能越来越多。

丢三落四：帮忙还是放手

家有上小学、初中的孩子，爸爸妈妈可能遭遇另一个小烦恼：

孩子上学丢三落四，今天忘带某作业本，明天忘带某练习册，后天忘带某课本，再不就忘带红领巾、当天该交的餐费，大人时不时接到孩子的求救电话，然后急急忙忙赶回家拿东西，再赶到学校给送去。

如何解决孩子丢三落四的问题？

有的爸爸妈妈选择“帮忙”——每天帮孩子到家长群里确认作业，盯着孩子逐项做好，再盯着孩子，或者直接自己动手帮孩子收拾好书包、红领巾、小黄帽，还有其他临时要带的东西，如餐费、画具、书法用具，等等。每天早晨出门前，还不忘再帮孩子检查一番。

我们家的办法是“放手”——不帮忙记作业，不盯着逐项做作业，不盯着收拾书包，不帮忙收拾书包，也不提醒临时要带的东西。除了每天早晨出门前帮孩子把水杯灌满装到书包侧袋，其他的一概不盯、不帮。

·大人越帮忙，孩子越依赖·

孩子上幼儿园时，每天要带的东西很少，即便是什么都没带，也不影响他在幼儿园的生活，而且上幼儿园时的书包还主要由大人照顾着，大多数父母在孩子幼儿园阶段，都不会遇到他丢三落四的问题。

但上小学后，情况会明显不同。课本、作业本、文具、红领巾、小黄帽，还有老师头一天通知第二天要带的东西，每天都得装得满满一书包。要一下子管理这么多东西，对于刚上小学的孩子来说是个艰巨任务，他忘带什么，都是正常的。

所以遇到孩子忘带了什么，爸爸妈妈们不要急于判定孩子就是丢三落四，不要急于批评他，要给孩子适应时间，让他慢慢学习管理自己的书包和其他上学事务。

上学是孩子自己的事，从孩子一上学起，我们就告诉孩子们，书包要自己收拾，作业要自己记好，爸爸妈妈也有自己的事情要做，不会每天盯着你们。

而且我们认为，大人越是帮忙，孩子越是依赖，要想孩子尽快学会管理自己的东西，爸爸妈妈就需要尽早放手，让孩子自己养成仔细检查书包、尽量不忘带东西的习惯。

有些爸爸妈妈，在孩子小学阶段，会觉得孩子小，管理不好这些琐碎事务，所以会事无巨细地帮忙，其实这只是延后孩子出现上学丢三落四情况的时间而已——孩子养成了依赖父母的习惯，什么时候父母不帮忙盯着了，什么时候就会出状况。爸爸妈妈们总不能还对上初中的孩子紧盯不放吧？

爸妈帮助收拾书包，还有两个明显坏处：一是大人可能并不清楚第二天课程到底需要带什么、老师有没有做临时的特殊要求，比孩子自己收拾更容易落掉东西；二是大人帮助收拾，容易给孩子推卸责任的理由——不是我忘了，是我爸爸妈妈忘了。

·在细节上提供支持·

我们不主张爸妈自己动手帮孩子整理东西，但是会留意在细节上为孩子提供必要的支持，帮他们养成严谨仔细、不丢三落四的习惯。

1. 帮孩子尽早掌握收拾书包的方法

孩子刚上学时，很难一下子做到把自己的书包管理得非常好，这时爸爸妈妈需要做的，不是自己上手，而是帮孩子学会管理好。

我们两个孩子上小学一二年级时，晚上做完作业，我们会提醒他们：检查一下有没有把作业和课本放到别处，放到别处的，要及时收回来；对照当天的记事，看看还有没有老师第二天要求带去的东西没装好；对照第二天的课程表，看看要用的书、本都带好没有；第二天要穿哪件校服，提前从衣柜拿出来放到床边。第二天出门前，会再提醒一句“看看红领巾、小黄帽带上了没有”？

这样，一两年后，孩子们就完全可以做到不需要大人提醒，自己做好这些工作。

2. 孩子出门前，大人不催促

大人都有这样的经验——出门越匆忙，越容易落东西。孩子也是一样。一大早孩子大人都刚刚睡醒，大人要赶紧准备早餐，孩子要赶紧穿衣洗漱，背上书包出门。每天早晨从起床到出门，可能也就一二十分钟时间，像打仗一样紧张，这时，如果大人再火急火燎地催促孩子“快点，要迟到了！”“别磨蹭，再磨蹭堵车了”，孩子不免更着急，一着急，说不定就落下什么东西。

我们的办法是：大人每天比孩子稍稍早起一刻钟到二十分钟，先把早饭、孩子的水杯准备好，然后叫孩子起床，这样大人控制着时间，就不会太紧张，孩子可以相对从容地洗漱、穿衣、背书包、检查红领巾和小黄帽，落掉东西的可能性相对就小很多。

3. 偶尔落掉东西也没关系，大人帮忙补救就好

即便是像我们这样，从孩子一二年级起就留心让孩子自己管理书包，而且在孩子出门时也不太催促，也还是没有办法完全避免孩子落东西的情况。

孩子偶尔落掉东西怎么办？大人及时帮忙补救。我们在校门口卖东西的老奶奶那里买过若干小黄帽、红领巾救急，也曾有几次，接到孩子要求送东西的电话，跑回家去取来，再送到学校。

每次临时买东西、临时送东西，我们都态度温和，不会批评孩子，也不会严厉告诉他下次不许再犯。这样做的考虑是：

批评孩子，于事无补，只会搞坏孩子大人的情绪，让坏事变得更糟糕；而且忘带东西的事实摆在那里，不批评孩子，孩子也会自己觉得抱歉、不好意思，会自发地努力避免再出现让爸妈临时买东西花冤枉钱，让爸妈来回奔波取东西、送东西的情况。

真心爸妈自问算不上丢三落四的大人，但出门忘带手机、忘带钱包、忘带购物单的状况，每个月总会发生两三次，甚至在两个孩子都还小、大人每天特别紧张忙碌的那几年，还发生过两次大人们都忘带钥匙，只好请开锁公司来开锁的情况，所以，我们特别能理解孩子偶尔忘带东西，从不苛责。

可能有的爸爸妈妈会有疑虑："这样不批评、不要求改正，不就是惯着孩子嘛，还不越惯越坏？"

我们不这么看，在带孩子上，我们的一个基本观点是：孩子是有理性的，他知道什么样的事情是好的，什么样的事情是不好的，给他们尊重和时间，他们有能力自己修正。

如果孩子落掉东西，没有在校门外及时发现、及时补救，或者学校不允许爸妈送东西过去，怎么办？那就让孩子自己承担责任，承担被老师批评或者上课没东西可用的后果。

没有哪个孩子喜欢在学校出状况、喜欢被老师批评，这次落掉东西被批评了，孩子会"吃一堑，长一智"，下次就知道自己多留心了。而且，孩子真的需要自己承担责任了，才会明白：原来上学真是我自己的事，不是爸爸妈妈的事啊！

第十章

与叛逆和青春期的孩子合作

孩子不需要“听话”，青春期也不需要“严管”，面对“不听话”的孩子和青春期的孩子，父母最有效的策略，仍旧是合作。

■ 孩子需要“听话”吗？——只会听父母话的乖孩子，可能出现更严重的逆反，会缺乏主见，难以适应生活，也容易被人掌控。独立有主见的孩子则更强大、更少逆反、更少与父母发生冲突、更容易适应生活，也不会盲从，不会被他人轻易掌控。

■ 父母关于“听话”的合作策略——尊重孩子的意愿，采取更好的策略与孩子合作，包括：只要求最重要的事，只提可执行的要求，经常做“听话”的大人，允许孩子提不同意见，不批评孩子“不听话”。

■ 没有操控，就没有叛逆——以爱为名的操控带来叛逆；孩子与父母，需要及早适度分离；父母不与孩子针锋相对，多商量，少命令，多肯定，少批评，多等待，少催促，多许可，少拒绝。随着孩子的成长，父母还需要允许孩子不断抬高你的天花板，与孩子建立在自由度上的默契与合作。

■ 孩子青春期，爸妈别“严管”——青春期是孩子成长的必经阶段，不是洪水猛兽，父母在孩子的青春期需要给孩子自由空间，而不是加强控制，给孩子充足的心理支持，尊重孩子，而不是监控孩子。

■ “早恋”没有那么可怕——对异性产生好感，说明孩子长大了；真正的早恋，没那么容易发生；父母需要避免将孩子推向真正的早恋，也需要尊重孩子的异性朋友，适当和孩子谈“性”。

■ 性教育：不需刻意重视，不仅是谈性——把握时机和尺度，教孩子懂得“衣服之内不能摸”，给孩子穿得体安全的衣服，不鼓励孩子过分开放地接纳他人，帮孩子自然看待身体，客观谈论身体、性、生育，引导得体进入有性别区分的场所。

■ 孩子声称自杀、自残、自虐、离家出走，怎么办——安抚，不刺激，别当成偶发事件，停止威胁孩子，不过多要求，不表示失望，做坚韧的成人，为孩子做出好的示范，避免孩子接触过多负面信息，帮孩子理解伤害和死亡。

■ 无论事情多么糟糕，爸爸妈妈依然爱你——无论事情多么糟糕，亲子冲突如何激烈，父母都需要让孩子知道，即便如此，爸爸妈妈仍然爱你。这对孩子来说，意义重大，甚至可能关乎生命。

孩子需要“听话”吗？

我孩子三岁了，特别不听话！

我孩子六岁了，特别不听话！

我孩子十岁了，特别不听话！

我孩子进入青春期了，特别叛逆，越来越不听话！

孩子不听话，是好多爸妈的困扰。孩子需要听话吗？孩子为什么不听话？有没有什么办法，让孩子听话起来？

·孩子为什么要听话？·

听话不听话，好像是大人用来要求孩子的一个通行标准。如果孩子表现得不是事事服从大人、不是爸妈说什么就是什么、经常有自己的主意，就会被说成“不听话”，听话是好的，不听话是不好的、是需要改正的。

我们觉得，这个标准很值得商榷。孩子为什么一定要听大人的话？大人的所有要求都是对的、合理的吗？孩子的意愿，就一定是不对、不合理的吗？孩子有自己的想法，为什么一定要做乖乖听话的小绵羊？

要求孩子听话，可能源于父母的三种心理：

第一种心理，认为孩子属于自己。父母希望完完全全地按照自己的愿望，把孩子雕刻成一件自己满意的作品。

第二种心理，“我是大人，我吃过的盐比你吃过的米还多，所以你得听我的”。

第三种心理，一种大人自己未必意识到，或者即使意识到也未必肯承认的“偷懒”意识——听话的孩子会减少大人的麻烦，会更好带。

事实上，孩子从脱离母体的那一刻起，他就是一个独立的“人”，不是爸爸妈妈肢体的一部分，也不是爸爸妈妈的附属品，他有自己的思想，既不负有延续、完成父母梦想的责任，也没有让父母“满意”的责任。父母要做的是养育、扶助，而不是全方位的塑造。

如果爸妈为了自己“满意”，而竭力控制孩子，就是太过自私了。只有爸妈放松控制，孩子才能有机会发展他的独立人格、独立思想，成为更好的自己，而不仅仅成为父母的延伸，甚至翻版。

·乖孩子的困境·

“不听话”的孩子，自然经常被爸爸妈妈不满意，但问题是，如果孩子足够听话、足够乖，父母是否就能培养出自己完全满意的孩子？

“乖孩子”很可能遭遇三种已经被心理学家和心理医生们反复阐述过的困境，而且这些困境，不但会影响到孩子，也同样作用于爸妈。

其一，更严重的逆反和冲突。

如果孩子自我意识比较强——我们确实可以看到很多这样的孩子，那么他很可能对父母时时、事事要求他“听话”而心生不满，并且从很小的时候就开始不断反抗。

一些爸爸妈妈遭遇“孩子不听话”，并不是从孩子上小学、上中学才开始的，孩子几乎从一两岁起，就会表现得经常违拗父母的要求。

如果孩子不是那么自我，但对环境的压迫心存不满，这种不满，很可能会在孩子进入青春期后爆发。一些爸爸妈妈发现，孩子长到十二三岁之后，之前的超级听话的“乖宝宝”突然不见了，代之而来的，是个“我的事你别管”“你说什么我都不听”的“小恶魔”。

其二，缺乏主见，难以适应生活。

确实有些孩子，或是自己天性偏柔弱，或是被父母的权威压制得个性柔弱，从小到大都唯父母之命是听，特别符合中国孝道里所谓“顺”的标准，但结果会如何呢？他们会比从小有主见、有独立性的孩子面临更多困难。

他们不敢也不会自己做主。

乖孩子从小听话惯了，爸爸妈妈说什么就是什么，很少自己拿主意，那么长大之后，面对一些需要做决定的事时，决策能力就会比较差：

一是不敢自己做主，“这么大的事，我自己决定能行吗”？

二是不会自己做主，“这该怎么办呢”？

三是反复纠结，“是这样好呢，还是那样好呢？还是怎么都不好呢”？

四是依赖父母，“还是由我爸妈决定好了”。

这样的孩子，看起来是已经成年了，其实心理上还是孩子，没有办法对自己的事情负责，所以在找工作、结婚、买房子、带孩子等事务上，都得依赖爹妈，当然，他自己的生活，也会被父母深度介入甚至是全面控制。

他们也不知道自己想要什么。

乖孩子从小大部分时候都是爸爸妈妈给什么，自己就接受什么，即便是某个玩具是自己特别想要的，也会乖乖地听父母的话，不主动要求。

这种乖法，小时候确实会让父母很舒服，觉得这孩子很好带、不麻烦。但这样的孩子长大之后，却会因为不知道自己想要什么，而陷入一些困境。

最典型的，是恋爱和婚姻。上中学时，爸爸妈妈说：“你好好学习，不能早恋。”“好，我不早恋。”上大学后，爸爸妈妈说：“未来你的工作还不知道在哪里，好好学习，等工作之后再恋爱吧。”“好，那我等工作之后再谈恋爱。”工作了，爸爸妈妈着急了，“赶紧去相亲吧”，于是乖乖地按照父母的安排去相亲了，然后找个各方面条件还能接受的人结婚了。但是，爱情呢？你能确定你的结婚对象，就是你想找的那种人，未来的婚姻生活，是你想要的婚姻生活吗？

另一个典型是生孩子。很多年轻父母，是被自己的父母“催生”的，“结婚了，赶紧要孩子吧”，于是糊里糊涂地就做了爸爸妈妈，接着好多问题就接踵而来：

夫妻两个人还没磨合好，又来了一个孩子，生活更是矛盾重重；生了孩子自己不会带，只好再依赖自己的父母，于是又得面临隔代育儿的问题；因为生孩子不是自己主动选择的，面对有孩子之后的各种大小难题，又会愤怒、沮丧，觉得生活变得一团糟。

当外界支持不足时，“乖孩子”的抗压能力还会比较差。

乖孩子从小到大都听父母的，什么都依赖父母，成年之后，当外界的支持条件不足时，他们既不会自己去创造条件，也不会独立面对问题、解决困难，所以和从小就有主见，能自己拿主意的孩子相比，会觉得生活、工作都更困难、更烦琐、更累。

归根到底，从小乖到大的孩子，“自我”的发展，很可能不够充分，这让他在独立面对外界时，会遭遇更多困难。这样的结果，恐怕也不是父母乐于看到的吧？

其三，容易被人掌控。

事事听从大人，从不自己做主的孩子，习惯了“无条件遵从”，他们在家会听父母的话；在外面，也特别容易听从看起来更有威权的其他人的话，比如上学时更强壮的同学、更桀骜不驯的同学，成年后看起来更有领导力的同伴，甚至是其他更有煽动力或者威胁力的陌生人，从而成为一个非常容易被人掌控的人。

有些被掌控的情况不算严重，不会带来严重的后果。比如朋友圈看到一篇文章，“是 xx 就转”，于是就跟着转了；“看到一半就哭了”，于是也跟着看到一半就哭了。比如某话题成为热点，于是就兴致勃勃地跟着去当“吃瓜群众”，跟着大家点赞，跟着大家骂人。

而如果遇到一些特殊的状况，容易被掌控的人就会遭遇特别严重的状况，比如被怂恿、裹挟，成为犯罪工具，或者被煽动、蛊惑，成为传销类型活动的一员。

· 独立有主见的孩子更强大 ·

从小不被要求“听话”，一直保持自己的独立性和主见的孩子，则与“乖孩子”刚好相反，他们更少逆反，和父母更少发生冲突，更容易适应生活，不会盲从，也不会被他人轻易掌控。这样的孩子，不但会享受更自由、自我的生活，也很少将父母拖入困境。

因为从小不被父母要求时时“听话”，大人允许他表达自己的想法、要求，并且多数时候尊重他们的意见，孩子就没有和父母“执拗”的机会，爸妈也就不需要为孩子的不听话烦恼。

比如孩子特别小的时候，“我要吃这个，我不要吃那个”，爸爸妈妈的态度是“好，那你就吃这个”，孩子就不需要为想吃的不给吃、不想吃的偏偏因为“有营养”“对身体好”非吃不可而频频发怒了。

再比如穿衣服，大家都会调侃“有一种冷，叫你妈觉得你冷”，其实孩子在穿衣服上不那么听话，也是爸爸妈妈的小烦恼之一。但想想看，孩子真的那么“弱智”，连自己冷不冷都不知道吗？让孩子自己做主，穿衣服上的冲突又会少很多。

更让人愉悦的情况，会发生在孩子的青春期，因为孩子大人都习惯了“自己的事自己做主”的模式，孩子到了“自我”充分觉醒的青春期，也不需要竭力去违拗爸爸妈妈的要求，爸爸妈妈也不太可能因为孩子到了青春期就格外希望他“听话”，这样因所谓的“青春期叛逆”而来的激烈亲子冲突，也不会频繁发生。

孩子不可能时时生活在父母身边，到了三岁，要上幼儿园；到了七岁，要去上学；到了十八岁，大部分孩子都会离家上大学。

不在父母身边的时段，孩子需要独立面对新的、更社会化的环境，有主见的孩子，就会显出自己的优势——遇到事情，他能自己拿主意；遇到难题，他会尝试自己解决，不会因为没人时时、事事指导，而无所适从。

有主见的孩子，因为从小就不那么听话，不被灌输“父母说的都是好的、都是对的”的观念，就没有那么迷信权威，遇事会自己独立思考，按照自己的想法行动，不轻易说那些大家都说的话，不轻易做那些大家都做的事，自然也不会轻易遭遇严重的被控制身心的状况。

·父母的自恋·

要求孩子时时刻刻听话，只做让爸爸妈妈满意的事，是父母的一种“自恋”。

M·斯科特·派克在《少有人走的路——心智成熟的旅程》中，用相当的篇幅，记录他的来访者们曾经遭遇的父母对自己种种不满的事情：

一个女孩子的妈妈不断投诉孩子“把自己关在屋里，去写那些感伤的诗歌……我想，她是得了严重的心理疾病”，而那个女孩，实际上活泼开朗、讨人喜欢、成绩名列前茅；

一个留长发的男孩子，整天被父母唠叨头发，觉得丢人现眼。

还有做运动员的父亲，逼着喜欢阅读的孩子爱上踢足球，身为学者的父亲，逼着热爱运动的孩子苦读书本。

无疑，这些父母，都对自己的孩子不够“满意”。斯科特·派克将这种现象，称为父母的“自恋”：

“子女就像他们昂贵的衣服、漂亮的首饰、修建整齐的草坪、擦拭一新的汽车，而后者代表着他们的社会地位和生活水平。”

今天我们看到的父母们“不让孩子输在起跑线上”的竞赛，让孩子乖乖地被驱使着学这学那，从小为将来成为让父母满意的人——上名校、有体面的工作、有令人艳羡的生活——而时时紧张，不敢松懈，其实满足的，也无非是父母的自恋。

认清这一点，做父母的不妨反思一下：我们为什么希望培养出一个让自己满意的孩子呢？在培养出一个听话的乖孩子，和培养出一个独立有主见的孩子之间，我们要选择哪一条路？

父母关于“听话”的合作策略

真心爸妈没有困扰过孩子不听话的问题，因为我们不要求孩子听话。遇到可能涉及听不听话的情况，我们更多地看：

在这件事情上，是大人的意愿更合理，还是孩子的意愿更合理；

如果孩子没有听大人的话，会不会对他造成什么实质性的伤害，或者对他的成长有什么长期的不良影响。

如果孩子的意愿更合理，我们会遵从孩子的意愿；如果一件事情，既不伤害身体，也不会带来不良习惯，我们也不会要求孩子听大人的话。

但两个孩子从幼儿园到现在，一个马上小学毕业，一个马上初中毕业，老师们倒都认为他们很听话：有什么要求，都能按要求去做，布置的任务，都不折不扣完成，不故意抵触，也不阳奉阴违。去姥姥姥爷、爷爷奶奶家，也常得到表扬：“你们这俩孩子，真听话，一点都不气人。”我们自己，当然也极少被孩子的“不听话”给气到。

我们的经验是，如果大人能放下让孩子听话的“执念”，采取更好的策略与孩子合作，在孩子听话不听话上的困扰，就会少得多。

·只要求最重要的事·

我们在小区里散步，曾亲眼见证一次小小的“不听话”：

一个三四岁的孩子，爬上椅子那么高、半米多宽的花坛矮墙，蹦蹦跳跳地走得相当开心，旁边他妈妈或者阿姨发现了，马上喊："下来！"孩子没下来。"我让你下来！"孩子还没下来。那位妈妈或者阿姨急了："我让你下来听见没有，你怎么那么不听话呢！"

一次挺愉快的花园玩耍，马上就被孩子大人之间"听话/不听话"的小冲突给终结了。

这种情况，真心爸妈会怎么办？我们会选择不管。孩子在上面走也好，跳也好，我们都不会干涉，反正那么宽，也不容易掉下来，即使掉下来，那样的高度，对三四岁孩子也不会造成什么伤害。

诸如此类无关紧要小事，我们都不会约束孩子。家中的日常活动，在他们自理范围内的，我们也不会对孩子提各种要求。

我们只要求最重要的事，比如遵守公共场合的规范、按时保质保量完成作业、不说脏话、不无缘无故挑衅别人、遵守约定的玩电脑游戏时间，等等。孩子在这些方面出现不当言行，我们会马上制止，而且会讲清楚道理。

但在其他事情上，我们会选择"睁一只眼闭一只眼"，不那么明察秋毫，也不时时刻刻监督、提醒、提要求。这样，孩子大人就很少因为琐碎小事，被不停地拖进"听话/不听话"的冲突中。

·只提可执行的要求·

在对孩子提出要求之前，我们会暂停几秒钟，思考一下这个要求的可行性，只提可执行的要求，不提在当时情景下孩子不可能配合，或者孩子根本无法做到的要求。

孩子玩电脑游戏玩得正兴高采烈，我们不会喊他"不要玩电脑啦"，因为那是不可能的，即便强令孩子不玩了，他也会很不高兴。我们会委婉提醒："自己注意时间啊！"多数情况下，他们会按照约定时间，停止玩游戏，有时超时一点儿，但也不会超出太多。

我们不会要求孩子："把你们屋子收拾收拾！"因为对那么大的孩子来说，"收拾屋子"是个过于含糊的概念，他们不知道从何做起。要求孩子整理房间，我们会这么说："把床上和沙发上的书放回书架上，把脏衣服放进洗衣筐。"孩子得到明确指令，配合大人要求的可能性，就会高很多。

经常被孩子"不听话"烦恼的爸爸妈妈，不妨回想一下，您让孩子"听"的那些话，是不是具有可行性？减少那些不可行的命令，孩子不听话的情况也会大大减少。

·经常做"听话"的大人·

我们不但不要求孩子听话，自己还经常做"听话"的大人：

孩子要求去看电影，我们就负责查场次、买电影票；孩子要求买书买玩具，我们就让他们自己挑选，挑选好了我们就给付款——他们从没有出现过"狮子大开口"、狠敲爸爸妈妈竹杠的情况；孩子要求买蓝色的衣服，我们不会给买绿色的，告诉他"绿色更好看"；他们不让大人收拾书桌，怕回头自己的东西找不到，我们就只会捡走桌上的垃圾，其他的一概不动。

因为大人经常很"听话"，遇到真的要孩子配合大人的要求时，他们也很少违背或故意对抗。

我们理解，孩子和大人之间，"听话"是相互的，有听话的大人，才有听话的孩子。如果大人经常对孩子的要求充耳不闻或直接否定，孩子也不可能有多听话。

·允许孩子提不同意见·

我们会允许孩子提出不同意见：

不想和大人一起出门，可以说："我不想去，我想待在家里。"

不想看大人推荐的电影，可以说："我看了评论，觉得不太好，我不想看。"

不想吃什么东西，可以说："我不想吃这个，你帮我做点那个行不行？"

不想马上整理床上的书，也可以说："我想周末再收拾。"

孩子提出不同意见，我们通常会选择尊重他们的意见，不会再次强调大人的要求。这样孩子会逐渐习惯，有事情可以商量、讨论，不需要用置之不理、阳奉阴违或者直接对抗的方式来解决。

·不批评孩子"不听话"·

我们不要求孩子"听话"，也不会用"不听话"来批评孩子。孩子确实有什么需要批评的，我们会就事论事，不上纲上线地给孩子扣"不听话"的大帽子。

和对孩子提要求时要考虑要求的可执行性一样，批评孩子，也要考虑批评的可执行性。批评得越具体，可执行性就越强。

比如，说"你刚才没礼貌"，就不如说"你刚才对爸爸妈妈说话口气不好，以后不可以这样"；说"你最近做作业有问题"，就不如说"你开始写作业太晚，会影响你早睡觉，明天你得早点开始"；说"你太贪玩"，就不如说"你玩手机时间有点长，要节制一下"。

再者，爸爸妈妈老是批评孩子不听话，还可能加剧孩子对大人要求配合度不高的状况。

有的孩子故意不配合大人的要求，只是为了吸引大人的注意力，如果大人不停为此批评孩子，孩子就很可能继续把不听话当成吸引大人的手段——通常，越小的孩子，越可能如此。

有的孩子被爸爸妈妈反复批评“不听话”，会觉得爸爸妈妈对自己处处挑剔，老是看到自己的毛病，看不到自己的好处，就更加对爸妈不满，更不乐意配合爸妈要求——通常，越大的孩子，越容易如此。

基本上，真心爸妈认为，所谓“孩子不听话”，是个伪命题，根本原因还是父母没用对方法。

可能有孩子还很小的爸爸妈妈会反对，“一岁的孩子不听话，也是大人方法不当吗”？真心爸妈觉得同理。爸爸妈妈不妨试试看，如果大人经常留意配合孩子的意愿，做到“指哪儿打哪儿”，孩子还有那么“不听话”吗？

没有操控，就没有叛逆

有一段时间，一位明星的妈妈通过公开的社交媒体反对女儿婚事，轰动全网，引发激烈讨论甚至争论，相信不少爸爸妈妈都曾经不得不“旁观”过。

一件个人私事发展到如此地步，无论是对女儿还是对妈妈，都是一次惨烈的经历，而这样的事件，原本不必发生。

作为纯粹的旁观者，真心爸妈的基本观点是：

那位被反对婚事的女儿，她是独立的成人，和谁恋爱、与谁结婚，是她自己的事，即便全天下的人都不看好，也没有任何人有权力阻止，或者将自己的反对意见昭告天下，即使是她的妈妈也不行。

那位如此激烈反对女儿婚事的妈妈，她超越了亲子关系中的必要界限，而且这样的肉搏，最后结果很可能是两败俱伤，要么是引得女儿夫妻关系生嫌隙，要么导致母女决裂，任何一方，都不会愉悦。

这件发生在成人世界的极端事件，关联着亲子关系中的一个重要话题——孩子是否属于爸妈，爸妈是否有权力以爱的名义操控孩子。

·以爱为名的操控带来叛逆·

以爱为名的操控，是中国式亲子关系的最大特征之一。

这种操控从孩子一出生就开始，而且往往可悲地持续到父母告别人世——在孩子幼年，大人按照自己的意愿而不是孩子的需求来照顾他；在孩子学龄，一手为他规划未来；在孩子成年后，指导甚至深度介入他的择业、择偶、婚姻、买房、育儿。

父母一方，自然是觉得自己一辈子为孩子操碎了心，而孩子却并不见得领情、让人不省心——小时候不听话，青春期叛逆，成年后违逆父母。

孩子呢？要么从小顺从到大，做父母的乖宝宝，全然活不出自己，要么一路“叛逆”，然后在与父母的紧张关系中痛苦挣扎，经历持久的情感折磨。

如果孩子很乖顺，父母自然是皆大欢喜；如果孩了没那么顺从父母的操控，失望、焦虑的父母就很容易为孩子贴上叛逆的标签，从幼儿时的“叛逆期”到“青春期叛逆”。

我们之前讨论叛逆的话题时，认为爸爸妈妈觉得孩子叛逆，是因为大人成长太慢，没有跟上孩子成长的脚步（读者可以参看我们的上一本书《育儿基本：找到好方法，轻松做爸妈》）。这是从积极的角度来说的——大人需要和孩子一起成长，以理解和配合孩子在不同阶段自我意识的迅猛发展。

但换个角度来看，所谓叛逆行为，也正是父母操控的结果，没有操控的意愿和行为，何来孩子的违拗和叛逆？而且往往是父母逼得越紧，孩子的反抗也越激烈。

为孩子叛逆烦恼的爸爸妈妈们，不妨尝试，把对孩子的管束，试着放松一些，再放松一些，给孩子多些尊重和自由，你会发现，孩子会更快乐、更独立、更能对自己负责，而父母自己，也会少去很多不必要的焦虑和烦恼。

·孩子与父母，需要及早适度分离·

在基于操控的亲子关系中，亲子之间没有距离、没有界限，甚至没有尊重、没有隐私。但距离、界限、尊重、隐私，对于父母和孩子，都同样重要。

孩子需要通过与父母的距离、界限，通过父母的尊重，通过保有自己的隐私，来确认“我是我自己”，不是父母的所有物，我迟早会离开父母，自己过好自己的一生。

父母需要通过与孩子的距离、界限，通过尊重孩子、允许孩子保有自己的隐私，来确认“孩子是孩子，我是我”“我不拥有他，更无法永远拥有他，孩子总有一天会长大成人，会离开父母，独立地去过自己的人生，父母也需要继续过自己的生活”。

而且，年幼时的孩子，在建设什么样的亲子关系中其实处于非常被动的地位，更需要父母有意识地约束自己，克制将孩子与自己紧密捆绑的欲望。

真心爸妈自己算是比较早意识到“我是我自己”的孩子。高考时，我们分别自己决定了大学要学的专业，十八岁离家后，所有的事情都是自己决定，仅通报结果，不征询意见，包括恋爱、结婚、辞职、创业、买房、生子。这让我们在成年后享受到更多的自由，也收获到相对轻松的亲子关系。当然，也要感谢我们父母的开明和尊重。

有了这样的亲身经历，自己做父母后，我们希望自己的孩子也能够享有这样的人生。所以从孩子很小的时候起，我们就留意培养孩子的距离感和界限感，包括和孩子尽早分床睡、分房睡，孩子自己能做主的事，让孩子自己做主，告诉孩子哪些事情是他自己的事，要自己负责，哪些事情是父母的事，他们不要参与。

多年下来，两个孩子都适应得很好，而且孩子们和我们自己都很满意这种有爱但不紧密捆绑在一起的亲子关系。

亲子之间的距离感、界限感，需要从孩子很小的时候就慢慢建立，而不是等到孩子成年之后。如果孩子在毫无界限感的亲子关系中长大，成年之后，这种彼此已经习惯了的互相纠缠的关系也很难改变。

网上曾经流传一个让人哭笑不得的尴尬事件：一个单亲家庭，儿子新婚后还和母亲同住，结果连续三个月之久，老妈妈都会在深夜敲儿子夫妻的房门，问要不要喝点水、要不要加床被子，搞得这对新婚夫妇万分窘迫。可以想见，这母子、夫妻三人未来生活中的麻烦、纠葛，一定还远不止于此。

案例都是别人的案例，但建设轻松、美好、彼此愉悦的亲子关系，却是父母一生的必修功课，年轻时偷懒不得，年老时也放纵不得。

爸爸妈妈如果能够尽早意识到，自己与孩子，你不属于我，我也不拥有你，没有操控，就没有叛逆，现在和未来的亲子关系，应该轻松、美好得多。

·不与孩子针锋相对·

有一次，我们和读者座谈，谈到“孩子叛逆”的话题。我们说不认为孩子有叛逆期，孩子叛逆，只是他在迅速成长，他的自我意识在增强，而大人适应不了，老想时刻控制着孩子，才会觉得叛逆。

就有读者问了，那你家是怎么做到孩子不叛逆的呢？

真心妈妈张开胳膊，在面前划一个大大的圆：

“我们给孩子一个很大的自由度，几乎不跟孩子说这个不可以、那个不可以，孩子自己的事大部分都能自己做主，就不需要跟爸爸妈妈发生冲突了。”

后来一位读者在和我们私下交流时，特别由衷地说：“这样的家庭，孩子根本不需要叛逆啊！”

真的是这样，我们两个孩子，一个开始进入青春期，一个正在青春期当中，都还没有很多爸爸妈妈担心的“青春期叛逆”现象发生。

我们的体会是，爸妈多说“好的”，少说“不许”，孩子多大都不叛逆，爸妈准备了那么多“不许”，整天这个不行那个不许，孩子除了不停反抗，还能做什么？爸妈如果能做到以下四条，对孩子“叛逆”的烦恼，应该会少很多。

1. 多商量，少命令

和孩子相关的事，或者爸爸妈妈希望孩子做什么，尽量多用商量的语气和他说，而不是直接“命令”他干这干那，这样孩子就不太容易抵触。

比如，希望孩子整理一下他自己的桌面：

商量的语气：你周末有空能把桌面整理一下吗？妈妈觉得你桌面东西有点多，写作业的地方有点小。

命令的语气：你把自己桌面收拾一下！看乱得都没地方写作业了！

比如，希望周末带孩子出去吃饭：

商量的语气：周末咱们出去吃东西吧，你想吃点啥？

命令的语气：周末跟爸爸妈妈出去吃火锅。

比如，希望孩子快点开始写作业：

商量的语气：你自己控制下时间，早点开始好早点睡哦。

命令的语气：还磨磨蹭蹭不开始写，昨天都弄到几点了！

2. 多肯定，少批评

多看孩子好的地方，少看孩子“不好”的地方，不要整天拿着放大镜挑剔孩子这儿不好、那儿不好。孩子从爸爸妈妈这里得到的肯定越多，越乐于配合大人的要求，从爸爸妈妈这里得到的批评越多，就越容易对抗大人的要求。

好多爸爸妈妈平时很少和孩子心平气和地说话，一开口就是这样的：

你看你，就知道玩儿！你看人家谁谁谁！

今天老师可跟我说了啊，你这次考试成绩不好，你说说你到底是怎么回事？

哎，我说你专心点儿，听见没有，大人说点啥都赶紧竖着耳朵听，听老师讲课怎么没这么积极！

但这些琐琐碎碎、鸡毛蒜皮的批评，大多变成了大人自顾自的唠叨，很少能在孩子身上真正发挥作用。与其如此，爸爸妈妈倒不如把宝贵的“机会”留给那些真正需要批评的事。当需要批评时，严肃认真地对孩子说：“爸爸妈妈有件事需要和你谈谈。”

3. 多等待，少催促

好多爸爸妈妈从早晨一起床就开始催促孩子，这个也嫌慢，那个也嫌慢，搞得孩子老是在急急忙忙、着急上火的状态。我们的经验是：这些催促大多不起作用，既然如此，不如让孩子按照他自己的节奏做事，大人多等待，少催促。

有时候大人生气，真的不是孩子有多气人，是爸爸妈妈自己越说越着急、越说越生气，然后自己生生地把火苗子点起来：

你作业做了没有？赶紧放下手机做作业去！一天到晚磨磨蹭蹭！快点！快点！赶紧起床，上学迟到啦！

这样不停地催着，用不着说三次，大人一定已经是火冒三丈的状态了。

4. 多许可，少拒绝

孩子的要求，只要不是特别原则性的问题，我们一般都会许可，很少拒绝，即便是原则性的问题，需要拒绝孩子，我们也尽量用比较温和的“我觉得不太好”“爸爸妈妈觉得不可以”来替代简单生硬的“不许”。

比如两个孩子一两岁时，除了不可以摸电源插座、不可以自己拿刀子，其他大部分“探索”都是被允许的，包括参与揉面包饺子、把爸爸妈妈衣橱裤架上的塑胶保护套抽下来当玩具。

孩子长大点，要买什么零食，要买什么玩具，我们基本也是说“好的、好的”，有时候孩子要买个同学间流行的小玩具，真心妈妈的态度会好到马上打开网店页面：“来，你自个儿挑，挑好了妈妈下订单。”

曾经有一位妈妈说，我们孩子三岁了，到现在还没吃过棒棒糖呢。真心爸妈就想，孩子偶尔吃颗棒棒糖，又能对他的健康或者牙齿有多大的损害呢？爸爸妈妈把这样一条原则坚持到孩子三岁，中间得经历多少次拒绝孩子的场景呢？

其实要想孩子不“叛逆”，爸爸妈妈该多做什么、少做什么，还能列举出好多，但真心爸妈觉得，只要能做到上面的四条，就是理解了减少亲子之间大小冲突的根本秘诀——不和孩子针锋相对。

不少爸爸妈妈是事先规划好了一张蓝图，上面写满了孩子“应该这样”“不应该那样”“这样是对的，那样是不对的”“这样是好的，那样是不好的”，然后孩子稍微有一点点“跑偏”，父母马上如临大敌，要“管教”孩子，要把孩子“纠正”过来，而且态度坚决，不允许孩子有一点点“执拗”。

这样，大人就先站到和孩子对立的一面去，而且特别容易稍遇孩子抵触，就马上和孩子针锋相对起来：“说不行就不行，你得听我的！”孩子越“执拗”，大人就越强硬，而大人越强硬，孩子又往往越“执拗”，“叛逆”和“反叛逆”的争斗，愈演愈烈。

可能有的爸爸妈妈会担心，要是什么都顺着孩子，不和他针锋相对，孩子会不会被惯坏呢？这个真是不需要担心。

多商量少命令，多肯定少批评，多等待少催促，多许可少拒绝，不等于纵容孩子、不管孩子。减少亲子之间的针锋相对，才能营造好的氛围，在好的氛围下，爸爸妈妈那些建设性的、温和的引导才会生效。有多少爸爸妈妈，能兴高采烈地说，我就是靠着“这个不许那个不许”把孩子带好的呢？

·允许孩子不断抬高你的天花板·

有一次送孩子上学回来，真心爸爸突发感慨：

“做爸爸妈妈的，要允许孩子不断抬高你的天花板。”

这是有感而发，因为我们的两个孩子，都在飞速地长大，我们自己也从两个小男孩的爸妈，成为两个青春期男生的父母。

六年级时，大儿子的身高超过了爸爸，五年级开始，小儿子也悄悄变声，脸上长出零零星星的小痘痘。真心妈妈逗小儿子：“我发现你脸上也有小痘痘了哦。”小儿子答：“当然，我开始青春期了啊！”

青春期这个词，真心妈妈一直觉得离孩子还挺远的，和邻居一起搭电梯，还是很喜欢看人家抱在怀里的小娃娃。两个孩子，却都相当愉悦地接受了自己已经到了青春期的事实。

他们让自己像大孩子一样说话，不再喜欢撒娇，对妈妈偶尔要求“抱一下”很不感兴趣，自己拿关于自己的几乎所有事情的主意，也更喜欢自己消化偶尔的坏情绪。

幸运的是，他们依然喜欢和爸爸妈妈天南地北地聊天，而且很多家庭常见的青春期的所谓“孩子叛逆”和亲子间大小冲突，在真心家还一次都没有发生。

我们也不准备让那些冲突发生，而且，按照我们的日常做法，它们发生的可能性，也应该不大。

三年前，大儿子申请：“我想买一个正版的游戏账号。”我们问了下是什么游戏，回答：“好的。”

两年前，孩子们都有了自己的手机和朋友圈，爸爸妈妈申请：“加我们好友呗？”孩子们考虑了一分钟，然后拒绝：“不要吧。”爸爸妈妈有点小失落，但是也接受，“不要就不要吧，记好爸爸妈妈的电话号码”。

一年前，孩子们提出想去外地看著名的游戏展作为暑假旅行，爸爸妈妈毫不犹豫地答应了：“好，咱们看完展览，在周边再玩几天。”

孩子们在学校的选修课程都不再征询爸爸妈妈的意见，我们也不打算再给他们什么建议。

他们写作业的时间，我们也基本不再过问，只有一个条件：按照之前的约定，自己控制好周末的电脑时间和上学日的手机时间。

孩子们一点一点，为自己争取到更大的自由度，我们也一点一点，抬高自己的天花板，放宽对孩子的约束，减少对他们生活、阅读、学业、情感的参与，让他们享有充分的自主。

如果我们把父母对孩子的约束看成为孩子设定的天花板，这个天花板，理想状态是没有——父母只通过言传身教，给孩子充足的正面引导和影响，同时给孩子充分的自主，让他们有足够大的空间，发展他自己。

但不幸的是，这个天花板一定会有。每对父母，都有各自的成长经历、教育背景，都有自己大致定型的观念，都会不由自主地对孩子有所希望——他最好是什么样，最好不长成什么样，这些东西，都会转化成对孩子或有形或无形的约束。

在一些家庭中，这些约束会成为僵化的铁板——我是你爸，我是你妈，你必须按照我的要求做，别跟我讨价还价。

这块铁板从不松动，也从不抬高，孩子被限定在一个狭小的空间内，越长大，越压抑，不断尝试推高它，又不断遭到爸爸妈妈的打压，于是孩子越来越愤怒，父母越来越如临大敌，亲子冲突随时一触即发。

另外一些爸爸妈妈，选择让自己的约束随着孩子的长大越来越放松，你长高一点，我的天花板就抬高一点，你再长高一点，我再抬高一点。这样，孩子就永远不会觉得，在这个家里，自己时刻被束手束脚，空间永远足够大，足够他施展自己的自由与自主。

真心爸妈要求自己成为后一种类型的爸爸妈妈，叫尊重孩子也好，叫开明也好，总之，不想用自己一厢情愿的限制，去挤压孩子的成长空间。

·与孩子建立在自由度上的默契与合作·

一位初三男生的爸爸，因为孩子在某件事上“不听话”，威胁要打孩子，孩子看着爸爸，冷静地说：

“我比你高，比你壮，我不跟你动手，是尊重你，你真觉得你能打得动我吗？”

这位爸爸一下子明白，身高一米八几的大男生，真的不是自己可以使用家长威权管束的小娃娃了。

孩子迟早会高过爸爸妈妈，孩子的世界，也迟早要比爸爸妈妈的大，“我吃过的盐比你吃过的米多”，迟早敌不过“我的未来，比你的未来远”——这听起来尖锐，情感上可能不那么容易接受，理智上，我们得承认，这是无法抹杀的事实。

所以，每对父母都面临一个选择：是一直强力管束，毫不放松，还是给孩子更大的空间，让他尽早自由地去探索、体验他的世界？

真心爸妈认为，与其等孩子打破天花板时再沮丧地接受“儿大不由爷”，不如从一开始，就和孩子建立在自由度上的默契与合作。

我们是你的爸爸妈妈，但你是你自己，我们有责任给你引导和建议，但我们同样尊重你的意见。大家可以讨论，也可以彼此让步。我们的约束，不是雷打不动，同样，你的自由，也不是为所欲为。

我们家十几年带两个孩子，基本上是这样的原则，两个孩子也很明白这一点。他们两人都认可家里的环境很宽松，同时也都完全没有养成骄纵任性的个性；两个大人也从中受益，既不需要时刻警惕孩子“叛逆”，也不需要忧虑宽松的环境会让孩子如脱缰野马般失控。

这些体会，分享给家有青春期孩子的爸爸妈妈，同时也希望对家有小宝贝的爸妈有些启发。毕竟，在孩子小的时候，父母没做好“不断抬高天花板”的心理准备，等孩子到了青春期，开始不断撞击你的天花板，真的就晚了。

孩子青春期，爸妈别“严管”

“青春期的孩子让大人头疼”，这是很多青春期孩子父母的看法，而且不少爸爸妈妈，在孩子快进入青春期时就紧张起来：“孩子马上青春期了，我该怎么办？”

·青春期不是洪水猛兽·

父母常常把孩子到了青春期这件事看得非常严重，有的甚至孩子才十来岁，就担心孩子过两年不好管了，认为孩子到了青春期，一定会叛逆、会早恋、会有各种不服管束的表现、会和爸妈矛盾不断。这是把青春期看得太负面了。

青春期是每个孩子成长的必经阶段，是孩子向成人发展的关键阶段，这个阶段，孩子的“自我”意识迅猛发展，他更希望被当作成人而不是一个孩子来对待，他希望有更多事情可以自己做主，希望自己的事情，爸爸妈妈能减少管控，所以很自然地，会表现得不像小时候那么乖、那么听话。

孩子有这些很正常，如果没有出格的举动，比如放弃学习、抽烟、喝酒、乱交社会上的朋友、与异性相处非常随意，等等，都没有必要视其为青春期叛逆。

通常我们觉得青春期孩子叛逆，大多是父母自己的原因，是父母没有适应孩子的快速成长，没有学会如何对待青春期的孩子，所以，不是孩子叛逆，是父母成长太慢。

进入青春期，是孩子在长大，他一定会发生一些变化，我们去观察这些变化，接纳这些变化，对于孩子可能发生的一点点小偏差，给予温和地引导就好。

爸爸妈妈有了这种态度上的准备，就不太容易把孩子的青春期变成一场孩子叛逆、大人恐慌的亲子大战。

·给孩子自由空间，而不是加强控制·

孩子到了青春期，父母应该相信，孩子大了，他对自己的事情有自己的判断，大人不需要像管小孩子一样管——事实上，我们认为对没到青春期的孩子，爸爸妈妈也要给予他足够的自己做主的空间。

而且，如果爸爸妈妈在他的儿童时代、少年时代，就帮孩子打好了基础，我们有充分的理由可以相信，一个理性、自主、各方面表现都不错的孩子，不会因为到了青春期而爸爸妈妈没有“严管”，就成了“坏孩子”。

恰恰相反，爸爸妈妈越严格管控，孩子越会尝试突破大人的管控，争取自己的自由。一定程度上，孩子的青春期叛逆，是大人给“管”出来的。

青春期的孩子，会要求更多自主权、话语权，更希望自己有像成人一样的表现，也希望爸爸妈妈能将自己当成一个“大人”，而不再是什么都不懂的孩子。

爸爸妈妈需要看到孩子的这种心理特征，尊重他的需求，适当放宽对孩子的限制，给孩子更大的话语权和更大的自由度。得到父母充分尊重，也享有一定自主权的孩子，更懂得对自己负责，他的发展会更健康，更不容易出现爸爸妈妈特别担心的“出格”情况。

但很多父母不是这样，一想到青春期，第一个想到的，就是“严加管束”，以免孩子出格。这样一来，一个要自主，一个要严管，大人孩子之间自然会冲突不断。

父母的管控就很像一条绳索，绑得越紧，孩子越挣扎、越抗拒。

·给孩子充足的心理支持·

一位妈妈问：

孩子下个月就读初中了，我是让他住校好呢还是走读好？

我们的回答是：

如果具备走读的条件，而且学校也不要求学生一律住校的话，我们的建议是走读。

孩子刚上初一，这么大的孩子，其实还需要父母很多日常的照顾，适应住校生活，包括和一整个宿舍的同学相处、食堂饭菜、宿舍作息时间，其实都还需要比较长的时间，如果这个阶段适应不好，可能带来孩子的情绪问题，让他的初中生活有一个不太愉悦的开篇。

上初一的孩子，也刚刚进入青春期，他的心理上会有很多变化，其实更需要父母的心理支持，如果父母匆忙地把他送去住校，孩子和父母沟通减少，很多心理或者情绪问题都需要自己消化，孩子很容易感到孤独、苦闷。

一些父母可能觉得这么大的孩子快进入所谓的“叛逆期”了，父母管不了，老师管起来可能更容易一些。

这是个比较偷懒的想法。一是老师和孩子的沟通，不会像父母那么细致；二是父母过早地让孩子离开家庭，去过集体生活，会加大孩子和父母的心理距离，造成未来很多年亲子关系的疏离。

我们不建议送才初一的孩子去住校，也不建议送高中的孩子去住校，或者让孩子中学时就离开父母到外地上学、出国留学。当然，更不建议父母把孩子送去寄宿制幼儿园、寄宿制小学。

在孩子成年之前，最好的生活模式是和父母一起生活，这样，他才能从家庭中得到足够的爱和精神滋养，以便在成年后，有足够的心理能量去面对独立生活。

那些很小的时候就离开父母去过集体生活的孩子，其实他们会过早地面临很多压力，他的困惑、孤独、寂寞以及遭遇的困难，都是父母无法亲身体验，也无法设身处地去理解和支持的。

·尊重，不监控·

一位妈妈问：

儿子13岁，逐渐步入青春期，这两天感觉他有了小秘密，晚上自己在被窝里写什么东西，问他也不让看。怎么保证既尊重青春期孩子的隐私，又能及时掌握孩子心理变化呢？

这位妈妈想寻找的方法，是根本没有的！没有任何一种方法，可以既尊重孩子的隐私，又能及时掌握孩子的心理变化，除非是孩子自己来跟你说。但请相信，和父母沟通得再好的孩子，也不会完完全全地把他自己的小心思和爸爸妈妈和盘托出，做爸妈的，得及早打消这个不切实际的幻想。

那么，孩子不说怎么办？很多父母都会选择通过侵犯孩子隐私的方式去窥探。他们恨不得将孩子，尤其是青春期孩子的一举一动，都置于自己的监控之下，手机、日记、QQ 聊天记录，都会成为爸妈的监控目标，当孩子拒绝这些监控时，大人就会采取“秘密行动”，比如趁孩子不在，检查他的电脑、手机或翻看他的日记本，等等。

孩子青春期的很多在爸爸妈妈看来是“叛逆”的举动，比如不许爸爸妈妈动自己的东西，把自己电脑加上密码、把日记上锁，等等，实际上都是孩子对爸爸妈妈无所不在的监控的反抗。

真心爸妈认为，无论父母多么想了解孩子的心理变化，尊重孩子的隐私，在优先顺序上，都一定要排在第一位。没有得到孩子的邀请，你不能因为任何理由，不能随意侵入所有可能包含孩子隐私的载体，去窥探一个青春期孩子的隐私。这涉及到：

孩子的尊严、自尊；

父母对孩子的尊重、信任；

孩子对父母的尊重和信任。

很多家庭，在孩子的青春期，父母都和孩子闹得不可开交，关系紧张，孩子什么都不爱跟父母说，而且常常处在“提防”父母的状态，最根本的原因就在于：

孩子认为我是一个独立的人了，大人不能侵犯我的隐私；

父母则坚定地认为，不管多大，你都是我的孩子，你的事，我都得知道，哪怕用上孩子极其厌恶的方法，也在所不惜。

孩子进入青春期，心理上确实会不断发生变化，但我们认为，父母没有必要“及时掌握孩子的心理变化”，更不需要试图了解每一个细节，只要通过观察，确认孩子的成长稳定在良好的大方向就可以了。

孩子的成长，是一个连续的过程，没有特别负面的因素驱动——比如父母关系不和谐、自己和父母关系紧张——孩子不会突然发生大的负面变化。一个“好孩子”，不会因为到了青春期，就一下子变成面目全非的“坏孩子”。

在这一点上，爸爸妈妈应该相信自己——如果你在之前的十几年，给了孩子足够正面的影响，孩子不会一下子发生负面变化；也应该相信孩子——他不是什么都不懂的小婴儿了，如果之前的十几年，他接受到了足够好的家庭教育，到了青春期，他只可能变得更好，不可能变得更不好。

所以，提出这个问题的爸爸或者妈妈，请不要再试图寻找既不侵犯孩子的隐私，又能及时了解孩子心理变化的方式——那样两全其美的方式，根本就没有。接受孩子的成长、尊重孩子有自己的小秘密，对孩子的成长来说，就是最好的方式。

而且父母越是如此，孩子越会乐于和你分享他遇到的事和他的思考——当然，也只是限于他乐于和你分享的部分，但这已经足够好了。

其实，这涉及到现代家庭的一个很重要的原则：父母和孩子，保持必要的界限，保有各自的隐私，互不侵犯。这也是现代文明的一部分。

人际关系，包括亲子关系中很多矛盾、纠葛，很多都是缺乏界限感造成的，比如父母对孩子的过度控制、朋友关系中彼此对各自的生活介入过多，等等。

爸爸妈妈需要从孩子小时候起，就为孩子建立必要的界限感，其中最重要的，就是父母和孩子都需要明白：我们彼此是独立的人，爸爸妈妈不需要事无巨细地了解、掌控孩子的一切，孩子也不需要对爸爸妈妈的事务介入过多。

而这样的界限感，就是从一些事关彼此隐私的小事培养起来的。

手机——家人之间，不可以互相查看手机，如果需要临时借用一下，比如借用家人拍照功能更好的手机拍个照、需要导出别人手机中的某张照片，那就只用自己需要的功能，用完马上归还，不能把别人的手机翻个遍。

在我们家，孩子把自己的手机设了密码，我们不要求孩子告诉爸妈，爸妈也不会趁孩子不注意想方设法猜测密码、检查孩子的手机。大人对孩子这样，孩子对父母也是如此，借用手机时，他们从来不会去把爸爸妈妈的聊天记录看个遍，当然更不会去动微信钱包、支付宝等功能。

电脑——和手机一样，在我们家，家人各自使用的电脑，都是自己专用的，也有自己的密码。同样，大人和孩子也都不会试图去检查彼此的电脑。

私人笔记 / 日记——很多孩子的童年噩梦之一，就是时刻担心父母翻看自己的日记。我们给自己定的原则是：不经过孩子的允许，不翻看孩子的任何笔记、日记，要做到即使孩子把日记本放在桌面上，他也会很放心。我们这样对孩子，孩子也一样对我们。他们从来不拿起爸爸妈妈的笔记本就翻，存放家庭重要资料的抽屉，他们更是动也不动。

“早恋”没有那么可怕

基本上，我们不打算让“早恋”这个词出现在我们的育儿观念和亲子交流中。

什么是早恋？大家的认知基本上是，孩子在父母认为不应该谈恋爱的年龄，比如小学高年级、初中、高中，开始有“男 / 女朋友”。

真心爸妈认为，关于所谓的“早恋”，很多时候，是爸爸妈妈将事情严重夸大了，只要发现孩子喜欢和某个异性同学一起玩，就开始紧张、担心，给孩子冠上“早恋”的罪名，然后自己就开始做“我都是为你好”的“尽责”的父母，这个不准、那个不让，横加干涉，直到孩子被气得不行，索性真的“早恋”一下给你看。

正像一位老师所说，孩子早恋，大多是爸爸妈妈给逼出来的。

·孩子长大了，是好事啊·

十几岁孩子那种懵懂而纯洁的喜欢和谁聊天、喜欢和谁一起玩儿，真的就是“恋爱”吗？哪位父母没有过这种经历？又有哪位父母对于自己中学时被不由分说地贴上“早恋”标签不感到委屈和愤怒？

即便喜欢和某个异性一起玩，是因为朦胧的好感，那又能如何？在十几岁的年龄，对异性产生朦胧的好感，是非常非常正常的事，从来没有过这种体验的孩子，反倒是太过“晚熟”，或者“爱的能力”太低了。父母应该欣然接受孩子的成长。

著名歌手和制作人李宗盛在《爱的代价》中曾经写道：“还记得年少时的梦吗，像朵永不凋零的花……”那些年少时的爱恋，到成年之后，仍然是美好的回忆，如果孩子没有在初中、高中阶段体验过朦胧、美好的爱恋，缺乏这样美好的回忆，一定程度上来说，其实是他成长过程中的一个缺憾。

真心爸妈宁愿将这种情况当成标志着孩子长大了、开始更深入地社会化过程的好事。

孩子能够和同学，无论同性、异性，建立友情，这不正说明，孩子有正常的人际交往能力，能够在自己所处的群体中，与志趣相投的人发展良好关系吗？

即便孩子的好朋友是异性，又有什么可害怕的？爸爸妈妈真的希望自己的孩子，从小到大，都不受异性欢迎、没有异性喜欢、无法与异性建立友情和爱情吗？

很多父母，是在孩子青春期严格防范“早恋”，在孩子大学时，告诉他“以学业为重，不要着急谈恋爱”，而孩子一大学毕业，就又希望他尽快结婚，甚至很多父母都会年复一年地“逼婚”。但孩子中学时连朦胧的好感都没体验过，在大学时连一场恋爱都没谈过，他的婚姻，怎么可能有很高质量的爱情呢？

真心爸妈人到中年，经常遇到同学朋友互相请托，帮自家上大学的孩子、读研的孩子，甚至已经工作的孩子“介绍对象”。我们老是劝那些焦虑的父母们：“别操心，孩子自己会找的，说不定人家已经有男朋友/女朋友了，就是还没告诉你呢！”他们常常回答：“哪儿啊，我家孩子，根本就不会谈恋爱，上大学就一次都没谈过。”

如果孩子成年后还“不会谈恋爱”，真心爸妈真不觉得是什么好事，那说明他缺乏和异性发展良好关系的能力，而且很有可能需要依赖“介绍”“相亲”等被动的方式完成人生大事，错失通过一场美好的恋爱走入美好婚姻的机会，这不能不说是人生的一大损失。

·真正的早恋，没那么容易发生·

担心孩子“早恋”的父母，可能走入了一个误区，就是把孩子内心对异性的喜爱，与真正的早恋行动——比如沉迷约会、发生接吻等亲密的肢体接触，甚至发生性行为，给混淆到一起了，不加区分地称为“早恋”。

其实二者在程度上是不同的，大多数孩子的“早恋”是停留在内心朦胧好感的程度，并不会发展到真正的早恋行动，只有一小部分孩子，会比较大胆地成为“中学校园情侣”。所以大人不需要一想到早恋，就把自己吓得不轻。

真正的早恋行动，往往是在外界因素的影响，甚至推动下发生的，没有外力影响，“早恋行动”没有那么容易发生。

外力之一，是父母的管束不当。

比如大人一发现孩子和某个异性同学关系不错，就马上紧张起来，告诉孩子“你不能早恋”，甚至限制孩子和异性的交往。

比如大人窥探和监控孩子，查看手机、电脑的聊天记录或偷看日记，等等，然后一发现苗头，马上用激烈手段阻止孩子。

而这个阶段的孩子，对于“独立”“自主”有更强烈的愿望，你越限制，孩子可能越反抗。很多时候，不是孩子想要“早恋”，而是大人的不当管束，把孩子从朦胧的喜欢推向了实际的早恋行动。

外力之二，是孩子的家庭环境。

家庭氛围和谐、有爱、亲子关系融洽的孩子，真正的“早恋行动”，其实对他没有那么大的吸引力。这和人吃饱了不饿是一样的道理，在家里感受到足够的温暖的孩子，不会特别容易特别渴望与异性过早地建立类似恋爱的亲密关系，他们会小心地维护和异性之间朦胧的好感，把这种好感经营成美好的关系，而不是类似情侣的恋爱关系。

很多孩子陷入真正的早恋，是因为在家里得不到他所需要的温暖和亲密情感，才转而通过“早恋行动”寻求情感的满足。家庭氛围紧张，父母关系不佳，家人之间关系冷漠、缺少爱意，亲子关系对立，都是将孩子推向真正的早恋的动力。

·不诋毁孩子的异性朋友·

给孩子贴上“早恋”标签的爸爸妈妈，常犯的一个错误，就是迁怒、诋毁孩子的异性朋友：

“都是某某，把我家孩子带坏了！”

“某某如何如何不好好学习，光整用不着的！”

真心爸妈认为，爸爸妈妈既不能这么说，也不能这么想。

青春期的孩子，重视朋友，重视友情，爸妈不喜欢他的朋友、诋毁他的朋友，会让他非常反感，觉得父母既不相信自己，也不理解自己，更不尊重自己，于是，就像好多父母担心的那样——“逆反”了：你越说谁不好，越不让我和谁一起玩，

我就偏和他 / 她一起玩！

在真心爸妈自己的经验中，初中、高中时的友情，绝大部分是“同声相应，同气相求”，孩子会更倾向于和与自己观念一致、志趣相投的同性或者异性同学建立良好关系。爸爸妈妈应该相信，如果自己的孩子用心学习、在学业和学校生活中都表现良好，那么孩子交上无心学习、表现不佳的朋友的可能性，也会很小。所以，应该相信自己的孩子。

当然，也有另外一种情况，就是家里父母的关系有问题，孩子可能会向外寻求某种“补偿”。这种情况，孩子交上让父母担心的朋友的可能性会更大。这时，需要改变的不是孩子，而是父母自己。

如果发现孩子有要好的异性朋友，父母更好的做法，是充分尊重孩子的异性朋友，孩子提起异性朋友时，爸爸妈妈对他的朋友表现得友善，不做负面评价，更不肆意诋毁。你尊重了孩子的朋友，也就等于尊重了孩子。孩子会更信任爸爸妈妈，更乐于与爸爸妈妈分享他在学校和同学交往中的事情。

·适当和孩子谈“性”·

无论爸爸妈妈是否相信自家孩子不会发展到真正的早恋行动，给孩子足够的性教育都绝对必要。

一个青春期的男孩应该明白，他已经具备了生育能力，与异性发生性行为，对方可能会怀孕，而他这个年龄的孩子，还负担不起这么重的责任；

一个青春期的女孩也应该明白，她已经具备了生育能力，与异性发生性行为，会遭遇堕胎的伤害，甚至影响一生的幸福，所以需要特别特别慎重。

这是帮孩子设定的一个行为底线，明白其中利害关系的孩子，不会轻易尝试性行为。

当然，我们同时也可以相信孩子、相信自己，如果孩子在之前的成长过程中，得到了父母充足的教育和引导，到他十几岁的时候，应该已经有足够的理性，明白什么样的事现在该做还是不该做。

总之，对于孩子的青春期和“早恋”，真心爸妈的基本态度是：没什么可怕的，让孩子自然地、自主地、按照自己的节奏成长就好了。爸妈不破坏、不添乱，就是最大的帮忙。

性教育：不需刻意重视，不仅是谈性

无论家有男孩，还是家有女孩，性教育都是爸爸妈妈们最关心的话题之一，尤其是谈到青春期，父母都会很忧虑：我给孩子足够的性教育了吗？不好意思和孩子谈性，该怎么办？

虽然性教育的问题，到孩子青春期会特别凸显出来，但其实它是父母从小到大对孩子的全部家庭教育的一个重要组成部分，既不是要专门在某个阶段来进行，也不仅仅是谈性这么简单。

·把握时机和尺度·

许多爸妈妈妈很早就开始关心孩子的“性教育”，担心如果没有做好孩子的性教育，孩子长大后会在这个问题上吃亏，或者出格。

心理学家阿尔弗雷德·阿德勒重点关注儿童人格的发展，在多本著作中都表述了孩子的性教育在什么时候开始才适当的观点：

“在有关性的生理知识教育方面，其实没有必要太早让孩子接触。最起码，我们可以等到孩子对此开始好奇，主动想要知道这些方面的情况的时候。当然，父母也要及时关注孩子的需求，避免因孩子太过羞怯而错过接受这一教育的最佳时机，对这样的孩子，父母要主动告诉他们这方面的知识。而对于那些亲子关系特别融洽，孩子可以把父母当朋友的情况，当孩子问到这些方面时，我们也必须用一种利于孩子理解的方式为他们做出解释，同时要注意避免给予他们可能会刺激和激发其性冲动的回答。”

真心爸妈也认为，对父母关系融洽、家庭生活健康正常，没有不良性关系、性表现、性癖好的家庭来说，在日常生活中，给孩子必要的、正常的影响就足够了，性教育并不需要刻意进行，对性教育的过分关注，与对性、身体的过分遮掩的态度一样，都对孩子没有任何好处。

·教会孩子：衣服之内不能摸·

真心家两个孩子还是小婴儿时，我们从一本育儿书中学到，爸爸妈妈既要保护孩子避免被陌生人接触和抚摸身体，也要在孩子还小的时候就让他们懂得“衣服之内不能摸”。

记得我们老家农村有一种非常粗鄙的习俗，年长的男性见到被怀抱的男性婴儿，总要开个玩笑，把手伸到孩子的开裆裤中“掏个蛋吃”，以表示对孩子的喜爱。当然，有时没搞清楚孩子的性别，不巧也会发生非礼到女性婴儿的状况，搞得开玩笑的一方非常尴尬，被开玩笑一方的成人非常不快。

现在这种情况应该已经不多了，在城市里更是非常稀少。但随便触摸、抱起别人家可爱婴幼儿的行为，仍然非常普遍，而且被作为对孩子和孩子家人示好的表现。

这一点上真心爸妈在孩子小时候就非常“不近人情”，不但自己从不主动去摸、抱别人家的孩子，也不允许别人摸、抱我们的孩子。孩子一两岁后，我们更是告诉孩子：不可以让别人随便摸你，衣服下面，更是绝对不能摸。

孩子从小有这样的观念引导，会慢慢形成保护自己身体的意识，同样，他们也会尊重别人的身体。这就是对孩子最初的性教育。

·给孩子穿得体、安全的衣服·

给婴幼儿穿开裆裤，是一种顽固的陋习，既不卫生、不健康，又容易给对性器官一无所知，但又正处在好奇心旺盛阶段的孩子一些不必要的诱惑，另外，说得严重些，还将孩子置于或轻或重的性侵害——包括接触、抚摸、玩弄甚至更严重行为危险之中。

所以，真心爸妈的两个孩子，从小就没有穿过开裆裤。曾经有一位帮忙的保姆阿姨，趁我们不注意，把孩子的裤子拆成开裆裤，又被我们“勒令”给缝上。

孩子长大一些后，大人同样需要给孩子穿得体、安全的衣服，包括：

给男孩子穿典型的男孩款衣服，给女孩子穿典型的女孩款衣服，以帮助他们正确认知和认同自己的性别；

不给孩子穿过分引人注目的衣服，以避免陌生人的关注和骚扰；

不给女孩子穿“成人化”款式的衣服；

不给青春期的女孩穿过分突出线条甚至暴露身体的衣服，等等。

最后两点，我们特别想提醒家有女孩的爸爸妈妈们注意，把女孩子打扮得漂亮些当然是好事，但成人化的衣服、过度突出身体的衣服，既容易误导孩子过于关注身体和性别的吸引力，也容易把孩子置于危险之下。

现在不少初中，除了要求学生每天必须穿校服，还对男生、女生的发型有严格规定，女孩也要求留不过眉、不遮耳的利落短发。这种“模糊性别”的规定，让好多女孩和他们的家长不解，但真心爸妈认为，此举对青春期女孩发展女性魅力虽然有所限制，但对于避免刚刚进入青春期的男孩女孩对身体过分关注，是必要而且有效的。

· 不鼓励孩子过分开放地接纳他人 ·

爸爸妈妈们都喜欢自己的孩子有礼貌，常常要求孩子对熟人、半生不熟的人或者全然陌生的人表现得友善、可爱，叫叔叔、阿姨、爷爷、奶奶，回答别人关于他几岁了、上几年级、在哪个学校、学习好不好、叫什么、爸爸妈妈叫什么、爷爷奶奶姥姥姥爷叫什么，等等完全是个人和家庭隐私的问题。

这非常不好，既不利于保护孩子和家庭的隐私，更将孩子置于容易被诱拐、侵害的危险之下。小小的孩子还不太会分辨这些熟人、半生不熟的人、全然陌生的人是否安全、可信，看到爸爸妈妈对人家那么热情，很容易就把人家当成和自己的家庭成员一样安全、可信、充满爱与善意的人。有多少不幸被拐卖的孩子，都是被表面花言巧语、暗地包藏祸心的人给诱骗的！

当然，爸爸妈妈更要避免将孩子托付他人，让孩子在不非常熟悉、了解且不非常可信、可靠的亲朋好友处过夜，等等。孩子受到侵害，往往是爸爸妈妈或者临时监护人的疏忽所致。

在这上面，一档组合“临时父女”的真人秀电视节目曾经开了一个恶例。这个节目受到好多幼儿园孩子、小学孩子的追捧，让他们看到原来不认识的人可以做“临时爸爸”，而且还可以做陪洗澡、哄睡觉这些由爸爸妈妈来做的事，会对孩子的亲疏观念、隐私观念、自我保护观念产生非常坏的影响。在这方面观念模糊的孩子，青春期乃至成人之后，在与人交往中，会更容易出现出格现象，甚至遭受侵害。

这个节目让部分理性的成人觉得不可接受，但是一定有很多在这方面观念淡漠的爸爸妈妈会和孩子一起看这个节目，而且赞赏节目的有趣，欣赏得兴致勃勃。爸爸妈妈的这种表现，无疑更会鼓励孩子模糊与陌生人接触的尺度、过分开放地接纳他人。

·帮孩子自然看待身体·

爸爸妈妈需要在家庭生活中，帮助孩子建立起自然地看待身体的观念：

肉身是我们思想和心灵的躯壳，既不需要过分关注、展示，也不必要过分隐匿；

我的身体不可随意侵犯；

别人的身体也不可以随意侵犯。

有的父母很早关注到对孩子的性教育，也就很早地关注到父母和孩子之间身体接触、身体展示的问题。比如一些爸妈会关心，女孩子多大开始不可以让爸爸帮助洗澡？男孩子多大开始不可以让他们看到妈妈的身体？

真心爸妈在这上面的观点可能和大家有所不同，我们觉得家人之间固然没有必要有意展示彼此的身体，但日常生活中自然地接触身体、看到身体，是完全没有问题的。

比如爸爸给女孩子洗澡，在孩子五六岁之前——五六岁的孩子完全能自己洗澡了——都没有什么不妥，只要不刻意抚摸孩子身体的敏感部位就好了，爸爸可以告诉孩子“自己洗洗屁屁”。

再比如男孩子看到妈妈的身体，我们觉得也没有什么问题。我们家虽然有两个浴室，但因为孩子浴室的淋浴在浴缸里，进出都不太方便，孩子们图省事，更喜欢用爸爸妈妈房间的浴室，所以晚上常常是一家人排队洗澡，彼此“袒裎相见”的情况很是不少，妈妈也不会刻意回避被孩子看到，孩子看到妈妈的身体也不会大惊小怪。我们觉得这样没什么不好。

如果妈妈特别在意被异性孩子看到身体，并偶尔大惊小怪，反倒很容易激起家里的男孩子对女性身体的好奇。我们就听说过一位四年级男生去掀同班女生的裙子，搞得女生和女生父母非常愤怒、自家爸妈还有班主任非常尴尬无奈的状况。

比起日常生活中父母子女之间刻意回避彼此被看到身体，真心爸妈倒是觉得，在家庭中不过分关注身体、保持身体接触的适当尺度更重要一些。比如：

在孩子七八岁之后，让他们自然地不再腻在爸爸妈妈怀里，不抚摸爸爸妈妈的身体；爸爸妈妈也不经常抚摸孩子的身体；家人之间不常做接触、挑逗身体的游戏；爸爸妈妈不在孩子面前做亲昵的身体接触；无论孩子多大，父母不与同性或者异性孩子做嘴对嘴的亲吻，等等等等。

·客观谈论身体、性、生育·

在一些家庭中，“我是从哪儿来的？”是个让大人讳莫如深的问题。孩子问到时，爸爸妈妈要么顾左右而言他，要么随便抓个让人啼笑皆非的答案，“捡来的”“小天使送来的”，甚至还出现更玩闹的“充话费送的”。

我们家不是这样，孩子第一次问起时，我们就告诉孩子：爸爸妈妈因为相爱，就结婚了，等我们想要孩子时，我们就决定怀孕，你们在妈妈肚子里待了十个月，然后到了预产期，妈妈就去医院，请医生帮助把你们接出来。

生小儿子时，我们也告诉大儿子：“妈妈要去住几天医院，生小弟弟/小妹妹，你不用担心，这不是生病，过几天妈妈就和小弟弟/小妹妹一起回来了。”

后来孩子继续好奇：那我是从哪儿生出来的呢？

我们告诉孩子：生宝宝有两种方式，一种是自然生产，孩子经过阴道出生；一种是剖宫产，医生在妈妈肚子上做个手术，帮助你们出生。真心妈妈还给孩子看自己腹部剖宫产留下的疤痕，孩子们就表示：哦，明白了。

后来孩子继续好奇：那么怎么才会怀孕呢？

我们告诉孩子：妈妈有子宫，还有卵巢，卵巢产生卵子，卵子在子宫里遇到爸爸的精子，成为受精卵，再发育成胚胎，之后就慢慢长成小胎儿了。不过，孩子们还没有问到“精子怎么会遇到卵子”，估计以他们的阅读量，他们已经从关于青春期生理的书中获得答案，不会再来问爸爸妈妈了。

当然，如果孩子真的问到，我们也不主张父母过于直接、具体地向孩子描述性行为的具体细节，以免激发他们的好奇，进而自己去尝试。理想的状态是，让孩子在初中的生理课程中接触到，或者通过适龄的青春期教育图书来了解。

孩子们从小对这些事很明白，谈到生育问题时，他们也不会感到有什么尴尬。比如我家小儿子十岁时问："这个鸡蛋能不能孵出小鸡呢？"他哥哥会告诉他："要看它是不是受精卵，如果不是受精卵，是不会孵出小鸡的。"我们喜欢孩子们这种客观、自然的态度。

现在我家大儿子已经十五岁，我们已经认真地跟他确认过："你知道像你们这么大的孩子已经有生育能力了吧？"孩子确定地回答："知道。""那么你知道和异性相处的底线在哪里了吧？"孩子也确定地回答："知道。"

可能有读者会觉得，你们家做了这些，是不是很重视"性教育"啊？那倒不是，我们从不刻意找什么特别的机会对孩子进行"性教育"，只是觉得，这些都是很自然的事，没有必要故意搞得很神秘，在孩子的成长过程中，让他们把这些当成"科学知识"来了解就好了。

当然，我们认为，觉得让孩子对这些有足够的了解，是非常必要的。搞得越神秘、越不让孩子知道，孩子越会好奇，越会试图通过自己的途径去探究；而且，孩子了解得越少，越不知道后果，就越有可能做出不计后果的事。那样才真的很让人担心。

·得体进入有性别区分的场所·

在"悟空问答"，有一个长期以来都很活跃的问题：

"八九岁男孩跟妈妈进女澡堂，这个妈妈是不是不正常？大家如何看这事？"

妈妈能带着八九岁的男孩进女澡堂，那么爸爸会不会带八九岁的女孩进男澡堂呢？你可能会想："当然不会，除非那个爸爸是个疯子！"

这就出现了一个很有意思的问题：为什么我们见到的、听到的，都是妈妈把男孩子带进女澡堂、女卫生间、女更衣室，从来没有听过、见过爸爸把女孩子带进男卫生间、男澡堂、男更衣室的事呢？

这是因为，一般家庭中，对女孩的性教育会特别重视，而且也会特别注重保护女孩子不受侵犯，而对男孩子的性教育，就相对粗疏得多，会认为小男孩的身体被别人看到也没关系，小男孩那么小，看到其他女性的身体也没关系。

这当然是非常错误的观念。儿童心理学家认为，无论男孩女孩，父母都需要在他们的成长过程中，适时给予必要的性教育：

在两岁左右的时候，让他们明确了解自己的性别，明白性别是不会改变的，自己以后会长成男性或者是女性；再长大一点，学会保护自己的身体，了解男女有别，不可以随意碰触异性的身体，尤其是衣服之下的部位；再长大一点，明白对身体和异性的关注尺度，既不过度关注，也不懵懂无知。

但如果父母在家里不注意引导，比如随意带男孩子进女性浴室和卫生间，孩子好几岁甚至十来岁了还跟父母同住一床，和异性家长有过于亲密的身体接触，孩子对于性别的观念，可能就会比较模糊甚至混乱。

抛开对孩子的性教育问题，妈妈带男孩进女澡堂的举动，其实还隐藏着我们文化中一种相当陈腐的、不尊重女性的观念：男孩子看到女性的裸体，不被认为是“吃亏”的，反倒被认为是占了“便宜”。

那位妈妈可能会想：“反正我们也不吃亏，怕什么呢？”但她有没有想过，她的举动，大大冒犯了别人呢？

如果父母对这类冒犯其他女性的行为毫无愧色，可能会对男孩子产生相当坏的影响，他可能会从很小的时候开始，就不懂得尊重异性，甚至会主动地去冒犯异性。

幼儿园小男孩去掀小朋友的裙子、小学小男生掀班里女生衣服的事，其实都相当不少。到那时候，面对其他家长的指责，对自家男孩子疏于管教的爸爸妈妈们，您能说什么呢？

孩子声称自杀、自残、自虐、离家出走，怎么办？

我们的育儿群，曾经讨论到一个惊心动魄的话题：如果孩子声称自杀、自残、自虐、离家出走，爸爸妈妈该怎么办？

怎么办呢？是吓傻，是把孩子吓唬一番，是对孩子用激将法——“要跳楼你跳啊”，还是安静地坐下来，想想这个问题的可怕之处，深挖根源，然后彻底解决？我们认为明智的父母，应该选择后者。

孩子声称自杀、自残、自虐、离家出走，一些爸爸妈妈会理解成是孩子某些要求没有被满足时，对父母的威胁。

但真的只是威胁吗？爸爸妈妈怎么知道，当孩子在激烈情绪中喊出这样的话时，他的头脑中，没有当真闪过这样做的念头？如果只是威胁，现实生活中那些真实的惨烈案例，又怎么会发生？

所以，遭遇这种状况的爸爸妈妈，请把它当成很严重的事件，而不是简单的威胁。认认真真地坐下来，想想孩子为什么会这么想、这么说，如何避免孩子有朝一日真的这么做。

·安抚，不刺激·

一位妈妈说：

“我家孩子也在五六岁时，因为没答应给他买玩具，就说要跳楼，我当时的做法是，抱着他在窗口，让他跳。其实孩子是不敢真的跳的。然后我们告诉他不珍重生命是不行的，现在孩子十二岁了，再没发生类似的事情。”

我们想说，这是很可怕的做法。想想那些坐在楼顶上打算跳楼的人，有多少是在围观者的哄笑和“跳啊！跳啊！”的刺激下，真的做出让人痛惜的傻事的。爸爸妈妈，怎么能对孩子这么说！

遭遇到这样的事，无论孩子的情绪是否特别激烈，爸爸妈妈第一个要做的，都是安抚孩子，把他从这种愤怒、绝望的极端情绪中解救出来。拥抱、温柔的言语安慰、转移孩子的注意力，在确保孩子安全的情况下（这一点要特别特别注意），爸爸妈妈撤出冲突现场，让孩子一个人冷静下来，都是有效的办法。

这种情况下，如果爸爸妈妈不能克制自己的情绪，继续保持和孩子激烈对抗的状态，会加剧孩子的极端情绪，说不定真的激发出孩子的自残、自杀行为。

·别当成偶发事件·

孩子声称自杀、自虐、自残、离家出走，肯定有直接的导火索，但导火索通常都是在爸爸妈妈看来小得不能再小的小事，一些父母会认为，孩子只是一时冲动，受幼儿园小朋友的影响、受暴力动画片的影响才会做这样的表达，是偶发事件。

但如果没有长期的积聚，没有更深层的原因，孩子怎么会一下子激烈到这种程度？所以爸爸妈妈在安抚孩子之后，一定要好好地坐下来，冷静地分析孩子这些行为背后真正的、很深的根源，否则这样可怕的事情很可能会继续发生，更可怕的是，有朝一日，会从声称，变成行动，那时候爸爸妈妈就追悔莫及了。

我们认为，孩子产生这样的想法，他人影响、家庭外环境的影响，只是其中很不重要的因素，爸爸妈妈、家庭环境对孩子潜移默化的作用，才是根源所在。

·停止威胁孩子·

一些父母平时对孩子说话不太注意，经常威胁孩子："如果你如何如何，爸爸妈妈就不爱你了 / 不要你了 / 把你送人 / 丢到外面去。"

这样做有两个恶果：

一是让孩子觉得，爸爸妈妈对我的爱是有条件的，他们爱我，不是因为我是他们的孩子，而是我让他们满意时，他们才爱我，我让他们不满时，他们就不爱我；

二是给孩子做“威胁”的坏示范，大人会威胁孩子，孩子自然会学会用各种各样的方式威胁大人。

有的爸爸妈妈，不能以温和、稳定的方式对待孩子，当孩子表现得乖巧、可爱、让爸爸妈妈满意时，大人就表现得特别热情有爱，“哦，妈妈好宝贝”“来，让爸爸亲一个”；而当孩子不高兴、发脾气、气人、“不乖”时，爸爸妈妈变脸比翻书还快，呵斥、打骂、大发脾气。

这会让孩子对爸爸妈妈的爱缺乏安全感，让孩子容易遭受一点小小的刺激，就爆发出极端情绪。

·不过多要求，不表示失望·

一些爸爸妈妈对孩子要求过多，而且很容易对孩子表示失望，这也是孩子会发出极端声称的一个诱因。提出“孩子声称自杀、自残、离家出走怎么办”的那位妈妈，就是这么做的。

“最近他（孩子）有很多自私行为，爸爸就会假设性地说，如果他再这样，家里人就都不爱他了。”

“现在我还苦恼的一个问题是，都说爱孩子不求回报，可是有的孩子会从家人的爱学会爱家人，可我家的孩子怎么感觉要求会升级，需求也越来越高，总想着自己，不顾及别人。”

孩子就是孩子，他的成长是一个相当缓慢的过程，他当然全心全意地爱着、依赖着爸爸妈妈，但要求他小时候就特别明确地懂得不自私、不发脾气、能够对爸爸妈妈的爱给予同样的回报，说实话，确实是爸爸妈妈不切实际的想法。

如果爸爸妈妈这样期待，不免常常失望，常常对孩子表示不满，表示得多了，孩子很可能会自我厌弃，觉得我怎么样都达不到爸爸妈妈的希望，给不了爸爸妈妈他们希望的回报。

讨论这个问题时，一位群友表示："最高境界的爱，有心无痕，自然流动。"这真是很棒的观念。你是我的孩子，我无条件地爱你，爸爸妈妈修炼自己的情感，达到这样的境界，孩子大人都会愉悦得多。

·做坚韧的成人·

孩子每天和大人生活在一起，如果家里某个成人有过脆弱的、情绪化的表现，孩子也会不知不觉地受到影响。

在极端情绪化的家庭中，一些大人可能会声称或者采取实际行动，自杀、自残、自虐，或者离家出走。在这样的家庭中长大的孩子，如此声称和行动的比例可能会相当高。

自然，绝大部分家庭不会这么极端，但大人同样可能有脆弱、情绪化的表现。比如在对孩子不满时，无比厌弃自己，"我怎么生了你这么个孩子""知道这样，我还不如不生你呢"；在生气时，捶胸顿足，表现激烈；还有一言不合"砰"地关上门，把自己关起来；吵架时不吃不喝，等等。

这些都会影响到孩子，让孩子也学会用同样的方式表达情绪。如果大人情绪稳定、很少极端表现，孩子也更容易温和、稳定。

·避免负面信息·

如果孩子接触太多自杀、自残、自虐、离家出走等负面信息，也会比较轻易地如此声称。

这些信息一部分来自孩子日常接触的其他信息源——幼儿园小朋友、其他成人、过于暴力的动画片，等等，更多会来自自己的家庭环境——大人在孩子面前毫无顾忌地谈论社会新闻，跟孩子讲其他家庭中发生的极端事件，等等。

大人常常忽视孩子的理解力，觉得这些事小孩子不懂。其实小孩子比大人想象得懂事得多。记得我家大儿子大约两岁多时，看动画片《哪吒闹海》，看到哪吒“割肉还母，析骨还父”，悄悄哭了，后来还难过了好几天。之后，我们再不给孩子看包含这样可怕情节的动画片。

·帮孩子理解伤害和死亡·

十一岁的小儿子跟真心妈妈说：“妈妈，我觉得你可以写写如何教孩子理解亲人去世的话题。”

妈妈问他：“为什么要写这个呢？”

小儿子回答：“因为我觉得像我这么大的小学生，很多都不能理解什么是去世。一些大人会骗他们，去世就是去很远很远的地方，要很久很久才能回来。小孩子就等啊等啊，结果过了很久，去世的人还没有回来，小孩子会很伤心。”

妈妈继续问他：“那你知道什么是去世吗？”

小儿子回答：“当然知道，因为你和爸爸总是很直接地给我们讲啊。去世，就是死亡，死亡就是消失了，再也不会回来了。”

很高兴这么大的孩子，能这么清晰地了解什么是死亡。这确实是我们长期直接、正面地给他们讲伤害的不同严重程度和什么是死亡的成果。

一位对教育孩子有特别清晰理念的爸爸说：“我家孩子从小不会受太多保护，比如剪刀、烧水壶都可以摸，也可以在水池边玩水。他自己都知道受伤会很疼，更厉害会死亡，他概念很清晰，不会提荒诞的想法。”

我们家的办法也很相似，比如孩子小时候要动饮水机开关，我们会告诉他：“开水会烫，烫伤会很痛。小的烫伤很快可以好，但是如果发生严重的烧伤，比如在家里玩火，就有生命危险了。”

孩子特别小的时候要动电源插座，我们会告诉孩子：“你还小，这个还不可以自己插的，可能触电，触电有生命危险。”

有时候两个孩子开玩笑说到“死”，我们也会特别郑重地告诉孩子：“不可以随便开这样的玩笑，也不可以做伤害别人和伤害自己的举动，死是很严重的事，人死了，就再也回不来了。”

所以孩子从很小的时候起，就知道哪些事情会带来小伤害，哪些事情会有严重伤害，哪些事情会有生命危险，他们做事也会很有尺度，不会去做危险的事情。自然，遇到小的伤害，也不会觉得特别严重、特别害怕，也不会哭个不停。

我们对孩子讲伤害和死亡，主要是告诉他们要爱惜自己，不会跟他们说：“你受伤爸爸妈妈会很心疼。”

心疼当然是心疼的，但老是这么告诉孩子，没什么好处。一是心疼只是情感表示，没有办法帮助避免伤害、替代伤害；二是心疼是别人的感受，跟孩子自己的身体无关；三是爸爸妈妈老是这么说，孩子很可能学会以爸妈心疼相要挟，伤害自己。

孩子声称自杀、自虐、自残、离家出走，真是很严重而且隐藏着很深根源的问题，爸爸妈妈切不可掉以轻心。解决眼前的小危机很容易，爸爸妈妈改变自己，消除问题根源，才能彻底消除这个可怕的隐患。

无论事情多么糟糕，爸爸妈妈依然爱你

朋友给我讲了一件特别让人痛心的事。

一个高中生，因为没有完成作业，老师找了他的家长。可能遭遇了父母的严厉斥责，孩子上了楼顶。学校一边找消防员来救护，一边和家长一起劝说。僵持

很长时间之后，孩子终于软化，决定和老师、父母一起下楼。

那位父亲大概觉得事情终于解决，松了一口气，想起了孩子带来的麻烦和诸多让人颜面尽失的善后工作，斥责了孩子一句："你跳啊，你怎么不跳啦？"

孩子听了，二话不说，一个助跑，从没有放防护垫的那一面跃下了楼顶。

一句话，一瞬间，不可挽回的一条生命。

当孩子做了不让父母满意的事，做了错事，做了给父母带来不小麻烦的事，做了让父母颜面尽失的事……怎么办？不同的家庭，可能有各自的处理方式。但是，无论事情多么糟糕，亲子冲突如何激烈，有一件事，爸爸妈妈需要特别铭记：

要让孩子知道，即便如此，爸爸妈妈仍然爱你。

这对孩子来说，意义重大，甚至可能关乎生命。

·儿子，妈妈最爱你·

河合隼雄在他的著作《孩子与恶》中，引用了一首一年级孩子写的小诗，名叫《撒谎》：

今天没去学校
因为对妈妈撒谎了
撒了什么谎，我不告诉你
把妈妈惹哭了
我也哭了

妈妈说
没想到你是这么没同情心的孩子
我从来没有这么伤心

我好笨

好糊涂

做了这么蠢的事

我也悲伤

也心痛

就这样，妈妈还是紧紧地抱住我，说

儿子，妈妈最爱你

我再也不敢了

这是一位撒谎的小学生，记下的自己的心路历程，他后悔、自责，也明白妈妈的伤心。这段故事中，也肯定包含着激烈的亲子冲突，但是在最后，妈妈还是抱住孩子，告诉他，“妈妈最爱你”。

河合隼雄用这个小故事，提示了父母们一个至关重要的问题：“面对孩子体验到的恶，大人到底该怎么办？”——最重要的，是要努力修复破损的关系。他说：

“这可以说是一个非常成功的关系的恢复，恢复后的关系，甚至比没出事以前更深。一边严厉地斥责犯了错误的孩子，一边还能恢复关系，这可能因为大人自己就体验过根源恶的恐怖。一定要严厉地断绝根源恶，尽管这样，还能不断绝与犯错的人之间的关系，这个时候，应该是爱在发挥作用。”

可惜，这样的关系修复过程，常常因为缺乏足够的爱，或者缺乏足够的理性和自控，而被彻底忽视，人们不可控制地陷入“狠话说尽，坏事做绝”的模式，让很多原本并不严重的事件，冲到不可挽回的绝境。

这样的事例，偏偏还最容易在家庭中发生、在亲子和伴侣中发生。

比如，孩子沉迷游戏、孩子成绩糟糕、孩子撒谎、孩子偷东西，盛怒之下的父母，会冲口而出：“我不要你了！”“我没你这样的儿子／女儿！”

这样一句话，足以把孩子推入情感上的绝境，进而引发离家出走、自杀之类的极端行动。真的发生那样的事，父母无不悔不当初，但再多的懊悔，怎及得上在激烈的冲突中，依然让孩子感觉到“爱”的存在呢？

再比如，夫妻之间，一言不合，冲突就会升级，疯狂地砸烂手边所有的东西，疯狂地彼此厮打，疯狂地丢下一句“过不下去了，离婚”，然后摔门而去。有多少婚姻，就此走到了尽头？

·多点爱，少点共生和自恋·

其实，盛怒之后，回头想想，事情真的糟糕到一秒钟都不能忍受吗？孩子、伴侣真的可恨到我们再也不想见他吗？当然不是。

只是在那一刻，所有爱、所有的理性和建设性，都被抛到了脑后，心里想着的，只是我要发泄！发泄！发泄！

说到底，还是爱自己、重视自己的感受更多一些，爱孩子、爱伴侣、重视对方的感受更少一些而已。

弗洛姆在《爱的艺术》中说：

“爱是人的一种主动的能力，一个突破把人和其他同伴分离之围墙的能力，一种使人和他人相联合的能力，爱使人克服了孤独和分离的感觉，但他允许他成为他自己，允许他保持他的完整性。”

但并不是所有的爱都如此成熟，有些爱并不是一种爱，而是一种“共生”，或者扩大了的自我主义，也就是自恋：

“从根本上讲，爱并不是同一个具体的人的一种关系；它是一种态度，一种性格特征的倾向性。它决定的是一个人同世界的整个密切性，而不是一个人同一个爱的‘对象’的密切性。如果一个人仅仅爱对方一个人，对其他的同伴漠不关心，那么他的爱并不是一种爱，而是一种共生性的依恋，或者一种扩大了的自我主义。”

这种共生式的爱，或者自恋式的爱，在亲子和伴侣之间普遍存在，它导向一个令人恐惧的结果，就是“不够好，就一起毁灭”，所以我们才会看到无比多“狠话说尽，坏事做绝”的亲子关系和伴侣关系。

也正因如此，在激烈的亲子冲突中，保留给孩子一个拥抱的能力，给孩子留一片爱的天空，让孩子知道，无论如何，爸爸妈妈都爱你，才无比重要。

后 记

关于《育儿基本》背后的十六个人

天真与开心

我们的大儿子叫天真，出生于2002年，今年上初三；小儿子叫开心，出生于2006年，今年上小学六年级。他们独立、有很强自我意识、善良、有爱心、好学、喜欢阅读，正是我们希望的样子，也是我们有自信和大家分享育儿经验的基石。

真心爸妈

我高二第一次见到真心妈妈高志宏，脱口而出的第一句话是："原来你是女的呀？"（都是名字惹的祸）。当时我就任抚宁一中的第一任学生会主席，老师推荐上高一的她做副主席。她比我好学，我仅仅是北京大学本科，她除了拿到了北京大学学士，还陆续拿到了中国传媒大学的硕士和博士学位。我们既是夫妻，也是工作上的合作伙伴。结婚25年来，我们是少见的24小时工作、生活都在一起：做书店、出版、电子商务，三年前又一起变成了自由职业者，我做顾问、讲课，她写文章、写书。我们共同学习育儿，数百本家庭教育、心理学著作的研习，数千小时的对谈，才有了今天关于家庭教育的一百多万字的文稿。最近有几位老朋友建议我们写写夫妻相处之道，你想看吗？

陈诗莹

2015年底，诗莹建议我开一个头条号，我说我熟悉的广告和书店经营话题受众面小，不一定适合，她说："你写育儿吧，我之前看过一些你在博客上分享的育儿体会。”于是有了头条号“真心爸妈”。当时正好赶上国家放开生二胎政策，我们写了几篇文章谈生养两个孩子的经验，每篇都达到了几十万的阅读量，今日头条就联系我们签订“千人万元计划”合约，迄今为止这个合约持续了三年。人都是有惰性的，因为有这个合约在，我们才能每月如期写出十篇文章来。我们在 2016 年获得今日头条颁发的“年度育儿头条号”称号，2017 年又获得“年度头条号”奖励，更增加了我们坚持分享的信心。

吴兴元

2016 年初，我们的头条号“真心爸妈”刚写了十几篇文章，就被后浪出版公司的创办人吴兴元注意到了，希望我把原创的育儿文章将来结集成书，把版权签给后浪。他眼光这么敏锐，我们怎好意思不签呢？老吴对出版有着固执的坚持和洁癖，大家想出来的几十个书名他都不满意，直到我想到了《育儿基本》这个名字。第 1 部的封面设计也是，做了十几稿，直到设计做出来了现在大家看到的这个封面。另外，他决定投资出版我们这本书时，他说：“你们的育儿观念非常值得让更多人认识到，出版不会太畅销也没关系，因为只有受过良好教育的人才能真正读懂这本书。”

杨东平

我和杨教授不算认识，只是在一个教育论坛上见过一面。请杨教授写序是张守礼的建议，也是他一手联系撮合成的，他们一直合作办 21 世纪教育研究会。杨教授写序时，极其敏锐地抓住了“让孩子做主”这句话。其实这句话就是我们第一本育儿书《育儿基本：找到好方法，轻松做爸妈》的整个核心，要是更有先见之明一些，应该把第一本书直接命名为《育儿基本 1：让孩子做主》就更好了。

刘宇辉

宇辉是我在北京大学政治学专业读书时的同专业师兄，高我一级，当时他是本科生党支部书记，我是组织委员，一起搭档了好几年。请他写《育儿基本》的推荐语，我还是踌躇了一下，主要是想他现在在政府工作，为书做推荐，不会为难他吧？他看完书稿很快就写来了推荐语，老同学的情谊呀。（刘宇辉和下文的文怡、王凯、薛野、张守礼是我们上一本家教育儿书《育儿基本：找到好方法，轻松做爸妈》的推荐者。）

文怡

我的两个孩子都特别喜欢文怡的美食书，经常按照书中的指引做烘焙。我和他们夫妻都是好朋友，可惜最近几年大家都忙着弄孩子，很少约着见面聊天了。请文怡写推荐语时，他们的大儿子包包刚一岁多，现在两个人也是两孩儿的爸妈了。

王凯

和凯叔第一次见面是他主持联想集团的新年晚会，我在台上表演节目，扮演马里奥。四年前我常找他聊天，那时候他刚创业，团队才几个人，现在已经变成了几百人，估值从几千万变成了好多亿。我在想，是不是因为他经常给自己的两个孩子讲故事，所以有了现在的“凯叔讲故事”呢?

薛野

和薛野相识于二十一年前的党校图书订货会，当时我一下子出版了一套九本的广告教材，这种“傻大胆”的做法吸引了他。2006—2010 年我们又一起做中国书刊发行业协会非国有书业工作委员会的搭档，他被选为主任，我是秘书长。2016 年底请他为《育儿基本》写推荐语时，他的小宝宝还没出生，今天已经是满地跑的活泼快乐的娃娃了。

张守礼

请守礼写推荐语时，他的公司奕阳教育正在开拓新业务，签下了乐高教育中国大陆总代理，之前他们主要办幼儿园和为幼儿园提供服务，全国有数千家幼儿园和他们合作。前些年我和薛野搭档负责“非工委”，他是学术研究顾问，领衔做了好几个关于民营出版和书店业的报告。

梁冬

1995 年我创办龙之媒广告书店（开始叫北京广告人书店），销售、出版广告专业书，梁冬那时是北京广播学院（现在的中国传媒大学）的学生，来采访、拍摄关于我的电视片，于是我们成了朋友。前几年我的快书包电子商务公司和他创办的正安中医合作出版了好几年的《养生日记本》。

脱不花

去年第一次见到脱不花，没想到脱不花说："徐老师呀，我以前经常去你的龙之媒书店买书，还订境外的专业杂志。"。请她写推荐语，是因为她是我最欣赏的那种"英雄母亲"，进产房生孩子的当天上午还在主持公司例会，这几年一边忙着罗辑思维、得到的创立和发展，一边生了两个孩子。

姚文坛

和文坛认识好多年了，之前只是在各种论坛、会议上见面，近两年一起吃饭、聊天的机会多些，与雕刻时光咖啡 CEO 赵珂僮的张罗有关。常在微信看她和女儿晒亲密，也看她晒海南的美食。喜欢她的文雅和干练，祝福她负责的"豆瓣时间"大发展。

你

对，说的就是你。就是购买这本书的你，就是正在读本书的你，就是平时在头条号"真心爸妈"、在微信公众号"真心爸妈"阅读我们文章并积极互动的你，就是在千聊"真心爸妈"直播间、在"好好学习"app 收听我们家庭教育课程的你，就是在我们建立的十来个育儿讨论群（您可以加真心妈妈微信 kuaishubaogao 拉你入群）提问的你。正是你的鼓励、肯定，才有了今天这本书，不远的将来，还会有下一本《父母的成长：育儿基本 3》（暂定名），还会有《阅读力：会阅读的孩子会学习》（暂定名）。

真心爸爸徐智明

2018 年 6 月

出版后记

有一个种兰花的小故事：金代禅师很爱兰花，可在他一次外出云游期间，兰花架子被意外打翻在地，辛苦培育的兰花都被砸坏了。弟子们很恐慌，等着师父回来责罚。可禅师回来看到后，却淡然地说道："我不是为了生气而种兰花的。"

都说孩子是爱的结晶。爸爸妈妈看孩子的第一眼，都是像看到花骨朵儿一般儿地喜爱和激动。每天不遗余力地想着如何精心培育，尽心抚养。可伴随着孩子的成长，各种情理之中、意料之外的问题接踵而至。于是，开始尝试各种方法，企图速效高效地解决在孩子身上的出现的所谓的"问题"。效果不佳就开始生气、抱怨，甚至把坏情绪发泄到家人和孩子身上，愈演愈烈……扪心自问，我是为了什么而养"兰花"的呢？能否抛开坏情绪，用爱的方式理性育儿呢？

家，是幸福快乐的港湾，父母是孩子成长的力量。当我们遭遇困顿的时候，也许最原始的迎难而上的动力，不是争强好胜，不是追名逐利，而是在原生家庭中，从我们的父母那里获取到的源源不断的爱和信心。普天下的父母对家教书的渴求程度毋庸多言。在新教育时代下，什么样的家教书能帮助每每焦虑和盛怒之后的父母，从焦虑的泥潭中自拔自省和反思，清火静心地继续在育儿家教的路上，摸爬滚打地前行呢？

《育儿基本：找到好方法，轻松做爸妈》自 2017 年首版以来，已经第三次印刷。数据充分说明书中所体现的家庭价值观对比当下的大多数家庭的现状，具有重要的参考价值。面对孩子出现的问题，有经验的父母以孩子为本，能透过现象看本质。而缺乏经验的父母，通常费劲九牛二虎之力也无法尽如人意。二者之间的差距，可能不止是实践经验积累上的差距，很可能是对教育原理和育儿认知上的差距。任何实践都只有在正确的理论指导下与日俱进，否则都会是南辕北辙。任何一个行业的新手，都需要以正确的理论指导作为实践的指南。作者夫妇都毕业于北京大学，事业和育儿都取得了双赢。他们一再地强调用真正基于“合作”而非“强迫”的家庭教育理念，去摸索真正有益于孩子成为独立、自主的“他自己”的合作方法。在此基础上，他们有目的地把在社交平台上与各位爸妈讨论的问题，过滤再过滤，再根据自己多年积累的育儿经验，沉淀再沉淀……2018 年《育儿基本 2：与孩子合作》才得以在第 1 部的基础上结集成书。书中深刻地指出和纠正了很多中国父母的家教通病，书中的想法和做法，为每天工作忙碌的大人和学业繁重的孩子如何拥有高质量的陪伴和有效的亲子沟通，提供了参考借鉴。

作为父母的“枕边书”，作者夫妇以自身丰富的家教经验为底色，用最平实的语言、最简单的表述，为读者从易到难把“育儿基本”一一讲清，并配以案例和全方位的解析。不论迷惘的新手父母，或者对孩子日积月累问题头疼不已且无从下手的父母，都可以在书中找到家教难题相应的解决之道。“为人父母，既是挑战，也是成长。”希望第 2 部的出版面世，让在育儿教子路上“跑偏”了的家长，不忘初心、回归正道——父母之道。

在此感谢高志宏、徐智明夫妇将第 2 部的版权授予我们，感谢对这本书给予帮助的各位朋友。高志宏、徐智明父母接下来还会有更多关于育儿的思考和总结，敬请各位读者继续关注。因时间和水平所限，若发现疏漏之处，乞盼不吝赐教，以期修订版更正之。

服务热线：133-6631-2326　188-1142-1266

读者服务：reader@hinabook.com

后浪出版公司

2018 年 8 月

图书在版编目（CIP）数据

育儿基本 . 2, 与孩子合作 / 高志宏，徐智明著 . --
北京：北京联合出版公司，2018.8
ISBN 978-7-5596-2294-5

Ⅰ . ①育… Ⅱ . ①高… ②徐… Ⅲ . ①家庭教育
Ⅳ . ① G78

中国版本图书馆 CIP 数据核字 (2018) 第 135900 号

育儿基本 2：与孩子合作

著　　者：高志宏　徐智明
选题策划：后浪出版公司
出版统筹：吴兴元
责任编辑：史　媛
特约编辑：方宣尹
营销推广：ONEBOOK
装帧制造：墨白空间・张萌

北京联合出版公司出版
（北京市西城区德外大街 83 号楼 9 层　100088）
天津翔远印刷有限公司印刷　新华书店经销
字数 255 千字　720 毫米 ×1000 毫米　1/16　27 印张
2018 年 8 月第 1 版　2018 年 8 月第 1 次印刷
ISBN 978-7-5596-2294-5
定价：52.00 元